W0190834

EUROPAVERLAG

JAN STOCKLASSA

STIEG LARSSONS ERBE

TRUE CRIME

Aus dem Schwedischen von
Ulrike Brauns

EUROPAVERLAG

Die schwedische Originalausgabe ist 2018 unter dem Titel »Stieg Larssons arkiv« bei
Bokfabriken, Malmö, Schweden, erschienen.

© 2018 Jan Stocklassa
First published by Bokfabriken, Sweden
Published by arrangement with Nordin Agency AB, Sweden
© 2018 Europa Verlag GmbH & Co. KG,
Berlin · München · Zürich · Wien
Bildnachweis: Archiv Expo S. 23. Die Auszüge aus Stieg Larssons Briefen und seine Unter-
schrift sind mit freundlicher Genehmigung von Searchlight Magazine Ltd bzw. Stiftelsen
Expo wiedergegeben. In manchen Fällen war es nicht möglich, den Urheber zu ermitteln.
Der Verlag bedauert dies.
Umschlaggestaltung: Hauptmann & Kompanie Werbeagentur,
Zürich, unter Verwendung eines Fotos
von © picture alliance/Scanpix/Jan Collsiöö
Übersetzung: Ulrike Brauns
Redaktion: Alexandra Löhr
Satz: BuchHaus Robert Gigler, München
Druck und Bindung: Pustet, Regensburg

ISBN 978-3-95890-225-1
Alle Rechte vorbehalten.

Für Berra und Marianne, wo immer ihr seid!

INHALT

Teil 2 | AUF STIEGS SPUREN

Angst kriege ich in Schweden. Weißt du, da ist es irgendwie so leer, alle sind betrunken. Und alles funktioniert. Wenn man an einer roten Ampel hält und den Motor nicht ausmacht, bleiben die Leute stehen und sprechen dich darauf an. Geht man zu einem Medizinschränkchen und öffnet es, hängt da ein kleines Schild, auf dem steht: »*Wenn Sie Selbstmordgedanken haben, rufen Sie ...*« *Im Fernsehen zeigen sie Ohrenoperationen. Solche Dinge machen mir Angst.*

Lou Reed in *Blue in the Face – Alles blauer Dunst*

VORWORT

Die Welt war mal so einfach. Pluto ist ein Planet. Milch ist gesund. Diesel besser als Benzin. Wer direkt nach dem Essen schwimmen geht, muss mit Krämpfen rechnen und läuft Gefahr, zu ertrinken. Der Mord an Schwedens Ministerpräsident Olof Palme wird nie aufgeklärt werden. Aber alte Wahrheiten werden immer häufiger auf die Probe gestellt, und auch jetzt ist es wieder so weit. Die neue Wahrheit lautet: Der Mord an Olof Palme steht vor der Aufklärung.

Im Jahr 2008 fing für mich alles mit dem Schwedischsten an, was es gibt laut schwedischer Kriminalliteratur: einer ermordeten Frau an einem See in Småland. Ein Fall, der mich auf die Idee brachte, ein Buch über Tatorte zu schreiben. Ein knappes Jahr später zeigte sich, dass die Aufklärung just dieses Mordes ebenfalls sehr schwedisch war. Die Polizei fand heraus, dass es sich bei dem Mörder um einen Elch handelte. Zu jenem Zeitpunkt hatte ich meine ursprüngliche Idee längst über Bord geworfen und befand mich bereits tief in dem Abenteuer, das diesem Buch zugrunde liegt.

Fünf Jahre später fand ich Stieg Larssons vergessenes Archiv und betrat eine Welt, die prall gefüllt schien von Menschen und Geschehnissen direkt aus Stiegs Romanen. Figuren, die so extrem waren wie Lisbeth Salander und Alexander Zalachenko. Nur echt. Mörder und ihre Opfer. Spione, die andere Spione ausspionieren. Ermordete Frauen und Kinder. Gehackte Computer, geheime Mitschnitte, verdeckte Operationen. Und Tode. Viele brutale, plötzliche Tode.

Stieg Larssons *Millennium*-Trilogie hat sich weltweit mehr als 80 Millionen Mal verkauft, dabei war das Schreiben von Krimis gar nicht seine zentrale Beschäftigung. Er widmete sein gesamtes Leben dem Kampf gegen den sich ausbreitenden Rechtsextremismus. Schon Anfang der 1990er-Jahre warnte er vor der neugegründeten Partei Sverigedemokraterna (Die Schwedendemokraten). Der Partei, die fünfundzwanzig Jahre später eine der stärksten drei Parteien Schwedens ist und die politische Landschaft umgeschrieben hat.

Stiegs anderes großes Projekt waren seine privaten Recherchen zum Mordfall Olof Palme. An seinen Archivunterlagen lässt sich leicht ablesen, dass sein Fokus auf dem Rechtsextremismus lag, aber seine Nachforschungen fast nahtlos in den Palme-Mord übergingen und sich zu konkreten Theorien formten, die er an die Polizei weiterleitete.

Ich habe Stiegs Theorien weiterverfolgt, tiefer gegraben und neue Puzzleteile finden und zuordnen können. Das Bild, das dabei entstand, erklärt nicht nur eine Reihe sonderbarer Umstände des Mordes. Es liefert das Motiv. Ich glaube, ich habe eine gute Vorstellung davon, was vor dem Mord am Abend des 28. Februar 1986 geschah und wer sich am Tatort aufhielt. Ich präsentiere eine mögliche Auflösung, und Sie können anhand der Tatsachen, die ich vorlege, Ihre eigenen Schlüsse ziehen.

Sie halten einen Dokumentarroman in den Händen. Geschrieben wie ein spannendes Abenteuer, aber mit nur einem Anspruch: die Wahrheit wiederzugeben. Knapp dreißig Seiten stammen aus Stiegs Feder – in Form von Briefen oder Notizen. Viele der Dialoge sind Wort für Wort mitgeschrieben, andere sind Dramatisierungen, basierend auf Dokumenten aus Stiegs Archiv und mehr als hundert Interviews. Im Nachwort gehe ich auf das Material ein und darauf, wie ich damit umgegangen bin. Wer sich tiefer einarbeiten will, sollte zu dem tausendseitigen Bericht der Prüfungskommission und einem

Buch von Gunnar Wall oder Lars Borgnäs greifen – zwei der führenden Experten auf dem Gebiet des Palme-Mordes. Es gibt Unmengen an Material. Aber ich muss eine Warnung aussprechen: Seien Sie vorsichtig! Der Mordfall Olof Palme ist wie ein hartnäckiger Virus mit hoher Ansteckungsgefahr.

Es hat fast etwas Ironisches, dass es ausgerechnet in Schweden einen unaufgeklärten Mord an einem Ministerpräsidenten gibt. In einem Land, in dem alles vermessen ist und alles erklärt werden kann, gibt es eine offene Wunde, gegen die kein Mittel zu helfen scheint. Aber das wird sich nun ändern.

Der Palme-Mord wird endlich aufgeklärt. Olof Palme wurde nicht von Christer Pettersson ermordet, sagt Krister Petersson, neuer Staatsanwalt und Voruntersuchungsleiter der Palme-Ermittlungen. Und ich stimme ihm zu. Ich bin davon überzeugt, dass Stieg Larssons Recherchen zur Auflösung beitragen werden. Und hoffentlich auch dieses Buch.

Wenn Sie diese Zeilen lesen, hat die Polizei Zugang zu meinen Nachforschungen erhalten und damit die Möglichkeit, maßgebliche Beweise zu finden, die dazu führen können, dass eine Person zur Rechenschaft gezogen wird. Mindestens eine.

In einem oder zwei Jahren lautet die neue Wahrheit hoffentlich so: Der Mordfall Olof Palme ist aufgeklärt.

Jan Stocklassa, September 2018

PROLOG

Stockholm, 20. März 2013

Die Scheibenwischer kämpften gegen den schweren Schnee. Seit ich geparkt hatte, waren nicht mehr als fünfzehn Minuten vergangen, und doch war es dem Schneesturm gelungen, meinen dunkelroten Volvo unter derselben Schneedecke zu verbergen wie den Rest der Umgebung. Die Geräusche waren gedämpft, und der Anblick der wirbelnden Flocken erschwerte die Sicht, obwohl ich wusste, dass ich mich auf dem Parkplatz der flachen Mietlagerhalle befand.

Als ein schwaches Motorgeräusch erklang, wischte ich mit der Hand über die beschlagene Seitenscheibe; ein kleines Rinnsal lief mir die Handkante entlang bis in den Jackenärmel. Ein silberner Kombi hatte rechts neben mir geparkt. Bevor ich den Motor abstellen konnte, hatte sich bereits die Tür des anderen Wagens geöffnet. Der Mann hatte die Kapuze seines Parkas aufgesetzt, das Gesicht hinter einem langen Schal verborgen. Er deutete über mein Auto hinweg zum Eingang. Als ich ihn erreichte, hatte er schon den Türcode eingetippt. Offenbar war es nicht die richtige Kombination, denn der Mann holte sein Handy heraus und rief jemanden an. Die Minuten, die wir dort standen, vergingen so langsam wie ein schwedischer Wahlkampf. Das Archiv lag seit zehn Jahren im Tiefschlaf und schien keinerlei Ambition zu haben, allzu bald daraus erwachen zu wollen. Doch dann glitt die Schiebetür endlich beiseite und ließ uns erst in eine Luftschleuse und dann in einen warmen, trockenen Flur mit starken Leuchtröhren und sich schier endlos aneinanderreihenden Rolltoren aus Blech. Nach der Eiseskälte war es hier fast gemütlich.

So ohne Kapuze, Mütze und Schal erkannte ich, dass es wirklich Daniel Poohl von der Zeitschrift *Expo* war, der mich hereingelassen hatte. Wir schüttelten uns die Hände und liefen dann den langen Flur entlang, nahmen die Treppe zum ersten Stock und bogen in einen identisch wirkenden Gang, wo Daniel vor einem der Rolltore stehen blieb. Nichts als ein kleines Blechschild mit einer eingestanzten anonymen Ziffernkombination verriet, dass wir angekommen waren. Nichts deutete darauf hin, dass sich hinter diesem Tor ein Schatz verbarg, der den Weg zu etwas unschätzbar Wertvollem weisen würde.

Das Tor rollte sich scheppernd ein, und zum Vorschein kam ein bis zum Bersten gefüllter Raum: Regale reichten vom Boden bis zur Decke, darin Umzugskartons. In der Mitte standen in zwei schmalen Reihen übereinandergestapelte Kartons bis vor unsere Füße. Ich warf einen Blick auf die schmale Seite eines Kartons, dort standen mit dickem Schwarzstift die Worte, die bestätigten, dass ich endlich am Ziel meiner langen Suche angelangt war: *Stiegs Archiv*.

Zusammen hoben Daniel und ich den obersten Karton herunter. Er hielt den Deckel auf, und ich zog ein paar altmodische braune Hängemappen heraus. Jede Mappe war oben akribisch mit sehr kleiner, leserlicher Handschrift gekennzeichnet. Auf denen in meiner Hand stand: *WACL, 33-Jähriger, Resistance International, Südafrika-Spur* und *Christer Pettersson*. Sofort kribbelten meine Finger, als wären die Mappen elektrisch geladen. Allein die Stichpunkte verdeutlichten schon, dass sich die Dokumente, die ich in den Händen hielt, mit dem Mord an Schwedens Ministerpräsidenten Olof Palme beschäftigten.

Es war so viel mehr Material, als ich zu hoffen gewagt hatte, und ich fragte mich, ob ich überhaupt alles durcharbeiten könnte.

Daniel holte mich zurück in die Wirklichkeit. Trotz seiner erst einunddreißig Jahre war er bereits Chefredakteur und Geschäftsführer von *Expo* und hatte sein Leben dem Kampf gegen Rassismus und Intoleranz gewidmet. Er war zuständig für das Archiv und machte deutlich, dass ohne seine Einwilligung nicht ein Blatt das Gebäude verlassen und ich niemandem verraten durfte, wo sich das Lager befand.

Also musste ich vor Ort lesen, aber es gab keinen Platz auf der Welt, an dem ich lieber gewesen wäre als im fensterlosen Flur dieses Flachbaus, auf einem Umzugskarton sitzend, während draußen ein Schneesturm wütete. Die Zeit war knapp, ich würde nur einen Bruchteil des Materials sichten können, und die Chance, schon irgendwelche Schlussfolgerungen zu Stiegs Gedanken zu ziehen, war minimal. Hinter mir lag bereits ein langer, holpriger Weg. Ich konnte auf eine Reihe gescheiterter Versuche blicken, den Mord an Olof Palme aufzuklären, für die ich jede freie Sekunde meines Lebens geopfert hatte. Und jetzt hatte mich dieser Weg doch noch vorangebracht und zum vergessenen Archiv eines der bekanntesten Schriftsteller der Welt geführt. Es war einer von wenigen verbliebenen Strohhalmen, nach denen es sich zu greifen lohnte. Stieg war wohl der Ansicht gewesen, dass der südafrikanische Geheimdienst unter Mithilfe schwedischer Rechtsextremisten dahintersteckte. Ich hingegen war davon überzeugt, dass ein Amateur die Tat begangen hatte. Das passte nicht zusammen.

Trotzdem wollte ich dranbleiben. Das Material seines Archivs wirkte viel zu interessant, um es außer Betracht zu lassen. Damals wusste ich noch nicht, dass meine Nachforschungen mich und andere in Gefahr bringen würden, weil wir es mit Extremisten, Geheimagenten, Sündenböcken und Mördern zu tun bekamen.

* * *

Stieg hatte einen siebenseitigen Brief an Gerry Gable, den Chefredakteur von *Searchlight* geschickt, Großbritanniens führender Zeitschrift gegen Rassismus und Vorbild für *Expo*. Der Brief entstand keine drei Wochen nach dem Mord an Olof Palme.

Lieber Gerry, liebe Freunde,

der Mord am schwedischen Ministerpräsidenten Olof
Palme ist, um ganz ehrlich zu sein, einer der unglaublichsten und erstaunlichsten Mordfälle, die ich
je zu betreuen hatte.

Erstaunlich, weil die Geschichte ständig Haken
schlägt und zu verblüffenden neuen Erkenntnissen
führt, die bis zum nächsten Redaktionsschluss schon
wieder übertrumpft werden. Unglaublich durch das
politische Ausmaß und weil zum ersten Mal, soweit
ich weiß, ein Staatsoberhaupt ermordet wurde, ohne
dass es auch nur die geringste Spur eines Täters
gibt. Entsetzlich – Morde sind immer entsetzlich –,
weil das Opfer der Ministerpräsident war, ein von den
Schweden aufrichtig geliebter und geschätzter Mensch,
egal ob man nun Sozialdemokrat war oder (so wie ich
selbst) nicht.

Seit in den frühen Morgenstunden des ersten März bei
mir das Telefon geklingelt, mein Chefredakteur mir
vom Mord erzählt und mich an meinen Schreibtisch
abkommandiert hat, herrscht in meiner Welt ein stän-
diges Chaos. Du kannst dir vermutlich vorstellen, wie
dein Leben aussähe, wenn du über den Mord an Frau
Thatcher berichten müsstest, deren Mörder ohne jede
Spur davongekommen wäre.

Und dazu der Schock. In jenen frühen Samstagmorgen-
stunden, während sich die Neuigkeit langsam im noch

schlafenden Schweden verbreitete, traf ich Menschen,
die spontan ihre Häuser verließen, mit blassen und
verkniffenen Gesichtern. In der Redaktion sah ich
erfahrene Kriminalreporter - Männer und Frauen, die
das alles schon so häufig miterlebt hatten -, die
mitten im Satz zu tippen aufhörten, sich auf ihre
Arme stützten und in Tränen ausbrachen.

Ich selbst weinte an jenem Morgen. Als mich das verzweifelte Gefühl eines Déjà-vus überkam und ich
einsehen musste, dass dies schon der zweite Ministerpräsident war, den ich innerhalb von weniger als drei
Jahren verlor. Der erste war Maurice Bishop von Gre-
nada - ein Mann, den ich mehr geliebt, respektiert
und dem ich mehr getraut habe als den meisten. Nicht
schon wieder.

Dann, nachdem sich die Trauer gelegt und Olof Palme
unter der Erde war, erkannten die Journalisten mit
einem Mal, dass dieser Mordfall ein wahres Kriminal-
rätsel wie aus dem Lehrbuch ist. Was für eine Story.

Manchmal erinnert die Geschichte mehr an einen tempo-
reichen Roman von Robert Ludlum. An anderen Tagen
eher an Agatha Christie, nur um sich schon wieder zu
einem Krimi à la Ed McBain zu wandeln, gewürzt mit
komödiantischen Elementen, die direkt von Donald
Westlake stammen könnten. Die Stellung des Opfers,
der politische Winkel, der unbekannte Mörder, die
Spekulationen, die Spuren, die ins Nirgendwo führen,
die Ankunft und Abfahrt von Staatsoberhäuptern und
Königen, die Spuren von Autos, die Gerüchte, die

Spinner und die Ich-habe-es-schon-immer-gewusst-
Typen, die Telefonate, die anonymen Hinweise, die
Festnahme und das Gefühl, dass endlich alle fehlenden
Teilchen an ihren Platz fallen - nur um dann doch
wieder im Sande zu verlaufen und zu noch größerer
Verwirrung zu führen.

Darüber werden noch Bücher geschrieben werden.
Für gewöhnlich wird jemand, der ein Staatsoberhaupt
ermordet hat, innerhalb der ersten Sekunden oder
Minuten nach der Tat gefasst oder getötet. Normalerweise werden die Ermittlungen im selben Moment aufgenommen und abgeschlossen. Nicht so in diesem Fall.
Hier haben wir es mit einem Ministerpräsidenten zu
tun, der mit seiner Frau zu einem nächtlichen Spaziergang aufbricht, ohne jegliches Sicherheitsperso-
nal im Umkreis mehrerer Kilometer. Und mit einem
Mörder, der sich in Luft auflöst.

Wie beginnt man Ermittlungen, wenn man buchstäblich
Tausende Verdächtige hat, aber keinen einzigen Anhaltspunkt?

Entschuldige dieses anfängliche Geblubbere. Eigentlich wollte ich das alles gar nicht schreiben.
Vielmehr wollte ich mich seit dem Palme-Mord bei dir
melden. Ich habe sicher acht oder neun Briefe an dich
angefangen, aber keinen einzigen zu Ende gebracht.
Warum? Ganz einfach, weil jedes Mal, bevor ich ihn
abschließen konnte, etwas Neues, Überraschendes auf-
gedeckt wurde, das die Story wieder in eine neue
Richtung trieb. Deshalb muss ich ständig zerreißen,

was ich schon zu Papier gebracht habe, und von vorn
beginnen.

Dieser Brief ist also kein Artikel, sondern eher ein
Versuch, dich über das zu informieren, was im Zusammenhang mit diesem Mord Fakt und was Fiktion ist.
Nachdem ich nun seit drei Wochen ununterbrochen damit
beschäftigt bin, habe ich das große Problem, die
nötige Distanz zu dem Thema aufzubringen. Und da die
Ermittlungen heute Nacht offenbar endgültig in eine
Sackgasse geführt haben, ist dieser Brief wohl eher
ein Weg, meine Gedanken zu ordnen und die Geschichte
zusammenzufassen. Falls du in der nächsten Ausgabe
etwas über den Mordfall schreiben willst, kann dir
diese Zusammenfassung vielleicht von Nutzen sein. Ich
werde versuchen, nur Relevantes zu berücksichtigen.

Zunächst: Was ist passiert und was wissen wir über
den Mord?

Wenige Minuten nach dreiundzwanzig Uhr am Abend des
28. Februar verließ Palme das Grand-Kino in Beglei-
tung seiner Frau und seines ältesten Sohnes. Die Idee
zum Kinobesuch entstand im Laufe des Freitags; Palme
erwähnte das Vorhaben gegenüber einem Journalisten
gegen zwei Uhr nachmittags, allgemein bekannt war es
jedoch nicht.

Der Ministerpräsident hatte, wie so oft, seinen Leib-
wächtern gesagt, er bräuchte ihre Dienste am Abend
nicht. Das war nicht ungewöhnlich; alle wussten, dass
Palme gern am Abend auf eigene Faust spazieren ging,

wenn er nicht gerade im Dienst war oder es keine
Gründe für besondere Sicherheitsvorkehrungen gab. Es
ist jedoch unklar, ob der Geheimdienst über seine
Abendpläne informiert war oder nicht. Vor dem Kino
verabschiedete sich das Ehepaar Palme von seinem Sohn
und beschloss - es war eine klare, für die Jahreszeit
normal kalte Nacht -, zu Fuß nach Hause zu gehen.
Wenige Minuten nach der Verabschiedung drehte sich
der Sohn zufällig nach seinen Eltern um und bemerkte
einen Mann, der ihnen folgte; er beschrieb später die
Kleidung des Mannes, die mit der Kleidung des Mörders
übereinstimmte, konnte aber das Gesicht des Mannes
nicht sehen.

Ein weiterer Zeuge begegnete wenig später dem Ministerpräsidenten und blieb stehen, als er den Politiker
erkannte. Ihm fiel auf, dass ein Mann dem Ehepaar
folgte; außerdem gingen seiner Aussage nach zwei
weitere Männer vor dem Ministerpräsidenten her. Er
hatte den Eindruck, dass sie alle zusammen unterwegs
waren, weshalb er daraus schloss, dass es sich bei
den drei unbekannten Männern um Leibwächter von Palme
handelte.

Der Ministerpräsident und seine Frau bogen in den
Sveavägen, überquerten die Straße, betrachteten die
Auslage in den Schaufenstern und setzen dann ihren
Weg fort. An der Ecke Sveavägen und Tunnelgatan nä-
herte sich der Mörder dem Ministerpräsidenten und
schoss ihm eine Kugel des Kalibers .357 Magnum in den
Rücken.

Laut Polizei deutet alles auf einen Auftragsmord hin.
Die Journalisten scheinen derselben Meinung zu sein
- allerdings unter Vorbehalt.

Der Mörder schoss nur ein einziges Mal, aber mit
einer der stärksten Handfeuerwaffen der Welt. Jeder,
der sich auf dem Gebiet auskennt, weiß, welch verhee-
rende Folgen eine einzige Kugel verursacht.

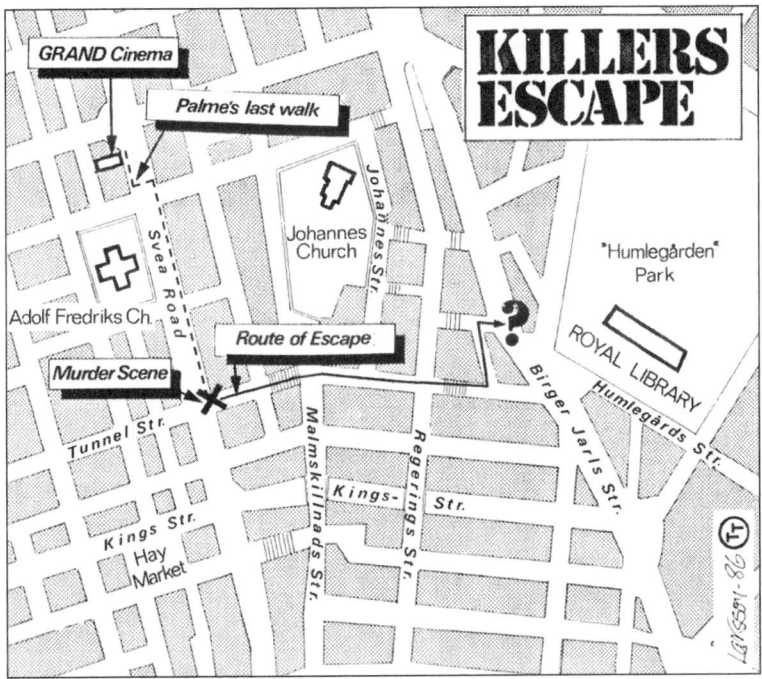

Der Fluchtweg des Täters, gezeichnet von Stieg Larsson am 2. März 1986

Wie sich zeigte, traf die Kugel den Ministerpräsidenten mitten in den Rücken, durchtrennte sein Rückgrat,
zerfetzte Lunge, Luft- und Speiseröhre und trat dann
aus seinem Körper aus, indem sie ein Loch von der

Größe eines Huts in seinen Bauch riss. Der Tod trat auf der Stelle oder binnen Sekunden ein. Die Kugel, obwohl nicht dafür bekannt zu splittern, war extra ummantelt, wohl um eine schusssichere Weste durchdringen zu können. Der Mörder schoss ein weiteres Mal, diesmal auf Lisbet, Olof Palmes Frau, aber offenbar nicht in der Absicht, sie zu töten. Der Schuss hätte ihre Schulter getroffen, wenn sie sich nicht in diesem Moment abgewandt hätte. So schlug die Kugel auf Achselhöhe durch ihren Mantel und trat auf der anderen Seite wieder aus, verursachte dabei aber nur oberflächliche Verbrennungen. Davon ausgehend, kann man durchaus die Professionalität des Mörders anzweifeln, wenn man annimmt, dass der zweite Schuss ebenfalls hätte töten sollen, der Mörder aber ein Amateur war und nervös wurde. Andere wiederum sehen genau darin den Beweis für einen Auftragsmord, da der zweite Schuss nur der Abschreckung dienen und verhindern sollte, dass Lisbet Palme dem Mörder folgte.

Nach dem Mord floh der Täter entlang eines offenbar „ausgeklügelten Fluchtwegs", und zwar nahm er die Stufen am Ende der Tunnelgatan, was es unmöglich machte, ihm mit dem Auto zu folgen.

Bis hierhin handelt es sich um konkrete Fakten in Übereinstimmung mit der offiziellen Version der Polizei. Alles Weitere ist problematisch.

Mehrere Zeugen lieferten sehr vage Beschreibungen des Mörders, oft widersprüchliche. Die häufigste und somit

wohl zutreffendste Beschreibung des Schützen lautet
wie folgt: ein weißer Mann zwischen dreißig und vierzig, mittelgroß mit breiten Schultern. Er trug eine
graue, spitz zulaufende Mütze mit Ohrenklappen, einen
dunklen, hüftlangen Mantel und eine dunkle Hose.
Mehrere Zeugen berichteten, er hätte eine Hand-
gelenkstasche getragen, in der man für gewöhnlich
Geld oder seinen Pass verwahrt.

Bei den folgenden Punkten decken sich eine Reihe der
Zeugenaussagen:

1. Lars, ein etwa fünfundzwanzigjähriger Mann, traf
am Ende der Tunnelgatan auf den Mörder, ohne jedoch
von ihm bemerkt zu werden, da sie einander auf gegenüberliegenden Seiten eines Baustellenwagens passier-
ten. Lars zögerte ein paar wertvolle Sekunden lang
- weniger als eine Minute -, bis er sich entschied,
die Verfolgung aufzunehmen. Zu diesem Zeitpunkt wusste er noch nicht, dass es sich bei dem Opfer um den
Ministerpräsidenten handelte. Er folgte dem Mann
schnellen Schrittes die sechsundachtzig Stufen hinauf, doch als er oben angelangte, war der Mörder
bereits spurlos verschwunden. Instinktiv folgte Lars
der David Bagares gata wo er eine Viertelstunde
später auf

2. ein Paar traf, das ihm zu Fuß entgegenkam. Er
fragte sie, ob ein Mann an ihnen vorbeigelaufen sei,
und das Paar bekräftigte dies; seither sei ungefähr
eine halbe Minute vergangen, und er wäre weiter der
Straße gefolgt. Lars berichtete später, wie sehr es

ihn verwirrt habe, dass es ihm nicht gelungen war,
den Mann ein weiteres Mal zu sehen, wo er doch nur so
einen winzigen Vorsprung gehabt hatte.

3. Eine vierte, nicht namentlich genannte Zeugin, die
aber unter „Sara" bekannt wurde, steuerte am nächsten
Morgen neue Hinweise bei. Sara, eine zweiundzwanzigjährige Künstlerin mit Spezialisierung auf Porträt-
zeichnungen, war zum Zeitpunkt des Mordes auf der
Smala gränd unterwegs, die nur einen Steinwurf von
der David Bagares gata entfernt liegt. Dort traf sie
auf einen Mann, dessen Beschreibung auf die des
Mörders passte. Der Mann schien es eilig zu haben,
zögerte jedoch ein paar Sekunden bei ihrem Aufeinan-
dertreffen. Als Sara später zu Hause das Radio ein-
schaltete, erfuhr sie vom Tod von Olof Palme. Sofort
sah sie eine Verbindung zwischen dem Mord und dem
Mann, den sie gesehen hatte, und fertigte eine Zeichnung von ihm an, die später die Grundlage für das
offizielle Phantombild der Polizei schuf.
Diese vier Zeugen, herausgefiltert aus über zehntausend Hinweisen und Aussagen, werden als glaubwürdig
eingestuft und haben unstrittige Fakten beigetragen.

4. Ein fünfter Zeuge – der nicht für ausreichend
glaubwürdig gehalten wurde – ist ein Taxifahrer, der
mit seinem Wagen in der Snickarbacken stand, als ein
Mann an ihm vorbeirannte und in einen grünen oder
dunkelblauen Passat stieg, der offenbar auf ihn wartete. Der Wagen fuhr sofort schnell davon.
Die Smala gränd trifft auf die Snickarbacken, und es
ist möglich, dass die Beobachtungen des Taxifahrers

mit dem Fluchtweg des Mörders in Verbindung stehen; trotzdem werfen sie ein paar Fragen auf. Laut Taxifahrer tauchte der Mann ungefähr zehn bis fünfzehn Minuten nach dem Mord auf; es dauert aber nur drei bis vier Minuten, um die Strecke laufend zurückzulegen.

Außerdem nennt der Fahrer nicht die Smala gränd, die in die Snickarbacken mündet, sondern eine ganz andere, eine falsche Straße.

Trotzdem deutet die Beweiskette darauf hin, dass der Mörder tatsächlich das Taxi passiert hat, was die Polizei zu der Annahme verleitete, dass der Fahrer vielleicht geschlafen und sich deshalb bei der Zeitangabe geirrt hat. (Seine Aussage führte trotz allem zu einer landesweiten Fahndung nach einem grünen oder dunkelblauen Passat, besonders weil er auch Teile des Kennzeichens erinnerte, nur leider nicht das vollständige.)

Aus all diesen Angaben schloss die Polizei, dass es sich um eine geplante Hinrichtung handelte, und der Täter nicht allein gehandelt hatte. Allerdings hat sich die Polizei nicht offiziell dazu geäußert, welche Gruppierung sie genau hinter dem Attentat vermutet.

Erste kritische Frage:
Was wäre passiert, wenn der Ministerpräsident statt nach Hause zu spazieren mit seinem Sohn zur U-Bahn gegangen wäre und so niemals den idealen Ort für den Mord erreicht hätte?

War es ein wohldurchdachter Plan, hätte der Mörder
sein Vorhaben einstellen oder weitere Fluchtfahrzeuge
haben müssen, die auf ihn warteten, was noch mehr
Helfer bedeuten würde. Wie bereits erwähnt, gibt es mehrere Zeugenaussagen,
deren Beobachtungen die letztere Version sogar be-
kräftigen würden. (Allerdings stellen sowohl Polizei
als auch Journalisten diese Aussagen sehr infrage,
wenige der Zeugen wirken vertrauenswürdig.)

1. Ein Mann, der zum Zeitpunkt des Mordes die Tunnelgatan entlangging, allerdings auf der gegenüberliegenden Straßenseite des Sveavägen, traf auf zwei
Männer mittleren Alters, die aus der Richtung des
Tatorts kamen und weiterliefen.

2. Zwei weitere Zeugen bekräftigen diese Aussage,
denn ihnen fielen zwei Männer auf, die in die Drott-
ninggatan einbogen und sich dort trennten.

3. Eine vierte Zeugin erzählt, dass sie eine oder
zwei Minuten später einen Mann allein die Drottning-
gatan herunterlaufen sah. Der Mann blieb plötzlich
stehen, winkte einem Wagen, der anhielt, damit er
einsteigen konnte, und dann „eilig davonfuhr".

Und an dieser Stelle stecken die Ermittlungen fest.
Sicher, es gibt zahllose Theorien und Berichte, aber
nichts davon kann direkt mit dem Mord in Verbindung
gebracht werden.

Sackgasse. Schluss, Aus, Ende!

Die meisten der oben angeführten Punkte wurden während der ersten beiden Tage nach dem Mord aufgenommen (manche nur wenige Minuten danach). Dann meldeten sich die Sonderlinge und die Ich-war's-Typen, eine Vielzahl weniger oder gar nicht glaubwürdiger Zeugen und - selbstverständlich - jede Menge anonyme Anrufe. Bei terroristischen Angriffen, zumindest denen von „links", bekennt sich die verantwortliche Organisation auf überzeugende Art und Weise innerhalb einer Stunde zu der Tat. Nicht in diesem Fall.

Viele wollten die Tat für sich beanspruchen, darunter „Kommando Christian Klar", „Kommando Holger Meins", die Ustascha sowie verschiedene rechtspopulistische und neonazistische Gangs. Aber niemand davon gilt als glaubwürdig.

Nach dem Mord war Schweden über mehrere Tage wie belagert. Die Flugplätze waren gesperrt, die Grenzkontrollen wurden verschärft, die Fähren und Häfen durchsucht. (Selbstverständlich nutzt so etwas wenig, denn auf einen durchkomponierten Mord folgt selbstverständlich eine genauso durchkomponierte Flucht.)

Drei Tage nach dem Mord wurde ein Polizist festgenommen, weil man ihn verdächtigte, an dem Mord beteiligt gewesen zu sein; er war ein rechtsextremer Kauz, der bekannt dafür war, auch privat bewaffnet herumzulaufen; zudem hatte er kein wirklich wasserdichtes Alibi. Nach zwei Tagen wurde er jedoch wieder freigelassen, und die Polizei verkündete, er habe nichts mit dem Mord zu tun.

Dann, gut zehn Tage nach Palmes Tod, wurde ein anderer Mann wegen Beihilfe zum Mord festgenommen. Er wurde später als der dreiunddreißigjährige Victor Gunnarsson identifiziert, ein Mitglied der Europäischen Arbeiterpartei (EAP). Fast vierundzwanzig Stunden lang sah es sehr vielversprechend aus, besonders weil sich die Polizei mit einer Stellungnahme zu Wort meldete, dass sie den Mörder gefunden hätte. (Es hieß nicht mehr „Beteiligung am Mord", sondern „Mörder".) Für Victor sprach Einiges.

- Er ist offenbar ein rechtsextremer Spinner und nachweislich besessen vom Ministerpräsidenten, der mehrfach gesagt hat, dass „er erschossen gehört", und darüber hinaus bereits aufgefallen war, weil er Palme während öffentlicher Wahlveranstaltungen und Demonstrationen verfolgte.

- Er befand sich zum Tatzeitpunkt in der Nähe. Verschiedene Quellen behaupten, dass er im selben Kino war wie der Ministerpräsident.

- Er kann nicht beweisen, wo er war, und hat die Polizei offenbar in mehreren ausschlaggebenden Punkten angelogen.

- Er besitzt eine graue Mütze und einen Mantel, die den Kleidungsstücken des Mörders gleichen.

- Als ehemaliger Angestellter verschiedener Sicherheitsfirmen wurde er im Umgang mit Waffen geschult und weiß, wie man einen Revolver abfeuert.

30

- Ein Zeuge hat ihn als den Mann identifiziert, der
unmittelbar nach dem Mord in einer direkten Neben-
straße der Tunnelgatan versucht hat, ein Auto anzuhalten, um mitgenommen zu werden.

- Er wurde dabei beobachtet, wie er zehn bis zwölf
Minuten nach dem Schuss ein Kino betrat, eine halbe
Stunde nachdem der Film angefangen hatte.

- Man weiß, dass er mit einer bislang noch nicht
identifizierten, rechtsextremen, religiösen, antisemi-
tischen Gruppierung mit Sitz in Kalifornien zu tun
hatte, wo er phasenweise lebte.

Einen Tag lang richtete sich die gesamte Aufmerksamkeit des Landes auf die EAP; ich selbst habe mehrere
Artikel über die Partei geschrieben, und eine Aufklärung des Falles schien endlich in greifbarer Nähe.

Doch dann, nur wenige Stunden bevor Gunnarsson dem
Untersuchungsrichter vorgeführt werden sollte, wurde
er wieder auf freien Fuß gesetzt. Warum? Weil der
Zeuge, der gesehen hatte, wie er nach dem Mord ein
Auto angehalten hatte, um mitgenommen zu werden,
plötzlich nicht mehr hundertprozentig sicher war,
dass es sich dabei wirklich um Gunnarsson gehandelt
hatte.

Was uns zum heutigen Tag bringt: Heute hat die
Polizei ihre tägliche Pressekonferenz eingestellt,
weil es nichts Neues mehr zu berichten gibt. Eine
Sackgasse.

Eine Überlegung: Es ist sehr gut möglich, dass Gunnarsson erneut festgenommen wird; laut Staatsanwalt haben sie zwar nichts gegen ihn in der Hand, aber er bleibt eine Person von Interesse.

So viel kann man zu diesem Zeitpunkt sagen. Selbstverständlich könnte ich sicher zweihundert Seiten mit Spekulationen füllen - wie gesagt, bestimmt werden Bücher über diesen Fall geschrieben (vielleicht sollte *ich* mich des Themas annehmen) -, es gibt jedoch nichts Gehaltvolles mehr hinzuzufügen.

Wir haben einen toten Ministerpräsidenten und einen Mörder, der spurlos verschwunden ist.

Die Spekulationen gehen in viele Richtungen. Zum Beispiel könnten südafrikanische Interessen eine Rolle beim Mord gespielt haben. Die Palme-Kommission, an der Palme maßgeblich beteiligt war, hatte eine Kampagne gestartet, die sich gegen Waffenhändler richtete, die Geschäfte mit dem Apartheitsregime machten.

Genauso die kurdische PKK, die in den vergangenen zwei Jahren drei politische Morde auf schwedischem Boden begangen hat. Bislang waren die Opfer „Verräter" aus den eigenen Reihen, aber eine populäre (und ziemlich rassistische) Theorie hält sie für die Schuldigen. Aus welchem Grund? Weil ihr Büro in der schwedischen Hauptstadt in der David Bagares gata liegt, wo der Mörder spurlos verschwand. (Die Theorie berücksichtigt selbstverständlich nicht, warum ein Mörder so dumm sein sollte, sich in den eigenen Büroräumen

zu verstecken, die nur zwei Minuten vom Tatort entfernt liegen.)

Wie dem auch sei: Das sind die Hintergründe. Falls es
etwas Neues gibt, rufe ich dich gern an, sofern du
Interesse hast. Du kannst all das selbstverständlich
jederzeit als Hintergrundinformation nutzen.

Ich lege dir noch ein Bild von Gunnarsson bei, muss
dich aber darauf hinweisen, dass sein Anwalt alle
ausländischen Medien verklagen will, die das Bild
veröffentlichen (ich war einer der wenigen Journalisten, denen es gelang, das Bild zu sichern, was zu
einer Sensationsnachricht innerhalb der europäischen
Medien führte, bevor Gunnarsson freigelassen wurde).

Okay, pass auf dich auf,
Stieg

TEIL 1
STIEG

TAG DES MORDES

Stockholm, 28. Februar 1986

Es war der Tag, an dem der schwedische Ministerpräsident sterben würde, und Stieg kam, wie gewöhnlich, zu spät mit einer Zigarette in der Hand zur Arbeit. Er beschloss, die Treppen zu nehmen, um eine halbe Minute zu sparen, denn der neue Aufzug war unerklärlich langsam. Die Stufen machten ihm nichts aus, obwohl er bis nach ganz oben musste. Die brennende Zigarette in der rechten Hand begrenzte ein wenig die mögliche Sauerstoffaufnahme, aber er war gerade mal einunddreißig und strotzte vor Energie. In der linken Hand hatte er seine abgetragene Aktentasche, die allerdings bis auf wenige Blätter leer war. Er joggte hinauf, angetrieben von einer Mischung aus Koffein und Nikotin.

Tidningarnas Telegrambyrå (TT) war Schwedens führende Nachrichtenagentur und vor einem knappen Jahr in das frisch renovierte Gebäude am Kungsholmentorg gezogen, das früher einmal die Brauerei *St. Eriks* beherbergte. Die Zahl der Mitarbeiter und die technische Ausstattung waren vergleichbar mit der des Schwedischen Rundfunks oder der größten Tageszeitung *Dagens Nyheter*. Die Redaktion nahm das gesamte siebte Stockwerk ein, und genau wie alle, die zu Besuch kamen, musste auch Stieg einmal quer durch das offene Großraumbüro. Der leicht industrielle Touch passte gut zu Stiegs Charakter. Direkt an den Eingangsbereich schloss eine lange Reihe Faxgeräte der Marke

Toshiba an. Jeder wusste, dass es unnötig viele waren, aber in der Yuppie-Ära der Achtzigerjahre war es wichtig – selbst für eine Nachrichtenredaktion –, zu zeigen, dass man mehr wollte. Zur Linken lagen die Büros der angesehensten Mitarbeiter TTs und die der mittleren Führungskräfte. Stieg versuchte, sich unsichtbar zu machen, aber sein Chef, Kenneth Ahlborn, rief ein etwas zu lautes »Guten Morgen«, als dass Stieg es hätte ignorieren können.

»Du bekommst ihn heute, versprochen!«

Stieg hatte bereits drei Deadlines versäumt, ein strengerer Chef hätte vermutlich längst einen anderen Ton angeschlagen. Selbst Kenneths Nachsicht kannte Grenzen, und heute musste Stieg einfach liefern.

Ein Stockwerk über der Redaktionsetage befand sich eines der größten Nachrichtenarchive Schwedens. Lange Reihen mit Regalen, die sich mit wuchtigen Steuerrädern über Schienen am Boden bewegen ließen. Auch dies ein imposanter Anblick, allerdings auf andere Art beeindruckend als die Faxgeräte. Stieg ging an der Kurzseite der Regale entlang, bog hinter dem letzten ein und betrat durch eine Tür das Büro. Der kleine fensterlose Raum, aber mit Glasfront zu den Archivregalen, ließ sich am besten mit dem Wort funktional beschreiben. Stieg teilte ihn mit Ulla, der verantwortlichen Archivarin, und wechselnden Aushilfen, die einen Platz zum Arbeiten brauchten. Trotz der Abgeschiedenheit wusste jeder, der mit ihm Kontakt aufnehmen wollte, wo er zu finden war, und sein durchgesessener Besuchersessel, den er von zu Hause mitgebracht hatte, wurde öfter aufgesucht als die schicke Sofagruppe ein Stockwerk tiefer.

Dieser Tag war speziell. Es war der letzte Freitag des Monats, und alle mussten sich zur Redaktionskonferenz einfinden, eine Idee des neuen Geschäftsführers – um »mehr direktes Feedback von der Basis zu bekommen«, wie er sich ausgedrückt hatte. Dabei fand der Informationsfluss in sehr einfacher, nach unten abfallender Richtung statt, was Stieg durchaus zugutekam. Die Position seines unmittelbaren

Chefs war stark, und ihm war es möglich, Stieg weitestgehend aus dem Zentrum des Geschehens herauszuhalten, sodass er sich ganz auf das Thema konzentrieren konnte, für das er brannte: den Kampf gegen den Rechtsextremismus.

Über seine eigentliche Aufgabe als Illustrator hinaus sollte Stieg manchmal längere Reportagen schreiben, häufig über Themen, die ihn besonders interessierten, und wenn danach noch Zeit blieb, widmete er sich dem, was ihm wirklich wichtig war: einer Übersicht über den schwedischen Rechtsextremismus und dessen Verbindungen ins Ausland. Er konnte sich kaum erinnern, wann er damit angefangen hatte, aber der Kampf gegen Intoleranz und Ungerechtigkeit war definitiv schon seit der frühen Jugend Teil seines Lebens. Eine Kindheit mit einem Großvater mütterlicherseits, der alles hasste, was mit Nationalsozialismus und Rechtsextremismus zu tun hatte, war sicherlich prägend, aber Stiegs Engagement war sogar größer als das seines Großvaters. Er hatte sein Leben dem Kampf gegen den Rechtsextremismus verschrieben.

Er kam zu spät zur Redaktionskonferenz, bei der er nur zeigen musste, dass er sich als Teil der Geschäftsvision sah, damit er sich so schnell wie möglich wieder in sein stilles Kämmerlein zurückziehen konnte. Es war zehn Uhr morgens, früh für ihn, weshalb seine vertrautesten Kollegen ihn überrascht ansahen, als er den Konferenzraum betrat. Die Tür wurde hinter ihm geschlossen, er ließ sich atemlos auf einen freien Platz sinken, während der Geschäftsführer breit lächelnd alle willkommen hieß.

Die Konferenz an sich barg keine Überraschungen. Die Redaktionsleitung setzte stark auf die Devise, dass Wiederholung die Mutter des Wissens war, und Stieg war sich ziemlich sicher, dass die Bilder des Unternehmensplans 1986 schon zum vierten Mal gezeigt wurden, wenn auch in anderer Reihenfolge. Davon abgesehen, hatte das flackernde Licht des Overheadprojektors etwas sehr Einschläferndes.

Überraschend war nur, dass am Ende einer der Redakteure daran erinnerte, dass sich die Journalisten der Redaktion am Abend im Restaurant *Tennstopet* einfinden sollten, wo sie herzlich willkommen wären. Das Wort Journalisten implizierte, dass sich niemand ohne den Titel »Journalist«, »Reporter« oder »Redakteur« anmaßen sollte zu erscheinen.

Für Stieg war dieser Freitag außergewöhnlich, denn Eva und er wollten den Abend zusammen verbringen. Sie hatten nicht geplant, auswärts essen zu gehen, sondern zusammen zu kochen oder eine Pizza zu holen. Das bedeutete für Stieg, die Uhr im Blick zu behalten und die Redaktion nicht später als um sieben zu verlassen. Nun, allerspätestens um acht. Die nächste U-Bahnstation, Rådhuset, lag nur einen Block entfernt, von dort brauchte er weniger als eine halbe Stunde nach Rinkeby. Ansonsten stand an diesem Tag nichts an. Er musste eine Illustration fertigstellen, die verdeutlichte, wie die schwedische Wirtschaft von der Familie Wallenberg gesteuert wurde, einer der mächtigsten Eigentümerstrukturen auf dem Weltfinanzmarkt. Die ökonomischen Tiefschläge des letzten Jahrzehnts hatten das Imperium zwar erschüttert, trotzdem verliefen die Bande noch immer quer durch die schwedische Gesellschaft, durch anonyme Stiftungen, Firmen und Verbände, die auf dem Papier nichts mit der Familie zu tun hatten, aber nahestehende Schlüsselpersonen aufwiesen.

Nach sorgfältiger Überlegung hatte Stieg einen Kartenausschnitt von Stockholms Innenstadt gewählt. Drei Adressen, die im Umkreis von einem Kilometer voneinander lagen, waren eingekreist: das Industrihuset auf Östermalm, der Burmanska palatset (unter anderem der Sitz des schwedischen Arbeitgeberverbandes) in Blasieholmen und ein Gebäude in der Birger Jarlsgatan 6, in dem zahlreiche Organisationen, Firmen und Gesellschaften angesiedelt waren. Über den Ausschnitt legte er eine Übersicht mit so vielen Pfeilen, um die Verbindungen zu markieren, dass sogar einem Verschwörungstheoretiker schwindelig geworden wäre, hätte Stieg sie nicht alle unterschiedlich gestrichelt oder in Graustufen markiert. An Vierfarbdruck war nicht zu denken. Technisch war er zwar seit wenigen Jahren möglich, aber nur ein paar der Abendzeitungen verwendeten ihn, die jedoch nicht zu den größten Kunden von TT gehörten.

Stieg zündete sich eine neue Zigarette an und stellte seine Kaffeetasse neben das Zeichenpapier und die Gewichte, die es an Ort und Stelle hielten. Wenn die Asche zu lang wurde, fiel sie oft auf das Blatt, dann blies er sie für gewöhnlich fort oder schob sie mit der einen in die andere Hand und klopfte sie in eine der leeren Kaffeetassen. Die meisten Kollegen gingen früh zum Mittagessen, Stieg hingegen arbeitete, bis die Gedanken träge wurden und er dringend etwas für den Blutzuckerspiegel tun musste. Also holte er sich schnell ein Käsebrötchen mit Gurke aus der Cafeteria.

Als Stieg das nächste Mal auf die Uhr schaute, war es bereits halb sechs. Allerhöchste Zeit, die Illustration fertig zu zeichnen. Um einen Aufschub zu bitten, war keine rechte Alternative, denn so würde sich auch die Veröffentlichung seines nächsten Artikels verzögern, mit dem er eins seiner Herzensthemen so aufbereiten wollte, dass es einer breiten Öffentlichkeit zugänglich wurde.

Stieg legte probeweise Marcus Wallenbergs Spruch *Esse, non videri* über einen Teil der Karte. *Sein, aber nicht gesehen werden* stimmte definitiv mit der Botschaft über versteckte Bande überein, aber ohne Übersetzung würde es niemand verstehen, und mit noch mehr Text wäre die ganze Illustration zu unübersichtlich. Er beschloss, so lange zu bleiben, bis er fertig war, was in zwei oder drei Stunden der Fall sein sollte. Dann würde er es gerade noch rechtzeitig nach Hause schaffen, bevor Eva den Glauben an ein gemeinsames Abendessen verlor.

Vermutlich war es ein magisches Zeichenbrett, denn kaum saß Stieg vor den Linien und Symbolen, verflog die Zeit nur so. Plötzlich war es nach acht, und er musste einsehen, dass ein sofortiges Einschreiten nötig war. Er nahm den Hörer seines leicht abgegriffenen Ericsson-Telefons – ein Dialogmodell – ab und überlegte beim Klang der Drehscheibe, wie er Eva erklären sollte, dass er doch nicht vor Mitternacht heimkäme, sie also ihren gemeinsamen Abend vertagen müssten.

Das Gespräch war gar nicht so schlimm, weil Eva seine Erklärungen immer nachvollziehen konnte; er kämpfte dennoch lange mit seinem schlechten Gewissen. Es dauerte gut zehn Minuten, bis er wieder seinen Rhythmus gefunden hatte, aber jetzt würde im Laufe des Abends immerhin die Illustration fertig werden.

Im Hintergrund lief ein Stockholmer Lokalsender. Eine Organisation namens *Societas Avantus Gardiae* brachte ein Theaterstück. Wenn Stieg aufmerksam zugehört hätte, wäre ihm nicht entgangen, dass der Moderator seine Zuhörer dazu aufforderte zu raten, welcher Staatsmann ermordet werden würde, nur um dann zu betonen, dass es *nicht* Gustav III. war, obwohl das Stück just von den Vorbereitungen dieses Mordes handelte. Stieg brauchte jedoch etwas Leichtes, das ihn nicht ablenkte, weshalb er sich einen Sender suchte, der ununterbrochen Popmusik spielte.

Als er sich endlich nach dem Schalter am schweren gusseisernen Fuß seiner Tischlampe streckte und das Licht löschte, war es zwanzig nach elf. Fast zeitgleich wurde auf dem Sveavägen der tödliche Schuss auf den schwedischen Ministerpräsidenten abgefeuert. Davon nichts ahnend, grübelte Stieg, ob er wohl noch die nächste Bahn nach Rinkeby erreichen würde.

DER HASS

Der Hass trieb mehr als zwanzig Jahre zuvor schon erste Keime. Wenige stellten infrage, dass Olof Palme einer von Schwedens einflussreichsten Politikern aller Zeiten war, aber seinen Weg bis an die Spitze säumten viele Kämpfe, bei denen er sich viele Feinde machte.

Olof Palme hatte 1969 den Posten des Ministerpräsidenten und Parteivorsitzenden von Tage Erlander übernommen, der dreiundzwanzig Jahre lang im Amt gewesen war – ein Weltrekord. Bei Erlanders letzter Wiederwahl hatten die Sozialdemokraten mehr als fünfzig Prozent der Stimmen bekommen. Es war unmöglich für Palme, an dessen enorme Popularität anzuknüpfen. Da er noch dazu unübersehbar der Oberschicht entstammte, beäugten ihn besonders die Arbeiter und eher linksorientierten Parteigenossen misstrauisch. Und dann verlor er 1976 die erste Wahl seit vier Jahrzehnten für die Sozialdemokraten.

Die Niederlage gab ihm jedoch die Möglichkeit, sich um das zu kümmern, was ihm besonders am Herzen lag: die Außenpolitik. Olof Palme war ein Freund der Entwicklungsländer und kämpfte für die Rechte der Schwachen. Er erzählte gern von seiner ersten politischen Aktion, als er mit ein paar Freunden Blut spendete, um Geld für den Kampf gegen die Apartheid in Südafrika zu sammeln.

Sein Engagement innerhalb der Außenpolitik ging jedoch oft über einfache Beziehungen zu den Großmächten hinaus. Er verärgerte die damalige Sowjetunion, als er im April 1975 die tschechoslowakische Marionettenregierung als »Kreatur der Diktatur« bezeichnete und im Dezember 1979 den sowjetischen Einmarsch in Afghanistan verurteilte.

Während des Kalten Krieges provozierte er die USA, die zweimal sogar ihre diplomatischen Beziehungen zu Schweden einstellten. Das erste Mal, nachdem Palme 1968 Seite an Seite mit dem in Moskau ansässigen Botschafter Nordvietnams in Stockholm an einem Fackelzug gegen den Vietnamkrieg teilnahm. Das zweite Mal, als Palme die Bombardierung Hanois an Weihnachten 1972 kritisierte und das Vorgehen der USA mit den schlimmsten Massakern des zwanzigsten Jahrhunderts verglich.

Viele sahen Palmes – und damit Schwedens – Politik als dritten Weg; er hatte eigene Pläne, um den Kalten Krieg zu beenden. Durch die sogenannte Palme-Kommission, deren Vorsitzender er war, versuchte er, unterstützt von anderen führenden Politikern aus der ganzen Welt, die nötigen Voraussetzungen zur Abrüstung zu schaffen, damit die Erde ein sichererer Ort wurde. Die USA interessierten sich nur mäßig für diesen Weg, weshalb diese Alternative einen leisen Tod starb; weil aber die damalige Sowjetunion Interesse daran gezeigt hatte, wuchs das Misstrauen gegen Palme in Schweden und auch im Ausland. Man verdächtige ihn, Laufbursche der Russen zu sein.

Zwischen 1980 und 1982 war er UNO-Vermittler im Krieg zwischen Iran und Irak, ein unseliger Auftrag, der von Anfang an zum Scheitern verurteilt war, und als bekannt wurde, dass er sich aktiv für schwedische Waffenhersteller, allen voran Bofors, einsetzte, um deren Exporte nach Indien zu sichern, war er für viele ein Heuchler. Erst setzte er sich für Abrüstung und Frieden ein, nur um dann den schwedischen Waffenexport zu unterstützen und so Arbeitsplätze zu sichern.

In Schweden wurde die Kritik laut, dass das Land weder Zeit noch Mittel hatte, sich als das Gewissen der Welt aufzuspielen, und dass sich der Ministerpräsident auf die Innenpolitik konzentrieren sollte, wo sich Palmes Position geschwächt hatte. Durch seine Rhetorik und seine geschickten Machtspielchen hatte er sich politische Feinde im linken wie rechten Lager gemacht.

Gegen seinen Willen musste er den alten Vorschlag der Sozialdemokraten – den eines Arbeitnehmerfonds – umsetzen, dass ein Teil des Unternehmensgewinns in Aktienfonds an die Angestellten ging. Kritiker nannten dies Oststaatensozialismus, mehrere Unternehmen verließen daraufhin das Land.

Aber es war nicht nur die Politik, die seine Gegner verärgerte. Olof Palmes Zugehörigkeit zur Oberschicht hatte viele seiner sozialdemokratischen Parteifreunde misstrauisch gestimmt, während die Konservativen fanden, er habe seine Klasse verraten. Außerdem brachte sein Auftreten die Menschen gegen ihn auf. In Debatten war Palme ungeduldig und wirkte arrogant, wenn er seine weniger ehrgeizigen Gegner niedermachte. Mit einem geschätzten IQ von 156 gehörte er zu dem Bruchteil der Gesellschaft, die man Genies nennen konnte. Dabei lag sein IQ unter dem Dolph Lundgrens, dessen IQ 160 beträgt, aber über dem aller anderen Politiker Schwedens. Palme machte gegenüber seinen Gegnern keinen Hehl daraus, wie bewusst ihm seine intellektuelle Überlegenheit war.

Lange Zeit gehörte er zu den Günstlingen der kulturellen Welt, wurde oft als VIP-Gast zu Premieren geladen. Doch nachdem dem weltberühmten Filmregisseur Ingmar Bergman 1976 Steuerhinterziehung vorgeworfen und er auf erniedrigende Art von der Polizei direkt im schwedischen Nationaltheater verhaftet worden war, sank Palmes Beliebtheit auch hier und mit ihr die Zahl solcher Einladungen.

Auch in der Medienbranche hatte Palme mächtige Feinde. Zusätzlich zu der Tatsache, dass sich die Mehrheit der schwedischen Zeitungen zwar unabhängig, aber konservativ präsentierte, war es Palme gelungen, sich den einflussreichsten schwedischen Journalisten zum Feind zu machen. Jan Guillous Enthüllung, dass die sozialdemokratische Partei mit Olof Palme an ihrer Spitze den militärischen Nachrichtendienst IB genutzt hatte, um unter anderem mutmaßliche kommunistische Sympathisanten zu ermitteln und zu registrieren, erinnerte nur zu deutlich an die Watergate-Affäre. Allerdings spielte Palme seine Karten besser aus als der amerikanische Präsident Nixon. Die Folge der Enthüllung war, dass Palme seinen Posten behielt, während Guillou und sein Journalistenkollege Peter Bratt wegen Spionage zu einer Freiheitsstrafe von einem Jahr verurteilt wurden.

Jan Guillou war kein leichter Gegner. Nur wenige Jahre später versuchte er, Olof Palme in Verbindung mit der Geijer-Affäre zu bringen, die nachwies, dass schwedische Politiker, allen voran der Justizminister Lennart Geijer, Sex mit Prostituierten hatten. Palme kam um Haaresbreite davon, weil er mithilfe zweier treuer Männer – Polizeipräsident Hans Holmér und Verleger Ebbe Carlsson – ein in Teilen nicht wahrheitsgetreues Dementi schrieb.

Guillous letzter Angriff auf Palme trug den Namen Harvard-Affäre und wurde nie abgeschlossen, richtete sich aber an Palme privat. In einem live gesendeten Radiointerview fragte Guillou, ob Palme das Stipendium, das sein Sohn Joakim von der amerikanischen Eliteuniversität Harvard als Dank für Palmes dortige Vorlesung bekam, nicht versteuern müsste. Olof, der sonst fast nie eine Antwort schuldig blieb, zögerte diesmal etwas zu lange, um glaubwürdig zu sein. Nach und nach drohte eine Medienaffäre.

Kaum hatte sich der Hass auf Palme in den unterschiedlichen Schichten der Bevölkerung etabliert, war er nicht mehr aufzuhalten. Und dann starteten die Feldzüge. Die Zeitungen veröffentlichten Karikaturen von Palme mit schiefer Nase, schlechten Zähnen und dunklen Ringen unter den Augen. Selbstverständlich gab es auch jene, die an seinem Aussehen nichts auszusetzen fanden. Eine der Frauen zum Beispiel, die behauptete, eine Affäre mit Palme gehabt zu haben, war die amerikanische Schauspielerin Shirley MacLaine. Gerüchte über Palmes angebliche außereheliche Affären wurden verbreitet und übertrieben.

Viele der schwedischen Tageszeitungen publizierten großflächige Anzeigen, die sich direkt gegen Olof Palme und seine Politik richteten. Darin wurde zum ersten Mal das Wort »Palmeismus« verächtlich verwendet, ohne dass sich die jeweiligen Blätter zu der erfundenen Ideologie positionieren mussten. Klar war, dass es starker finanzieller Mächte bedurfte, die Millionenbeträge aufzubringen, die solche Anzeigen kosteten; dabei wurden sie von der Schauspielerin Gio Petré und dem zuvor unbekannten Arzt Alf Enerström aufgegeben. Gleichzeitig verkaufte die Zeitschrift *Contra*, mit unverhohlen rechtem Einschlag, Zielscheiben mit Palmes Karikatur in der Mitte.

Im September 1985 stand die nächste Wahl an, die wieder eine sozialdemokratische Regierung hervorbrachte. Auf einer der Wahlpartys der Moderaten wurde zur allgemeinen Erheiterung eine Puppe, die Olof Palme darstellen sollte, herumgeworfen.

Am 3. November 1985 erschien im *Svenska Dagbladet* ein Kommentar des Fregattenkapitäns Hans von Hofsten, in dem er der Politik des Ministerpräsidenten gegenüber der damaligen Sowjetunion sein Misstrauen und das einer Vielzahl von Kollegen aussprach.

Olof Palme stand unter Druck. Man munkelte, dass er zurücktreten und einen Posten bei der UN annehmen wollte. Er war müde und hatte dazu auch allen Grund. Schwedens brillantester und einflussreichster Politiker aller Zeiten spürte aus allen Richtungen Gegenwind. Der Weg nach vorn war nicht mehr frei. Es war der 28. Februar 1986.

DER FLUCHTWEG

Stockholm, 1. März 1986

»Palme wurde ermordet.«

Mit dieser schrecklichen Nachricht wurde er geweckt. Eva war schon eine Stunde vor ihm aufgestanden, hatte das Radio angestellt und sich gewundert, warum alle drei Sender Trauermusik spielten. Dann war das Programm plötzlich für eine Sondersendung unterbrochen worden.

Sie aßen nichts zum Frühstück, tranken nur eine Tasse Kaffee in der spartanischen Küche. Stieg rief Kenneth bei TT an, um nachzufragen, ob sie schon mehr wussten, als in den Nachrichten gesagt wurde, aber anstatt einer Antwort kam die Aufforderung, dass er sich in der Redaktion einfinden sollte. Und zwar sofort. Eva beschloss, ihn zu begleiten. Sie war ruhelos und konnte sich nicht vorstellen, allein zu Hause zu bleiben.

Der Bahnhof in Rinkeby war so leer wie an jedem gewöhnlichen Samstag. Sie liefen eine gefühlte Ewigkeit am Bahnsteig auf und ab, bis die U-Bahn endlich einfuhr, und waren nach einer knappen halben Stunde am Hauptbahnhof. Stieg verließ nicht wie sonst an der Haltestelle Rådhuset die U-Bahn. Er wollte noch ein bisschen Zeit mit Eva verbringen, ehe er in die Redaktion ging, wo sicher die Hölle los war. Sie nahmen den Ausgang zur Vasagatan und bogen rechts in die Tunnelgatan ein. Nach einem fünfminütigen Spaziergang entlang der nichtssagenden Straße erblickten sie einen Streifenwagen direkt neben einer Menschentraube, die an der Ecke des Skandiahuset standen. Da erst kamen sie zu der Gewissheit: Der schwedische Ministerpräsident war mitten in Stockholm auf offener Straße ermordet worden.

Als sie den Tatort erreichten, fiel ihnen die Stille auf. Sicher hundert Menschen hatten sich um den kleinen abgesperrten Bereich versammelt. Niemand sprach laut, niemand gestikulierte groß, wer weinte, tat dies leise. Die schwedische Art, Trauer zu zeigen. Immer mehr Menschen blieben stehen – zum Teil mit Rosen in den Händen –, andere gingen, aber all dies geschah schweigend.

Eva und Stieg gingen bis zum Flatterband vor, mit dem der Tatort gesichert war, wo ihnen bewusst wurde, wie nah sie dem Ort waren, an dem Palme gestorben war. Sein Blut war über die kalten Betonplatten geflossen und zu dunklem rotem Eis gefroren. Die Lache war größer, als man vermutet hätte. Entlang der Absperrung lagen Blumen, überwiegend Rosen, einige waren in den abgesperrten Bereich geworfen worden. Trotz der Kälte blieben sie eine ganze Weile regungslos stehen. Die Stille wurde nur von den sporadischen Durchsagen über den Polizeifunk unterbrochen.

Von ihrem Standort aus konnten sie weit in beide Richtungen des Sveavägens sehen. In der Tunnelgatan standen vielleicht 50 Meter hinter der Einmündung ein paar Bauwagen, die die Sicht teilweise versperrten. Hinter den Bauwagen ragte der Brunkebergsåsen in die Höhe.

Es war gerade mal neun Uhr morgens, und doch war klar, dass es ein langer Tag in Schweden werden würde. Viele weitere Menschen würden herkommen und Blumen ablegen. Vielleicht würde sogar der Mörder an diesen Ort zurückkehren, wenn ein Quäntchen Wahrheit in der alten Redensart steckte, dass ein Täter immer an den Tatort zurückkehrt.

* * *

Im Aufzug auf dem Weg zur TT-Redaktion versuchte Stieg, seine niedergedrückte Stimmung in produktives Denken zu verwandeln. Er rechnete nicht damit, dass sein kleiner Umweg zur Arbeit ins Gewicht fiel, weil es sicher ein paar Stunden dauern würde, bis sich die Redaktion einen Überblick über das Geschehen verschafft hatte, um eine oder mehrere Illustrationen bei ihm in Auftrag zu geben. Er würde vermutlich bis in die Morgenstunden bleiben müssen, um irgendetwas fertigzustellen.

Die Stimmung am Tatort war fast ehrfürchtig und still gewesen. Die Intensität, die ihn begrüßte, als er die Redaktion betrat, stellte einen klaren Kontrast dar. Es schien fast, als wäre alles verfügbare Personal einbestellt worden, damit gesichert war, dass TT die Führung bei der Berichterstattung über den Mord einnahm. Alle waren damit beschäftigt, die wenigen Informationen zu sammeln, die es gab. In wenigen Stunden würden einige von ihnen bereits schreiben, aber die Informationssammlung würde weitergehen, besonders wenn es der Polizei nicht gelang, einen Verdächtigen festzunehmen. Und mit jeder Stunde, die verging, verringerte sich die Wahrscheinlichkeit, dass der Fall schnell aufgeklärt würde, das wusste jeder Polizist. Und Journalist.

Bereits eine Stunde nach seiner Ankunft hatte Stieg eine Aufgabe bekommen, die ihn für den Rest des Tages beschäftigen sollte und vielleicht sogar bis in die Nacht, je nachdem, was an Informationen noch dazukam. Er sollte eine Karte von der Umgebung des Grand-Kinos und des Tatorts anfertigen, die nach Bedarf mit weiteren Details angereichert werden konnte. Es war eine Hilfe, dass Eva und er gerade den Tatort gesehen hatten, obwohl noch nicht sicher war, welche Informationen auf die Karte sollten. Es bestand die Gefahr, dass viel Text genau um den Tatort und das Grand angesiedelt werden musste, während die Ränder der Karte freiblieben. Außerdem könnte es Bedarf an einer englischen Version geben, bei der der umfangreichere Text zu berücksichtigen war, der durch die Übersetzung entstehen würde. Der Druck der ausländischen Medien war bereits groß, und TT gehörte zu ihren wichtigsten Quellen in Schweden.

Auf einer Stadtkarte markierte Stieg die Orte, von denen er bereits wusste, dass das Ehepaar Palme sie passiert hatte. Bevor er zu zeichnen anfing, befreite er den Tisch von alten Kaffeetassen und unnötigen Papierstapeln; außerdem holte er sich einen frischen Kaffee, statt den bereits kalt gewordenen auszutrinken. Dann legte er einen auf das richtige Format vergrößerten Kartenausschnitt auf den Tisch und platzierte ein durchsichtiges Blatt DIN-A3-Zeichenpapier darüber. Mit Gewichten stellte er sicher, dass das Blatt wenige Zentimeter von der ihm zugewandten Tischkante liegen blieb. Dann kontrollierte er mithilfe des T-Lineals, dass es auch wirklich parallel zur Kante ausgerichtet war. Rechts von ihm lag der Bogen mit Haftbuchstaben, -linien und -symbolen. Er zeichnete zunächst die Konturen der Viertel und Straßen auf. Diese versah er mit selbsthaftenden Schraffuren, damit sich unterschiedliche Untergründe schneller erfassen ließen. Mit einem Skalpell schnitt er sie exakt zurecht und nutzte den Griff dieses Werkzeugs, um Blasen unter der Folie herauszudrücken. Stieg war kein großer Fan der eher technisch anmutenden Schraffuren, aber die Verwendung war der letzte Schrei, deshalb musste er sich wohl oder übel fügen.

Stunde um Stunde strömten weitere Informationen herein, die seine Kollegen streng nach Aussagen von Polizei, Medien und Öffentlichkeit trennten. Als Stieg endlich eine schwedische und eine englische Version der Karte fertiggestellt hatte, war bereits seit mehreren Stunden der zweite März.

SHERLOCK HOLMÉR

Stockholm, 1. März 1986

Die Ermittlungen im Mordfall Olof Palme konnten keinen schlechteren Anfang nehmen. Der Täter entkam ohne größere Probleme, obwohl mehrere Streifenwagen in der Nähe waren und der erste innerhalb weniger Minuten am Tatort eintraf. Die vorgenommenen Absperrungen waren viel zu klein, sodass die Patronen erst am Folgetag des Mordes von Zivilpersonen außerhalb der Sperrzone gefunden wurden. Gut möglich, dass andere Spuren dadurch ebenfalls verloren gingen.

In der Leitstelle kam es zu Verzögerungen, sodass die landesweite Fahndung erst um 02.05 Uhr rausging. Aus der Meldung ging hervor, dass es sich um zwei Täter handelte. Da in der Nacht ein heilloses Chaos vorherrschte, war schnell klar, dass ein starker Mann an der Spitze der Ermittlungen nötig war. Dazu standen drei zur Auswahl:

Terroristische Verbrechen und solche mit Verbindungen zu ausländischen Mächten fielen in den Zuständigkeitsbereich der schwedischen Sicherheitspolizei: Säpo. Sven-Åke Hjälmroth, der damalige Chef, war nach einer turbulenten Phase an diese Stelle gewählt worden, um die Wogen zu glätten. Weil er seine berufliche Karriere bei der Post begonnen hatte, verpasste man ihm den wenig schmeichelhaften Namen »der Postbote«.

Zweite Möglichkeit war die Landeskriminalpolizei, in deren Aufgabenbereich besondere Ereignisse fielen, zu denen man den Mord am

Ministerpräsidenten definitiv zählen konnte. Außerdem war die Landes-
mordkommission, Schwedens geballte Kompetenz auf dem Gebiet der
Mordaufklärung, der Landeskriminalpolizei untergeordnet. Chef der
Landeskriminalpolizei war der steinharte Tommy Lindström, der innerhalb kürzester Zeit zum Günstling der Medien avancierte; man hatte ihm
den Spitznamen Tommy Turbo gegeben, nachdem er mit 174 Stunden-
kilometern in eine Radarkontrolle geraten war. Außerdem nannte man
ihn Super Cop, vermutlich wegen seines Hangs, sich an den Ermittlungen zu beteiligen, obwohl er über keine Polizeiausbildung verfügte.

Dritte Möglichkeit war die Lokalpolizei, in diesem Fall die Polizeibehörde der Provinz Stockholm, die verantwortlich war für gewöhnliche Kriminalität – wie zum Beispiel Mord auf offener Straße. Hans
Holmér war Bezirkspolizeipräsident Stockholms, allerdings konnte er
weder eine Polizeiausbildung noch Ermittlungserfahrung bei Gewalt-
delikten vorweisen.

Die Säpo und der verantwortliche Intendant Alf Karlsson hatten
bei ihrem Auftrag, den Ministerpräsidenten zu beschützen, komplett
versagt. Würde man ihr die Ermittlungen übertragen, bedeutete dies,
sie ermittelten trotz eigenem Verschulden. Mediale Kritik war vorpro-
grammiert. Blieben also noch Landeskriminalpolizei und die Stockholmer Lokalpolizei als mögliche Alternativen.

Tommy Lindström war sich nicht zu schade, anzupacken, und liebte es, im Mittelpunkt zu stehen, aber im Mordfall des Ministerpräsidenten wählte er eine andere Taktik. Nachdem er gleich frühmorgens
über den Mord informiert worden war, entschied er, sich wieder hin-
zulegen und erst einmal zu Hause zu bleiben, um seinen Geburtstag
zu feiern. Er aß Torte, packte den Feldhockeyschläger aus, den er von
seinen Söhnen geschenkt bekam, und ließ sich Zeit. Gegen halb elf erreichte er sein Büro, aber da war die Verantwortung für den Fall bereits
an jemand anderen vergeben worden.

Als Hans Holmér die Nachricht um 07.35 Uhr bekam, befand er
sich nach eigenen Angaben mit seiner Freundin Åsa im Hotel Scandic

in Borlänge. Eigentlich wollte er am Folgetag an seinem achtzehnten Vasalauf in Folge teilnehmen, setzte sich stattdessen aber ins Auto und fuhr zurück nach Stockholm. Bei seiner Ankunft wurde ihm die Mordermittlung übertragen. Wie dieser Entschluss getroffen wurde, wusste niemand, aber dass dies nicht ohne die Unterstützung der obersten politischen Ränge geschehen war, war allen klar.

Hans Holmér erfüllte viele der Anforderungen, die an den Leiter der wichtigsten Mordermittlung Schwedens aller Zeiten gestellt wurden. Er war unerschrocken, entschlossen und kannte den Polizeibetrieb nur zu gut durch seine Zeit als Chef der Säpo und der Bezirkspolizei. Sein politisches Netzwerk war umfassend, besonders mit Blick auf die regierende sozialdemokratische Partei. Zusammen mit seinem engen Freund Ebbe Carlsson hatte er Olof Palme oft aus der Klemme geholfen. Die IB-Affäre und die Geijer-Affäre waren nur zwei Beispiele für Verstrickungen, die zum Rücktritt des Ministerpräsidenten hätten führen können und die Hans Holmérs Loyalität und Härte auf die Probe stellten. Und jedes Mal hatten er und Ebbe Carlsson Palme bewiesen, dass sie schwere Krisen abwenden konnten. Jetzt war Holmérs langjähriger Auftraggeber ermordet worden, und es war an ihm, den oder die Verantwortlichen zur Rechenschaft zu ziehen.

* * *

Um 10.50 Uhr am Samstag, dem 1. März, betrat Hans Holmér das Polizeipräsidium, um die Ermittlungen im Mordfall Olof Palme zu übernehmen. Er hatte bereits die Anfrage des Justizministeriums, ihm einen Beobachter zur Seite zu stellen, akzeptiert, und Staatssekretär Harald Fälth hatte einen Ministerialrat hinübergeschickt, der den Ermittlungen beiwohnen sollte. Dass ein Regierungsrepräsentant an einer Ermittlung beteiligt war, verstieß an und für sich gegen die schwedische Verfassung, aber außergewöhnliche Umstände erforderten außergewöhnliche Maßnahmen.

Medien und Öffentlichkeit warteten auf Neuigkeiten, also beraumte Holmér die erste von vielen Pressekonferenzen an. Nach einer sehr kurzen Einweisung durch seine Mitarbeiter beschloss er, eine der gesuchten Personen aus der landesweiten Fahndung herauszunehmen, sodass in dem neuen Text nur noch von einem Täter die Rede war. Seine Beweggründe behielt Holmér für sich.

Es war zwölf Uhr, als Holmér den Presseraum des Polizeipräsidiums betrat und so selbstsicher die erste Pressekonferenz führte, dass ihm noch vor Jahresende der Titel »Schwede des Jahres« verliehen wurde.

* * *

Der Druck war enorm. Holmér trug die Verantwortung über die Ermittlungen in einem Mordfall, auf den die ganze Welt blickte. Viele hatten damit gerechnet, dass er einen seiner qualifiziertesten Ermittler zum Fahndungsleiter ernennen würde, doch zur Überraschung aller übernahm er selbst diese Rolle, obwohl er keinerlei Erfahrungen mit Mordfällen hatte. Innerhalb der Ermittlungsgruppe, die nach nur einem Tag schon mehr als zweihundert Mann stark war, gab es definitiv genügend andere Polizisten, um dieses Manko auszugleichen.

Besonders an den ersten Tagen herrschte große Unsicherheit. Der Mord an Olof Palme hätte den Auftakt zu etwas viel Größerem markieren können. Vielleicht den Anfang eines Putschs. Das Erste, um das sich Holmér kümmerte, war sein eigener Schutz. Statt sich in die Hände der nun kompromittierten Säpo zu begeben, stellte er vier private Leibwächter an, denen er zu hundert Prozent vertraute. Ein paar von ihnen hatten der sogenannten Baseballliga angehört, einer anonymen Gruppe von Polizisten, die statt einer Uniform Baseballkappen trugen und Anfang der Achtzigerjahre bei der Aufklärung der Ausschreitungen in der Stockholmer Innenstadt geholfen hatten.

Dann versicherte sich Holmér, dass die Regierung hinter ihm stand. Dafür war es notwendig, den neuen Ministerpräsidenten des Landes,

Ingvar Carlsson, aufzusuchen. Bereits zwei Tage nach dem Mord fand dieses Treffen statt.

Hans Holmér und Ingvar Carlsson setzten sich am 2. März um 18:00 Uhr in einem Zimmer hinter dem großen Kongresssaal im Folkets hus in Stockholm zusammen. Auch Ebbe Carlsson nahm an diesem Treffen teil, was ungewöhnlich war, schließlich handelte es sich bei Ebbe um einen Verleger, aber sowohl Carlsson als auch Holmér wussten, dass Ebbe als enger Freund Olof Palmes häufig dort aufgetaucht war, wo er nichts zu suchen hatte, aber es ihm genauso oft gelungen war, Probleme zu lösen, die niemand außer ihm hätte bewältigen können. Vielleicht hatten sie auch in diesem Fall Bedarf an seinen Fähigkeiten.

Zudem wohnte Holmér, dessen Scheidung gerade lief, zu jenem Zeitpunkt bei Ebbe in Tantolunden, weshalb die Frage, ob sich Ebbe anschließen wollte, ganz selbstverständlich aufkam. Holmér unterrichtete den neuen Ministerpräsidenten über die laufenden Ermittlungen, und während des Gesprächs bekam er die für ihn wichtige Bestätigung als Verantwortlicher.

Trotzdem war sein Einsatz noch immer nicht gesichert. Noch konnte jemand mit mehr Erfahrung darauf bestehen, dass der Mord als terroristischer Anschlag betrachtet werden müsse, weshalb er in den Zuständigkeitsbereich der Säpo fiele. Oder ein Sonderfall war, wofür wiederum das Landeskriminalamt zuständig wäre – aber alles verlief zu Holmérs Gunsten. Die Hinweise, die an den ersten Tagen eingingen, deuteten in alle möglichen Richtungen: von ausländischer Konspiration bis zum verrückten Einzeltäter. Der erste Hinweis, von dem die Presse Wind bekam, betraf einen geisteskranken Österreicher, der definitiv in Holmérs Zuständigkeitsbereich fiel. In den Medien verbreitete sich die Annahme, die Polizei betrachte den Mord an Palme als Zufallstat.

Am 2. März hielt Hans Holmér seine zweite Pressekonferenz ab und wurde in einer Livesendung im schwedischen Fernsehen interviewt; dass er sich selbst zum Fahndungsleiter ernannt hatte, wurde jedoch nicht hinterfragt. Nach diesem Auftritt würde seine Position als zuständiger Leiter nur schwer ins Wanken geraten.

Ebbe Carlsson war anscheinend zufällig am Tag vor dem Mord von einem Säpo-Mitarbeiter angerufen worden und erfuhr, dass sie ein Telefongespräch belauscht hatten, aus dem sich schließen ließ, dass die kurdische Freiheitsbewegung PKK einen Mord in Schweden plante. Wer das Ziel sein sollte, wusste die Säpo allerdings nicht. Doch kaum verbreitete sich die Nachricht von Olof Palmes Tod, hatte Ebbe eins und eins zusammengezählt. Hans Holmér lebte bei Ebbe und besaß noch gute Kontakte bei der Säpo. So gelangte die Information an den Fahndungsleiter, und die PKK rückte in den Fokus der Ermittlungen.

* * *

Das gesamte Wochenende war arbeitsintensiv, und am Ende hatte die Polizei mehrere hundert Vernehmungen geführt. Kriminalkommissar Inge Reneborg und Kriminalkommissar Christer Sjöblom hatten Lisbet Palme am Nachmittag des 1. März zu Hause besucht. Sie hatte das Gesicht des Täters nicht beschreiben können. Außerdem schien sie einen der Zeugen mit dem Täter verwechselt zu haben, denn ihre Kleidung- und Körperbaubeschreibung stimmte mit keiner der sonstigen Aussagen überein. Und als wäre das nicht schon genug, war ein Zeuge mit dem Spitznamen Skandiamannen, weil er im Skandiahuset direkt am Tatort arbeitete, unmittelbar nach dem Mord in die Szene getrampelt – wie ein Elefant im Porzellanladen – und war möglicherweise von anderen Zeugen für den Täter gehalten worden.

Am Montag nahm die Fahndungsleitung Kontakt mit den deutschen Kollegen des kriminaltechnischen Labors des BKA in Wiesbaden auf, das in Europa führend war auf dem Gebiet der Phantombilderstellung für Ermittlungen bei unbekannten Tätern. Man einigte sich darauf, dass deutsche Experten am 5. März nach Stockholm reisen sollten, um anhand der wichtigsten Zeugenaussagen Bilder anzufertigen. Bis zu ihrem Eintreffen beschäftigte sich die Fahndungsleitung mit der Auswertung der Aussagen, um die wichtigsten Zeugen herauszufiltern.

* * *

Kurz nach dem Mord hatte die zweiundzwanzigjährige Sara den angesagtesten Nachtclub Stockholms, *Alexandra's*, durch den Personaleingang verlassen, um eine Zigarette zu rauchen. Als sie die Tür zur Smala gränd öffnete, rammte sie damit fast einen Mann, der einen nervösen Eindruck machte. Ihre Blicke trafen sich, dann schlug er schnell den Kragen hoch, um sein Gesicht zu verbergen. Die Stelle war so gut beleuchtet, dass sie sich die Gesichtszüge des Mannes einprägen konnte. Kaum hatte sie am Folgetag vom Mord am Ministerpräsidenten erfahren, kontaktierte sie die Polizei, um ihre erste von mehreren Zeugenaussagen zu machen.

Die deutschen Kollegen vom BKA, Kriminaloberkommissar Joachim Heun und Regierungssekretär Stefan Wagner, brachten die nötige hochtechnologische Ausrüstung mit, um direkt im Polizeipräsidium die Phantombilder generieren zu können. Wichtigster Teil ihrer Ausrüstung war ein Minolta Montage Synthesizer, das modernste Bildbearbeitungsgerät der Welt, dass die Kombination von Videoaufnahmen und optischer Technik ermöglichte.

Das Gerät war ungefähr so groß wie ein 26 Zoll Fernsehapparat und wog 25 Kilo. Das zugrundeliegende Prinzip war relativ einfach. Eine Vielzahl Lämpchen beleuchtete Fotografien von Gesichtspartien, die austauschbar waren und sich in großer Menge, sortiert nach Typ, in vier länglichen Karteikästen befanden. Um ein Gesicht zusammenzustellen, benötigte man jeweils eine Fotografie für: die Kinnpartie mit Mund, die Wangen- und Nasenpartie, die Augen mit Stirn, dazu das Haar. Diese vier Karten wurden in die entsprechenden Schlitze seitlich am Apparat geschoben. Damit ein einheitliches Bild entstand, musste ein erfahrener Kriminaltechniker einstellen, welcher Teil der jeweiligen Gesichtskarte beleuchtet und wohin er projiziert werden sollte, all das mithilfe kleiner Rädchen, mit denen sich die Lämpchen und optischen Linsen ausrichten ließen. Durch verschiedene Filter konnte man außerdem Augenbrauen, Brillen oder andere Merkmale hinzufügen.

Ausgehend von der Beschreibung durch den Zeugen – zum Beispiel: rundes Gesicht mit großem Mund, fliehendes Kinn und hohe Stirn – entstand auf fast magische Weise ein Gesicht von fotografischer Qualität, das von einer Videokamera auf einen 14 Zoll Monitor übertragen wurde.

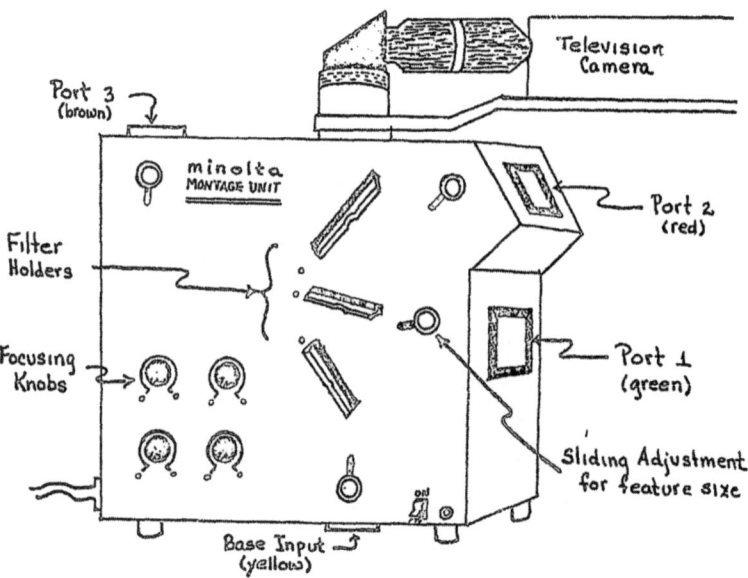

Zeichnung eines Minolta Montage Synthesizer mit Funktionen. (Aus »Mug File Project Report Number UHMUG-4: The Minolta Montage Synthesizer as a Facial Image Generating Device«, von Duncan, F. H., Laughery, K. R., University of Houston, Houston)

Der Zeuge konnte dann rückmelden, inwiefern sich die Projektion von seiner Erinnerung unterschied. Der Kriminaltechniker konnte sogleich den Abstand zwischen den unterschiedlichen Karten ändern oder einzelne austauschen, sodass innerhalb weniger Minuten ein neues Bild vom Zeugen begutachtet werden konnte. Dieses Vorgehen konnte so oft wiederholt werden wie nötig, aber meist dauerte es gut eine Stunde, bis der Zeuge sagte, das Bild sei fertig. Waren Zeuge und Kriminaltechniker zufrieden, wurde die Projektion mit einer herkömmlichen Spiegelreflexkamera abfotografiert.

Bei dem Photosynthesizer, den die deutschen Kollegen mitbrachten, handelte es sich um das neuste Modell, das über eine Erweiterung verfügte: einen fünften Karteikasten, einen weiteren Seitenschlitz und zwei neue Rädchen seitlich am Apparat. In diesem Kasten befanden sich weitere unterschiedliche Gesichtsmerkmale, die sich nun direkt auf die Gesichtspartien legen ließen, seien es Narben oder Gesichtswarzen oder dergleichen.

Die Ermittlung im Palme-Mord war keine gewöhnliche Ermittlung, und die Zeugin war keine gewöhnliche Zeugin, weil sie über eine außergewöhnliche Beobachtungsgabe verfügte. Anstatt der sonst üblichen Stunde dauerte es an die vier Stunden, bis ein Schwarz-Weiß-Porträt in Fotoqualität entstanden war. Zum ersten Mal fand das Wort Phantombild in Schweden Verwendung, das direkt aus dem Vokabular der deutschen Kollegen übernommen wurde.

Als das Bild fertig war, brachte Hans Holmér persönlich den ersten Abzug zu seinem Chef. Landespolizeichef Holger Romander bekam das erste Phantombild und ein Zigarettenetui zu seinem Geburtstag am 6. März. Unzählige Abzüge wurden an die Polizeireviere, den Zoll und die Zeitungsredaktionen des Landes verteilt. Danach erstellten die deutschen Kriminaltechniker weitere Phantombilder, und zwar mit den als weniger glaubwürdig eingestuften Zeugen. Aber das eine Bild, das zuerst veröffentlich wurde, würde für alle Ewigkeit als »das Phantombild« in die Geschichte eingehen.

Lisbet Palme wurde zu diesem Zwecke nicht ins Präsidium gebeten, da sie bei der ersten Befragung das Gesicht des Mörders nicht hatte beschreiben können und ihn offenbar mit einem anderen Zeugen verwechselt hatte, der sich vom Tatort entfernte.

Die Veröffentlichung des Phantombilds führte dazu, dass die Telefone nicht mehr stillstanden. Insgesamt nahm die Polizei über achttausend Hinweise auf. Kritiker dieser Vorgehensweise mahnten, dass die Polizei so Ermittlungsressourcen vergeudete, weil sie unbedeutenden Anhaltspunkten nachging, und außerdem verhinderte, dass andere mögliche Zeugen wichtige Informationen auf weitere Personen von Interesse ablieferten, da sie diese nicht im Bild wiedererkannten.

Zu einen späteren Zeitpunkt der Ermittlungen wurden dann keine Mühen gescheut, die Irrelevanz des Phantombilds sowie Saras Aussage zu erklären, da sie nicht länger zur Theorie der Ermittler passten.

VICTOR

Stockholm, 9. März 1986

Stieg schwirrte der Kopf. Die letzten zehn Tage in der Redaktion hatten einem Arbeitsinferno geglichen, und selbst während der U-Bahnfahrten zur Redaktion und nach Hause konnte er nicht abschalten. Die Gespräche mit Eva und die wenigen Stunden Schlaf kamen nicht dagegen an, alles drehte sich nur immer schneller und schneller. Um den Mord am Ministerpräsidenten.

Dieser Tag begann, wie alle anderen, mit der Morgenkonferenz um neun Uhr. Stieg erschien um Viertel nach und blieb wie gewöhnlich hinten stehen, aber es entging ihm nicht, dass an diesem Tag etwas anders war. Zum einen wurde bereits alles zum Thema Sonstiges besprochen, zum anderen summte der Raum praktisch vor Energie. Stieg hatte seine Kollegen zuletzt so aufgekratzt erlebt, als vor fünf Jahren das sowjetische U-Boot U-137 vor Karlskrona auf Grund gelaufen war. Stieg stand mit seinem Kaffee in der Hand da und versuchte – nach Beendigung der Konferenz –, jemanden aufzuhalten, doch alle rauschten mit der Geste weiter, sich an den nächsten zu wenden. Als der Strom langsam abebbte, griff er nach der Schulter einer der Redakteurinnen und fragte, was vor sich ging.

»Im Ernst? Die Polizei hat gestern einen Verdächtigen geschnappt?«

Sie tauchte unter seinem Arm hindurch und ließ ihn verwundert zurück. Kurz darauf war auch er an seinen Platz zurückgekehrt und klapperte telefonisch seine besten Kontakte ab, die über polizeiliche Ermittlungen informiert waren. Die beiden Kriminalreporter, die er sehr gut kannte, wussten nichts, aber beim dritten Versuch, einem neuen Kontakt bei der Säpo, hatte er mehr Glück.

»Was weißt du über den Typen, der festgenommen wurde?«, war selbstverständlich seine Frage. Nach einer langen Pause kam die Antwort.

»Nicht mal wir wissen, wie er heißt. Und mit dem, was ich weiß, kannst du nicht an die Öffentlichkeit. Nur so viel: Der Typ ist sehr weit rechts angesiedelt. Antikommunist. Also, er ist kein Nazi, aber trotzdem sehr extrem. In ziemlich vielen Organisationen aktiv, sowohl schwedischen als auch internationalen. Religiös. Mehr kann ich gerade nicht sagen.«

Aber auch damit war Stieg zufrieden. Wenn es sich um einen Rechtsextremisten oder Antikommunisten, wie sie sich nannten, handelte, hatte er durch seine Recherchen, die sich in zwei halbmeterhohen Papierstapeln neben ihm auf dem Schreibtisch türmten, einen gewaltigen Vorsprung. Eigentlich hatte er sich einen kleinen Aktenschrank für Hängemappen besorgen wollen, aber schnell war ihm bewusst geworden, dass der schon innerhalb eines Monats überquellen würde. Deshalb wartete er lieber, bis das Geld für einen richtigen Aktenschrank reichte.

Der Kampf gegen den Rechtsextremismus war Teil seines Lebens, seit er denken konnte, aber erst in den letzten Jahren hatte er den richtigen Kanal dafür gefunden. Die Erzählungen seines Großvaters Severin über den Krieg und die Nachkriegszeit waren sicher der zündende Funke gewesen. Severin war bestraft und des Kommunismus verdächtigt worden, während Nazisympathisanten völlig ungestraft im neutralen Schweden weiterwirken konnten. Stieg war noch ein Kind, als er anfing, die Ungerechtigkeiten zu begreifen, und erst neun Jahre, als sein Großvater an einem Herzinfarkt starb. Vielleicht waren es der Wunsch nach Vergeltung wegen der ungerechten Behandlung Severins und sein allzu früher Tod im Alter von nur sechsundfünfzig Jahren, die Stieg diese starke Antriebskraft verliehen. Jedenfalls wollte er sein Leben dem Kampf gegen Ungerechtigkeit und Intoleranz widmen, ganz besonders wenn sie ihren Ursprung in Faschismus, Rassismus oder Sexismus hatten.

In den letzten Jahren hatte er damit begonnen, Organisationen, Netzwerke und Individuen, die von rechtsextremen Vorstellungen und Ansichten gefärbt waren, zu erfassen. Eine Aufgabe, die seine Faszination nur noch weiter befeuerte. Wie gerieten ganz normale Menschen in den Achtzigerjahren plötzlich in ein Umfeld, in dem faschistisches und rassistisches Gedankengut geteilt wurde? Und dann tauchten diese Menschen in salonfähigen politischen Parteien wie den Moderaten oder der Volkspartei auf, wodurch sich die Grenzen zwischen Konservativen, Rechtsextremen und unleugbaren Nazis so gut wie verwischten. Von daher war es nur verständlich, dass Stiegs Herz ein bisschen schneller schlug, als er erfuhr, dass die Polizei einen Rechtsextremisten verhaftet hatte.

In seinen Unterlagen gab es eine Handvoll Personen, auf die die Beschreibung passte, die er vom Verdächtigen bekommen hatte. Sofort las er sich die Dokumente über die Relevantesten noch einmal durch.

Stieg brütete über den Informationen und machte sich Notizen, bevor er sich an seine Kollegen der TT-Redaktion wandte, um nachzuhören, ob sie noch mehr herausgefunden hatten oder Dinge, die sich nicht mit seinen Funden deckten. Es dauerte eine Weile, bis der Abgleich vollzogen war, aber recht schnell kristallisierte sich heraus, dass er mehr Informationen hatte als alle anderen. Offenbar war es der Polizei diesmal besser als am Tag des Mordes gelungen, dichtzuhalten. Stieg erzählte, was er herausgefunden hatte, fügte aber dringlich hinzu, dass sie das unter keinen Umständen schreiben durften, weil seine Quelle sonst in Rauch aufginge.

Stiegs Arbeit gegen den Rechtsextremismus hatte einen wichtigen Schritt nach vorn gemacht, nachdem er Kontakt zu Gerry Gable der

Zeitschrift *Searchlight* aufgenommen hatte. Bereits nach dem ersten Kontakt war klar, dass sich die beiden Richtigen getroffen hatten, und im Folgenden unterschrieb Stieg seine Artikel in der englischen Zeitschrift mit den Worten »*Our Swedish correspondent*«, womit einerseits seine Anonymität gesichert war und er andererseits die Befriedigung erfuhr, publiziert zu werden.

Auf Außenstehende machte es sicher den Eindruck, als wäre die rechte Flanke innerhalb der schwedischen Politik aus dem Nichts entstanden oder durch eine politische Neuorientierung der Mitte. Tatsächlich gab es jedoch einen relativ kleinen, engen Kreis von Personen, die oft Mitglieder gleich mehrere Gruppierungen waren und in direktem Zusammenhang mit unterschiedlichen, wachsenden Nazibewegungen standen, die in der Zeit zwischen den Weltkriegen aufgekommen waren. In den Jahrzehnten nach dem Zweiten Weltkrieg waren sie nicht weiter aufgefallen, aber es hatte sie definitiv gegeben. Deutsche Offiziere der Gestapo hatten Zufluchtsorte gesucht. Südamerika war beliebt, aber auch Ostdeutschland, da das Land wie Hitlerdeutschland in den USA und Großbritannien Feinde sah und der Antisemitismus hinter dem Eisernen Vorhang weiterlebte. Einige stramme Nazis kamen nach Schweden, wo sie auf Sympathisanten und verdeckte Aktive stießen. Stiegs Nachforschungen der letzten Jahre hatten bestätigt, wovor andere warnten: Es gab direkte und indirekte Verbindungen zwischen schwedischen Rechtsextremisten, Angestellten des schwedischen Parlaments und führenden Personen der schwedischen Wirtschaft.

Stieg entschied, dass es an der Zeit war, zum ersten Mal seit dem Mord zeitig Feierabend zu machen, schrieb aber noch einen kurzen Brief an Gerry und seine Kollegen, dass ein Verdächtiger festgenommen worden war und dass er länger schreiben würde, sobald es mehr Informationen gab. Es war unwahrscheinlich, dass die Polizei noch in der Nacht weitere Details bekanntgeben würde, erst am nächsten Tag war damit zu rechnen. Die Kollegen würden so lange nachhaken, bis ihnen ein Name genannt würde. Die Polizei würde dagegenhalten, dann aber doch nach und nach Weiteres preisgeben, das wussten alle. Gut möglich, dass am Montagmorgen Schwedens Geschichte eine neue Wendung nehmen würde.

* * *

Genau wie Stieg vorhergesagt hatte, ließ die Polizei mehr und mehr durchsickern. Problematisch war nur die Unterscheidung, wann es sich um die Wahrheit und wann um reine Spekulationen einzelner Polizeibeamter handelte. Man munkelte, dass sich *Dagens Nyheter* eine Art Monopol auf Holmér und die erweiterte Fahndungsspitze gesichert hatte, was bedeutete, dass die übrigen Medien, darunter auch TT und Stieg, sich auf das nächstniedrigere Niveau verlassen mussten.

Stieg war die Identität des Verhafteten bestätigt worden. In der Presse wurde er weiterhin als »der 33-Jährige« bezeichnet, aber sein Name war Victor Gunnarsson. Ein Mann, der alle Vorurteile bestätigte, die man gegenüber marginalisierten Menschen hatte, angefangen bei obskuren Ansichten bis hin zu seinem Wirken in fragwürdigen Gruppierungen. Gunnarsson schien Mitglied der Europäischen Arbeiterpartei (EAP) zu sein. Seine Bewunderung für die USA schien grenzenlos, er wurde häufig in der Innenstadt angetroffen, wo er amerikanisches Englisch sprach oder Schwedisch mit englischem Akzent, wohl um wettzumachen, dass er in dem winzigen Dorf Jämjö im entlegenen Blekinge aufgewachsen war.

Kaum kam die Verbindung zur EAP ans Licht, musste Stieg an seine Nachforschungen vor ein paar Jahren zu dieser sonderbaren Partei denken, deren Name eher links klang, während ihre Politik sehr weit nach rechts ging. Gunnarsson erinnerte ihn an einen Mann, den er am Büchertisch der Partei gesehen hatte, der sich als Unbeteiligter ausgab, aber schnell eine beratende Funktion übernahm, sobald sich jemand dem Tisch näherte. Stieg hatte dies bei unterschiedlichen Begebenheiten beobachtet, was ihn zu der recht sicheren Annahme verleitete, dass bei Gunnarsson die Fäden der Partei zusammenliefen. Gerade als er voller Enthusiasmus eine Verbindung zwischen seinen Nachforschungen und dem Mordfall vermutete, setzte die Polizei den Verdächtigen überraschend wieder auf freien Fuß, weshalb er sich entschied, später erst zu prüfen, wie genau die EAP und Gunnarsson zusammenhingen.

Also nutzte er die Zeit, Gerry einen ausführlichen Brief zu schreiben. Seit Stiegs kurzer Meldung hatte er um mehr Informationen gebeten. Mittlerweile waren seit dem Mord drei Wochen vergangen, und es gab weit mehr zu berichten, als zunächst angenommen. Zufrieden las Stieg den ersten Satz noch einmal durch, der perfekt zum Romananfang taugte: »Der Mord am schwedischen Ministerpräsidenten Olof Palme ist, um ganz ehrlich zu sein, einer der unglaublichsten und erstaunlichsten Mordfälle, die ich je zu betreuen hatte.«

Im besten Fall würde Gerry ihn nach der Lektüre des siebenseitigen Briefes bitten, einen Artikel darüber zu schreiben. Wenn nicht, würde die Redaktion der *Searchlight* immerhin über gebündelte Informationen verfügen, die sich in Zukunft als nützlich erweisen würden. Besonders, wenn der Fall in den folgenden sechs Monaten noch immer nicht aufgeklärt wäre.

DIE KLAGE DES STAATSANWALTS

Stockholm, April 1986

Einen guten Monat nach dem Mord hatte Holmér alles in die Wege geleitet, damit er derjenige sein würde, der den Fall löste. Die wichtige Rolle des Leiters der Voruntersuchungen fiel – nach schwedischem Recht – dem Staatsanwalt zu, aber Holmér hatte mit aller Deutlichkeit gezeigt, dass der Staatsanwalt zu warten hatte, bis die Polizei der Meinung war, über genug Material zu verfügen, um es vorzulegen. Staatsanwalt KG Svensson äußerte immer lauter seinen Unmut darüber, und die Situation eskalierte, als die Polizei Victor Gunnarsson in Untersuchungshaft nahm, der Staatsanwalt jedoch entschied, ihn wieder freizulassen. Holmér schäumte vor Wut und brach die Kommunikation mit Svensson ab.

Schon bald bekam der Generalstaatsanwalt Magnus Sjöberg einen Anruf vom Justizministerium. Es war Staatssekretär Harald Fälth, der beide Staatsanwälte zu einem Treffen bat. Am Abend des 28. April begaben sich KG Svensson und Magnus Sjöberg nach Rosenbad zum Sitz der schwedischen Regierung.

Als sie hereingebeten wurden, war Hans Holmér bereits vor Ort und erwartete sie. Er, Staatssekretär Fälth und Justizminister Sten Wickbom hatten sich offenbar vorab beraten. Das unerwartete Ergebnis des Treffens war ein Kompromiss, der Generalstaatsanwalt berichtigte den Beschluss der Staatsanwaltschaft nach den Wünschen des

Justizministeriums. KG Svensson behielt die Verantwortung über die Untersuchung Victor Gunnarssons, aber seine Tage als verantwortlicher Staatsanwalt waren gezählt. Holmér hatte demonstriert, dass die Regierung hinter ihm stand, die gesamte Regierung inklusive Ministerpräsident Ingvar Carlsson, wenn nötig.

Die Auseinandersetzungen um die Person Victor Gunnarsson glichen einem Hahnenkampf und spielten für Holmér eigentlich eher eine untergeordnete Rolle, da sein wirkliches Interesse der PKK galt. Die Gruppierung war für die schwedische Polizei kaum greifbar, obwohl die Säpo sie schon lange im Visier hatte. Es handelte sich um einen geschlossenen Verbund, der äußerst schwer zu infiltrieren war, unter anderem auch, weil es kaum geeignete Personen gab, die sich einschleusen ließen. Schließlich musste man dazu einen Kurden finden, der zum einen die PKK überzeugen konnte und zum anderen bereit war, seine Landsleute an die schwedische Polizei zu verraten. Eine Entscheidung, die zusätzlich erschwert wurde, weil zu dem Zeitpunkt in ganz Europa frühere Mitglieder, die die PKK für Verräter hielt, ermordet worden waren. Also musste man sich mit dem Abhören von Telefonen und Verwanzungen begnügen und darauf hoffen, dass bald Aussteiger bereit waren, relevante Informationen preiszugeben. Noch konnte Holmér die PKK-Spur geheim halten, aber er wusste, es war nur eine Frage der Zeit, bis sie an die Öffentlichkeit drang. An den ständig wachsenden Ermittlungen beteiligten sich über dreihundert Beamte, von denen nicht alle schweigen würden.

Ein paar Fahnder wurden auf die anderen Spuren angesetzt, deren Ergebnisse aber offenbar nicht weiter von Interesse für die Leitung waren. Ihre Zusammenfassungen blieben ungelesen liegen. Vorschläge zum Verfolgen weiterer Spuren wurden ohne Begründung abgelehnt. Es herrschte große Unzufriedenheit, aber wie so oft wurde der Missmut innerhalb der Behörde gedeckelt und drang weder durch die neue bombensichere Tür zum sogenannten »Palme-Zimmer« noch nach draußen an die Öffentlichkeit.

Für die Fahndungsleitung war es überraschend, dass die wenigen Kollegen, die sich mit Victor Gunnarsson befassten, trotzdem recht schnell eine Verbindung zur PKK fanden. Ein Problem, dessen sich der Chef des Landeskriminalamtes Tommy Lindström persönlich annahm, indem er einen Schlüssel, der während der Wohnungsdurchsuchung bei Gunnarsson gefunden wurde, einem Gebäude zuordnete, in dem eine kurdische Organisation Geschäftsräume mietete. Geschäftsräume, die zudem auf dem mutmaßlichen Fluchtweg des Täters lagen. Lindström hatte gezeigt, dass es offenbar eine Verbindung zwischen Victor Gunnarsson und der bis dahin nicht offiziell als verdächtig geltenden PKK gab.

Im Frühling 1986 war für Hans Holmér der Weg frei, zu beweisen, dass die kurdische PKK Schuld war am Mord an Olof Palme.

SEVERIN

Norsjö, Dezember 1962

Großvater Severin war rot, durch und durch. Selbst sein Schaukelstuhl war in dieser Farbe gestrichen. Als Stiegs Eltern ihren Sohn seinen Großeltern Severin und Tekla übergaben, wurde sein Leben sofort ungleich leichter, obwohl das kleine Haus der Großeltern kaum einfacher hätte sein können. Die Freiheit in Måggliden kannte fast keine Grenzen, der kleine Ort lag in der Nähe der kleinen Gemeinde Norsjö in Norrland, ungefähr 80 Kilometer von Skellefteå entfernt. Er zählte gerade mal zwanzig Einwohner, deren Häuser sich entlang der Schotterstraße aufreihten, die einmal quer hindurchführte. Schon im zarten Alter von drei Jahren konnte sich Stieg allein durchs Dorf bewegen.

Kurz nach seinem Einzug nannte er Tekla Mama und Severin Papa, weil sie diese Funktionen einfach erfüllten. Wenn seine Eltern Vivianne und Erland zu Besuch kamen, nannte er sie bei ihren Namen, wenngleich ihm die wirklichen Familienverhältnisse bewusst waren.

Stieg verbrachte viel Zeit in Severins Werkstatt und saß auf einem Hocker neben der Werkbank, während Severin die Rasenmäher der Nachbarn reparierte oder die Ansaugstutzen von Vergasern zurechtfeilte. Häufig stand Severin auch einfach mit dem Rücken gegen die Werkbank gelehnt da, ein Pils in der Hand, und sprach mit einem Gast über Politik. Stieg lauschte gebannt, wenn sein großes Vorbild sprach, und saugte alle Informationen auf wie ein Schwamm.

Severin hasste den Nationalsozialismus. Aber mehr noch hasste er die Nazis, die nach dem Zweiten Weltkrieg die Lager wechselten, im Herzen aber weiter ihre fürchterliche Ideologie trugen. Es waren viele, und sie hatten höhere Posten inne, als man sich vorstellen wollte. Stieg lauschte und lernte fürs Leben. Auf dem platten Land im hohen Norden gab es nicht viele Kinder, die sich für Politik interessierten, und schon bald galt er als altklug.

Nachdem Stieg ein paar seiner wichtigsten Kindheitsjahre mit Severin verbracht hatte, war klar, welches Ideal seinen weiteren Lebensweg bestimmen würde. Leider war ihm nicht viel Zeit mit seinem Großvater vergönnt.

Nach seinem neunten Geburtstag veränderte sich Stiegs Leben radikal. Severin hatte im Herbst des Vorjahres seinen ersten Herzinfarkt gehabt. Ihm war schlecht gewesen, und der Schmerz hatte bis in den Arm ausgestrahlt. Seinen eigenen Worten nach hatte es sich angefühlt, als hätte er etwas Falsches gegessen und als wäre ihm der Arm eingeschlafen. Der Arzt in Norsjö hatte ihm ins Gewissen geredet und strenge Auflagen angeordnet, die Severin jedoch nicht befolgt hatte.

Ein Jahr verging, und die Angst vor einem weiteren Infarkt verblasste. Das Luciafest kam, und Severin arbeitete hart, um noch rechtzeitig vor Weihnachten fertig zu werden und vielleicht die eine oder andere Extrakrone zu verdienen, damit Stieg seinen eigenen Tretschlitten bekommen konnte. Er war jetzt schließlich groß genug, um die Welt jenseits von Bjursele zu entdecken, vielleicht sogar bis nach Norsjö.

Gegen Mittag fühlte sich Severin nicht gut und musste sich auf der Bank in der Werkstatt ausruhen. Als es ihm nach einer halben Stunde nicht besser ging und das Taubheitsgefühl im Arm so sehr zugenommen hatte, dass er es nicht länger auf die Kälte und den Durchzug in seiner Werkstatt schieben konnte, entschied er, nach Hause zu gehen. Es gelang ihm, die Jacke anzuziehen, aber zuknöpfen konnte er sie nicht mehr. Auch wenn ihn nur wenige 100 Meter von Tekla trennten, kostete ihn das Vorankommen fast übermenschliche

Kräfte. Sein Tretschlitten glitt gut über die feste Schneedecke, es war völlig windstill und nur wenige Grad unter null. Die Sonne lugte unter der Wolkendecke direkt am Horizont hervor. Das ungewöhnlich schöne Wetter bemerkte Severin jedoch nicht, er war zu sehr darauf konzentriert, sich mit dem rechten Fuß abzustoßen. Und dann drehte sich plötzlich die Welt, und sein Gesicht presste sich schwer in den Schnee. Aber das bekam Severin schon nicht mehr mit, er war bereits bewusstlos.

Auf gewisse Weise war es sogar gut, dass er fiel, denn er und Tekla besaßen kein Telefon, und sie hätte nicht gewusst, ob sie ihn hätte zurücklassen können, um vom Nachbarn aus den Rettungsdienst zu verständigen, oder ob sie besser bei ihm geblieben wäre. Nun klärte sich die Situation, da sich die Nachbarskinder in unmittelbarer Nähe mit Schneebällen bewarfen und mitbekamen, wie Severin kopfüber in den Schnee fiel. Schnell wurden Erwachsene herbeigerufen, die den Ernst der Lage sofort begriffen. Der direkte Nachbar lief in die Garage, um seinen Wagen zu starten. In der Zwischenzeit waren auch Tekla und Stieg verständigt worden und eilten herbei.

Derweil war Severin wieder bei Bewusstsein, jedoch leichenblass. Mit vereinten Kräften gelang es den Nachbarn, den großen Mann durch die schmale Tür auf den Beifahrersitz zu hieven, dessen Lehne so weit wie möglich heruntergelassen worden war. Stieg sah, dass Tekla vor Angst zitterte. Trotzdem gelang es ihr, sich durch die Fahrertür auf die Rückbank zu quetschen, von hinten Severins Gesicht in beide Hände zu nehmen und so sein wild schlagendes Herz vielleicht etwas zu beruhigen. Stieg setzte sich wortlos neben sie und hoffte insgeheim, dass niemand sagen würde, er dürfe nicht mitkommen. Der Nachbar fuhr vorsichtig, aber trotzdem so schnell wie möglich. Die hohen Schneewehen dämpften fast alle Geräusche, und im Schein der tief stehenden Wintersonne, die den Schnee glitzern ließ, hätte man fast annehmen können, dass Severin bereits tot war. So reglos und blass wie er war.

Als sie die Notaufnahme in Norsjö erreichten, war Severin wieder bewusstlos. Sie brachten ihn mithilfe eines Rollstuhls hinein, wo Tekla und Stieg von einer Krankenschwester in den Wartebereich geführt wurden. Niemand aus Måggliden wusste, was der Arzt genau machte, aber ein paar Stunden später erschien er wieder bei ihnen.

»Diesmal stand es auf Messers Schneide, Frau Boström«, sagte er. »Wären Sie nur etwas später gekommen, ich glaube, sein Herz hätte aufgegeben. Severin muss noch ein paar Tage zur Beobachtung hierbleiben.«

Tekla weinte vor Erleichterung – und weil sie noch immer Angst hatte. Kurze Zeit später durften sie und Stieg zu Severin, der in einem einfachen Krankenhausbett lag. Er atmete schwer, kaum vorstellbar, dass dies derselbe Mann war, der gestern noch aus Spaß Stieg durch das kleine Wohnzimmer gejagt hatte. Er lag wie ein Hasenjunges im Bett. Seine Augen waren geöffnet, aber der Blick leer, so als würde er gar nicht wissen, wer sie waren. Tekla nahm seine schlaffe Hand und murmelte tröstend: »Alles wird gut«, obwohl sie selbst Angst hatte.

Vier Tage später war Severin ausreichend bei Kräften, um entlassen zu werden. Aber unter strengen Auflagen: viel Ruhe. Nur kurze Spaziergänge. Regelmäßige Medikamenteneinnahme. Absolut keine Anstrengung, keine Arbeit. Gut, dass Weihnachten so kurz bevorstand, so konnte sich Severin gut drei Wochen ausruhen, bevor er sich wieder ein paar Stunden an die Arbeit wagte.

Der dritte Infarkt kam vier Tage vor Weihnachten, am Vormittag. Severin lag auf dem Küchensofa, während Tekla das Haus vor den Feiertagen polierte. Sie hatten das Sofa etwas vom Fenster abgerückt, damit es ihm nicht zog. Als Tekla in die Küche kam, um ihn zu fragen, ob er ein Brot wolle, war er tot. Sie stand reglos mit dem Besen in der Hand da und gab keinen Ton von sich. Ohne dass seine Großmutter auch nur ein Wort gesagt oder geschrien hätte, spürte Stieg, dass etwas nicht stimmte und rannte die Treppe herunter. Als er Severin reglos daliegen sah und Tekla, die um ihn herumfegte, war ihm klar, dass etwas nicht stimmte. Er rannte hinaus auf die Veranda und rief um Hilfe. Der Nachbar schippte gerade Schnee, erkannte aber sofort die Situation und stürmte in die Küche.

Severin lag mit auf der Brust gefalteten Händen da, die Augen geschlossen. Tekla fegte noch immer wie verrückt um ihn herum. Stieg war wütend und lief um das Sofa, aber in größeren Bögen und schneller als Tekla. Jedes Mal blieb er vor Severin stehen und trat ihm gegen den Fuß, dabei schimpfte er laut, dass Severin ihn einfach ohne Vorwarnung verlassen habe. Sein Großvater war tatsächlich gestorben und hinterließ eine große Lücke. Sowohl bei Tekla als auch bei Stieg.

Wenige Stunden später erschienen Vivianne und Erland, um sich um ihren Sohn zu kümmern. Stiegs Zeit mit seinem Großvater war zu Ende, hatte ihn aber für den Rest seines Lebens geprägt.

TIEFER IM ARCHIV

Stockholm, 20. März 2013

Der Umzugskarton war am hinteren Ende eingesackt, sodass ich ein wenig bequemer sitzen konnte. Aber nach fünf Stunden ohne Tageslicht, umgeben von staubigen Blättern und einem beständigen eiskalten Zug am Boden, ließen meine Kräfte nach. Trotzdem konnte ich nicht mit dem Lesen aufhören. Jeder Karton, den ich öffnete, barg neue Dokumente, die mich in eine neue Richtung brachten. In einem Karton fand ich alle Tageszeitungen vom Tag nach dem Mord, alle ordentlich gefaltet. Sie sahen aus, als kämen sie frisch aus der Druckerpresse, nur mit Nachrichten, die dreißig Jahre alt waren.

Sofort wurde ich ins Frühjahr 1986 zurückversetzt und wunderte mich über das Chaos, das damals herrschte, darüber, dass alle versuchten, eine neue Spur oder einen neuen Ansatzpunkt zu finden. Den Journalisten war es gelungen, mit einigen Zeugen zu sprechen. Das Ehepaar Palme war von drei Männern umgeben gewesen, als sie das Grand-Kino hinter sich ließen. Zwei waren vor ihnen gegangen, einer war ihnen gefolgt. Lisbet Palme hatte ausgesagt, dass sie zwei der Männer vom Tatort wiedererkannt hatte; sie waren ihr in der Woche vor dem Mord in der Nähe ihres Apartmenthauses aufgefallen. Mehreren Zeugenaussagen zufolge hatten Männer mit Walkie-Talkies vor dem Apartmenthaus der Palmes gestanden, genauso in der U-Bahn-Station Gamla Stan, wo sie einstiegen waren, in der Nähe des Grand-Kinos, während der Vorstellung und am Tatort selbst.

Da saß ich mit all dem Material und begriff, wie viel Zeit Stieg mit dem Sammeln, Lesen und Ordnen verbracht haben musste. Mein eigenes Material lag überwiegend digital vor, umfasste aber vermutlich nur ein Zehntel dessen, was Stieg zusammengetragen hatte, und das obwohl ich mich schon vier Jahre damit beschäftigte. Es machte süchtig, sich mit dem Palme-Mord zu befassen, das konnten viele bestätigen. In Stiegs Fall spielte das Erfassen des Rechtsextremismus eine große Rolle. In meinem Fall war es schwieriger, einen Grund dafür zu finden, warum ich so viel Zeit in einen dreißig Jahre alten, unaufgeklärten Mordfall investierte. Ich hatte keine Lebensaufgabe wie Stieg, keine Berufung.

Mein Weg fing damit an, dass ich ein Buch schreiben wollte, wie manche Orte Menschen dazu bewegen konnten, Verbrechen zu begehen. Wie der Zufall es wollte, traf ich einen Verdächtigen der Palme-Ermittlungen, der mir neue interessante Impulse gab,, und ich verstrickte mich so sehr in den Nachforschungen, dass ich mein eigentliches Buchprojekt aufgab und mich stattdessen voll und ganz auf den Palme-Mord konzentrierte. Es faszinierte mich, dass der Mord ein unaufgeklärtes Rätsel war, dennoch ließ sich kaum erklären, warum ich plötzlich so viel Zeit dafür aufwand. Die naheliegendste Erklärung war, dass ich dadurch vor meinem allzu gewöhnlichen Alltag fliehen konnte. Eintönigkeit, Einsamkeit und der Wunsch nach mehr. All die Stunden, die ich im Lager verbrachte, wirkten auf Außenstehende vielleicht wie eine durch und durch staubige, dunkle und langweilige Angelegenheit. Für mich aber war es die Möglichkeit, in ein anderes Leben abzutauchen.

Die Printmedien schienen sich in den ersten Wochen nach dem Mord einig über das Motiv zu sein: Der Mord war das Ergebnis einer Verschwörung. Die Karte, die Stieg am 2. März für TT gezeichnet hatte, wurde von mehreren Zeitungen veröffentlicht und zeigte den

Tatverlauf. Irgendwie war das, was ich im Archiv las, leichter zu verstehen als das, was aktuell über den Mord geschrieben wurde. Ich bekam den Eindruck, damals hätte man mehr gewusst als dreißig Jahre später, in denen Polizei und Medien langsam, aber sicher Fakten zerrieben und neue Wahrheiten aufgebaut hatten, je nachdem, welche Theorie gerade verfolgt wurde.

Schnell vertiefte ich mich wieder in das Material und hoffte insgeheim, dass Daniel von der *Expo* viel zu tun hatte, damit ich noch ein paar Stunden länger bleiben konnte.

STATUS QUO

Mein lieber Freund,

es sieht ganz so aus, als bliebe die Suche nach dem
Mörder des schwedischen Ministerpräsidenten weiter
erfolglos. Vielleicht war es als Zeichen des Miss-
muts, der sich allmählich in den oberen Etagen des
schwedischen Polizeipräsidiums ausbreitete, zu verstehen, dass die dortigen Götter an den Schalthebeln
die schwedische Flugwaffe einsetzten, um nach der
Mordwaffe zu suchen. Auch wenn es so klingt, das ist
kein Witz. Zwei „Viggen", also zwei Kampfflugzeuge,
sprengten fast jedes Fenster in der Stockholmer Innenstadt, während sie immer wieder sehr niedrig über
die Stadt flogen. Ihr Auftrag: Alle Dächer der an den
Tatort grenzenden Gebäude zu fotografieren in der
Hoffnung, dort die Smith & Wesson-Handfeuerwaffe zu
entdecken, die beim Mord verwendet wurde und derer
sich – laut Angabe der Polizei – der Täter auf einem
der Dächer entledigt hatte.

Niemand machte sich die Mühe, den neugierigen
Reportern und leicht verwunderten Anwohnern zu
erklären, warum um alles in der Welt sich der Täter
die Mühe gemacht haben sollte, auf das Dach eines
Hauses zu stürmen, um dort die Waffe loszuwerden,
während er ja eigentlich eiligst den Tatort verlassen wollte. Vermutlich seid ihr darüber ähnlich
verwirrt wie ich.

Ich füge einen Abzug des anderen „Phantombilds"
bei, das von der Polizei verteilt wurde und durch
eins ihrer computergestützten Programme entstand.
Es zeigt einen Mann, der laut Zeugenaussagen wiederholt (fünf- bis sechsmal) im Januar und Februar in
der Nähe von Palme gesehen wurde. Die Polizei glaubt,
er war an der Planung des Mordes beteiligt und
beschattete den Ministerpräsidenten. Nicht nur das,
sie hält ihn außerdem für den Strippenzieher des
Mordes.

Zeugenaussage:

Alter: 30-35
Größe: 195-200 cm
Breite Schultern und durchtrainierter Körperbau wie
ein Ringer oder Boxer.
Blondes oder rotblondes Haar, manche nehmen an, dass
es sich nicht um seine natürliche Haarfarbe handelt.
Spricht Deutsch und Englisch.
Stechende blaue oder blaugraue Augen.

Außerdem wurde die Belohnung für Hinweise, die zum
Ergreifen des Täters führen, um eine halbe Million
Schwedischer Kronen erhöht und ist nun mit einer
Million beziffert, ca. 100 000 Pfund.

Herzliche Grüße
SL

NACH TSCHERNOBYL

Stockholm, Mai 1986

Nach ein paar warmen Tagen Ende April war es wieder richtig kalt geworden, und alle fragten sich, wann der Frühling endlich kommen würde. Eva und ihre Kolleginnen schienen unter dem schlechten Wetter zu leiden, Stieg hingegen bemerkte die Kälte kaum. Seine Zeit an der frischen Luft beschränkte sich auf die kurzen Wege zwischen seinem Zuhause und der U-Bahn-Station, dann dem etwas längeren Abschnitt zwischen der Station in der Stadt bis zur Redaktion – und selbstverständlich in umgekehrter Reihenfolge, wenn er sich zehn bis vierzehn Stunden später auf den Heimweg machte. Oft hielt er unterwegs eine Zigarette in der Hand, die Kombination aus Zigarettenrauch und Autoabgasen verminderte den Frischegehalt der Luft.

Stiegs Gedanken kreisten Tag und Nacht um seine Arbeit. Wenn es so weiterging, würde er nicht einmal merken, wenn in diesem Jahr der sowieso immer kurze schwedische Sommer komplett ausfiele.

Die Ermittlungen waren weiterhin ein großes Thema in den Medien, allerdings wurden sie von der radioaktiven Wolke verdrängt, nachdem in ganz Europa erhöhte Strahlenwerte gemessen wurden.

Die sowjetischen Behörden hatten vergeblich versucht, das Unglück geheim zu halten. Paradoxerweise wurde die erhöhte Strahlung ausgerechnet im schwedischen Forsmark festgestellt, das über 1200 Kilometer entfernt liegt, und trotzdem konnte sie auf die Gegend um das Kernkraftwerk Tschernobyl in der Ukraine als Ursprungsort zurückgeführt werden. Da konnte die Sowjetunion das Unglück nicht länger leugnen und gab zu, dass es in der Nacht zum 26. April eine Explosion in Reaktor vier gegeben hatte, die zu einer Kernschmelze führte. Eine radioaktive Wolke hatte sich gebildet und über große Teile Europas ausgebreitet. Zwei Tage später wurde sie von den Schweden entdeckt.

Stieg sah Parallelen zu den Ermittlungen im Palme-Mord. Der Streit zwischen Polizei und Staatsanwaltschaft, das Ausbleiben von Ergebnissen und Hans Holmérs Pressekonferenzen, die gespickt waren mit unpassenden und unfreiwillig komischen Redensarten mit leuchtenden und erloschenen Lichtern in Tunneln und Zitaten von Churchill. Die einzige zutreffende Metapher war, dass auch die Ermittlungen im Palme-Mord von einer Kernschmelze betroffen waren.

Stieg sammelte alle großen Tageszeitungen, in denen etwas über den Mord veröffentlich wurde – was fast täglich der Fall war. Es kam ihm natürlich zupass, dass er bei TT arbeitete, denn von dort konnte er die Zeitungen vom Vortag einfach mitnehmen, was Zeit und Geld sparte, allerdings zu einem ganz praktischen Problem führte: Wohin mit all dem Papier, denn allmählich ging ihm der Platz aus.

Nach zwei Monaten wurde die Wahrscheinlichkeit, dass die Polizei den Mord nicht aufklären konnte, offen diskutiert. Nur die größten und seriösesten Medienhäuser, allen voran *Dagens Nyheter* und *Sveriges Television*, hielten Holmérs Fahne noch hoch. Zudem schien *DN* einen besonderen Draht zu den Ermittlern zu haben, denn sie bekamen oft Neuigkeiten früher als alle anderen. Stieg war es eigentlich egal, wer welchen Vorsprung hatte. Ihm war hauptsächlich daran gelegen, dass der Mord aufgeklärt wurde, und er wollte nur zu gern helfen, wenn es sich denn wirklich so verhielt, dass einer oder mehrere der Involvierten dem rechten Spektrum angehörten.

Holmér führte mit starker Hand, trotzdem schien die Auflösung des Falles alles andere als in greifbarer Nähe, weshalb allmählich Kritik an ihm laut wurde. Wenn Stieg die Zeichen richtig deutete, würde es nicht mehr lange dauern, bis der Druck unerträglich wurde. Sollte der Fall nicht bald aufgeklärt sein, würde es wohl zu Veränderungen an der Spitze der Ermittlungen kommen.

ALFA-HANS

Stockholm, Sommer 1986

Hans Holmér war nicht viel Zeit zum Erholen geblieben. Auch seinen Kollegen nicht.

Er hatte eine Handvoll Ermittler auf Victor Gunnarsson, auf die EAP und ein paar weitere Nebenspuren angesetzt, hauptsächlich um von der Spur abzulenken, die Holmér selbst für die zielführende hielt: die kurdische PKK. Im Palme-Raum hatte sie den Decknamen *Hauptspur* bekommen, der Begriff verbreitete sich unter den Ermittlern und fand sogar seinen Weg in die Presse, ohne dass jemand wusste, was genau sich dahinter verbarg.

Holmér nutzte den Sommer, um Beweise gegen die von ihm verdächtigten Kurden zusammenzutragen. Sie verfügten nun über die Namen von einigen Personen, die – so ihre Überzeugung – an den Vorbereitungen und der Durchführung des Mordes beteiligt gewesen waren; nur der Name des Schützen fehlte noch.

Die wahrscheinlichste Theorie war, dass der Täter aus der Türkei eingeflogen und versteckt gehalten worden war, bis sich eine Gelegenheit bot, er zum *Dekorima*-Geschäft gefahren wurde, seinen Auftrag ausführte und dann so schnell wie möglich wieder in die Türkei zurückkehrte. Alternativ war es auch denkbar, dass die PKK den Schützen nach der Tat ausgeschaltet hatte, um zu verhindern, dass es lose Enden gab.

Das Motiv war leicht gefunden: Palme hatte Abdullah Öcalan, dem Anführer der PKK, Asyl in Schweden verwehrt; gleichzeitig war eine große Anzahl von PKK-Anhängern festgesetzt worden. Außerdem gab es einen Hinweis auf eine mögliche Mordwaffe, der von der Polizei als glaubwürdig eingestuft wurde.

Die Staatsanwaltschaft wollte den gewohnten Gang gehen und Vernehmungen durchführen, um den Verdacht zu erhärten. Aber laut Holmér erhöhte das nur das Risiko, dass Beweise, Zeugen und Täter verschwänden.

Allerdings hatte Holmér auch noch ein Ass im Ärmel. Er plante den größten Zugriff in der Geschichte der schwedischen Polizei und nannte ihn: Operation Alfa.

STIEGS HINWEISE 1

Stockholm, Ende Juli 1986

Der Sommer war in der Tat vergangen, ohne dass Stieg viel davon mitbekommen hatte. An ein paar Abenden Anfang Juli hatte es geregnet und dann wieder aufgeklart, als er seinen üblichen Heimweg antrat, aber anstatt in die U-Bahn-Station Rådhuset zu steigen, ging er noch bis T-Centralen weiter, weil die Luft ungewöhnlich rein für Stockholm war. Sie war nicht nur rein, sondern gepaart mit dem Duft verschiedener Pflanzen, die der Regen hervorgelockt hatte. Forscher würden das sicher prosaischer erklären. Jedenfalls reduzierte sich seine Erinnerung an jenen Sommer auf diese Abendspaziergänge.

Stieg hatte das, was er über Victor Gunnarsson und die EAP wusste, lange liegengelassen. Immer hatte es Wichtigeres gegeben, doch nun war die Polizei an ihn herangetreten. Der Beamte, der ihn anrief, konnte oder wollte nicht beantworten, wie er an seinen Namen gekommen war; sie kontaktierten ihn jedenfalls, weil sie sich für seine Recherchen im rechten Milieu interessierten. Stieg fühlte sich geschmeichelt und sah es als Möglichkeit, seine eigenen Hinweise direkt am richtigen Ort abzuliefern. Außerdem hatte er so wieder etwas, dass er Gerry schreiben konnte.

Auf dem Weg von TT zum Präsidium kam er an drei monumentalen Gebäuden vorbei, die die Macht der Justiz unterstrichen. Alle symbolisierten, dass es sich nicht lohnte, Verbrechen zu begehen. Als

Erstes das Rathaus, in dem sich das Landgericht befand. Das Gebäude war in nationalromantischem Stil erbaut und einer mittelalterlichen Burg nachempfunden worden mit einem übertrieben breiten Turm in der Mitte. Jenseits des Parks lag das alte Polizeipräsidium. Es war nur wenige Jahre älter als das Rathaus, jedoch in neoklassizistischem Stil erbaut. Auch dieses Bauwerk verfügte über einen Turm, allerdings einen bedeutend schmaleren – er glich einer Antenne, die die juristische Macht mit der Gottes verbinden sollte.

Es gab einen unterirdischen Gang zwischen den beiden Gebäuden, der treffenderweise Seufzergang genannt wurde, denn durch ihn brachte man Festgenommene zum Gericht im Rathaus und Verurteilte zurück.

Der Anbau ans Polizeipräsidium wirkte noch einmal imposanter auf den Betrachter als der Altbau und das Rathaus. Er war nach brutalistischem Stil der Siebzigerjahre erbaut worden und erinnerte mit seinen schmalen Fenstern in der dunkelrosa melierten Fassade an ein gewaltiges Entrecôte höchster Qualität, das mitten auf Kungsholmen gelandet war. Wenn dieses Gebäude potenzielle Verbrecher nicht abgeschreckte, waren sie wirklich unverbesserlich.

Stieg betrat es durch die Drehtür und meldete sich am Empfang. Eine ganze Weile später holte ein Polizist ihn ab.

Polizeiinspektor Rasmussen notierte sorgfältig, was Stieg zu erzählen hatte, wirkte aber trotzdem eher mäßig interessiert. Stieg gab wieder, was er wusste, und fragte sich, warum so wenig nachgehakt wurde, besonders was sein Wissen über die extreme Rechte betraf – schließlich war er ja ausdrücklich deshalb hergebeten worden. Nach einer Stunde hatte Stieg alles erzählt, was er über Victor Gunnarsson und seine Verbindung zur EAP wusste. Nachdem er auf Rasmussens Nachfrage bestätigt hatte, dass es von seiner Seite nichts mehr hinzuzufügen gab, bat Rasmussen ihn, einen Augenblick zu warten. Wenige Minuten später kam ein anderer Polizist zu ihm und stellte sich vor.

»Ich heiße Alf Andersson. Können Sie mir etwas über rechte Gruppierungen und deren Hass auf Palme erzählen?«

Das erstaunte Stieg, der gedacht hatte, das Treffen wäre vorbei, aber er holte seine Dokumente noch einmal hervor und ging alles mit Andersson durch. Hier hatte er es offenbar endlich mit einem Polizisten zu tun, der wirklich mehr über Schwedens rechte Mächte wissen wollte. Fast drei Stunden nach seiner Ankunft verließ Stieg das Präsidium wieder, diesmal mit der Gewissheit, dass es dort jemanden gab, der sich für seine Hinweise interessierte. Einziger Wehrmutstropfen war, dass Alf Andersson andeutete, der Ermittlungsleiter wirke nicht sonderlich überzeugt von der Spur ins rechte Milieu. Aber hoffentlich war dies nur eine Masche, um die Bedeutung von Stiegs Aussage herunterzuspielen, damit es nicht sofort in den Medien landete.

Stieg bezweifelte, dass die Polizei seinen Hinweisen nachgehen würde, trotzdem hatte er das Gefühl, etwas getan zu haben. Er hatte um eine Kopie des Protokolls gebeten, damit er sicher sein konnte, dass sein Besuch dokumentiert worden war. Irgendwann würde er als Kriminalreporter arbeiten, und dafür musste er häufiger Gast im Präsidium sein, um sein Netzwerk aufzubauen. Jede Reise begann mit einem ersten Schritt.

War der Sommer auch ruhig gewesen, so war Stieg sicher, dass sich die Geschehnisse im Herbst überschlagen würden.

DAS WARTEN AUF ETWAS GUTES

Stockholm, 1. August 1986

Hallo Gerry,

offiziell gibt es keine Neuigkeiten zum Palme-Mord, die Polizei behauptet allerdings, sie habe die Täter eingekreist und wisse, wer den Mord ausgeführt habe. Sie verfügen nicht über ausreichend Beweise (sagen sie) und wollen nichts überstürzen und jemanden verhaften, bevor sie alles haben, was sie brauchen. Sie sagen, in den kommenden Wochen oder Monaten ist mit einer rasanten Entwicklung zu rechnen, weigern sich aber, Genaueres preiszugeben. Diese Information ist schwierig einzuordnen. Einerseits könnte es einfach eine Stellungnahme sein, um zu zeigen, dass sie noch immer an dem Fall arbeiten. Andererseits ist es selbstverständlich möglich, dass sie wirklich eine heiße Spur haben. Denn ausnahmsweise kommt diese Information von ganz oben (und nicht wie sonst von anonymen Quellen innerhalb der Polizei).

Es ist unmöglich, vorherzusagen, welche Richtung die
Ermittlungen nun nehmen werden, aber es ist mir ge-
lungen, folgende Informationen von zuverlässigen
Quellen zu bekommen:

- Die Verbindung zu LaRouche ist nach wie vor von
großem Interesse, die Spur wird von Ermittlern verfolgt. Diese Information ist inoffiziell, aber ich
weiß, dass sie stimmt, weil ich selbst gerade erst
dazu befragt wurde.

- Laut einer Quelle aus dem Bereich der Polizeifüh-
rung suchen sie nach Zitatanfang „Personen, des extrem rechten Milieus – keine Nazis, sondern sehr weit
rechts verortete Personen, die allerdings nicht mit
der extremen Rechten in Verbindung gebracht werden"
Zitatende. Laut einer anderen Quelle suchen sie nach
einer Zitatanfang „Gruppe ganz gewöhnlicher Menschen
mit Verbindungen zur extremen Rechten" Zitatende.

Welchen Rätseln bist du gerade auf der Spur?

Liebe Grüße
Stieg

PROTOKOLL

FAHNDUNGSHINWEIS
im Zusammenhang mit einem groben Verbrechen
Nummer 13082-5
Datum
05.08.1986
Polizeibezirk
STOCKHOLM
Arbeitseinheit
RK

Aufnehmender Beamter
Kriminalkommissar K. Rasmussen 7327

Verbrechen zu dem Hinweise gegeben werden
Palme-Mord

Hinweisgebende Person
Stieg Larsson

Beruf
Journalist

Arbeitsplatz
TT-Bild

Begebenheit
Angaben zu EAP/Gunnarsson

Larsson gab an, 1973 mit der EAP in Kontakt gekommen zu sein, nachdem sie quasi über Nacht in ganz Schweden *aufploppten*. Sie verfügten über umfangreiche finanzielle Mittel und ein solides Netzwerk. Sie veranstalteten Treffen an einer Vielzahl von Orten in Schweden und blieben jeweils mehrere Wochen.

In Umeå fand 1974 ein solches Treffen statt, das Larsson bezeugte. Er wollte nur kurz vorbeischauen, blieb dann aber den halben Abend und lauschte den sehr gut ausgebildeten Referenten, zu denen u. a. John Hardwick gehörte. Er hatte großes Interesse, engagierte sich aber nicht.

Die Referenten blieben mehrere Wochen in Umeå und trafen sich mehrfach unter der Woche. Die Botschaft damals wie heute lautet: Eine neue Weltordnung wird benötigt, um eine totale Katastrophe zu verhindern.

Laut Larsson folgt ihre Botschaft dem, was wissenschaftlich als Faschismus angesehen wird. Er hat ihre Veröffentlichungen und andere Publikationen gelesen, im Prinzip alles von Menschen dieser Gesinnung.

Die Partei wird von Westdeutschland aus geführt, damals wie heute. Die Informationen werden in Schweden von Clifford Gaddy entgegengenommen und weitergeleitet.

1978 wurde die Partei von Mikel Wale unterstützt, der nun in Wiesbaden tätig ist, wo das europäische Hauptbüro der EAP sitzt. Zu einem früheren Zeitpunkt hatte Wale das American Deserters Comitee in Schweden infiltriert, um Mitglieder abzuwerben. Nach seinem Ausschluss legte er zusammen mit Tore Fredin den Grundstein für die NCLC (EAP).

Larsson blieb 1974 am Büchertisch stehen, den die EAP immer organisierte, und lauschte ihren Argumenten.

Durch seine Arbeit in der Bildredaktion von TT sah er das Bild des »33-Jährigen«. Er kam ihm bekannt vor.

Larsson verfügt über ein sehr gutes Gedächtnis, konnte ihn aber nicht sofort zuordnen. Erst später am selben Tag fiel ihm ein, wo er dem Mann zuvor begegnet war. Bei drei Begebenheiten:

Zum ersten Mal am Hötorget in Stockholm 1977–78, als er an einem Büchertisch der EAP stehen geblieben war. Er wurde von einem Mitglied der EAP angesprochen, das sich nach Larssons Meinung zur Botschaft der EAP erkundigte, über seine berufliche Tätigkeit, seine Wohnsituation usw. Der Mann hatte die Unterhaltung mit den Worten »Hallo, wie geht's?« eingeleitet, ganz so, als wären sie bereits miteinander bekannt. Das hatte Larsson irritiert, und er fragte sich eingangs, ob er den Mann kannte. Nach einer Weile wurde ihm bewusst, dass es sich um jemanden handeln musste, der zur EAP gehörte und Zuhörer generieren wollte. Larsson zog sich nach 10–15 Minuten zurück.

Zwei bis drei Wochen später traf er den Mann an einem Büchertisch wieder, den die EAP vor dem Einkaufszentrum NK in der Hamngatan aufgestellt hatte. Diesmal ging er nicht hin, beobachtete aber, wie derjenige Kontakt zu den Menschen aufnahm, die sich dem Tisch näherten.

Er hat viel über diese Begebenheiten nachgedacht, ganz besonders, seit er von der Polizei um dieses Gespräch gebeten worden war. Er ist sich sicher, dass der »33-Jährige« und der Mann sich sehr ähneln. Die Frisur war anders, das Haar des Mannes war vor acht Jahren länger gewesen.

Larsson ist freier Mitarbeiter von *Searchlight*, einer radikalen Zeitschrift mit Sitz in London, für die er investigative journalistische Reportagen über rechtsextreme Gruppierungen in Europa und den USA schreibt.

CAFÉ SEVERIN

Stockholm, Sommer 2014

In der Auslage des Café *Nybergs* befanden sich alle schwedischen Backspezialitäten: neben der grünen Prinzessinnentorte die Biskuitrolle und die Erdbeerschale. Im Fach darüber die Schokoladenkugeln, Kokosmakronen und Punschrollen. Der Kaffee stand bereits ein bisschen zu lang auf der Wärmeplatte am Fenster, aber er war stark und Nachschenken war inklusive. Die Kundschaft war gemischt, aber nach dem morgendlichen Ansturm blieben meist nur ältere Männer übrig. Die Gespräche drehten sich um alles, angefangen bei der Weltpolitik bis hin zu nächtlichem Glaseinwurf an der nächstgelegenen Recyclingstation.

Stieg hatte in anderen Stockholmer Cafés gesessen und Gesprächen gelauscht, die etwas zu laut an Nachbartischen geführt wurden. Freunde von ihm haben mir erzählt, dass er gern stundenlang in Cafés saß, dass sie für ihn so etwas wie Treffpunkte waren. Ein Schluck heißer Kaffee wärmte den kühlen Rest am Boden des Bechers wieder auf, und schon konnte die Unterhaltung weitergehen.

Eine Anekdote, die ich von vielen seiner Freunde hörte, war, dass er von einem neuen Lieblingscafé erzählte. Es hieß *Severin*, wie sein Großvater. Bis eine herzlose Seele ihm offenbarte, dass auf dem Neonschild neben der Tür eigentlich *Servering* stand, also mit Bedienung.

Stiegs unterschiedliche Verpflichtungen nahmen enorm viel Zeit in Anspruch. Seine Nachforschungen zum Rechtsextremismus, der Aufbau seiner eigenen Zeitschrift, das Schreiben. Dazu noch die Recherchen zum Palme-Mord, die sich in Teilen mit den anderen Bereichen überschnitten, aber noch zusätzlichen Raum forderten. Die Beziehung mit Eva, für die nicht ausreichend Zeit blieb wegen der wichtigen Arbeit. Noch eine Tasse Kaffee, noch eine Zigarette, um all das zu bewältigen. Keine Zeit für Erholung, keine Zeit für Training. Das beginnende Übergewicht und die nachlassende Gesundheit erinnerten an die Endlichkeit des Lebens. Schließlich war sein Großvater im Alter von sechsundfünfzig an einem Herzinfarkt gestorben.

Für mich erfüllte der Besuch im Café eine andere Funktion als für Stieg. Ich sah die Stammgäste, aber Kontakt suchte ich keinen. Ich grüßte zwar höflich, versank dann aber schnell in den eingescannten Dokumenten aus Stiegs Archiv. Zum damaligen Zeitpunkt war ich alles, was mir digital vorlag, bereits mehrfach durchgegangen. Selbst die Gut-zu-wissen-Dinge, die Stieg offenbar zu sammeln liebte. Nach und nach fühlte ich mich in die Achtzigerjahre zurückversetzt, eine Zeit ohne Handys mit nur zwei staatlichen Fernsehsendern ohne Werbung und fünf Parteien im schwedischen Parlament. Der Kalte Krieg war fast vorbei. Sicher half bei dieser Reise in die Vergangenheit die Einrichtung des Café *Nybergs*, sie war die perfekte Kulisse, da sich hier seit den 1960ern fast nichts verändert hatte.

Allmählich erkannte ich die Zusammenhänge, die Stieg sicher auch gesehen hatte. In den Achtzigerjahren gab es bereits rechtsextreme Gruppierungen, die mit ihrer Mischung aus Rassismus, Nationalismus und Faschismus an die heutigen erinnern. Was sie vereinte, war schon damals ihre feindliche Einstellung gegenüber Einwanderern.

Eine kleine Gruppe dieser schwedischen Rechtsextremisten aus jener Zeit behauptete, ihre treibende Kraft wäre nicht die Xenophobie. Sie bezogen Stellung gegen den Kommunismus und wollten ihn bekämpfen, entweder weil sie selbst oder ihre Familien Opfer geworden waren oder weil sie eine westliche Position im Kalten Krieg eingenommen hatten. Manchmal glitten akzeptable Ansichten in Rassismus, Antisemitismus oder Faschismus ab. Das, was diese Gruppierung zu Extremisten machte, waren die Mittel, zu denen zu greifen sie bereit waren. Sie gingen weit über das hinaus, was eine Demokratie mit ihren Gesetzen zuließ; oft beinhalteten sie Gewalt.

Die erste Gruppierung, die offen fremdenfeindliche, war aggressiv und dadurch viel auffälliger. Allerdings wurde durch die Aufzeichnungen in Stiegs Archiv deutlich, dass Stieg vor und nach 1986 mindestens genauso fasziniert war von der zweiten, weniger auffälligen Gruppe. Vielleicht, weil die Mitglieder ein Netzwerk bildeten, das sich mit zentralen Machtstrukturen innerhalb Schwedens überlagerte und somit die Gefahr barg, umso größeren Schaden anzurichten.

Stiegs Recherchen rund um Olof Palme zeigten, dass er sein Bestes getan und die relevanten Teile der Polizei übergeben hatte, als die journalistischen Methoden nicht weiterführten. Selbstverständlich hatte er Möglichkeiten, die die Polizei nicht hatte, aber er kannte auch seine Grenzen. Er konnte Daten ausgraben oder sich in Organisationen einschleusen, aber schlussendlich war es Aufgabe der Polizei, Verbrechen zu untersuchen, Aufgabe der Staatsanwaltschaft, sie vor Gericht zu bringen, und Aufgabe der Gerichte, über die Schuld zu entscheiden. Wenn die Polizei seine Ergebnisse nicht weiterverfolgte, dann baute er dennoch darauf, dass sie taten, was in ihrer Macht stand, ganz wie er selbst.

Schon bevor ich Stiegs Archiv entdeckte, hatten meine eigenen Recherchen mich zu einer Person geführt, die zwar verdächtigt, aber schnell von der Polizei aussortiert worden war, ohne es überhaupt in die Presse zu schaffen. Ich wollte vorgehen, wie Stieg vorgegangen wäre: Alle Informationen, die ich über Jakob Thedelin gefunden hatte, für die Polizei zusammenzustellen. Dazu musste ich aber erst strukturieren, die Spekulationen heraussieben und unnötige Details wegschälen. Das würde dauern, ich brauchte erst einmal einen frischen Kaffee. Und eine Zigarette.

HOLMÉR MACHT SCHLUSS

Stockholm, Dezember 1986

Die Polizei blickte zurück auf einen harten Herbst. Die Presse hatte Wind von der sogenannten Hauptspur bekommen, schnell herausgefunden, dass es sich dabei um die PKK handelte, und durch die immer häufiger erscheinenden Artikel wurde es allmählich Zeit zu handeln. Der profilierteste Schreiberling war auch der schlimmste. Jan Guillou hatte die Harvard-Affäre und andere Verfehlungen Olof Palmes ad acta gelegt und versuchte stattdessen, die Allgemeinheit davon zu überzeugen, dass die Polizei – wie immer – gegen Einwanderer und Linke agierte. Durch die Verdächtigung der kurdischen Arbeiterpartei PKK wollten sie zwei Fliegen mit einer Klappe schlagen. Mit wohlformulierten Argumenten pulverisierte Guillou die PKK-Spur der Polizei und richtete das Schwert, das die Polizei auf die Kurden gerichtet hatte, gegen Holmér selbst. Guillou zeichnete Holmér als einen selbstsüchtigen, verschworenen Büffel, eine Beschreibung, die Holmér für eine treffende Projektion Guillous hielt.

Gleichzeitig krachte es weiterhin zwischen Polizei und Staatsanwaltschaft. KG Svensson war lange fort, aber die Behörde hatte ihn durch einen alten Fuchs namens Claes Zeime ersetzt, der schon bald in Pension gehen würde, also nichts zu verlieren hatte, wenn er offen sagte, was er dachte. Holmér trieb systematisch die Ermittlungen gegen die Kurden voran, wurde aber permanent von den Medien, von der

Staatsanwaltschaft und – so fühlte es sich an – aus den eigenen Reihen attackiert. Aber er hatte nach wie vor ein Ass im Ärmel. Er wollte alles auf eine Karte setzen und alle Kurden, die im Zusammenhang mit dem Mord stehen konnten, gleichzeitig festnehmen. Nicht weniger als achtundfünfzig Personen sollten parallel verhört werden. Und selbst, wenn es ihnen nicht gelänge, den Schützen dingfest zu machen, so würden sie wenigstens beweisen, dass die PKK hinter dem Mord steckte.

Holmérs Hürde war jedoch, dass zur Durchführung des Zugriffs die Zustimmung des Staatsanwalts nötig war. Und nicht einmal mit Rückendeckung der Regierung gelangt es ihm, Zeime dazu zu bewegen. Dieser wehrte sich mit Händen und Füßen, verglich den geplanten Einsatz sogar mit der Aktion des chilenischen Militärs, das 1973 Oppositionelle in Santiago in einem Fußballstadion zusammengetrieben hatte. Ein hanebüchener Vergleich, wenn es nach Holmér ging.

Nach monatelangen Verhandlungen folgte dann die Einigung, dass Holmér die Operation Alfa durchführen durfte, allerdings nur mit zwanzig Personen. Aber da sich Weihnachten mit großen Schritten näherte und seine Einheit bereits wegen all der Überstunden auf dem Zahnfleisch ging, konnte Holmér nicht von seinen Leuten verlangen, auch über die Feiertage zu arbeiten.

Trotzdem gab es in all dem Elend eine gute Nachricht gegen Ende Dezember. Die Nachrichtensendung *Rapport* ehrte Hans Holmér mit der Auszeichnung »Schwede des Jahres«. Holmér war überwältigt. *Sveriges Television*, das wichtiges Medienunternehmen des Landes, gab seinen prestigeträchtigsten Preis an ihn!

* * *

Operation Alfa wurde am 20. Januar 1987 durchgeführt. Zwanzig Personen, in der Mehrzahl Kurden, wurden festgenommen und zeitgleich vernommen. Noch am selben Tag entschied der Staatsanwalt, fast alle wieder auf freien Fuß zu setzen, die Restlichen nicht wesentlich später.

Alfa war nicht der Erfolg geworden, den sich Hans Holmér erhofft hatte. Im Gegenteil, die Operation lieferte der Staatsanwaltschaft die Munition, um die lange überfällige Ordnung wiederherzustellen. Zwei Wochen später, am 5. Februar 1987, trat Hans Holmér von seinem Posten als Ermittlungsleiter zurück. Einen Monat später kündigte er seinen Job als Bezirkspolizeipräsident.

Aber das letzte Wort war noch nicht gesprochen. Holmér verfügte noch immer über sein Netzwerk sozialdemokratischer Minister und den politischen Mittelsmann Ebbe Carlsson. Das Spiel um die PKK-Spur sollte noch eine Weile fortgeführt werden. Allerdings nun im Verborgenen.

NEIN, NEIN, JA

Stockholm, Januar 1987

Es war bereits einundzwanzig Uhr, als es an Stiegs und Evas Tür klingelte. Stieg öffnete und ließ den Gast herein. Håkan Hermansson war groß, dunkelhaarig und trug einen Vollbart. Seine gewinnende Art brachte ihm bestimmt gebührenden Respekt in der Zeitungsredaktion *Arbetet* ein und sicher auch das Interesse der einen oder anderen Frau. Stieg hatte mit einem Malmöer Akzent gerechnet, denn dort hatte die Zeitung ihren Sitz, deshalb überraschte ihn Hermanssons breiter Göteborger Dialekt.

»Ich muss schon sagen, das ist ja ein ganz schönes Stück hierher aus der Innenstadt. Hätten Sie einen Kaffee für mich? Es riecht so, als hätten Sie gerade welchen gekocht.«

Stieg war leicht überrumpelt, winkte ihn aber aus dem Flur in die Küche, nachdem Hermansson seine Stiefel ausgezogen hatte.

»Kochkaffee aus Norrland«, erklärte Stieg und schenkte den Rest aus der Kanne ein, allerdings darauf bedacht, dass nichts vom Kaffeesatz mitschwappte.

Er hatte seine eigene Tasse auf den Aktenschrank mit den Hängemappen gestellt, sie aber vergessen, während er sich und seinem Gast eine Zigarette entzündete. Als Eva in die Küche kam, nahm sie die Tasse vom Schrank und reichte sie ihm. Das geschah nicht zum ersten Mal.

»Das ist meine Frau Eva. Oder Partnerin oder wie immer man jetzt sagt«, stellte Stieg sie vor. »Wir sind seit über zehn Jahren zusammen, und es gibt nichts, was Sie mir sagen könnten, was ich nicht mit ihr teilen würde.«

Eva entschuldigte sich, sie müsse bald schlafen gehen, um am nächsten Morgen die Baustelle zu öffnen, für die sie als Architektin zuständig war. Aber dann blieb sie doch und bereitete ihr Mittagessen für den nächsten Tag vor. Stieg führte Hermansson ins Wohnzimmer, wo sie sich an den Ess- und Schreibtisch setzten, der direkt an der Wand stand.

»Das Wenige, das ich bisher gehört habe, klang spannend, aber fangen Sie doch von vorn an«, sagte Stieg.

Hermansson zog tief an der Zigarette, lehnte sich dann zurück, überkreuzte die Beine, streckte die Hand mit der Zigarette aus bis zur Tischkante und ließ das Nikotin wirken. »Lasse Wenander und ich haben von der Zeitung *Arbetet* einen Auftrag erhalten«, sagte er dann. »Wir rechnen damit, dass unsere Erkenntnisse langjährige Auswirkungen auf Schweden haben werden.«

Stieg saß mit verschränkten Armen da und lauschte.

»Wir sollen eine Übersicht über den Hass und die Kampagnen gegen Olof Palme bis zu seinem Tod erstellen«, fuhr er fort. »Ich habe von Ihren Nachforschungen im rechten Milieu gehört und bin überzeugt, dass es Berührungspunkte zwischen unseren Ergebnissen gibt. Außerdem sagt man über Sie, dass Sie ein Rechercheass sind, deshalb hätten Lasse und ich Sie gern im Boot. Wenn Sie denn so gut sind, wie alle behaupten.«

Er konnte sich Hermanssons Charme nicht entziehen, der die Frage gleich so formulierte, als hätte die Zusammenarbeit bereits begonnen. Wenn er so mit seinen Interviewpartnern sprach, bestand kein Zweifel, dass er ihnen mehr entlockte als seine Kollegen. Er hatte zwei handbeschriebene Blätter vor Stieg auf den Tisch gelegt.

»Das ist eine Liste von Personen, die wir uns gern genauer anschauen möchten. Noch sind es nicht viele, aber wir gehen davon aus, dass Sie einen besseren Überblick haben.«

Stieg warf einen Blick auf die Liste und musste nur eine Augenbraue heben, um sein Gegenüber zum Weitersprechen zu bewegen.

»Ich bin Sozialdemokrat und recht gut vernetzt innerhalb der Partei«, erklärte Hermansson. »Lasse und ich haben uns mit … sagen wir einfach, wir haben mit der Abteilung gesprochen, die für die Tatsachenerfassung zuständig ist. Wir schlugen ihnen vor, eine Artikelserie in der *Arbetet* zu schreiben, vielleicht sogar ein Buch, wenn es gut läuft. Vor ein paar Tagen bekamen wir grünes Licht für das Projekt und dessen Finanzierung. Das Wichtigste ist, dass wir direkten Zugang zum Netzwerk der Sozis haben. Wer Olof gekannt hat, wird mit uns sprechen.« Hermansson schaute Stieg erwartungsvoll an.

»Das klingt nach einem wirklich interessanten Projekt, und mir sind selbstverständlich alle Namen auf der Liste ein Begriff. Es gibt also definitiv Überschneidungen unserer Bereiche, aber auf eines muss ich Sie hinweisen«, erwiderte Stieg und entzündete neue Zigaretten für sie.

»Sie wissen, dass ich kein Sozi bin, oder? Ich bin Trotzkist und schreibe für die *Internationalen*. Und es ist kein Geheimnis, dass wir nicht gerade glücklich darüber sind, wie sie das Land führen. Also selbst, wenn wir in diesem Fall ein ähnliches Ziel verfolgen, bin ich mir nicht sicher, ob ich mit einer so staatsträchtigen Partei in Verbindung gebracht werden möchte.«

»Ich weiß, dass Sie uns für Revisionisten halten. Aber Sie fanden doch sicher auch, dass der Hass gegen Olof Palme ungerecht war und sich indirekt auch gegen die Demokratie richtete. Oder übersehe ich etwas?«

Stieg signalisierte mit einer Handbewegung, dass sie in diesem Punkt einer Meinung waren, es aber noch mehr gab.

»Hören Sie«, sagte Stieg. »Ich werde noch lange gegen den Faschismus und Rechtsextremismus kämpfen, vermutlich den Rest meines Lebens. So verlockend Ihr Angebot auch ist, ich will nicht, dass die andere Seite erfährt, wer ich bin, was oder wen ich untersuche oder welche Methoden ich mich bediene.«

»Wenn Sie sich jedoch an diesem Projekt beteiligen, werden Sie so berühmt, dass Sie alle Artikel und Bücher schreiben können, die Sie schreiben wollen. Ihre Karriere wird durchstarten.«

»Ja, aber werde ich wirklich weiterarbeiten können? Mein Ziel ist die Bekämpfung des Rechtsextremismus. Nicht, ein berühmter Journalist zu werden. Bleibt die Frage: Verliere ich mehr, als ich gewinne?«

Das Gespräch erstarb. Es war unverkennbar, dass sie sich mochten, aber da war von Anfang an ein ungutes Gefühl; außerdem bat Hermansson Stieg um etwas, von dem er nicht wusste, ob er es beisteuern konnte.

»Es tut mir sehr leid, aber ich muss leider ablehnen«, sagte Stieg. »Ich stelle Ihnen gerne mein Material zur Verfügung, aber ich kann einfach nicht riskieren, dass ich nach dem Erscheinen Ihrer Artikel nicht länger zum Thema Rechtsextremismus recherchieren kann.«

Hermansson wirkte enttäuscht, und damit er die vierzigminütige Reise nach Rinkeby nicht komplett vergebens angetreten war, öffnete Stieg kommentarlos eine Flasche Rotwein und füllte zwei Gläser. Eine ganze Weile sprachen sie über andere Themen und vermieden bewusst die Frage nach einer möglichen Zusammenarbeit. Vielleicht schuf genau das die nötige Ausgangsbasis. Nach dem zweiten Glas Wein stand Stieg auf.

»Warten Sie«, sagte er. »Ich werde etwas machen, was ich noch nie gemacht habe.«

Stieg verschwand im Schlafzimmer, wohin sich Eva zwei Stunden zuvor zurückgezogen hatte. Hermansson blieb eine Weile allein im Wohnzimmer zurück. Als Stieg zurückkehrte, sah er ernst und entschlossen aus. Er setzte sich wieder zu Hermansson an den Tisch.

»Wir machen es so, ich helfe bei der Recherche, werde aber weder erwähnt noch dafür bezahlt. Im Gegenteil, ich möchte eine Garantie dafür, dass mein Name im Zusammenhang mit dieser Artikelserie nicht genannt wird. Klingt das nach einem Vorschlag, den Sie annehmen können?«

Innerhalb weniger Sekunden hatte Hermansson Stiegs einfache Lösung durchdacht und ihr zugestimmt. Es war kein hoher Preis, jemandem Anonymität als Gegenleistung für seine Arbeitskraft zu gewähren, wenn es sich bei diesem Jemand höchstwahrscheinlich um Schwedens besten Rechercheur handelte. Hermansson nickte kurz und streckte dann die Hand aus, um das Abkommen per Handschlag zu besiegeln. Dann öffnete Stieg eine weitere Flasche Wein.

AUFTRAG OLOF PALME

Stockholm, Februar 1987

Die Prämisse war formuliert: Ausgangspunkt der Arbeit an dieser Artikelserie ist, dass der Mord an Olof Palme logische Folge eines sich allmählich verändernden politischen Klimas in der westlichen Welt und in Schweden ist.

Stiegs Aufgabe war heikel. Die Recherche für eine Artikelserie und eventuell ein Buch zu übernehmen, das von allen politischen Lagern genauestens unter die Lupe genommen würde, war immer ein Balanceakt, aber da das Thema außerdem Olof Palme und die zugehörige Mordermittlung war, stieg die Gefahr für Kritik exponentiell.

Außerdem gab es immer noch die Möglichkeit, dass der Mordfall vor Veröffentlichung des Buches aufgeklärt würde oder sie herausfanden, dass es keine Verbindung zwischen dem Mord und den Hasskampagnen gegen Palme gab.

Andererseits: Sollte der Mord aufgeklärt werden, war das dennoch das Beste, was passieren konnte, es würde sich einzig auf den Verkauf des Buches auswirken, weil es dann weniger Aufmerksamkeit bekam. Ein Preis, den alle zu zahlen bereit waren. Gleichzeitig bestand ein großes Risiko für Kritik, aber hier griff die eingegangene Abmachung, dass Håkan Hermansson und Lars Wenander die Verantwortlichen waren. Stiegs Aufgabe war es, stichhaltige Informationen zu liefern und keine Fehler zu machen.

Dass sich äußerst viele Personen und Organisationen an der Kampagne gegen Olof Palme beteiligt hatten, war dagegen ein ganz konkretes Problem. In dem Material, das Stieg Hermansson übergeben wollte, hatte er bewusst interessante Teile heruntergespielt, die nur indirekt mit dem Hass auf Palme zu tun hatten. Zwei Beispiele waren Verbindungen zu *Stay Behind* – ein geheimes Netzwerk unabhängiger Zellen, die aktiviert würden, sollte Schweden von einer fremden Macht besetzt werden – und der schwedische Teil der Operation Chaos.

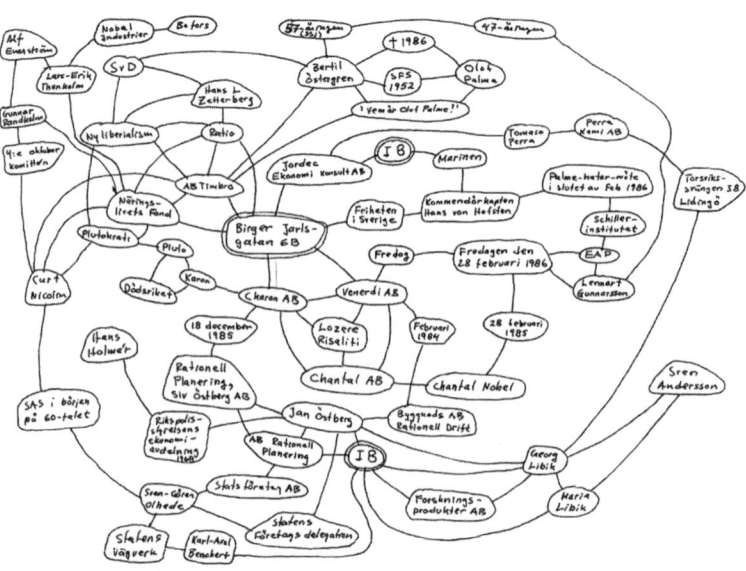

Netzwerk von Personen und Organisationen, geschickt an Stieg Larsson im September 1987 (Stieg Larssons Archiv).

Letzterer war eine verdeckte Operation der CIA, die es unter anderem auf amerikanische Vietnamdeserteure abgesehen hatte und mit Zustimmung des CIA-Chefs William Casey durchgeführt wurde. Stiegs Ansicht nach war Casey von der übelsten Sorte, allein wegen seiner aktiven Rolle während der überflüssigen Invasion Grenadas 1983.

Des Weiteren gab es unzählige Schnittmengen zwischen den vielen verschiedenen Organisationen, die Stieg erfasst hatte. Wenn man ein Raster über die Liste von Personen legte, wurde es schnell unübersichtlich. Für alle außer Stieg, der die Angaben im Kopf hatte – und falls nicht, so wusste er, wo genau er in seinen Blätterstapeln suchen musste. Nun sah er sich gezwungen, sein Material übersichtlicher zu gestalten, zum einen für die Journalisten, zum anderen für die Leser, die über keinerlei Vorinformationen verfügten.

Zur schnelleren Übersicht legte er drei Listen mit kurzen Beschreibungen an: eine über die Gruppierungen, eine über interessante Personen und eine über interessante Adressen in Stockholm. Wie von selbst fand sich der Ausgangspunkt in Anders Larsson, dem Gründer der *Demokratisk allians* in den Siebzigerjahren, die noch immer sehr aktiv waren. Dieser behauptete zudem, dass er schon im Vorfeld vom Mord an Olof Palme gewusst habe.

Anders Larsson
Wie eine Spinne im Netz, die früher oder später bei allen rechtsextremen Gruppierungen auftaucht. Scheint mehrere Identitäten zu nutzen, ausgedachte oder echte, wenn er Briefe verfasst. Larsson warnte vor dem Mord an Palme. Aufzeichnungen verraten, dass er der Säpo gemeldet worden war, weil er einen sozialdemokratischen Politiker töten wollte (nicht Olof Palme).

Carl G. Holm
Einer der Herausgeber von *Contra*, außerdem Angestellter des Industrieverbunds. Aufs Blut verfeindet mit Anders Larsson, seit sich die *Demokratisk allians* aufsplitterte und beide in unterschiedliche Richtungen strömten. Seitdem herrscht regelrecht Krieg zwischen Anders Larsson und Holm/*Contra*.

Filip Lundberg
Arbeitet für *Contra* und leitet dort die „völkische
Kampagne für die NATO", außerdem Verbindungen zur
Bewegung *Friheten i Sverige*.

Andres Küng
Auf den ersten Blick ein unaufgeregter Angehöriger
der Volkspartei, der sich ebenfalls in den höchsten
Kreisen der *Friheten i Sverige* bewegt; dabei sitzt er
im Vorstand von *Resistance International* und hat sich
Contra angenähert, seit sie ihm den Freiheitspreis
verliehen haben, was ihren Erzfeind Anders Larsson
besonders verärgert haben dürfte.

Bertil Wedin
Ehemaliger Leutnant, der früh auffiel, weil er den
Vietnamkrieg befürwortete. Gehörte dem Umfeld um
Wallenberg an und war dort für die Informationsbe-
schaffung zuständig. Verknüpft mit der *Demokratisk
allians*. Siedelte 1975 nach London um und arbeitet für
die schwedische Wirtschaft. Kennt sowohl Anders Larsson als auch die *Contra*-Leute, denen er nähersteht.
Taucht auf der Liste der wahren Palme-Hasser auf und
wird verdächtigt, am Mord beteiligt gewesen zu sein.

Hans von Hofsten
Fregattenkapitän, der seit Oktober 1985 im Vorstand
von *Friheten i Sverige* sitzt. Einen Monat später
leitete er durch einen Zeitungskommentar im *Svenska
Dagbladet* einen Offiziersaufstand ein, in dem er offen
bekundete, dass er kein Vertrauen in Olof Palme und
dessen bevorstehende Moskaureise hatte.

Victor Gunnarsson
Wurde erst interessant, als er des Mordes an Palme
verdächtigt wurde; es besteht aber schon lange eine
Verbindung zur EAP. Außerdem hat er laut einer Quelle
Kontakt zu zwei Personen mit Anbindung an die *Demo-
kratisk allians*, die unabhängig voneinander vor dem
Mord gewarnt hatten: Anders Larsson und der ehemalige
Söldner Ivan von Birchan.

Alf Enerström und Gio Petré
Enerström wurde Schwedens größter Palme-Hasser ge-
nannt. Wird von führenden Personen der schwedischen
Wirtschaft unterstützt, zum Beispiel von Lars-Erik
Thunholm (bekannt durch Wallenberg-Affäre), und leitet Geld an die EAP weiter. Schaltet außerdem Anzei-
gen in der Tagespresse für Millionenbeträge. Seine
Partnerin Gio Petré ist Schauspielerin, zusammen
reisen sie durchs ganze Land und machen Stimmung
gegen Palme. Ihr jüngstes Buch erschien vergangenes
Jahr unter dem Titel *Wir haben die Regierung gestürzt
Teil II*. Darin vergleichen sie Palme mit Hitler und
schreiben, dass es nur eine Strafe für einen Landesverräter gibt. Schade nur, dass sich die Aussage des
Titels nicht bewahrheitete, denn Palme gewann wider
Erwarten die Wahl.

Obwohl sich Stieg Mühe gab, die Zahl der Namen kleinzuhalten,
wurden es doch mehr als beabsichtigt. Ganz bewusst hatte er ausländische Personen ausgeschlossen – so zum Beispiel die italienischen Terroristen Stefano Delle Chiaie und Roberto Fiore sowie den Auftragsmörder Michael Townley, der nach dem Hinweis, er könne am Mord

an Palme beteiligt sein, auf Stiegs Radar aufgetaucht war. Sie wurden nicht aufgelistet.

Abgesehen vom offen kommunizierten Hass gegen Palme gab es weitere wiederkehrende Muster: Menschen von gewissem Ansehen stellten sich an die Spitze von Organisationen. Hinter ihnen, mit deutlich heftigeren Zielen, agierten die eigentlichen Strippenzieher. Manchmal gab es sogar direkte Verbindungen zu Nazis. Eine interessante Tatsache war auch, dass manche Namen immer wieder auftauchten, was in der nächste Liste deutlich wird:

Demokratisk allians
Obwohl sich die DA 1975 aufsplitterte und im Jahr darauf ihre Aktivitäten einstellte, gilt sie als Mutter des Großteils rechtsextremer Organisationen, die nicht nazistisch sind. Ihr Gründer Anders Larsson hat Verbindungen (positive und negative) zu allen resultierenden Gruppierungen und führte die Mehrzahl der ehemaligen DA-Mitglieder weiter nach der Trennung.

Contra
Nach der Aufteilung der DA baute deren Minderheit aus den härtesten Typen die Stiftung und Zeitschrift Contra auf (nicht zu verwechseln mit der USA-gestützten Guerillabewegung in Nicaragua). Einer ihrer größten Feinde ist Anders Larsson. Der Inhalt der Zeitschrift ist geprägt von tiefer Bewunderung für die USA und von starkem Hass auf Palme. Hier konnte man zum Beispiel die Zielscheibe erwerben mit einem Bild von Olof Palme als Mittelpunkt.

Baltiska kommittén

Eine von vielleicht zehn auffälligen Gruppierungen
mit baltischem Bezug, von denen die meisten im Estniska huset in der Wallingatan 32 gemeldet sind.
Baltiska kommittén ist unter anderem interessant,
weil die Organisation Mitglied der WACL ist (s.u.)
und weil es Anders Larsson gelungen war, einen knappen Monat vor dem Mord an Palme von dort gefeuert zu
werden.

WACL (World Anti-Communist League)

Die Schirmorganisation mit Wurzeln im Asien der
1950er und dem Kampf gegen den Kommunismus als ver-
bindendes Element. Hier findet sich eine bunte Mischung an lateinamerikanischen Todesschwadronen,
antikommunistischen Guerillas aus Afrika, amerikanischen Rechtsextremisten sowie dem Ku-Klux-Klan oder
europäischen Nazis. Selbstverständlich infiltriert und
finanziert die CIA die Organisation. WACLs beliebte
Konferenzen finden an unterschiedlichen Orten auf der
ganzen Welt statt und konnten unter anderem zwei
Schweden anlocken: einen Reichstagsabgeordneten der
Moderaten und unseren alten Bekannten Anders Larsson.

EAP (Europäische Arbeiterpartei) oder ELC
(European Labour Committee)

Eine kleine, extreme Partei, die der amerikanische
Millionär Lyndon LaRouche gegründet hat. Extrem aktiv
in Schweden seit den 1970ern. Diese Gruppierung ist
mit ihrem Hass am weitesten gegangen und nannte
Palme einen geisteskranken Mörder, Drogenhändler und
Sowjetagenten. EAP wird möglicherweise von der CIA

infiltriert durch falsche Vietnamdeserteure, die sich
in Schweden niedergelassen haben. Victor Gunnarsson
hat mit EAP zusammengearbeitet, und ihr Material
wurde in Anders Larssons Büro beim Baltiska kommittén
kopiert.

Resistance International

Antikommunistische Gruppierung, die 1983 in Paris und
1985 in Schweden aufkam. Begann als Gruppe von tradi-
tionell rechtskonservativen Antikommunisten, doch
dann stießen ein paar ausgesprochene Rechtsextremisten, Emigranten aus dem Ostblock und der WACL mit ein
paar direkten Verbindungen zu Nazis dazu. Denkbare
CIA-Finanzierung. Im schwedischen Vorstand fällt
Anders Larsson auf, außerdem der Exilbalte Andres
Küng, der UNITA-Repräsentant Luis Antunes und Con-
tra-Mitarbeiter Filip Lundberg.

Stiftelsen för samhällsstudier
(Stiftung für Gesellschaftsfragen)

Sehr anonymer Zusammenschluss mit Verbindungen zur
Resistance International durch Anders Larsson und zur
Demokratisk allians, da sie dasselbe Postfach verwenden (läuft auf Anders Larsson). Gibt sich als an-
ti-nazistisch aus, ist politisch aber rechts angesiedelt. Die Nähe zur ehemaligen Demokratisk allians
könnte Aufschluss über die Tätigkeit der Stiftung
geben. Auch wenn die Stiftung eher wie eine One-Man-
Show wirkt, die folgende Gruppierung hat tausendfünf-
hundert Mitglieder.

Friheten i Sverige
Neue Gruppierung, die im September 1985 vom Angehöri-
gen der Volkspartei Andres Küng gegründet wurde. Auf
dem Papier blütenrein, das Ziel: ein freies Schweden.
Hinter der feinen Fassade, die unter anderem durch
die Schauspieler Jarl Kulle und Ulf Brunnberg dar-
gestellt wird, wirken deutlich finsterere Kräfte wie
der Contra-Mann Filip Lundberg und der Fregattenkapitän Hans von Hofsten.

Nya tisdagsklubben (Neuer Dienstagsclub)
Dem ultrakonservativen britischen Monday Club nachempfunden, dessen Vorsitz der ausdrucksstarke Lord
Moyne hatte, und in dessen Kreisen sich sowohl Anders
Larsson als auch Bertil Wedin bewegten. Man lädt
namhafte Redner zu unschuldigen Abendveranstaltungen,
aber dahinter stecken die üblichen Ultrakonservativen. Verantwortlich für die Versendung der Einladungen ist der omnipräsente Anders Larsson.

UNITA
Eine von den USA gestützte Guerillaeinheit aus Angola
mit Büros in Stockholm und Verbindungen zur CIA. Ihr
Repräsentant Luis Antunes taucht bei mehreren der
oben angeführten Organisationen auf. Anders Larsson
wollte dort anheuern, nachdem er vom Baltiska kommittén gefeuert wurde.

Diese Namen und Gruppierungen sollten für den Anfang genügen,
fand Stieg. So oder so würden die Köpfe der Malmöer anfangen zu
rauchen. Allerdings fehlte noch ein Puzzleteil, ohne das sie das Ge-

samtbild nicht begreifen würden. Die rechtsextremen Gruppen waren verknüpft durch gewisse Adressen, durch die sich schnell ihre Zusammengehörigkeit entdecken ließ.

Postfächer 5817, 490 und 21

Die meisten rechten Gruppierungen haben eins gemein: Sie verwenden Postfächer. So lassen sich auf einfache Weise mehrere Gruppierungen gleichzeitig betreuen, außerdem sind die Betreiber schwieriger ausfindig zu machen. Postfach 5817 gehörte ehemals zur Demokratisk allians, wurde aber auch von der Stiftelsen för samhällsstudier genutzt. Postfach 490 hängt mit den Gruppen der Exilbalten in der Wallingatan 32-34 zusammen und wurde sowohl von der Stiftelsen als auch der Resistance International verwendet. Das letzte Postfach, das aufgetaucht ist, trägt die Nummer 21. Darauf werde ich zurückkommen, wenn meine Recherchen etwas fortgeschritten sind.

Wallingatan 32-34

Im Estniska huset sind unzählige Organisationen angesiedelt. Die meisten blütenweiß, darüber hinaus aber auch die WACL, das Baltiska kommittén und eine Reihe anderer, etwas lichtscheuerer Gesellschaften. Es gibt starke Verbindungen zu Anders Larsson und Andres Küng sowie zu den oben genannten Postfächern.

Birger Jarlsgatan 6B

Hier sitzen ein paar Lobbyorganisationen der Wirtschaft, außerdem unter anderem Friheten i Sverige und weitere verdächtige Firmen und Organisationen. Das

Gebäude gehört der alten nazistischen Carlbergska
Stiftung. Hierher gehört die komplizierte Übersicht,
die ich von einer Quelle bekommen habe, mit der
Adresse in der Mitte.

Es gab noch zwei weitere Namen, die Stieg, als relevant für Hermansson und Wenander erachtete. Sie bewegten sich in rechten Kreisen, aber Stieg war davon überzeugt, dass sie in geheimer Mission für den schwedischen Staat unterwegs waren. Joakim von Braun saß im Vorstand der Resistance International, arbeitete aber außerdem als externe Kraft für die Säpo. Joel Haukka war Exilbalte und kannte jeden in der Wallingatan 32–34, sammelte allerdings Informationen für den militärischen Nachrichtendienst SSI (Sektionen för Särkild Inhämtning). Mit hoher Wahrscheinlichkeit würden Braun und Haukka in Hermanssons und Wenanders Nachforschungen auftauchen, da war es besser, dass sie bereits informiert waren und sie nicht direkt zu den Rechtesten der Rechten zählten.

* * *

Dies sollte ihnen zumindest einen Überblick über den organisierten Hass gegen Palme und die extreme Rechte geben. Wie gewöhnlich machte er drei Kopien der Listen, schickte das Original an Hermansson und Wenander. Eine Kopie behielt er, die beiden übrigen gab er zwei Vertrauten, sodass im Falle eines Einbruchs oder Brands die Daten nicht verloren waren.

Zu der Sendung an Hermansson und Wenander fügte er noch die Kopie eines Briefs hinzu, den er ein Jahr zuvor an Björn Rönnblad von der sozialistischen Partei geschrieben hatte. Damals hatte sich niemand vorstellen können, dass der Ministerpräsident auf offener Straße ermordet werden könnte, doch nun war es traurige Gewissheit. Der

Brief handelte von Material, das Rönnblad zugeschickt worden war und das Andres Küng schaden sollte, aber es war unklar, wer der Absender war. Stieg hatte viel Zeit für die Recherche Anders Larssons und des Postfachs 21 geopfert, hatte sich sogar auf die Lauer gelegt, um herauszufinden, wer das Fach leerte. Er hoffte, dass der Brief den Malmöern zeigte, wie er bei seinen Recherchen vorging und wie viel Zeit und Arbeit er investierte. Klar war nur, dass der Inhalt den beiden und ihrem Projekt einen rasanten Start ermöglichen würde. Endlich hatte das Projekt einen Namen bekommen: Auftrag Olof Palme.

1987

Stockholm, Frühling 1987

Die beteiligten Polizisten waren überrumpelt von Holmérs Rücktritt. Am einen Tag hatte man einen Chef, der alles bestimmte und außerdem als Ermittlungsleiter, Bezirkspolizeipräsident und Voruntersuchungsleiter agierte. Tags drauf niemanden mehr. Gleichzeitig endete die koordinierte Zusammenarbeit zwischen der Polizeibehörde in Stockholm, dem Landeskriminalamt und der Säpo. Auf dem Papier war Ulf Karlsson, Abteilungsleiter der Landespolizeiverwaltung, nun für die Ermittlungen im Palme-Mord zuständig, in Wirklichkeit gab es aber plötzlich mindestens drei getrennte Ermittlungen.

Am einfachsten gestaltete sich dieser Wandel für die einfachen Polizisten am unteren Ende der Hierarchie. Es gab erfahrene Ermittler, und weil niemand Höheres mehr führte, verfuhr man so, wie man es gewohnt war. Jede der drei Ermittlungen listete alle relevanten Theorien auf.

Vom Tatort und von den Beweisen ausgehend, entschied man, auf welche Spur man sich konzentrierte. Es wurde eine umfangreiche Liste, und man sah sich mit widrigen Bedingungen konfrontiert, nicht zuletzt, weil bereits ein ganzes Jahr wichtiger Ermittlungszeit verloren gegangen war. Wenn die Wahrscheinlichkeit, einen Mord aufzuklären, schon nach vierundzwanzig Stunden enorm sank, wirkte es nach einem Jahr schier unmöglich.

Die Theorien umfassten alles: Vom alleinhandelnden Verrückten über rechtsextreme schwedische Gruppierungen bis hin zu internationalen Konspirationen, die im Zusammenhang mit iranischen Waffengeschäften oder Palmes Widerstand gegen die Apartheit standen.

1987 war das Jahr, in dem die unterschiedlichen Polizeizweige systematisch nach ihren gewohnten Methoden ermittelten, sich aber mit ihren Kollegen der anderen Abteilungen absprachen, wenn es nötig wurde. Während des Frühlings arbeitete jede Abteilung für sich, es kam nur sporadisch zu Treffen untereinander. Und schließlich traten langsam die Konturen einer Verschwörung hervor. Man fand keine einfache Lösung, aber zum ersten Mal durfte das Fußvolk mitmischen und die Agenda übernehmen. Plötzlich meldete sich bei einigen vorsichtiger Optimismus, dass der Mord doch aufzuklären sei. Ermittler Alf Andersson, der sich besonders für die Rechtsextremisten interessierte, war einer von ihnen.

DIE STERNE RICHTEN SICH AUS

Stockholm, April 1987

Stieg war klar, dass sich der Pfropfen gelöst hatte. Seit Holmérs Ausscheiden wirkte es, als würden Theorien zugelassen, die vorher undenkbar waren. Und das galt gleichermaßen für die Polizei wie für die Medien und die Allgemeinheit. Selbst die Säpo erwachte aus ihrem Halbschlaf. Ein paar Wochen nach Holmérs Weggang und der dezentralisierten Ermittlung hatte die Säpo Stieg einen auffälligen Besuch bei TT abgestattet. Vielleicht hatten sie aus den Unterlagen von seiner Kompetenz auf dem Gebiet des Rechtsextremismus erfahren. Ihre Fragen waren jedoch auf ungeheuerlich niedrigem Niveau. Sie wollten wissen, in welcher Beziehung die nationalsozialistischen Parteien zu den sozialistischen Parteien standen. Sie glaubten ernsthaft, dass Nazis Sozialisten waren. Eva hatte Stieg noch nie so wütend erlebt wie an jenem Abend.

Das erleichterte Hermansson, Wenander und Stieg die Arbeit, weil alle Menschen, die sie kontaktierten, den Fall in der Zeitung verfolgten und wussten, dass die PKK-Spur ad acta gelegt worden war. Nun konnten sie ganz offen über den Hass sprechen, der sich gegen Palme gerichtet hatte.

Das angekündigte Buch und die Artikelserie kamen genau zur rechten Zeit, denn mehrere Theorien und Spuren, über die in den Medien berichtet wurde, berührten auch ihr Material. Nun galt es nur, rechtzeitig mit dem Buch fertig zu werden, bevor sich das Interesse der Allgemeinheit wieder legte, die polizeilichen Ermittlungen einen anderen Weg einschlugen oder irgendetwas Unvorhergesehenes eintrat.

Stieg entschied, seine Recherchen zur Resistance International vom Vorjahr fortzuführen. Damals hatte er sich vor der Filiale positioniert, in der sich das Postfach 490 befand. Er wusste, dass es zur ehemaligen Demokratisk allians gehörte und nun anderen, noch aktiven Gruppierungen diente. Und obwohl er viele, viele Stunden seiner Freizeit geopfert hatte, um vor der Filiale auszuharren, war es ihm nicht geglückt, jemanden beim Leeren zu beobachten.

Diesmal rückte allerdings Postfach 21 in seinen Fokus, und es war bedeutend einfacher gewesen, dieses mit verschiedenen Gruppen und Personen in Verbindung zu bringen.

* * *

Stockholm, 10. April 1987

Lieber Håkan,

genau wie dir ist es mir lange nicht geglückt, mich an die Schreibmaschine zu setzen. In meinem Fall liegt es jedoch (glücklicherweise) nicht an einem Hexenschuss, sondern daran, dass ich verdammt viel zu tun hatte. Gerade weiß ich nicht, woher ich die Zeit für alles nehmen soll. Leider (und ich bin wirklich ein bisschen eifersüchtig auf dich) habe ich nicht die Möglichkeit, mich in dem Maße während der Arbeitszeit mit diesen Fragen zu beschäftigen, sondern muss es in meiner spärlichen Freizeit tun. Manchmal ist es schwer, alles unter einen Hut zu bekommen.

In diesem Brief möchte ich dir nur ein paar kurze Anmerkungen zu deinem Brief aus der vergangenen Woche senden und gleich erwähnen, dass dein beigefügtes Material – der Brief vom Verein Schweden-Vatikan – zu keinem besseren Zeitpunkt hätte kommen können.

Gerade beschäftige ich mich damit, ein für alle Mal alle Organisationen und Gruppierungen dieses Sumpfs zu erfassen. Ich versuche, alle Adressen, Postfächer, Telefonnummern, Verzweigungen und all so was zu katalogisieren. Auf den ersten Blick erscheint das Ganze wie ein Knäuel loser Fäden. Am Sonntag habe ich angefangen, meine Aufzeichnungen zu sortieren. Sie ruhen, seit ich Björn Rönnblad mit Informationen über Resistance International versorgt habe. Dabei fielen mir die vielen kleinen Vermerke auf, wie „sollte geprüft werden", was ich aber nie gemacht habe.

Einer der Punkte, den ich mit einem Fragezeichen versehen hatte, betraf just das Postfach 21 in Stockholm 1. Offiziell (und ich meine, das hattest du bereits selbst festgestellt) handelt es sich um das Postfach des Baltiska Aktionscentrat/Informationsarkivet. Anfangs dachte ich, es handele sich um das Baltiska Archiv, wäre also an Arvo Horm/Wallingatan 34 gekoppelt. Das Problem war nur, dass die Telefonnummer 205445 weder zur Wallingatan passte noch zu den anderen offiziellen exilbaltischen Adressen. Noch dazu verfügt das Baltiska Archiv in der Wallingatan über eine eigene, völlig anders lautende Telefonnummer. Mit anderen Worten schien sich das Postfach 21 von der Masse der circa anderen zwanzig

Fächer abzuheben, die ich bereits baltischen Organisationen hatte zuordnen können. Deshalb hielt ich
es für sinnvoll, es besonders unter die Lupe zu
nehmen.

Am Mittwoch war ich in Stockholm 1 und warf einen
Blick auf die Registerkarte des Postfachs, und siehe
da, Besitzer des Fachs war weder das Aktionscentrat
noch das Informationsarkiv, sondern eine Organisation
mit dem kuriosen Namen Fonden för Fri Företagsamhet
(Fond für freies Geschäftstreiben). Kurios, weil
weder ich noch jemand aus der Wirtschafts-/Politik-
Redaktion je davon gehört hatte. Nun denn, auf der
Registerkarte fand ich eine Angabe zur Adresse, die
man hinterlegen muss, wenn man so ein Fach mietet.
Sie lautet Målargatan 1, eine kleine Straße, die
einen Steinwurf vom Hötorget entfernt die Kungsgatan
kreuzt. Also machte ich mich auf, um mir anzuschauen,
was sich hinter der Adresse verbarg, allerdings erfolglos. Målargatan 1 gehört nämlich zum großen Reno-
vierungsprojekt im Klara-Viertel. Gut möglich, dass
Postfach 21 zu der Adresse gehörte, heute gibt es
davon keine Spur mehr. Es war zu spät, den Hausbesit-
zer zu fragen, ob er Angaben zu seinen früheren Mie-
tern machen konnte. Da stand ich also mit langer Nase
und kratze mich am Kopf.

Danach fuhr ich nach Hause und fand Postfach 21 in
meinem eigenen Briefkasten in Form des Materials, das
du mir geschickt hast. Die Welt kann manchmal ganz
schön klein sein.

Nachdem mir der Brief des Vereins Schweden-Vatikan
schon eine Richtung vorgab, musste ich ihr nur noch
folgen. Als Erstes überprüfte ich die Adresse von
MFS, Kungsholms Kyrkoplan 6, 8. Stock, dem obersten
Stockwerk in einem der angesehensten Viertel Stockholms. Spät am Donnerstagabend gelang es mir, mich am
Türschloss mit Codesicherung vorbei zu mogeln (I'm
telling you, diese elektrischen Türschlösser behin-
dern den allein ermittelnden Journalisten). Es gelang
mir, einen Blick auf das Namensschild an der Tür des
MFS zu werfen.

Håkan, wenn hinter dieser Tür jemand sitzt, der ver-
wirrende Nachrichten im Frakturstil schreibt, könnten
wir auf Gold gestoßen sein. In jedem Fall haben wir
einen neuen Knotenpunkt gefunden, an dem wir ansetzen
können. Und mit diesem Cliffhanger muss ich dich
leider erst mal vertrösten, bis ich wirklich sichere
Informationen habe und dich nicht auf die falsche
Spur schicke. Ein Brief mit weiteren Details kommt
später diese Woche.

Ein paar kleine Anmerkungen zum Verein Schweden-Vatikan: Am Freitag wandte ich mich an einen verständnis-
vollen und nachsichtigen Priester der St. Eugenia-
Kirche in der Kungsträdgårdsgatan. Er arbeitet seit
sechs Jahren für die katholische Gemeinde Stockholms,
hat aber noch nie von der Societas de Amicitia Suecia
Vaticana gehört. Allerdings konnte er mich an einen anderen (weniger nachsichtigen) Priester des
Jesuitenordens verweisen, der angeblich alles über
katholische Vereine in Schweden wusste.

Besagter Jesuitenpriester sagte, ihm sei nicht bekannt, was genau dieser Verein täte, aber soweit er das überblicken konnte, hatte sein Wirken nichts mit der katholischen Kirche zu tun. Das Lustige ist jedoch, dass er, als ich den Namen ins Spiel brachte, eine ziemlich starke Reaktion zeigte, während er gleichzeitig behauptete, nichts über den Verein zu wissen. Ich glaube, ihm sagte der Name weit mehr, als er zuzugeben bereit war, und dass er negative Assoziationen bei ihm hervorrief. Hatte sich der Verein beizeiten in der Kungsträdgårdensgatan unbeliebt gemacht?

In der Buchhandlung der katholischen Kirche arbeitet eine junge und nette Frau, die mir gleich Kaffee anbot. Sie hatte noch nie von dem Verein gehört und konnte sogar sagen, dass ihr der Name noch nie – weder in der Literatur noch in Zeitungen oder Zeitschriften – begegnet sei. Sie ließ mich einen Blick in das kircheninterne Telefonbuch werfen, das sehr umfangreich ist und ganz Schweden umfasst. Aber dort war der Verein nicht verzeichnet.

Im katholischen Pfarramt hatte man ebenfalls noch nie von diesem Verein gehört, aber einer der Seelsorger merkte an, dass es sich möglicherweise um eine der kleinen „hochkirchlichen" Lobbygruppen handeln könne, die im Wirrwarr um die Wahl von Johannes Paul I entstanden waren, also dem Papst, der nach nur dreiunddreißig Tagen im Amt starb. Laut meiner Quelle schlug die Wahl intern recht hohe Wellen. Eine andere Möglichkeit, die er vorschlug, war eine ebenfalls

hochkirchliche Lobbygruppe, die vor wenigen Jahren
noch sehr gewöhnlich agierte und es sich scheinbar
zur Aufgabe gemacht hatte, Schweden dazu zu bringen,
diplomatische Verbindungen zum Vatikan aufzunehmen.

Bevor ich es vergesse: Mir wurde mehr oder weniger
hundertprozentig bestätigt, dass Anders Larssons
Telefon tatsächlich abgehört wird.

Diese Information kommt von zwei Quellen. Ich habe
keine Angaben über einen baltischen Untermieter, aber
an der Tür zu seiner Wohnung klebt ein weiterer Name:
Stenbeck. Ich werde prüfen, ob es sich um einen Untermieter handelt; von außen wirkt die Wohnung jedoch
klein, als verfüge sie bloß über zwei Zimmer.

Zu deinen Überlegungen zu Taiwan habe ich eine ganze
Menge Anmerkungen, siehe unconventional warfare und
Baltic Arab African ... etc., aber das muss noch bis
Ende der Woche warten. Ich werde alles daransetzen,
das Material in den nächsten Tagen weiter auszufüh-
ren, und du bekommst dann eine Kopie, sobald ich den
Mist zu Papier gebracht habe. Leider muss ich den
Artikel über Hagård vor mir herschieben, während ich
an dieser Recherche herumbastle. Es dauert sicher
noch eine Woche, bevor ich mich damit befassen kann.
Danke für deinen Brief und das WACL-Material. Ich
mach mich an die Lektüre, sobald ich mein deutsches
Wörterbuch gefunden habe.

Herzlich
Stieg

125

WARNUNGEN ÜBER WARNUNGEN

Stockholm, Mai 1987

Zeit für Håkan Hermanssons nächsten Besuch in Stockholm. Mit am interessantesten fand Stieg die Warnungen vor dem Mord. Es gab zehn Personen, die schon im Vorfeld vom Mord gewusst hatten, was sie direkt der Presse oder über Umwege der Polizei erzählt hatten. Zwei dieser Warnungen stachen heraus, weil sie den Behörden nachweislich vor dem Mord zugespielt wurden und zu einer höheren Sicherungsstufe bei Palme durch die Säpo hätten führen müssen, was wiederum den Mord hätte verhindern können. Die Warnungen zu prüfen war Aufgabe der Säpo gewesen, und vermutlich hatten sie deshalb sicher versucht, diese Informationen so lange wie möglich geheim zu halten. Das Spannendste an diesen Warnungen war, dass sie mindestens einen gemeinsamen Nenner hatten.

Im Januar 1986 hatte Ivan von Birchan die Säpo und einen Bekannten in Stockholm kontaktiert, um mitzuteilen, dass ihm eine große Summe angeboten worden war, um Olof Palme zu ermorden. Säpo-Intendant Alf Karlsson bestritt, eine solche Warnung erhalten zu haben, Stockholms Gemeindeverwaltung bestätigte dies hingegen. Von Birchan war ein ehemaliger Söldner, der in Rhodesien stationiert gewesen war. Der Mann, der ihm das Angebot unterbreitete, war Charles Morgan, den er während seines Aufenthalts dort kennengelernt hatte. Charles Morgan nannte sich auch Peter Brown, aber von Birchan glaubte, dass beide Namen nicht seine echten waren. Morgan/Brown war nach Angaben von Birchan Helikopterpilot gewesen, von denen es nur wenige gab, weshalb er leicht aufzuspüren sein sollte.

Am 20. Februar, acht Tage vor dem Mord, hatte jemand zwei Briefe mit identischem Inhalt bei der Staatskanzlei und beim Außenministerium abgegeben. Darin befand sich ein Artikel von 1918 mit der Überschrift »Doktor Olof Palme tot«, Doktor war unterstrichen. Der Absender war anonym, der Überbringer wurde jedoch vom SSI-Informanten Joel Haukka beschattet, weshalb er später als Anders Larsson identifiziert werden konnte. Der Anders Larsson, der wieder und wieder in Stiegs Recherchen auftauchte.

Sowohl von Birchan als auch Anders Larsson engagierten sich in der Demokratisk allians. Selbst zehn Jahre nach ihrer Auflösung mischte sie noch mit. Ihr ehemaliges Postfach 490 wurde von der Resistance International, Stiftelsen för samhällsstudier und dem schwedischen Zweig der UNITA genutzt.

Laut Joel Haukka kannten sowohl von Birchan als auch Anders Larsson den ersten Verdächtigen, Victor Gunnarsson. Für Verschwörungstheoretiker öffneten diese Informationen einen wahren Reigen an Spekulationen. Und Haukka konnte Dokumente vorweisen, die seine Aussage stützten. Nur wegen dieser Dokumente war Håkan Hermansson nach Stockholm gekommen, er wollte persönlich mit Stieg darüber diskutieren.

* * *

Stieg und Håkan hatten sich an den Küchentisch mit der typischen Perstorps-Platte gesetzt, die niemanden störte, aber auch niemanden wirklich freute. Dort konnten sie alle Dokumente ausbreiten, laut diskutieren und rauchen, ohne Eva zu stören, die bereits schlafen gegangen war.

»Die Ernte des Tages«, sagte Hermansson und legte einen Blätterstapel auf den Tisch.

Sie teilten den Stapel, und jeder las eine Hälfte, dann tauschten sie. Stieg hatte eine lange Liste mit Notizen und Fragen, als sie fertig waren.

»Dann arbeitet Haukka also für den SSI?«

»Mhm«, murmelte Hermansson, während er die letzten Seiten las.

»Ich verstehe nicht, warum ein militärischer Nachrichtendienst einen leicht verwirrten Rechtsextremisten beschatten sollte«, sagte Stieg. »Sollten die sich nicht auf Bedrohungen aus Russland und dergleichen konzentrieren?«

»Schwer zu sagen. Aber Haukka kannte Anders Larsson vom Baltiska kommittén, das ja in Schweden auch zum WACL gehört. Sehr wahrscheinlich, dass er gesehen oder gehört hat, wie auffällig sich Larsson verhielt, und dann entschied, ihn weiter im Auge zu behalten.«

»Ist natürlich gut, wenn SSI – oder IB – zu was anderem eingesetzt werden, als die Kommunisten an die Sozis zu verpetzen, aber …«

Stieg biss sich auf die Zunge. Hermansson war Sozialdemokrat, und er hatte eigentlich alle Themen meiden wollen, bei denen ihre Meinungen radikal auseinandergingen.

»Schon gut«, sagte Hermansson. »Eine Sache verkompliziert das Ganze noch. Dieser Freund von Anders Larsson, den Haukka namentlich nennt. Den Regierungsstenografen, meine ich …«

»Bengt Henningsson?«

»Ja. Er behauptet, dass die Säpo Larsson mehrere Jahre im Auge behielt. Und dass das keine gewöhnliche SSI-Überwachung war.«

»Unbegreiflich«, sagte Stieg. »Der Mann, der eine Warnung vor dem Mord ablieferte, wurde also gleichzeitig vom militärischen Nachrichtendienst und von der Säpo beschattet …«

»Und niemand griff ein, um den Mord zu verhindern«, fügte Hermansson hinzu.

Zigarettenqualm hing schwer in der Küche in Rinkeby. Die beiden Männer schauten einander ernst an, bevor sie in Gelächter ausbrachen.

Die Geschichte war fast zu gut, um wahr zu sein. Großer Journalisten-preis, *here we come.*

Sie gingen weiter das Material durch und kamen in einen Flow, der erst gegen drei Uhr morgens endete, als Hermansson das Gähnen anfing. Bevor er sich auf dem Sofa ausstreckte, wurde er noch eine Aufforderung los.

»Wir haben uns noch gar nicht über Bertil Wedin von deiner Liste unterhalten. Was du über ihn hast, kannst du mir auch zuschicken, oder? Ich breche morgen früh auf.«

DIE PALME-HASSER

Stockholm, Mai 1987

»Wie zur Hölle hast du das gemacht?«

Hermanssons Verwunderung war nicht zu überhören. Ebenso wenig seine Anerkennung. Stieg war etwas länger in der Redaktion geblieben als die meisten, um noch das Material über Bertil Wedin zusammenzustellen. Ein kurzer Spaziergang vom Kungsholmstorg über die kurze Kungsbron und so war es ihm geglückt, den dicken Umschlag rechtzeitig vor der Leerung um zweiundzwanzig Uhr in den Briefkasten zu stecken. Schon am Tag nach seiner Rückkehr aus Stockholm hielt Hermansson die komplette Hintergrundrecherche über Wedin in den Händen. Stieg war sich des Effekts bewusst, und es gefiel ihm natürlich, dass Hermansson glaubte, er habe übernatürliche Fähigkeiten.

Dass Gerry Gable ihn bereits mit diesem Anliegen wenige Monate zuvor kontaktiert hatte, wusste Hermansson schließlich nicht. *Searchlight* hatte erfahren, dass Wedin in den Mordfall Olof Palme verwickelt sein könnte, und wollte wissen, was sich über ihn in Erfahrung bringen ließ. Stieg hatte daraufhin alles zusammengetragen, was er in Schweden über ihn herausfinden konnte, während Gerry und seine Leute den Kontakt zu ihrer Quelle hielten und abgrasten, was in London über ihn in Erfahrung zu bringen war, wo Wedin seit 1975 lebte.

Gerrys Frage hatte Stiegs Interesse am Palme-Mord nur noch weiter geschürt. Seit Holmérs Ausscheiden sah er außerdem eine reale

Chance, wirklich etwas zur Auflösung beitragen zu können. Er sprach mit wenigen Auserwählten regelmäßig darüber. Außerdem wurde er jede Woche kontaktiert, weil jemand ihm Fragen stellen oder ihm neue Informationen geben wollte. Nachdem der feuchte Teppich, gewoben aus dünnen Verdächtigungsfäden rund um die Kurden der PKK, verschwunden war, waren plötzlich alle optimistisch und engagiert.

Trotz der stundenlangen Telefonate und Treffen mit Hermansson wollte Stieg eine Zusammenfassung über jede Person oder Organisation von Interesse schreiben – kurze Texte, anhand derer sich Hermansson und Wenander schnell einen Überblick verschaffen oder die sie in Teilen direkt übernehmen konnten. Oder in Gänze. Er fing mit den beiden Kampagnenantreibern Alf Enerström und Gio Petré an. Die Zusammenfassung war nur zwei Seiten lang und enthielt ihren Werdegang, Abschnitte über ihre Verbindungen zur Wirtschaft, über die Finanzierung der Kampagnen gegen Palme und über ihr sonderbares Buch *Wir haben die Regierung gestürzt*. Er schloss mit einer kurzen Übersicht über die Texte, die das Paar wie Anzeigen in Tageszeitungen veröffentlicht hatte. Stieg machte, wie gewohnt, mehrere Kopien und schickte zwei davon zu Hermansson und Wenander in Malmö, damit sie sich dazu äußerten.

Alf Enerström war ein eigentümlicher Typ, aber da er in die obersten Ränge der schwedischen Wirtschaft Kontakte hatte – sowie zu ein paar der wohlhabendsten, im Ausland lebenden Schweden –, war es höchst unwahrscheinlich, dass er in etwas so Schmutziges verwickelt war wie den Mord an Olof Palme. Außerdem hatte er ein Alibi durch seine Lebensgefährtin Gio Petré.

Stieg arbeitete nach und nach die Liste ab, die er und die Malmöer aufsetzt hatten, und schickte ihnen die Zusammenfassungen, sobald ein paar fertig waren. Eine erforderte deutlich mehr Zeit – die über Bertil Wedin. Sie war die am besten ausgearbeitete und ausführlichste von allen. Ein Grund dafür war, dass Gerry ihm weitere Informationen von seiner Quelle in London zugespielt hatte, ein anderer, dass Stieg davon überzeugt war, dass die Polizei einen genaueren Blick auf Wedin werfen sollte. Gerry bürgte für die Glaubwürdigkeit seines Informanten und konnte berichten, dass dieser Kontakte zum britischen Nachrichtendienst MI6 hatte. Laut dieser Quelle sollte Wedin Mittelsmann beim Mord an Olof Palme gewesen sein. Es galt als sicher, dass Wedin für verschiedene Geheimdienste tätig gewesen war, der interessanteste davon der südafrikanische Geheimdienst, über dessen Beteiligung am Palme-Mord bereits wenige Tage nach der Tat spekuliert wurde, weil sich diverse Quellen mit dieser Information an die Polizei gewandt hatten.

DER MITTELSMANN

Zusammenfassung Bertil Wedin
Hinweise für *Searchlight* über Person mit Verbindungen
zur extremen Rechten:

Gerüchte darüber, dass W als „Mittelsmann" im Palme-
Mord agierte.

Zypern, Frühling 1986: Person mit rechtsextremer
Vergangenheit, mittlerweile liberal und seit vielen
Jahren als Agent für MI6 tätig, trifft zufällig auf
W. Sie sind flüchtige Bekannte, und W glaubt, einen
Gleichgesinnten getroffen zu haben. Sie kommen in
Kontakt, und auf die Frage, was W auf Zypern macht,
antwortet dieser *he is working for the Swedish
Employers Association.*

Kurz darauf begegnet der MI6-Agent G von *Searchlight*
und erzählt von dem Treffen mit W. Bevor der Agent
nach Zypern zurückkehrt, bittet G ihn, alles über W
auszugraben. Agent und G kennen sich sehr gut seit
vielen Jahren (Weihnachtskarten etc.), seit der Agent

Informationen über Rechtsextreme an G *geleakt* hat; vermutlich im Auftrag von oder wenigstens mit Wissen von MI6.

Im Herbst 1986 bekommt G Dokumente von der Zypern-Quelle: Pass, Immigrationsdokumente, Berichte von der zyprischen Polizei etc. Das Material wird nach Schweden geschickt, wo es
a) den Ermittlern des Palme-Mordes übergeben
b) und via Håkan Hermansson ans Außenministerium weitergeleitet wird.

Frühling 1987: Der MI6-Agent besucht G erneut, diesmal ist er aufgeregt und will wissen, was mit dem Material über Wedin passiert ist. „Haben Sie es an jemanden weitergeleitet?" Der Agent ist nervös und unruhig, will den Grund aber nicht mitteilen. Den Sommer und Herbst verbringt der Agent in England, hinterlässt G aber eine falsche Adresse, der wiederholt versucht, Kontakt mit ihm aufzunehmen.

Deutung: Quelle handelte doch ohne Mitwissen von MI6, reiner Freundschaftsdienst für G. Doch das Wissen über das geleakte Material kam (entweder über die Palme-Ermittlungen oder das Außenministerium) zum MI6, was die Quelle unter Druck setzte, oder direkt zu Wedin, der damit drohte, die Quelle zu töten.

Frühling 1987: Wedin nimmt Kontakt zur schwedischen Botschaft auf und teilt mit, dass sein Pass verloren gegangen ist. Kurz darauf kontaktiert er *Svenska Dagbladet* (oder wird von der Zeitung kontaktiert),

wo er die Theorie verbreitet, dass Südafrika hinter
dem Mord an Palme steckt.

Kontaktpersonen der Palme-Ermittlungen behaupten,
dass es noch keinen Kontakt zu W gab, man aber großes
Interesse daran hätte.

Wedin war nach eigener Angabe *chief of staff* des
schwedischen UN-Bataillons auf Zypern von 1964-65.
Holmérs Sprecher Leif Hallberg war ca. 1965 im Mili-
tärdienst als Major auf Zypern.

WERDEGANG
Presseangaben zufolge hat Wedin als UN-Soldat im
damaligen Kongo und auf Zypern gearbeitet. Mehrere
Quellen geben an, dass er danach als Söldner oder
Anwerber tätig gewesen sein soll. In Südafrika, Biaf-
ra und Südvietnam.

Ein weiterer Informant behauptet, dass er in der
Branche nicht erfolgreich war, sich eher ziemlich
lächerlich machte, während sich Wedin gern als Macho
und gefährlich gab.

Mitte/Ende der Siebzigerjahre hatte oder schuf sich
Wedin den Ruf als *gun for hire*. Laut einer Quelle ist
er Mittelsmann bei Auftragsmorden, laut einer anderen
ist er einer von *Europe's top Pro Killers*. Eine Quelle behauptet, dass „ein Schwede, der früher als UN-
Soldat tätig war", für die Geheimpolizei der griechi-
schen Militärjunta (1973 und oder 1974) politische
Oppositionelle im Exil aufspürte.

Laut Aussage mehrerer Informanten soll Wedin seit den
Siebzigerjahren überwiegend für den südafrikanischen
Geheimdienst Boss tätig gewesen sein, und angeblich
soll er der Hauptorganisator des Mordes an der Apartheidgegnerin und Autorin Ruth First gewesen sein, die
durch eine Briefbombe im August 1982 in Mosambiks
Hauptstadt Maputo starb. Seine Verbindung zu Boss
wurde teilweise durch Tatsachen bestätigt, die während einer Gerichtsverhandlung 1983 in London auftauchten; damals wurde Wedin angeklagt wegen unerlaubten Besitzes von Dokumenten, die bei einem
Einbruch in der Londoner Zweigstelle ANCs entwendet
wurden.

ZYPERN

Seit ein paar Jahren wohnt Wedin mit seiner Frau, der
Britin Felicity Ann, auf Zypern. Auf seinen Einreise-
papieren steht als Grund der Einreise *to live*.

In dem Feld, in dem man ankreuzen soll, ob es ein
touristischer, geschäftlicher, bildungsbezogener
Besuch ist, hat er *other* markiert.

Als Beruf gibt Wedin Journalist an, er ist als freier
Journalist mit einem türkischen Presseausweis von
1985 gemeldet. Seine journalistische Tätigkeit begrenzt sich auf drei *spots* pro Woche bei einem türkischen Radiosender und dem (teilweisen?) Verfassen
einer Werbebroschüre über den Tourismus Zyperns.

Bei seiner Ankunft auf Zypern beantragte er eine
Lizenz für eine Handfeuerwaffe. Als Grund gab er an,

dass er „eine Waffe brauche", da er „Angst vor seinen
ehemaligen südafrikanischen Geschäftskontakten" (associates) habe.

Der Antrag wurde von der örtlichen Polizei, die dafür
zuständig ist, abgelehnt, weshalb sich Wedin ein
Schrotgewehr zulegte. Eine Quelle innerhalb der zyprischen Polizei sagt, dass *somebody very senior is
looking after him.*

Einer Mitteilung zufolge wird er des *trying out
poison* an einem Haustier, das er sich zugelegt hat,
verdächtigt.

Der Kontaktmann meiner Quelle auf Zypern, der Wedins
Hintergrund kennt, teilt mit, dass Wedin plötzlich
auffiel, wie besagter Kontaktmann in dessen Angelegenheiten herumschnüffelte. Kurz darauf tauchte Wedin
vor der Haustür des Kontaktmanns auf. Er war betrunken und drohte damit, ihn umzubringen; glücklicherweise war ein Polizist und guter Freund des Kontaktmannes anwesend und konnte Wedin entwaffnen.

Angeblich hat Wedin daraufhin ein paar der örtlichen
Schwergewichte kontaktiert und ihnen mehrere tausend
Kronen dafür geboten, den Kontaktmann auszuschalten.
Wedin gab bei dieser Gelegenheit preis, für den Mossad zu arbeiten und ein britischer *intelligence officer* zu sein.

Kurz darauf wurde Wedin wegen Trunkenheit am Steuer
festgenommen. Eine Quelle der örtlichen Polizei gibt

an, dass sie „ihn in der Zelle haben weitertrinken lassen", und dass Wedin, extrem betrunken, erzählte, er habe *at least six people* ermordet, inklusive *a woman in Africa*. (Ruth First?)

Außerdem teilte er mit, nach Syrien zu gehen, falls die Zyprer ihn ausweisen würden.

FINANZEN

Zyprische Quellen beschreiben Wedins Einkommensverhältnis als bescheiden in Anbetracht seines *up-market lifestyles*, der teuren Privatvilla, den Besuchen in exklusiven Nachtclubs etc.

Angeblich verfügt Wedin über 600 000 Schwedische Kronen, verteilt auf unterschiedliche Banken auf Zypern. Weitere 100 000 SEK befinden sich auf dem *kürzlich* eröffneten Konto bei einer Londoner Bank; Herkunft des Geldes ist unbekannt, im letzten Fall vermutet man eine amerikanische Quelle. (Anmerkung: Die Quelle gibt nicht an, ob das Geld aus London bereits oder zukünftig nach Zypern transferiert werden soll.)

PASS

Wedins Pass, der 1981 von der schwedischen Botschaft in London verlängert wurde, zeigt, dass er fleißig große Teile der Welt bereist. Tansania (1981), Kanada (1982) und eine Vielzahl Reisen nach England etc.

Im Februar 1985 befand er sich in Südafrika.

WEDINS REISEN

1982
 7. Januar Heathrow
12. Januar Heathrow (möglicherweise von Kenia/
    Tansania)
 8. Februar Gatwick
14. Februar Gatwick
14. März Heathrow
21. März Heathrow (möglicherweise von Griechenland)
 6. April Inverness (?)
22. April Heathrow
 6. Mai Heathrow
10. Mai Heathrow (von Montreal)
13. Juli Heathrow
15. Juli Heathrow

1983
19. April Gatwick
23. April Gatwick

1984
12. Januar Heathrow
19. Januar Heathrow
 5. April Heathrow
29. Mai Dover
29. Mai Heathrow
 4. Juli Heathrow

1985
18. Februar Heathrow
19. Februar Südafrika

7. März Südafrika

8. März Heathrow

4. April Heathrow

11. Juli Heathrow

14. Juli Heathrow

20. November Heathrow (Emigration nach Zypern)

MITTELSMANN ZWISCHEN WAS UND WEM?

Stockholm, Sommer 1987

Alles in allem umfasste das Dokument dreißig Seiten, von dem er sorgfältig vier Kopien erstellte. Eine behielt er selbst, eine schickte er an Håkan Hermansson und eine hinterlegte er bei einem Freund als Sicherungskopie. Stieg wusste, dass Hermansson mit Kabinettsekretär Pierre Schori vom Außenministerium in Kontakt stand und vermutete, dass jener ebenfalls eine Kopie erhielt. Die letzte Kopie lieferte Stieg persönlich in einem Kuvert mit der Aufschrift »Palme-Gruppe« im Polizeipräsidium ab.

In der folgenden Nacht konnte Stieg nicht schlafen. Er grübelte über das zentrale Wort in den Angaben der MI6-Quelle. Wedin sollte der »Mittelsmann« im Mordfall Olof Palme gewesen sein. Ein Mittelsmann hatte jemanden auf der einen Seite, vermutlich jemanden, der etwas erledigt haben möchte, und jemanden auf der anderen Seite, vielleicht jemanden, der hilft oder gar den gesamten Auftrag ausführt.

Im Falle Wedins könnte auf der einen Seite ein Geheimdienst gestanden haben, höchstwahrscheinlich der südafrikanische, weil Wedin offensichtlich aktiv für ihn arbeitete. Die Südafrikaner hatten ein Motiv, da sich Palme gegen die Apartheid engagierte und sich anscheinend gegen den dortigen Waffenhandel stark machte. Auf der anderen Seite gab es mehrere Alternativen; möglich war, dass ihn eine oder mehrere Personen in Schweden beim Mord unterstützten. Die Südafrikaner verfügten definitiv über die nötige Erfahrung, aber in einer fremden Stadt am anderen Ende der Welt einen Mord auszuführen, wo noch dazu eine fremde Sprache gesprochen wurde, erforderte eine gewisse Logistik. Und Wedins Netzwerk im rechtsradikalen Milieu erwies sich als durchaus nützlich. Überwachung, Transport und Logistik, all dies ließ sich leichter unbeobachtet bewerkstelligen, wenn man dabei von Schweden vor Ort unterstützt wurde. Ein Teil der Rechtsextremisten, die Stieg untersucht hatte, waren vermutlich nur zu gern dazu bereit gewesen, schließlich hatten sie selbst genug Gründe, Palme loswerden zu wollen. Außerdem waren mehrere von ihnen im Zuge der Ermittlungen interessant geworden.

So stimmte das Motiv der Südafrikaner, egal ob es sich nun um Waffenhandel oder den Kampf gegen die Apartheid handelte, mit dem der Rechtsextremisten überein: Palme daran zu hindern, Schweden an die damalige Sowjetunion zu verhökern. Diese logische Schlussfolgerung half Stieg endlich in den Schlaf. *It all makes sense, over and out.*

DEEP WEDIN

Um seine Theorie zu untermauern, musste Stieg tiefer graben. Es war nur logisch, in der Mitte anzusetzen, also beim Mittelsmann Wedin, und zu schauen, wohin die beiden Spuren führten. Nach Südafrika und nach Schweden.

Wedins Lebenslauf war, um es vorsichtig auszudrücken, ziemlich farbenfroh. UN-Soldat erst im Kongo 1963, wo er gefangen genommen wurde, danach auf Zypern 1964–1965. In den 1960ern arbeitete er angeblich als Söldner, später rekrutierte er selbst Söldner für Rhodesien, das wurde in mindestens einem Fall bestätigt.

Nach seiner Rückkehr nach Schweden arbeitete er als Offizier, und Anfang der 1970er war er zur Botschaft der USA gegangen, um dort erfolglos seine Dienste im Vietnamkrieg anzubieten. Nachdem er die militärische Laufbahn verlassen musste, heuerte er sogleich bei Schwedens mächtigster Finanzgruppe Wallenberg an und bekam einen Job als Journalist beim neuerschaffenen Nachrichtenbüro Pressextrakt. 1975 stand ein neuerlicher Umzug an, Wedin siedelte samt Familie nach London um.

Auch in seiner neuen Heimatstadt arbeitete Wedin weiter für die schwedische Wirtschaft, außerdem besuchte er den ultrakonservativen Monday Club, dessen Vorsitzender Lord Moyne war. Hier hatten Gerry und seine Quelle sowohl Wedin als auch Anders Larsson getroffen, der ebenfalls Gast des Monday Clubs war. Jenen Anders Larsson, der ein paar Jahre zuvor gewarnt hatte, dass Palme ermordet werden würde. Wedin und Larsson akzeptierten einander offenbar 1975 in London, dabei stand Wedin eigentlich auf der Seite von Larssons Gegnern, der *Contra*Gang. Wedins Verbindung zu Carl G. Holm war stark, seit er ihn für den Industrieverbund rekrutieren konnte, stärker als zu Anders Larsson.

1980 reiste Bertil Wedin nach Südafrika, um Craig Williamson zu besuchen, die bekannteste Person des südafrikanischen Geheimdienstes. Polizist Williamson, der sich innerhalb des Geheimdienstes hochgearbeitet hatte, wurde von der südafrikanischen Presse als *The Master Spy* gefeiert. Er hatte drei Jahre lang den IUEF infiltriert, *The International University Exchange Fund*, eine internationale Organisation mit Sitz in Genf, die Stipendien an herausragende Studenten aus Entwicklungsländern vergibt. Ein Teil des Geldes ging an Personen, die in unterschiedlichen Diktaturen gegen das dort herrschende Regime agierten. Womit sie das südafrikanische Apartheidregime gegen sich aufbrachten, das Williamson losgeschickt hatte, um als Antiapartheidaktivist die Organisation zu infiltrieren.

IUEF-Chef war der Schwede Lars-Gunnar Eriksson, der einen direkten Draht zu mehreren höherrangigen Sozialdemokraten hatte. Er stand in stetem Kontakt mit *den drei Musketieren*: Bernt Carlsson, Pierre Schori und Mats Hellström, die alle leitende Positionen innehatten. Wenn nötig, hatte Eriksson selbst Olof Palmes Aufmerksamkeit.

Craig Williamson hatte durch sein gebildetes Auftreten Lars-Gunnar Eriksson davon überzeugen können, dass er, obwohl weißer südafrikanischer Polizist, Gegner des Apartheidregimes war. Anfang 1977 rekrutierte Eriksson den Spion Craig Williamson für den IUEF.

Schon bald war Williamson der zweitwichtigste Mann der Organisation und verantwortlich für die gesamte Verwaltung inklusive der Auszahlungen. Die Folge war, dass ein Großteil des Geldes, das den Kampf *gegen* die Apartheid hätte fördern sollen, stattdessen den Kampf *für* die Apartheid unterstützte. Ebenso kaufte Williamson eine Farm in Südafrika, auf der die Schweden bewundern konnten, wie schwarze Freiheitskämpfer wenige Kilometer von der Hauptstadt Pretoria entfernt ausgebildet wurden. Sobald die Besucher wieder abgereist waren, ging man wieder zur wahren Tagesordnung zurück: dem Foltern von Apartheidgegnern.

Durch seine Position erfuhr Williamson außerdem, welche Aktionen die Apartheidgegner planten. Als der schwarze Widerstandskämpfer Steve Biko nach Botswana reisen wollte, um im September 1977 ANCs Oliver Tambo und Olof Palme zu treffen, schnappte Williamson diese Information auf und spielte sie seinen Kollegen innerhalb der südafrikanischen Polizei zu. Am 18. August 1977 wurde Steve Biko an einer Straßensperre abgefangen und während der Vernehmung schwer misshandelt. Am 12. September starb er an den Verletzungen. Biko war nur einer von vielen Antiapartheidaktivisten, die durch Craig Williamsons Wirken starben.

Im Frühjahr 1980 trafen sich Bertil Wedin und Craig Williamson in einer Hotelbar in Johannesburg, was zu einer langjährigen Zusammenarbeit in Williamsons Firma *Aviation Consultants* führte. Das üppige monatliche Gehalt erlaubte es Wedin, seinen luxuriösen Lebensstil sowie seine Zwölf-Zimmer-Villa im eleganten Kent in der Nähe von London beizubehalten.

Die folgenden Jahre waren geprägt von weiteren Bombenattentaten und Einbrüchen, die Williamson zu verantworten hatte. Im März 1982 explodierte eine Bombe im Londoner ANC-Büro, aber niemand wurde verletzt. Im August 1982 starb Olof Palmes Freundin Ruth First durch eine Briefbombe in Maputo, Mosambik. Im Juni 1984 starben die Apartheidgegnerin Jeanette Schoon und ihre sechsjährige Tochter Kathryn durch eine Briefbombe in Lubango, Angola.

In London arbeitete außer Wedin noch der Agent Peter Casselton, ein ehemaliger Helikopterpilot aus Rhodesien. Casselton war 1983 wegen mehrerer Einbrüche in die Büros schwarzer Freiheitskämpfer zu einer Gefängnisstrafe verurteilt worden. Bertil Wedin wurde freigesprochen, obwohl die britische Polizei bei ihm zu Hause Unterlagen fand, die aus dem Einbruch stammten.

Etwas später lud Bertil Wedin zu einer Pressekonferenz ein, bei der er über seine Verbindungen zum südafrikanischen Geheimdienst sprechen wollte. Stattdessen wurde es ein Angriff auf die schwedische Regierung, wobei Wedin mitteilte: »Ich arbeite gegen Palme und die schwedische Regierung. Dies geschieht mit Unterstützung der skandinavischen Geheimdienste.«

Die nächste interessante Begebenheit trug sich im November 1985 zu. Drei Monate vor dem Mord an Olof Palme zog Familie Wedin in die türkische Republik Nordzypern – ein Land mit dreihunderttausend Einwohnern, bekannt als Zufluchtsort für Kriminelle, weil es keine Auslieferungsabkommen mit anderen Ländern außer der Türkei hat. Bertil Wedin war darüber hinaus befreundet mit Präsident Rauf Denktas, was seinen Aufenthalt in dem nicht existenten Land noch sicherer machte.

* * *

Es war also denkbar, dass Südafrika hinter dem Mord steckte. Genauso denkbar war es, dafür seinen besten Spion – also Craig Williamson – einzusetzen, der sich durch seine Zeit in Stockholm dort nicht nur geografisch auskannte, sondern außerdem mit dem Wesen der Schweden vertraut war. Weil Wedin zum Stall von Williamsons Agenten gehörte, war es durchaus möglich, dass er die Rolle des Mittelsmanns spielte. Bloß wer stand dann auf der anderen Seite?

Offensichtlich fiel die Wahl auf Wedin, weil er Schwede war, die Sprache beherrschte und sich in Stockholm auskannte; aber da er vor über zehn Jahren nach London umgezogen war, waren seine Stadtkenntnisse vermutlich etwas überholt. Sicher hatte er jedoch Verbindungen zu den richtigen Leuten? Zu Rechtsextremisten, die Olof

Palme loswerden wollten. Wedins Netzwerk war ebenfalls etwas betagt, aber auch Stieg hatte ja herausgefunden, dass viele Figuren der rechtsradikalen Szene der Achtzigerjahre auf die *Demokratisk allians* der 1970er zurückgingen, in der auch Wedin aktiv gewesen war.

Nachdem er also das Material über den südafrikanischen Geheimdienst und über Wedins Chef Craig Wiliamson abgearbeitet hatte, näherte er sich einem Themenbereich, mit dem er bereits bestens vertraut war: Wedins schwedischem Netzwerk.

GERRY

London, Mai 2015

»Ein Workaholic, genau wie ich«, sagte Gerry Gable. »Sinn für Humor und sehr engagiert. Wenn er erst mal Blut geleckt hatte, ließ er nicht mehr locker. Das macht einen guten Journalisten aus.«

Ich war nach London geflogen, um Gerry zu treffen. Er tauchte immer wieder in Stiegs Unterlagen auf, er war unübersehbar ein großes Vorbild für Stieg. Sie schickten einander regelmäßig Neuigkeiten und spielten Ideen miteinander durch. Gerry wusste sicher, wie Stieg gearbeitet hatte, und wenn ich Glück hatte, erzählte er mir vielleicht etwas, das mich weiterbrachte. Während unseres Gesprächs wurde deutlich, wie wichtig die persönliche Komponente ihrer Beziehung gewesen war. Gerry betonte, sie hätten gar nicht so gut zusammenarbeiten können, wenn sie nicht einen so großen Respekt voreinander gehabt und ihn mit Humor aufgelockert hätten.

Gerry hatte als Treffpunkt einen *greasy spoon* vorgeschlagen, wie er die einfache Eckkneipe nannte. Ich genoss die typisch englische Atmosphäre. Das Essen eher weniger.

»Wie kamen Sie auf Wedin?«, fragte ich.

»Ich hatte einen Informanten, der mal als Leibwächter für einen der bekanntesten Faschisten gearbeitet hat. Dieser Typ hat mir geholfen, in den ultrakonservativen Monday Club zu kommen, wo ich mich Anders Larsson vorstellen konnte«, sagte Gerry. »*Out of the blue* fragte er mich Anfang der Achtzigerjahre, ob ich ihn nicht zu einem richtig teuren Essen begleiten wollte; mit von der Partie wäre eines der hohen Tiere der schwedischen *Demokratisk allians*. Es handelte sich nicht um Anders Larsson, wie ich erwartet hatte, sondern um Bertil Wedin.«

»Was für einen Eindruck hatten Sie von ihm?«

»Er sah aus wie ein sehr erfolgreicher fitter Geschäftsmann«, sagte Gerry. »Eleganter Anzug, handgenähte Schuhe, Krawatte, feines Auftreten. Er schien ganz oben im schwedischen Wirtschaftsleben mitzumischen. Aber er hatte einen stechenden Blick. Als würde er damit direkt durch einen hindurchschauen.«

»Und dieser Informant war Ihre Quelle?«

»Ja, jetzt kann ich endlich darüber sprechen«, sagte Gerry. »Er heißt Lesley Wooler. Er hatte Angst um sein Leben, während er auf Zypern nach Informationen über Wedin suchte.«

»Also war er Spion? Haben Sie so etwas häufiger gemacht?«

»Mein Job, wenn wir jemanden in England ausspionieren wollen, ist, Kandidaten zu finden, ihnen die nötigen Fähigkeiten zu vermitteln und sie dann in rechtsradikale Gruppierungen zu schleusen. Manchmal muss ich dann auch den Geheimdienst einschalten. Zum Beispiel, als wir erfuhren, dass die Nazis Waffen und Sprengstoff hatten oder etwas anderes Kriminelles planten.«

Ich hatte reichlich Fish 'n' Chips gegessen. Wir hatten fast zwei Stunden zusammengesessen. Als wir aufbrachen, tauschten wir Visitenkarten aus, und ich wusste, dass ich Gerry noch viele Fragen stellen würde. Aber eine wichtige Erkenntnis hatte ich bereits gewonnen. Wenn man als Journalist etwas von jemandem erfahren wollte, der nicht zu einem Gespräch bereit war, musste man zu effektiveren Methoden als einem Interview greifen. In Stiegs Fall waren es Spionage und Hacking gewesen. Wollte ich weiterkommen, musste ich wohl meine Komfortzone verlassen und ein paar seiner Methoden ausprobieren. Sofort fragte ich mich, wie Stieg wohl die sozialen Medien genutzt hätte, wenn es sie zu seinen Lebzeiten schon gegeben hätte.

DIE EXTREME RECHTE

Stockholm, September 1987

Stieg nahm sich noch einmal die Listen vor, die er für Hermansson zu Beginn ihres Projekts *Auftrag Olof Palme* erstellt hatte, um zu prüfen, wer zu Bertil Wedins Netzwerk gehörte, bevor er 1975 nach London zog. Es war nur logisch, dass, wenn Wedin in Schweden nach Unterstützung für die südafrikanischen Agenten suchte, er zunächst bei jemandem anfragen würde, den er bereits kannte und vertraute.

Wedin hatte Verbindungen zur *Demokratisk allians*, zur WACL und zu ein paar Gruppierungen, die der schwedischen Wirtschaft nahestanden, sowie zum Industrieverband und zur Nachrichtenredaktion Pressextrakt, für die er arbeitete. Darüber hinaus hatte er als externer Ratgeber für die Säpo gearbeitet, wenn sie Informationen zu Überwachungssituationen hatten; allerdings war unklar, wer dort sein Ansprechpartner war. Naheliegend war Tore Forsberg, zuständig für Gegenspionage, aber das konnte Stieg leider nicht belegen.

Stieg war sich nur bei ein paar Personen auf der Liste sicher, dass Wedin sie kannte und sie relevant waren. Carl G. Holm stand Wedin nah, außerdem hatte er dafür gesorgt, dass Holm im Industrieverbund Fuß fassen konnte. Anders Larsson und Wedin kannten einander durch die *Demokratisk allians*, den Monday Club in London und eine weitere Gruppierung namens *Svenska frihetsrådet* (Schwedischer Freiheitsrat). Sowohl Holms als auch Larssons Name war im Zuge der

Palme-Ermittlungen aufgetaucht; dabei war klar, dass sich Wedin mit seiner Bitte um Unterstützung für die Südafrikaner nur an einen der beiden hatte wenden können, weil Larsson und er seit der Auflösung der *Demokratisk allians* erbitterte Feinde waren. Stieg vermutete, dass Anders Larsson die anonyme Quelle für das Buch *Till höger om neutraliteten* (Rechts von der Neutralität) war, das Stiegs Freund Sven Ove Hansson geschrieben hatte. Darin beschrieb er, wie extreme Ansichten ihren Weg in die schwedische Wirtschaft fanden, anhand des sehr detaillierten Fallbeispiels Carl G. Holm. Offenbar ahnte Holm selbst, welche Rolle Anders Larsson dabei gespielt hatte, denn schon bald veröffentlichte *Contra* mehrere Artikel, in denen angedeutet wurde, dass Larsson für den KGB arbeitete.

Also hatte Wedin vermutlich nur zu einem von ihnen Kontakt aufgenommen, oder beiden, ohne sie über den jeweils anderen zu informieren.

Nachforschungen zu Carl G. Holm anzustellen war nicht schwer. Sein Name tauchte im Zusammenhang mit der Zeitschrift *Contra* auf, deren Zielscheibe mit Palmes Gesicht ein einfaches Symbol für den grenzenlosen Hass geworden war, der dem Mord vorausging. Holm wirkte wie ein unliebsamer Geselle, aber das traf auf viele innerhalb der rechtsextremen Szene zu. Ihre Ansichten spiegelten sich in ihrer Persönlichkeit wider. Oder umgekehrt. Das hieß aber nicht, dass alle Extremisten am Mord beteiligt waren, und im Umfeld von Holm deutete wenig auf seine Beteiligung hin – was man von Wedins anderem Bekannten nicht behaupten konnte.

Anders Larssons Name tauchte bei allen Organisationen und Gruppierungen auf, die Stieg für Hermansson und Wenander zusammengestellt hatte. Seither waren weitere Dokumente dazugekommen, besonders durch die umfangreichen Recherchen für Hermansson und Wenander, die nur noch mehr sonderbare Umstände aufdeckten.

Per Brief, der auf den 20. Januar 1986 datiert war, also nur einen knappen Monat vor dem Mord an Olof Palme, entließ das *Etniska kommittén* Anders Larsson. In diesem Zusammenhang nannte ein Repräsentant der Gruppierung Larsson eine Null, woraufhin Larsson wütend antwortete: »Ich? Eine Null? Schon bald steht dir das Blut bis zu den Knien.«

Am selben Tag bekam der SSI-Agent Joel Haukka einen Brief von Anders Larsson, in dem er beschreibt, wie er mit Jean Duvalier am Kaminfeuer der Bar im Stockholmer Sheraton Hotel saß und wie dieses Feuer ihn »an die Zukunft denken lässt, die einigen Menschen blüht, wenn sie an die Orte verbannt werden, an die sie gehören – Verräter, Schurken … und andere«. Tags drauf bekam Haukka eine Karte per Post, in der Larsson darum bat, dass Haukka »den Brief aus der Bar nicht ernst nehmen solle«.

Am 16. Februar, zwölf Tage vor dem Mord, folgten Anders Larsson und ein Bekannter dem Ministerpräsidenten zu einem Gedenkgottesdienst für Alva Myrdal in der Stockholmer Domkirche und stellten daraufhin fest: »Palme wird schlecht bewacht«.

Am 20. Februar, nur acht Tage vor dem Mord, gab Anders Larsson die warnenden Briefe im Außenministerium und bei der Staatskanzlei ab. Zur selben Zeit sprach er außerdem davon, »dass das größte Ereignis seines Lebens bevorstünde«.

Nach der Ermordung waren zwei von Larssons Bekannten, der Regierungsstenograph Bengt Henningsson und der Buchhändler Bo Ragnar Ståhl, davon überzeugt, dass Larsson in die Tat verwickelt war.

Stieg hatte darüber hinaus gelesen, dass Bertil Wedin kürzlich erst erwähnt hatte, einem Komplott ausgesetzt gewesen zu sein, an dem Anders Larsson beteiligt war. Wedin behauptete, der Plan wäre gewesen, ihn im selben Zuge zu ermorden und so zum Sündenbock im Mordfall Palme zu machen. Einer von Wedins Beweisen dafür war eine Übersicht von Nordzyperns staatlichem Telefonanbieter, zu der er Zugang hatte. Daraus war, laut Wedin, ersichtlich, dass Anders Larsson in engem Telefonkontakt mit einem Briten auf Zypern stand, der für den KGB arbeitete.

Alles Umstände, die nur noch weitere Fragen aufwarfen. Wenn Larsson in den Mord verwickelt war, warum warnte er dann davor? Warum hätte Wedin Anders Larsson engagieren sollen, der seit der Trennung der *Demokratisk allians* zum feindlichen Lager gehörte? Und hätte sich eine professionell agierende Organisation überhaupt an einen so offensichtlich schwer kontrollierbaren und unausgeglichenen Menschen wie ihn gewandt?

Es ließ sich einfach kein Reim auf Anders Larsson machen. Hatte Stieg seine nächtliche Grübelei ein paar Wochen zuvor endlich mit dem Satz *it all makes sense* beenden können, so führte eine gründlichere Analyse doch leider eher zu dem Fazit: *Nothing makes sense.*

Die Südafrikaner hätten jemanden gebraucht, der die Beschattung übernehmen konnte. Jemanden mit Erfahrung. Dafür eigneten sich andere wesentlich besser als die redseligen Rechtsextremen – Polizisten, Säpo-Mitarbeiter oder jemand vom Militär zum Beispiel. Im ersten Jahr der Ermittlungen kam auch eine Vielzahl von Hinweisen, die in diese Richtung deuteten. Problem war nur, dass es keinen nachweislichen Kontakt zwischen Wedin und so jemandem gab, nur wahrscheinliche Verbindungen und Umstände, die ähnlich aufsehenerregend waren wie bei Anders Larsson.

OPERATION BLINDDARM

Stockholm, September 1987

Stieg las den Brief noch einmal, den er knapp drei Wochen nach dem Mord am 20. März 1986 an Gerry geschickt hatte. Die einzige Spur, die er dort nur angedeutet, aber noch nicht weiterverfolgt hatte, war in den Monaten nach dem Mord *Polizeispur* genannt worden.

Unter diesem Begriff wurden zahlreiche Hinweise zu etwa zehn Polizisten zusammengefasst, die aus unterschiedlichen Gründen während der Ermittlungen interessant geworden waren. Sie hatten an Treffen teilgenommen, bei denen der Hass auf Palme offen ausgelebt wurde, sie hatten Zugang zu der mutmaßlichen Tatwaffe, waren in Südafrika gewesen oder einfach nur in der Nähe des Tatorts. Mehrere von ihnen gehörten der sogenannten Baseballliga an, einer Spezialgruppe innerhalb der Polizei in Norrmalm, die Hans Holmér Anfang der Achtzigerjahre ins Leben gerufen hatte, um gezielt gegen Straßenkrawalle vorzugehen. Den Spitznamen hatte die Gruppe bekommen, da die Mitglieder es vorzogen, in zivil und mit Baseballkappen anstatt in Uniform zu patrouillieren. Ihr Ruf hatte gelitten, nachdem mehrere Verhaftete über Misshandlungen geklagt und eine Person gestorben war.

Viele der Polizisten, die in den Ermittlungen auftauchten, gehörten einem Stockholmer Schützenverein an, Stockholms Försvarsskytteförening, in dem man unter anderem den Umgang mit einem Magnum

Revolver lernen oder auch gemütlich mit Rechtsextremisten zusammensitzen konnte.

Carl-Gustav Östling war beim Norrmalm-Einsatzkommando gewesen, darüber hinaus Mitglied im Stockholmer Schützenverein und einer der Polizisten mit belastenden Umständen.

Eine Woche vor dem Mord war Östling mit einem Blinddarmdurchbruch und Bauchfellentzündung in das Södersjukhuset, das größte Krankenhaus der Stadt, eingeliefert und erst einmal auf unbestimmte Zeit krankgeschrieben worden.

Am Tag des Mordes hatte er sich, gegen den Rat des zuständigen Arztes, selbst entlassen und war nach Hause gefahren, wo er – nach eigenen Angaben – zur Tatzeit allein war. Mehrere seiner Freunde bestätigten, dass er unter Schmerzen litt und sich nur schwer bewegen konnte, weshalb er den Mord kaum hätte begehen können, aber niemand hatte ihn nach einundzwanzig Uhr am Mordabend gesehen. Die Säpo schloss ihn bereits am 24. März als möglichen Täter aus, obwohl er kein Alibi hatte und weitere Hinweise zu Östling eingingen. Er war Waffenexperte und handelte mit ihnen. Sein Hass auf Palme war wohldokumentiert. Außerdem existierten mehrere Fotos von ihm, auf denen er den Hitlergruß zeigte.

Obwohl er der Mittäterschaft verdächtigt wurde und trotz Naziinteresse, beauftragte Hans Holmér ihn wenige Monate nach dem Mord damit, die Ermittler im Palme-Mord mit Waffen, schusssicheren Westen, nicht abhörbaren Walkie-Talkies und Panzerglas auszustatten. Die heftigste Waffe war eine in einen Aktenkoffer eingebaute Maschinenpistole. Östlings neue Firma *Strateg Protector*, die er mit einem guten Freund führte, hatte den Zuschlag bekommen. Östling kehrte nach der Blinddarmoperation nie wieder in den Polizeidienst zurück.

Eine Weile später führte der Zoll eine Durchsuchung bei Östling durch. Man fand Waffen, Munition und weitere Gegenstände von Interesse. Gelistet wurden 218 Schachteln Munition, 20 Pistolen, 4 Revolver (mehrere davon scharf), 1 Vorderschaftrepetierflinte, 1 Mauser-

PISTOLSKYTTEFÖRBUNDET
Riddargatan 13
114 51 STOCKHOLM

Förening: *Stockholms*
Försvars skytte förening

Denna rapport i 2 exemplar skall tillsammans med årsrapporten i 2 exemplar insändas senast den 31 januari till egen pistolskyttekrets. Adress i årsboken.

Uppgift på aktiva pistolskyttar den 31/12 19

OBS! Varje medlem, som under året avlossat något skott, räkn

	Personnummer	Efternamn	Förnamn/Tilltalsnamn
1		ARVIDSSON	PER
2		AVSAN	ANTI
3		BADENE	PEDER
4		BJÖRK	SONNY
5		DJURFELDT	CLAES
6		GRUNDBORG	INGVAR
7		HELIN	ULF
8		HJELMBERG	ULF
9		KUGELBERG	FREDRIK
10		LANDBY	PÄR
11		NICHOLS	PER
12		NILSSON	BO
13		PARANIAK	CAROL
14		PERSSON	LARS
15		ULFVING	LARS
16		ULVING	SVERKER
17		WERNER	TORSTEN
18		ÖSTLING	CARL
19			

Mitgliederliste des Stockholmer Schützenvereins (Försvarsskytteförening) vom 31. Dezember 1989 (Archiv des Verfassers).

gewehr, 1 Gasgranate, 5 Munitionsgurte, 3 Rauchgranaten, 5 Granaten, 3 Rauchfackeln, 8 Tränengassprays, verschiedene deutsche Helme und Bajonetts, 1 Panzerfaust, 1 Granatgewehr, Luftabwehrmunition und 4 Diamanten im Wert von 200 000 Schwedischen Kronen. Die vorgefundenen Waffen ließen sich größtenteils mit Östlings Tätigkeit als Waffenhändler erklären, andere Funde eher nicht. Dreizehn Fotos zeigten Östling und seinen Geschäftskollegen, Major Grundborg, beim Hitlergruß auf einem jüdischen Friedhof, am Brandenburger Tor und in Hitlers Kehlsteinhaus bei Berchtesgaden in den bayerischen Alpen.

Aber zwei Dinge, die bei Östling gefunden wurden, fand Stieg am relevantesten in Bezug auf den Palme-Mord. Zum einen eine Postkarte, als deren Absender man Östlings früheren Klassenkameraden Claes Almgren vermutete, Verlagsleiter der Zeitschrift *Contra*. Der Text auf der Karte lautete: »Das Schwein auf der Gegenseite lässt sich noch immer vom Phantombild beeindrucken, aber die Spur wird immer heißer. Setz dich so schnell wie möglich mit dem Enskede-Mann in Verbindung.« Nicht ganz leicht zu deuten, aber dass Östling und ein paar seiner rechten Kumpels allmählich durch die Ermittlungen beunruhigt waren, war ziemlich wahrscheinlich.

Zum anderen eine Patrone mit hoher Durchschlagskraft der Marke Winchester: .357 Magnum 158 grain. Derselbe ungewöhnliche Patronentyp wie das Projektil, das beim Mord an Olof Palme verwendet wurde.

Fast alle der verdächtigen Polizisten hatten die eine oder andere Verbindung zu Östling. Wenn die Südafrikaner Hilfe von schwedischen Polizisten oder dem Militär erhielten, sei es in Form von Beschattung oder mehr, würde das viele Aktivitäten um Östling erklären. Oder, anders ausgedrückt, nachdem Stieg die Theorie mit Südafrika als Auftraggeber und Wedin als Mittelsmann durchgespielt hatte: Wenn Südafrika den Mord organisiert hatte und Östling *nicht* involviert gewesen war, würde Stieg einen Besen fressen – den er erst einmal kaufen müsste, weil er gar keinen besaß.

DER GROSSE JOURNALISTENPREIS

Stockholm, Dezember 1987

»Für Ihre Artikelserie *Auftrag Olof Palme*. Sie haben mit viel Wissen und einem Sinn für Details die unbekannten Verhältnisse einer Gesellschaft offengelegt, in der der Mord an Olof Palme geschah. Ihre Arbeit ist beispielhaft für gut recherchierten Journalismus – die Artikel gehen in die Tiefe, in die Breite und scheuen auch keine komplexen Zusammenhänge.«

Håkan Hermansson und Lars Wenander bekamen 1987 den Großen Journalistenpreis in der Kategorie Tagespresse. Für ihr Buch hatten sie die Artikel überarbeitet und erweitert. Im Vorwort wurde Stieg Larssons Name kurz erwähnt. Zwar hatte er dem Projekt nur seine Hilfe zugesagt, wenn er nicht genannt würde, hoffte nun aber, dass sein Name nicht auf dem Radar der Rechtsextremisten auftauchte.

Stieg war zufrieden, der Großteil des Buches stützte sich auf seine Recherchen. Alle Gruppierungen, die er untersucht hatte, waren dabei, und wenn man das Buch in einem Rutsch las, wurde man von der Situation überwältigt, in der sich Olof Palme befunden hatte, als er ermordet wurde. Er war tatsächlich von allen Seiten attackiert worden.

Das Kapitel über Bertil Wedin kam ohne ausdrückliche Nennung seines Namens aus, aber wer erfahren wollte, um wen es sich drehte, musste nur ein paar Telefonate führen und die richtigen Fragen stellen.

An manchen Stellen stieß Stieg auf seine eigenen Formulierungen und konnte sich ein bisschen im Glanz des aktuell meistbesprochenen journalistischen Werks sonnen.

* * *

Alle losen Fäden waren nach und nach verknüpft worden. Was anfangs noch wie ein Sammelsurium von Einzeltheorien wirkte, formte sich allmählich zu einem Bild, das selbstverständlich noch immer verschwommen war. Trotzdem ließen sich Formen erkennen: Südafrika könnte Wedin als Mittelsmann eingesetzt haben, um Schweden zu finden, die beim Mord an Olof Palme behilflich sein konnten.

Es waren noch zwei Tage bis Weihnachten, und viele von Stiegs TT-Kollegen nahmen eine verlängerte Mittagspause, um die letzten Geschenke zu kaufen. Er selbst saß an einer Illustration und war kurz davor, einzupacken, als das Telefon klingelte. Es war Alf Andersson von der Polizei, und er klang aufgeregt. Stieg und er hatten seit ihrem ersten Treffen vor knapp einem Jahr immer wieder Informationen ausgetauscht. Alfs Nachricht war kurz.

»Wir haben Victor Gunnarsson in den vergangenen Monaten abgehört. Heute haben wir ihm mitgeteilt, dass wir glauben, er war am Mord an Olof Palme beteiligt.«

Das waren fantastische Neuigkeiten. Ganz wie Stieg gehofft und erwartet hatte, waren der Polizei Informationen von ihm, von Håkan Hermansson, weiteren Journalisten und Privatermittlern zugespielt worden, die die Beamten weiterverfolgt hatten. Offensichtlich war das Vakuum genutzt worden, das nach Hans Holmérs Ausscheiden entstanden war. Nun endlich gab es Resultate. Stieg hatte Schmetterlinge im Bauch und die Vorstellung, wie schön es wäre, über Weihnachten ein paar Tage frei zu nehmen. Es gab etwas Großes, auf das er sich freuen konnte. Im neuen Jahr würde der Mordfall Olof Palme endlich aufgelöst. Und vielleicht konnte Stieg selbst dazu beitragen.

HANS II

Stockholm, Dezember 1987

Im Dezember 1987 stand Victor Gunnarsson zum zweiten Mal im Zentrum der Mordermittlungen. Beim ersten Mal war er verdächtigt worden, den Mord begangen zu haben, diesmal, daran beteiligt gewesen zu sein. Hinweise, die darauf hindeuteten, dass Gunnarsson wusste, was passieren würde, und entsprechend involviert war, waren zahlreich. Vor dem Mord hatte er Kontakt zu anderen gehabt, die ebenfalls im Laufe der Ermittlungen interessant geworden waren, zum Beispiel Anders Larsson und Ivan von Birchan, die beide vor dem Mord gewarnt hatten. Gunnarsson war in der Nähe des Tatorts gewesen, hatte sich hasserfüllt über Palme geäußert und ein paar Stunden vor dem Mord gesagt, »dass einem in Schweden für seine Meinung in den Rücken geschossen werden kann«.

Die Spur war im Herbst heißer geworden. Die Erwartungen waren groß, als die Weihnachtsfeiertage anbrachen. Wieder würden sich die Vorzeichen ändern, denn die Stelle an der Spitze wurde mit einem handverlesenen Mitglied aus Tommy Lindströms Team der Landeskriminalpolizei besetzt.

Hans Ölvebro war erfahrener Polizist, der einen ganz anderen Eindruck machte als sein Namensvetter und Vorgänger Hans Holmér. Ölvebro suchte keinen Platz im Scheinwerferlicht, hatte aber auch keine Angst vor den Medien.

Ölvebros Chef Tommy Lindström und die Staatsanwaltschaft mochten, was sie sahen. Ihren Vorstellungen entsprechend, würde Ölvebro am Sveavägen ansetzen. Verdächtige Personen mussten mit dem Tatort in Verbindung gebracht werden, damit weitere Maßnahmen möglich waren. Darauf baute Ölvebro, denn es steckte eine sehr einfache Logik dahinter: Wer Olof Palme ermordet hatte, musste sich am Sveavägen aufgehalten haben, weshalb sie dort ansetzen mussten. Sobald ein Verdächtiger mit dem Tatort in Verbindung gebracht werden konnte, würden alle Puzzleteile an ihren Platz fallen. Das Geniale an diesem Vorgehen war, dass es sich auf die drei Pfeiler der Beweisführung eines Verbrechens stützte – Motiv, Tatwaffe und Gelegenheit – und gleichzeitig die Gefahr weiterer Medienskandale minderte.

Die Staatsanwaltschaft räumte bereits vor Ölvebros Eintreffen auf und lehnte den Antrag der Polizei ab, die Telefone von Alf Enerström, seiner Partnerin Gio Petré und einer dritten Person abhören zu dürfen, da sie sich nicht in der Nähe des Sveavägen aufgehalten hatten. Im Januar sprach die Staatsanwaltschaft erneut Victor Gunnarsson des Verdachts frei. Die an den Ermittlungen beteiligten Polizisten reagierten überrascht, dabei folgte die Erklärung, als Ölvebro ins Bild kam. »Dahinter steckt leider keine einfache Verschwörung«, erklärte er. »Dies ist das Werk eines verrückten Einzeltäters, und der ist schwerer zu finden als eine Nadel im Heuhaufen.«

Am 5. Februar 1988 übernahm Hans Ölvebro ganz offiziell die Funktion als Leiter der Ermittlungen im Mordfall Olof Palme, und die Suche nach dem verrückten Einzeltäter begann. Nun zählte sein Leitspruch, eine Abwandlung von Ockhams Rasiermesser: »Die einfachste Erklärung ist die Richtige.«

Hans Holmérs narzisstischer Zug, sich in den Zeitungsartikeln zu spiegeln, verschwand mit ihm. Wenn es nach der neuen Leitung ging, sollte es keine Leaks mehr geben, außer sie waren ausdrücklich gewollt und geschahen bewusst, weil man sich davon ein Voranschreiten der Ermittlungen erhoffte.

Die Palme-Ermittlungen hatten eine neue Wendung genommen, Verschwörungstheorien um die Beteiligung Südafrikas oder von Rechtsextremisten oder Polizisten hatten keinen Platz mehr.

EBBE NIMMT ANLAUF

Stockholm, Frühling 1988

Als Olof Palme ermordet wurde, wohnte Hans Holmér bei seinem Freund, dem Verleger Ebbe Carlsson. Diese Übergangslösung blieb bestehen, bis er eine Wohnung zur Zwischenmiete fand. Trotzdem engagierte sich Ebbe weiter bei den Ermittlungen und begleitete Holmér auf Schritt und Tritt – immer bereit, ihm beizustehen, wenn dieser darum bat.

Die meisten glaubten, dass das Interesse an der kurdischen Arbeiterpartei PKK nachlassen würde, schließlich hatte Holmér mit seiner Operation Alfa versagt und keine Beweise finden können. Aber er und Ebbe waren nach wie vor davon überzeugt, dass die PKK involviert und dort die Auflösung des Mordes zu finden sei. Ob dies daran lag, dass jemand innerhalb der PKK wirklich schuldig war, oder es sich einfach um eine politisch bequeme Lösung handelte, bleibt unklar. Hans Holmér und Ebbe Carlsson hatten lange Palme und die Sozialdemokratie geschützt, wenn sie eine akzeptable Lösung für den Mord fänden, sollten doch alle glücklich sein. Außerdem hatte er bereits die Auszeichnung »Schwede des Jahres« erhalten, vielleicht konnte Ebbe ebenfalls damit rechnen, wenn er an der Aufklärung beteiligt war.

Am 1. Juni platzte die Medienbombe. Die Zeitung *Expressen* berichtete, dass Ebbe Carlsson mit dem Einverständnis von Politik und Polizei eine geheime, parallele Ermittlung verfolgte, selbstverständlich immer noch mit der PKK als Hauptspur. Tags darauf wurde bekannt, dass Ebbe ein persönliches Empfehlungsschreiben von Justizministerin Anna-Greta Leijon bekommen hatte, das er bei ausländischen Behörden nutzen konnte. Das Schreiben wurde daraufhin sofort behördlich erfasst und mit einem Geheim-Stempel versehen. Am selben Tag wurde Holmérs ehemaliger Leibwächter Per-Ola Karlsson bei der Einreise gestoppt und beim Schmuggeln verbotener Abhörgeräte erwischt. Später wurde bekannt, dass es sich beim Käufer, der auf der Rechnung angegeben war, um die südafrikanische Legation handelte. Die Lieferung ausgeführt hatte der Waffenhändler und ehemalige Polizist Carl-Gustav Östling. Auf die Frage, warum er ausgerechnet die südafrikanische Legation als Empfänger eingetragen hatte, antwortete Östling: »Irgendetwas musste ich ja hinschreiben.« Dabei waren die Geräte für Ebbe Carlsson bestimmt, der damit die PKK abhören wollte. Der Skandal wurde von Tag zu Tag größer. Alle Parteien, abgesehen von den Sozialdemokraten, erklärten, dass sie kein Vertrauen mehr in Anna-Greta Leijon als Justizministerin hatten. Am 7. Juni 1988 trat sie zurück.

Am 9. Juni fragte die Journalistin Cecilia Hagen vom *Expressen*: »Was hat Ebbe Carlsson in der Hand gegen die Männer an der Macht?« Sie vermutete eine Verschwörung homosexueller Sozialdemokraten.

Wieder einmal herrschte nichts als Verwirrung im Mordfall Olof Palme.

ZWEIFEL

Stockholm, 1988

Die Neuigkeit, dass die Polizei erneut Victor Gunnarsson verdächtigte, hatte dazu geführt, dass sich Stieg entspannte. Eva und er mussten zwischen den Jahren nicht arbeiten, sondern unternahmen Spaziergänge und führten lange Gespräche über einer Flasche Wein am Küchentisch.

Doch das neue Jahr wartete mit einer Überraschung auf, als die Polizei plötzlich alle Anklagepunkte gegen Gunnarsson fallen ließ – ein Zeichen dafür, dass die Ermittlungen wieder eine neue Richtung einschlugen.

Nachdem sich der erste Schreck gelegt hatte, manifestierte sich ein Gedanke in Stieg: Was, wenn er in die offensichtlichste Journalistenfalle getappt war und einfach unterschiedliche Angaben so lange kombiniert hatte, bis sie eine Einheit ergaben, weil die Fantasie die Lücken füllte? Vielleicht hatte er sich aufgrund seines Wissens über Rechtsextremisten einfach mitreißen lassen und angefangen, Muster in den Angaben der Polizei zu sehen, die er wiederum an die Polizei rückmeldete, die daraufhin glaubte, etwas Neues entdeckt zu haben. Das konnte passieren, wenn Journalisten, Polizisten und die Öffentlichkeit Gerüchte zu Beweisen flochten.

Stieg war Rechercheur mit besonderem Augenmerk auf Rechtsextremisten. Er hielt es für möglich, dass Olof Palme von jemandem aus diesen Reihen ermordet wurde. Aber wie objektiv war er eigentlich, im

Vergleich zu einem Ermittler mit jahrelanger Erfahrung? Wenn Hans Ölvebro alle Möglichkeiten durchgespielt hatte und zu dem Schluss gekommen war, dass es sich um einen Einzeltäter handelte, ging das sicher auf eine sorgfältige Analyse des Mordes und der Zeugenaussagen zurück. Es war an der Zeit für Stieg, aus den wenigen Informationen, die von der polizeilichen Ermittlung nach außen gedrungen waren, die Glaubwürdigkeit der Theorie zu überprüfen, die von der Polizei nun für die treffendste gehalten wurde.

Als sich der Sommer näherte, überredete Eva ihn, ein Sommerhäuschen zu mieten. Eines späten Abends im Juni, als die Nächte noch lang und der Himmel noch hell war, saßen sie auf der Veranda und unterhielten sich bei einem Glas Wein. Zum ersten Mal erzählte Stieg, wie ein Einzeltäter hätte vorgehen können. Eva half ihm, seine Gedanken zu konkretisieren.

Kaum waren sie nach Stockholm zurückgekehrt, war es an der Zeit, diese Theorie mit jemandem durchzuspielen, auf dessen gesunde Skepsis sich Stieg verlassen und von dem er eine qualifizierte Einschätzung erhalten konnte.

Er kannte Anna-Lena Lodenius noch nicht besonders lange, aber es hatte sich schnell gezeigt, dass sie einander bestens ergänzten. Sie war eine frisch examinierte Journalistin, hatte sich aber schon auf die Untersuchung fremdenfeindlicher und rassistischer Gruppierungen spezialisiert. Genau wie Stieg kämpfte sie gegen den Rechtsextremismus, davon abgesehen waren sie aber sehr unterschiedlich.

Für Stieg hörte die Recherche nie auf, auch nicht mit der Deadline. Anna-Lena ordnete alles, bis es einen Sinn ergab, und schloss ihre Projekte ab. Stieg verbrachte Stunden damit, Netzwerke zwischen Personen und Gruppierungen bildlich darzustellen, oft nur aufgrund von Hinweisen oder seinem Bauchgefühl. Anna-Lena stellte alles infrage und verlangte Tatsachen. Zusammen waren sie unschlagbar. Sie war der perfekte Advocatus Diaboli und testete, wie wasserdicht seine jüngste Theorie war.

TÄTERPROFIL

Hallo Anna-Lena,

hier kommt mal wieder einer dieser merkwürdigen Briefe, frisch aus der Feder eines gerade aus dem Urlaub
Heimgekehrten. Betrachte den Inhalt bitte als wilde
und sinnlose Spekulationen, trotzdem würde es mich
freuen, wenn du ein bisschen darüber nachdenkst und
mir schreibst, ob du irgendwas davon nachvollziehen
kannst.

Es geht um den Palme-Mord, und ich habe mir Folgendes
überlegt: Wie die meisten anderen bin ich davon ausgegangen, dass der Mord von einer gut finanzierten
Gruppierung des rechten Spektrums – kannst hier
selbst einfügen, welche, jedes Beispiel taugt gleichermaßen – angeleiert und durchgeführt wurde und
nicht von einem einzelnen Vogel, der einfach nur
einen Abendspaziergang mit seiner Knarre gemacht hat.
Aber die Zeit zieht ins Land, und allmählich glaube
ich nicht mehr, dass wirklich eine größere Gruppe

involviert war - sonst wäre längst etwas durchge-
sickert.

Die Theorie, dass ein durchgeknallter Einzeltäter
dahintersteckt, gab es von Anfang an, aber soweit ich
weiß, hat die Polizei daran bisher eher wenig Interesse gezeigt. Holmér war viel zu sehr damit beschäftigt, eine kurdische Verschwörung aufzudecken und -
in gewisser Weise - EAP-Leute. Wir, mit Blick auf die
Rechten, hatten die bekannteren Organisationen wie
WACL, den Kreis um Delle Chiaie etc. im Fokus.

Ich habe mich also im Urlaub hingesetzt und unter
dieser Prämisse meiner Fantasie freien Lauf gelassen.
Stell dir vor, wir lagen falsch, und es handelt sich
wirklich um einen Einzeltäter oder eine sehr kleine
Gruppe von zwei oder drei Personen. Wie könnten wir
vorgehen, um ihn/sie zu identifizieren?

Einen Abend saßen Eva und ich zusammen und diskutier-
ten just darüber. Wir machten ein kleines Gedanken-
experiment, spielten alle möglichen Ideen durch und
versuchten, ein Profil des Täters zu erstellen.

Statt zu grübeln, wohin er verschwand, nachdem er die
Stufen der Tunnelgatan erklommen hatte, fragten wir
uns, woher er kam. Was wissen wir über ihn?

Wir kamen zu folgendem Ergebnis:
1. Es handelt sich um einen Schweden, der aller Wahrscheinlichkeit nach in Stockholm wohnt. (Die Annahme
beruht darauf, dass sich die Tat im Februar ereigne-

te, also keine Touristensaison, außerdem kannte er
sich sehr gut aus, und Sveavägen ist nicht unbedingt
der Ort, an den es einen zufälligen Besucher der
Stadt verschlägt.)

2. Er ist zwischen 30 und 45 Jahre alt. (Aus den
recht übereinstimmenden Zeugenaussagen zu schließen.)

3. Er ist eher schmal gebaut, mittelgroß oder sogar
etwas größer als mittelgroß. (Basierend auf den Zeugenaussagen. Ein beleibter Zeitgenosse wäre anders
beschrieben worden.)

Vor ein paar Tagen sagte ein TT-Kollege, als wir
genau darüber fachsimpelten, dass er persönlich glaube, die Lösung des Palme-Mordes müsse extrem einfach
sein. Es ist schwer, sich der Vorstellung zu erweh-
ren, dass, während die Polizei herumrennt und Kurden
oder andere Terroristen jagt, der wirkliche Täter
still und stumm an einer Straßenecke steht und das
Ganze beobachtet.

Zusammenfassend: Wir suchen einen mittelalten, isoliert lebenden Grübler mit Zugang zu Waffen, der in
der Nähe des Tatorts lebt oder einen bestimmten Grund
hatte, an jenem schweinekalten und glatten Februar-
abend in Halbschuhen auf dem Sveavägen unterwegs zu
sein.

Du, Anna-Lena, ich finde, dass in Ebbe Carlssons
Schweden dieser Gedankengang ein wenig undramatisch
daherkommt. Aber könntest du vielleicht auch ein

bisschen darüber nachdenken, es mit deinem Freund
durchspielen und mal schauen, ob wir mit diesem Profil
weiterkommen? Denn wenn es zutrifft, sollte es ja
nicht völlig unmöglich sein, eines Tages den Schuldigen zu finden. Wenigstens sollte die Chance größer
sein, als wenn wir weiter einen angeheuerten Profikiller aus Brasilien jagen.

Liebe Grüße
Stieg

The Case of the Lonesome Loonie

Ideenskizze eines Täterprofils basierend auf der Annahme, dass der Mord an Palme von einer Einzelperson
durchgeführt wurde – die populäre Vorstellung des
„verrückten" Einzeltäters, dessen Tat eine Impulstat
war.

1. Es handelt sich um einen gewöhnlichen Schweden
Diese Annahme beruht auf den Zeugenaussagen, die
ziemlich übereinstimmend eine schmale Person von
mittlerer Größe beschreiben; keine dieser Aussagen
deutet an, dass es sich um einen Ausländer gehandelt
haben könnte, was sonst wahrscheinlich wäre.

2. Wohnhaft in Stockholm
Diese Annahme beruht darauf, dass zu der Zeit keine
Touristensaison herrschte und sich Verrückte,
die nicht in Stockholm ansässig waren, zu diesem
Zeitpunkt eher nicht in der Stadt aufhalten würden,

und darauf, dass dieser Teil des Sveavägen nicht zu
den Orten gehört, die ein Tourist üblicherweise auf-
sucht. Außerdem werden Verrückte, die sich vorübergehend in Stockholm aufhalten, eher keine
Waffen bei sich tragen.

3. Er ist zwischen dreißig und fünfundvierzig
Jahre alt - stützt sich auf Zeugenaussagen.

4. Zugang zu Waffen und Munition
Die Zahl der Personen, die in Schweden Zugang zu
Handfeuerwaffen haben, ist begrenzt. Folgende kommen
einem sogleich in den Sinn:
a) Polizist oder ehemaliger Polizist
b) Militär oder ehemals Militär
c) Wachpersonal gewisser Kategorien
d) Gewisses Botschaftspersonal
e) Mitglieder der Sportschützenvereine
f) Kriminelle
g) Waffenfreaks
Ausschließen können wir hier aller Wahrscheinlichkeit
nach Botschaftspersonal und Kriminelle.

h) der verrückte Einzeltäter hat Beziehungen zu einer
Person, der oben genannten Bereiche, die ihm freiwil-
lig oder unfreiwillig die Waffe geliehen hat.

Was uns zur nächsten Spekulation bringt, dass der
Täter einen Komplizen hatte.

5. Grund für den Aufenthalt am Tatort
Wenn der Mord eine Impulstat war, so brauchte der
Täter dennoch einen Anlass, um sich genau zu dem
Zeitpunkt auf dem Sveavägen zu befinden, als Palme das
Kino erreichte oder verließ.

a) Wohnhaft in der direkten Umgebung
b) Besuch eines Bekannten in der direkten Umgebung
c) Arbeitsplatz in der direkten Umgebung
d) Besuch des Kinos, Restaurants etc. in der direkten
   Umgebung
e) Planloses Herumirren

6. Wohnt im Umkreis von fünfundvierzig Minuten
Ungeachtet der Tatsache, dass er sich auf dem Sveavägen befindet, wird er nicht weiter als fünfundvierzig
Autominuten vom Tatort entfernt wohnen. Diese Annahme
beruht darauf, dass er, sofern er die Waffen nicht
bei sich trug, Zeit genug hat, um nach Hause zu fahren, um sie zu holen.

7. Halbschuhe
Laut Zeugenaussagen trug er Halbschuhe, obwohl es
Winter, bitterkalt und darüber hinaus stellenweise
vereist war.

* * *

Wenige Tage nach Erhalt des Briefs besuchte Anna-Lena Stieg bei
TT. Sie unterhielten sich bei einem Kaffee. Zusammen kamen sie zu
dem Schluss, dass Stiegs neue Theorie durchaus nachvollziehbar war.
Außerdem erklärte sie den größten Kritikpunkt an einer Verschwö-

rung: Wenn mehrere Personen vom Tathergang wussten, hätte sich zu diesem Zeitpunkt längst jemand verplappert. Durch die erneute Erhöhung der Belohnung gab es zudem noch 50 Millionen weiterer guter Gründe, mit dem Reden anzufangen. Anna-Lena bekräftigte also, was Eva wenige Tage zuvor gesagt hatte. Widerwillig musste sich Stieg eingestehen, dass die Theorie um den verrückten Einzeltäter die war, die er selbst auch für die wahrscheinlichste hielt. Es war an der Zeit, seine gründlichen Recherchen über die Verwicklung rechtsextremer Personen im Mordfall Olof Palme beiseitezulegen. Jemand anderes sollte den Mord aufklären. Stieg würde nun wieder seine ganze Zeit und Kraft dem Kampf gegen den Rechtsextremismus widmen. Oder wenigstens bis neue Hinweise aufkamen, dass es sich doch um eine Verschwörung handelte.

DER PASSENDE MÖRDER

Stockholm, Dezember 1988

Der letzte Monat des Jahres war ereignisreich. Am Mittwoch, den 14. Dezember 1988 wurde der einundvierzigjährige drogensüchtige Christer Pettersson im Zusammenhang mit dem Mord an Olof Palme vernommen. Noch am selben Abend gab es eine Gegenüberstellung via Video, in der Lisbet Palme Pettersson auswählte, weil er am meisten dem Mann ähnelte, der vor bald drei Jahren ihren Gatten ermordet hatte.

Zwar hatte es seit Monaten Gerüchte gegeben, aber alles in allem war es Hans Ölvebro und seinen Kollegen gelungen, die Ermittlungen unter dem Deckel zu halten, sodass die Neuigkeit einschlug wie eine Bombe. Das, worauf alle gehofft hatten, war endlich eingetreten. Die Nachricht verbreitete sich in Windeseile: im Fernsehen, in den Lokal- und in den landesweiten Zeitungen. Selbst die Weltmedien berichteten über das Wunder.

Bereits einen Monat nach dem Mord waren erste Hinweise auf Pettersson eingegangen, die Verantwortlichen hatten sie aber nach einer kurzen Prüfung ad acta gelegt. Der Leiter der Ermittlungen beschrieb nun, wie eine sorgfältige und solide Polizeiarbeit Früchte getragen hatte, nachdem man Christer Petterssons Angaben wieder ausgegraben hatte.

Der Täter war ein stadtbekannter Krimineller. Er beging meist kleinere Verbrechen wie Raub, Körperverletzung und Diebstähle, um an Geld für Alkohol und Drogen zu gelangen. 1970 hatte er allerdings auf der Kungsgatan einen Mann mit einem Bajonett erstochen, nur 150 Meter von dem Ort entfernt, an dem Palme erschossen wurde. Er war also imstande, einen Menschen zu töten.

Am 16. Dezember wurde Pettersson vorläufig wegen Mordes an Olof Palme festgenommen.

* * *

Eine andere Nachricht von ähnlichem Gewicht war die über den Preis, der stets zum Jahresende verliehen wurde. Am 29. Dezember wurde der verspottete Verleger Ebbe Carlsson »Schwede des Jahres«, genau wie sein guter Freund Hans Holmér zwei Jahre zuvor. Sofort wurden Stimmen laut, dass dies das Schicksal des Preises besiegelte. Nach diesen beiden Herren würde niemand jemals wieder »Schwede des Jahres« sein wollen.

* * *

In den folgenden Monaten sammelten Polizei und Staatsanwaltschaft Beweise gegen Christer Pettersson, und am 5. Juni 1989 begann der Prozess. Die Verhandlung im Rådhuset auf Kungsholmen in Stockholm lief wie geschmiert, und die Hoffnungen der Staatsanwaltschaft waren nicht vergebens. Der unlösbare Mord war aufgeklärt. Am 27. Juli 1989 wurde Christer Pettersson, obwohl er die Tat abstritt, schuldig des Mordes an Olof Palme gesprochen.

Es war ein großer Triumph. Ermittlungsleiter Hans Ölvebro strahlte. Die Journalisten sonnten sich in seinem Glanz und schrieben haben-wir-es-nicht-gesagt-Texte, ganz wie nach großen schwedischen Sporterfolgen. Die schwedische Polizei wurde für ihren eisernen Einsatz gelobt, mit dem sie frühere Verfehlungen wiedergutmachte.

Die wenigen kritischen Stimmen, die das Urteil infrage stellten, wurden abgeschmettert. Die meisten hatten sich sicher eine sensationsträchtigere Erklärung gewünscht, als dass es sich um einen Zufallsmord durch einen armseligen Drogenabhängigen handelte, aber so war es nun mal. Schwedens Ministerpräsident war Opfer seines Traums von einer offeneren Gesellschaft geworden, in der Politiker ein Teil des Volkes waren und so von Durchgeknallten ermordet werden konnten, die unter Drogen standen. Schweden, das schwedische Volk und die Volkseele hatten endlich den Abschluss gefunden, den sie so lange herbeigesehnt hatten. Keine Verschwörung, keine ausländische Spionageaktion, keine Palme-Hasser mit Verbindungen ins schwedische Wirtschaftsleben, keine Polizisten oder ehemaligen Militärs. Nur ein einzelner Verrückter ohne politische Verbindungen oder Konsequenzen. Man konnte sagen, Christer Pettersson war ein ungewöhnlich passender Mörder.

In Schweden hätte wieder die gewohnte Ruhe einkehren können, hätten die Mühlen der Justiz nicht weiter gemahlen.

DER MÖRDER

Stockholm, Sommer 1989

Nach der Euphorie, die der erste Richterspruch ausgelöst hatte, und vor den Vorbereitungen der Verhandlung vor dem Berufungsgericht regte sich Widerspruch. Niemand hatte damit gerechnet, dass das Urteil rechtskräftig würde ohne Berufung oder dass sich keine kritischen Stimmen melden würden. Dies gehörte gewissermaßen zum juristischen Spiel, und Stieg las praktisch alles, was dazu veröffentlich wurde, und suchte das Gespräch mit jedem, der seiner Meinung war. Und genau dort begann der Zweifel wieder zu wachsen. Was blieb eigentlich, wenn man den Richterspruch und die nun öffentlich gemachte Voruntersuchung kritisch betrachtete?

Selbst wenn sich die Mehrheit für eine Verurteilung ausgesprochen hatte, hieß das noch nicht viel. Sechs hatten dafür gestimmt, zwei dagegen, jedoch offenbarte ein genauerer Blick, dass es die sechs Laienrichter gewesen waren, die für eine Verurteilung Christer Pettersson gestimmt hatten. In Schweden sind Laienrichter keine ausgebildeten Juristen, sondern werden von der Politik ernannt. Die beiden Gegenstimmen kamen von juristischen Mitgliedern.

Das bedeutete, dass Pettersson, der Mann, der einen Politiker ermordet hatte, von Menschen schuldig gesprochen wurde, die von Politikern eingesetzt worden waren. Die ausgebildeten Juristen hätten ihn freigesprochen.

Außerdem gab es nur einen konkreten Beweis, und zwar Lisbet Palmes Aussage bei der Videogegenüberstellung. Die anderen belastenden Aussagen kamen von Zeugen, die entweder selbst nicht die Tat oder aber Pettersson nicht am Tatort gesehen hatten; es waren also nur Indizien. Zudem hatte die Kriminaltechnik keinerlei Spuren von Pettersson gefunden.

Während der Verhandlung hatte Olof Palmes Witwe Pettersson eindeutig identifiziert. Bei der Gegenüberstellung war sie jedoch nicht mehr ganz so sicher gewesen, außerdem waren zwei Jahre und neun Monate seit der Mordnacht verstrichen. Eine lange Zeit, in der sie sich mit neuen Informationen, Bildern und Vernehmungen konfrontiert sah, die sich auswirken konnten. In den Monaten nach dem Mord hatten die Zeitungen ständig Fotos von neuen Verdächtigen veröffentlicht, denn nichts sicherte so sehr den Verkauf der Auflage.

Im Protokoll der Gegenüberstellung kann man lesen, wie Lisbet Palme über Rückschlüsse auf Christer Pettersson kam. »Nummer acht. Er stimmt mit meiner Beschreibung überein«, so drückte sie sich schlussendlich aus. Sie erkannte ihn also nicht sofort und hatte zudem vorher die Information bekommen, dass der Verdächtige Substanzen missbrauchte, was sie zu der Aussage bewog: »Man erkennt den Alkoholiker.«

Der Wert ihrer Aussage hatte sich noch zusätzlich dadurch gemindert, dass sie ein paar ungewöhnliche Forderungen stellte. Die Gegenüberstellung sollte auf Video aufgezeichnet und ihr vorgespielt werden, ohne dass sie dabei selbst gefilmt wurde oder der Verteidiger des Angeklagten anwesend war. Das Protokoll der Videogegenüberstellung wurde erst sechs Wochen später geschrieben und war bloß eine Zusammenfassung.

Selbst ein Laie wie Stieg konnte erkennen, dass sich die schwedische Polizei und die Staatsanwaltschaft nicht bemüht hatten, dass ihr einziger wirklicher Beweis, den sie gegen Pettersson vorbringen konnten, wasserdicht war.

Es gab noch einen weiteren Zeugen, der interessant war, weil er wie Pettersson in Sollentuna wohnte, wo dieser durchaus bekannt war. Archivar Lars Jeppsson war am Mordabend in der Kneipe *Tre backar* gewesen und von dort die Luntmakargatan Richtung Kungsgatan gegangen, von wo er den Schuss auf dem Sveavägen hören konnte, der nur einen Block entfernt lag. Er hatte sich hinter den Bauwagen in der Tunnelgatan versteckt und den Mörder vorbeilaufen und über die Treppe verschwinden sehen. Laut Jeppsson hatte der Mörder keinerlei Ähnlichkeit mit Christer Pettersson.

* * *

Schwedens Wunde mit dem Namen Palme-Mord hatte gerade zu heilen begonnen; alle wollten nichts sehnlicher, als endlich ein Pflaster darüber kleben und die Sache ruhen lassen. Christer Pettersson hatte Berufung eingelegt, und durch den gebündelten Einsatz von Polizei, Staatsanwaltschaft und Berufungsgericht konnte die Neuverhandlung bereits zwei Monate nach der Verurteilung aufgenommen werden.

Aber etwas war diesmal anders. Dass Lisbet Palme nur unter Abwesenheit des Angeklagten, ohne Kameras, ohne mediale Übertragung, ohne jede Form von Aufzeichnung und ohne Zuhörer aussagen wollte, irritierte. Das ihr ursprünglich entgegengebrachte Mitleid wandelte sich in Missgunst über ihre Allüren.

Auch die Voraussetzungen vor Gericht waren anders. Diesmal bildeten die Juristen die Mehrheit, die Laienrichter die Minderheit. Die Verteidigung hatte die Vorbereitungszeit gut genutzt und glaubwürdige Experten gefunden, die ernste Zweifel an der Aussage der Kronzeugin anmeldeten. Die Aussagenpsychologin Astrid Holgersson bestätigte, gestützt durch die weltbekannte und auf dem Gebiet führende Gedächtnispsychologin Elizabeth Loftus, dass selbst glaubwürdige Zeugen oft irrten, auch wenn sie von ihrer Aussage überzeugt waren. Es war sogar so, dass, wer extrem auf sein eigenes Urteilsvermögen und seine Aussage baute, besonders häufig falsch lag. Außerdem wurde angemerkt, dass Frau Palme das Gesicht des Täters erst lange nach dem Mord beschrieb und ihre Beschreibung der Kleidung nicht mit der Mehrheit der anderen Aussagen vom Tatort übereinstimmte.

Am 12. Oktober 1989 wurde Christer Pettersson auf freien Fuß gesetzt, ein sicheres Zeichen für einen Freispruch, der am 2. November auch erfolgte. Und so wurde Christer Pettersson offiziell als unschuldig erklärt.

Als er noch am selben Abend mit Schnapsflaschen in der Hand in seiner Wohnung in Rotebro in Sollentuna auftauchte, wurde er bereits von Fotografen erwartet. Christer Petterssons Lieblingsdrink bestand zu gleichen Teilen aus Baileys, Wodka und Eis, wenn Letzteres zur Verfügung stand, und wurde schon bald zum Hit in Stockholms Kneipen unter dem Namen *Mörder*.

* * *

Für die Ermittler war es ein ziemlicher Schock. Es fiel ihnen schwer, sich mit der Tatsache abzufinden, dass sie wieder von vorn anfangen mussten. Kurz nach dem Freispruch wurden alle Beteiligten zu einer Konferenz eingeladen, wo sie ihre Wunden lecken und sich auf einen Neuanfang vorbereiten konnten.

Alle wurden gefragt, ob sie Christer Pettersson trotz Freispruch für den Täter hielten. Siebenundzwanzig von dreiunddreißig antworteten mit ja. Viele rechneten damit, dass Hans Ölvebro nach dem neuen Richterspruch um eine Versetzung bitten oder seinen Job an den Nagel hängen würde, doch weit gefehlt. Er war davon überzeugt, dass es ihnen gelingen würde, Christer Pettersson erneut verurteilen zu lassen. Er würde nicht aufgeben, wo er so kurz davorstand, einen Mörder festzusetzen.

TROPHÄE

Stockholm, 1990

Der Freispruch Christer Petterssons hätte einer neuen Lösung den Weg ebnen sollen. Vielleicht hätte Stieg seine alten Theorien wieder hervorholen sollen, aber die Jahre der Recherche, die wiederholten Fehler der Polizei und Staatsanwaltschaft hatten sein Engagement erschöpft. Der ungelöste Mord faszinierte ihn nach wie vor, aber er konnte sich einfach nicht mehr mit derselben Intensität damit befassen.

Außerdem hielten weiterhin viele Christer Pettersson für schuldig. Nur ein anderer Verdächtiger, der nachweislich am Tatort gewesen war oder die Mordwaffe besaß, würde daran etwas ändern. Jetzt waren sowohl das Rechtssystem als auch die Öffentlichkeit gefragt.

Ein Umstand verwunderte Stieg. Niemandem war bislang eine Erklärung dafür eingefallen, warum der Mörder die Tatwaffe mitgenommen hatte. In jedem Spionageroman entledigte sich der Killer so schnell wie möglich seiner Waffe, schließlich riskierte man umso mehr, wenn man eine Mordwaffe bei sich trug. Der Mörder von Olof Palme hatte einen Magnum Revolver, groß wie ein Spanferkel, dabei. Und er hatte nicht damit rechnen können, dass die schwedische Polizei einen Totalaussetzer hatte, erst nach Stunden die Stadt abriegelte und eine landesweite Fahndung herausgab.

Wäre der Mörder mit der Waffe gefasst worden, hätte man ihn direkt mit dem Mord in Verbindung bringen können, allerdings kam er in diesem Fall davon, als wären die Dorfpolizisten Kling und Klang hinter ihm her.

Fest stand: Der Täter hatte die Waffe mitgenommen; blieb also die Frage, was er damit angestellt hatte. Selbstverständlich hätte er sie von Bord einer Finnlandfähre oder Ähnlichem ins Meer werfen können. Vielleicht behielt er sie aber als Trophäe. Die Waffe, die den Verlauf der schwedischen Geschichte verändert hatte, musste einen Wert für denjenigen haben, der den Ministerpräsidenten aus politischen Gründen ermordet hatte. Weniger für einen Auftragsmörder. Betrachtete man die Tat also aus diesem Winkel, war ein politisches Motiv wahrscheinlicher, was wiederum die schwedischen Rechtsextremisten erneut in den Fokus rückte.

Wenn die Waffe für den Täter eine Trophäe und gleichzeitig der ultimative Beweis für eine Mordhandlung war, stellte dies extreme Anforderungen an das Versteck. Eine Trophäe würde er sicher zu besonderen Anlässen hervorholen und bewundern, vielleicht am Jahrestag des Mordes. Außerdem musste das Versteck absolut sicher sein, damit niemand Unbefugtes Zugang dazu hatte. Ein Regal oder Schrank in einer einfachen Wohnung war da kaum denkbar. Die Waffe in einem Garten oder Park zu vergraben war genauso wenig denkbar, denn dort hatte man keinen direkten unbeobachteten Zugang. Also musste es sich um einen Tresor oder ein Schließfach handeln, zu dem nur der Besitzer Zugang hatte.

Stieg sah ein, dass er so nicht herausfand, wo ein Mörder seine Waffe versteckte, aber irgendwann würde er zu dieser Frage zurückkehren. Manchmal dauerte es einen langen harten Arbeitstag, aber am Ende konnte man doch fast alles herausfinden. Wenn sich die Gelegenheit bot, würde er prüfen, wohin die Frage ihn führte. Bis dahin war jedoch etwas anderes von größerer Wichtigkeit.

* * *

Je besser er und Anna-Lena Lodenius sich kannten, desto besser ergänzten sie einander. Er übernahm die Recherche, sie prüfte die Fakten und brachte sie zu Papier. Die Artikelserie und das Buch *Auftrag Olof Palme* hatten Lust auf mehr gemacht. Es war an der Zeit, den nächsten Schritt zu wagen.

Ihr gemeinsames Projekt sollte eine Art Bibel werden, die erklärte, wie die rechten Mächte in Schweden agierten und wie sie sich ins Ausland verzweigten. Der Titel fand sich von selbst: *Die extreme Rechte.* Stieg und Anna-Lena waren beide hauptberuflich anderweitig beschäftigt, also war ihnen bewusst, dass die Arbeit an diesem Buch mehrere Jahre in Anspruch nehmen würde, was aber gar nicht so schlecht war, weil es ihnen viel Zeit für die Recherche ließ. Das dachte zumindest Stieg.

VIELE JAHRE, EINE ANKLAGE

Stockholm, 1994

Die Jahre vergingen, aber bei den Ermittlungen im Mordfall Olof Palme schien die Zeit stillzustehen. Die Ermittlungsgruppe schrumpfte und schrumpfte. Unter den Polizisten herrschte die Überzeugung vor, in Christer Pettersson den Täter gefunden zu haben, weshalb man einen neuen Ausdruck für die hoffnungslose Situation schuf. Der Fall war aus polizeilicher Sicht aufgeklärt, selbst ohne Verurteilung. Die Polizei hatte das Ihre getan, nur Staatsanwaltschaft und Gericht waren ihrer Aufgabe nicht nachgekommen. Auf den Gängen des Präsidiums kursierte der Satz: Wenn es sich um einen gewöhnlichen Mord gehandelt hätte, wäre der Richtspruch anderes ausgefallen.

Vier Jahre nach dem Freispruch wurden die Ermittlungen noch immer von Hans Ölvebro geleitet. Ziel war, ausreichende neue Beweise gegen Christer Pettersson zu finden, um die Wahrscheinlichkeit für einen anderen Ausgang der Gerichtsverhandlung zu erhöhen. Sobald dies der Fall wäre, würde ein Wiederaufnahmeantrag an das Höchste Gericht gestellt werden, wo über die letzte Chance verhandelt würde, Pettersson zu verurteilen.

Plötzlich sorgte eine andere Anklage für Furore. Der Chef des Landeskriminalamtes Tommy Lindström, der häufig dabei behilflich gewesen war, die Palme-Ermittlungen in die richtige Richtung zu weisen, wurde des schweren Betrugs beschuldigt. Einen Monat nach dem

Mord an Palme hatte Lindström von der Versicherungsfirma Skandia einen Scheck über 115 000 Schwedische Kronen erhalten, den sein Agent Milan Heydenreich nutzen sollte, um gestohlene Kunstwerke zurückzukaufen. Stattdessen hatte Lindström, laut Gericht, das Geld genutzt, um ein Fest für zweihundert seiner Kollegen auszurichten. Im November 1994 wurde er wegen schweren Betrugs zu einer Bewährungsstrafe von einem Jahr verurteilt. Ein mildes Urteil, das berücksichtigte, dass er seinen Arbeitsplatz verloren hatte.

Ungefähr zur selben Zeit erreichte den Ermittlungsleiter des Palme-Mordes eine umfangreiche und detaillierte Zusammenfassung, erstellt vom schwedischen Journalisten Boris Ersson, der nach Südafrika gereist war und dort neue Beweise dafür gefunden hatte, dass der südafrikanische Geheimdienst hinter dem Mord an Palme steckte. Nach einer eher durchschnittlichen Prüfung wurden die Unterlagen schnell beiseitegelegt. Die Polizei konzentrierte sich wieder darauf, neue Beweise gegen Christer Pettersson zu finden.

SÜDAFRIKA 1996

Stockholm, 27. September 1996

Es war Freitag, halb zehn, als das Telefon klingelte. Stieg stolperte in die Küche, hob den grauen Hörer ab und hörte seinen Freund Gerry am anderen Ende der Leitung.

»Dornröschen ist aus ihrem zehnjährigen Schlummer erwacht«, sagte er in seinem leicht undeutlichen Londoner Akzent. »Die Südafrikaner haben angefangen, sich gegenseitig die Schuld zu geben.«

Stieg rieb sich den Schlaf aus den Augen und versuchte, ihm zu folgen.

»Wer beschuldigt wen? Und warum?

»Laut Eugene de Kock und Peter Casselton wurde der Palme-Mord von Craig Williamson organisiert, und Bertil Wedin hat ihm geholfen. Ganz genau, wie wir es vor zehn Jahren dachten. Kram dein Material wieder hervor und fang an zu schreiben.«

»Zu schreiben? Was soll ich schreiben?«

»Ich möchte bis zehn Uhr einen Haben-wir-es-nicht-gleich-gesagt-Artikel von dir.«

Kurz angebunden war nicht unbedingt die erste Beschreibung, die einem zu Gerry einfiel, aber diesmal war er genau das. Stieg stand, nachdem Gerry aufgelegt hatte, noch eine Weile mit dem Hörer in der Hand da. Es war eine schnelle Zusammenfassung seines Materials von vor etwa zehn Jahren nötig, ergänzt durch das, was nun aktuell in Südafrika durchsickerte. Gerry wollte ihm mehrere Artikel faxen, denn in manchen Punkten war er sehr britisch-konservativ und hatte sich gerade erst mit dem Thema E-Mail angefreundet. Scannen konnte er noch nicht, entsprechend auch nichts an eine E-Mail anhängen. Stieg gewann so ein wenig Zeit, schon einmal seine alte Zusammenfassung durchzugehen, während er auf die Faxe wartete.

Er öffnete die unterste Schublade des Aktenschranks, der direkt neben der Küchentür stand. Die Hängemappe mit dem Stichwort »Südafrika« sollte dort zu finden sein, obwohl er sie unter »Wedin« einsortiert hatte.

Zehn Jahre waren eine lange Zeit. Stieg hatte viel vergessen. Allerdings war seither auch viel passiert, weshalb er die Informationen aus einem neuen Blickwinkel las. Das grenzenlose Übel des Apartheidsystems war mit der Zeit verblasst, bekam vor diesem neuen Hintergrund aber wieder sehr viel Schärfe.

Das Apartheidregime war vorbei. Nelson Mandela war seit zwei Jahren Präsident Südafrikas, die Wahrheits- und Versöhnungskommission hatte die Arbeit aufgenommen. Seit es möglich geworden war, sich begnadigen zu lassen, hatten sich die Agenten der Geheimdienste wahre Wettkämpfe darin geliefert, Schandtaten zu gestehen und andere dafür ans Messer zu liefern. Ihnen war klar, dass ihre Existenzgrundlage so schnell verschwand wie das letzte Wasser aus der Wanne. Schon bald würden sie wie gestrandete Wale daliegen und nach Luft ringen.

Es war drei Uhr nachmittags, als sich Stieg durch seine Aufzeichnungen gearbeitet hatte. Er hatte sich eine Menge Notizen gemacht, hatte ein paar Dokumente zusammengestellt, darunter auch seine Zusammenfassung über Bertil Wedin, dazu ein paar Artikel über Craig Williamson und den südafrikanischen Geheimdienst. Dann war es Zeit, in die TT-Redaktion zu fahren, wo er die ganze Nacht durcharbeiten würde. Aus Erfahrung wusste er, dass er am besten mit einem Projekt vorankam, wenn er sich kopfüber hineinstürzte, denn nur so behielt er den Fokus. Es war spät an einem Freitag, er würde also fast allein im Büro sein. Gerrys Faxe würden auf ihn warten, und wenn er noch etwas brauchte, hatte er dort den schnellstmöglichen Zugriff auf alles.

Stieg setzte sich an seinen Schreibtisch und machte es sich in seinem Sessel mit den abgenutzten Armlehnen bequem. Neben ihm standen die erste von vielen Tassen mit starkem Kaffee und ein Aschenbecher mit einem Berg alter Stummel und einer brennenden Zigarette. In der Hand hielt er seine und Gerrys zusammengetragene Informationen aus 1986 und 1987, dazu noch zahlreiche Artikel, die er gesammelt hatte. Stieg las schnell und schrieb Notizen in sein kleines schwarzes Buch. Weniger als eine halbe Stunde später legte er los.

Craig Williamsons und Bertil Wedins Namen waren gerade erst aufgetaucht, es gab nur zwei Artikel – einen südafrikanischen und einen britischen, letzterer zitierte die knappen Informationen des ersteren, ohne eigene Erkenntnisse zu liefern. Im Artikel wurden Eugene de Kock und Peter Casselton genannt, beide ehemals beim südafrikanischen Geheimdienst. Beide sagten aus, dass Craig Williamson den Mord an Palme organsiert hatte und Bertil Wedin Mittelsmann gewesen war, ohne jedoch auszuführen, was genau dessen Aufgabe gewesen war. Nichts, was Stieg noch nicht wusste. Neu war nur, dass weiße Südafrikaner andere weiße Südafrikaner verrieten. Vielleicht näherten sie sich also endlich der Wahrheit, oder aber sie hatten es hier nur mit Agenten zu tun, die verzweifelt versuchten, ihre eigene Haut zu retten aus Angst vor der Rache ihrer ehemaligen Kollegen. Dem konnte Stieg jedoch nicht auf den Grund gehen, wenn er tags darauf einen Artikel abzuliefern hatte, deshalb konzentrierte er sich erst einmal auf das, was er wusste, und verglich das Material.

Um neunzehn Uhr war er allein in der Redaktion, perfekte Voraussetzung, um sich auf den Artikel für *Searchlight* zu konzentrieren. Er schrieb die ganze Nacht durch, schlief am Tag und stellte Samstagabend zu Hause den Artikel fertig. Am nächsten Morgen faxte er ihn an Gerry. Stieg war überzeugt, dass sein Englisch ziemlich gut war, aber bereitete sich dennoch auf eine Reihe rotfarbiger Korrekturen vor, nachdem Gerry seinen Text durchgegangen war. Gerry selbst verfasste ein Vorwort und wählte die Überschrift: *The finger points south.* Allerdings hatte er kaum Änderungen am Text vorgenommen, sehr zur Freude Stiegs. Selbst seine witzige Zwischenüberschrift *Sherlock Holmér* und die bissige Beschreibung der Säpo als das zurückgebliebene Stiefkind des abendländischen Geheimdiensts hatte er beibehalten.

Die Ereignisse in Südafrika waren zugleich ermutigend und frustrierend. Ermutigend, weil der Druck aus dem Ausland auf die schwedische Polizei nun wieder so stark war wie zu Hans Holmérs Zeit. Jetzt mussten sie etwas unternehmen und die Südafrika-Spur verfolgen. Frustrierend, weil bislang nichts wirklich Neues zutage getreten war.

KLING UND KLANG IN AFRIKA

Stockholm und Südafrika, Herbst 1996

.

Ermittlungsleiter Hans Ölvebro befand sich gerade im Urlaub, als ihn die Nachricht ereilte, dass sich die Augen der Welt wieder auf die Palme-Ermittlungen richteten, seit sich südafrikanische Agenten gegenseitig die Schuld und Mitschuld an der Ermordung des schwedischen Ministerpräsidenten gaben. Ölvebro kam schnell zu dem Schluss, dass eine Woche mehr oder weniger bei einem zehn Jahre zurückliegenden Mord keinen großen Unterschied machten – und kostete seinen Urlaub noch aus. Obwohl der Druck der schwedischen und internationalen Presse stieg, war der Staatsanwalt Jan Danielsson ganz Ölvebros Meinung, dass die sich nun gegenseitig belastenden Personen nicht einfach verschwinden würden.

Auf der ganzen Welt wurde berichtet, und die schwedischen Medien brachten dieselbe Story wieder und wieder. Nur wenige Schweden verstanden, was genau es mit der Südafrika-Spur auf sich hatte. Warum sollte ein Geheimdienst vom anderen Ende der Welt ihren Ministerpräsidenten ermorden wollen? Wer hätte den Mord ausführen sollen? Wie sollte das überhaupt funktionieren? Die Fragen überwogen die Antworten, und schlussendlich brachte Jan Guillou die Spekulationen erst einmal zum Verstummen, indem er einen Kommentar im *Aftonbladet* veröffentlichte und fragte, ob all seine Kollegen kollektiv wahnsinnig geworden waren, während er selbst im Ausland weilte. Für ihn war die Südafrika-Spur das Dümmste, was ihm je zu Ohren gekommen war.

Der ehemalige Chef des Landeskriminalamtes Tommy Lindström zeigte mehr Tatkraft als sein früherer Untergebener Ölvebro und reiste bereits wenige Tage nach Bekanntwerden der Namen nach Südafrika. Seit seiner Kündigung nach dem Betrugsschuldspruch arbeitete er freiberuflich für *Aftonbladet*. Mit seiner alten Polizeivisitenkarte, auf die er von Hand ein Ex- geschrieben hatte, konnte er sich ein Treffen mit Eugene de Kock sichern, lange bevor ein noch aktiv an den Palme-Ermittlungen beteiligter Beamter überhaupt ein Flugticket nach Südafrika gebucht hatte.

Nach seinem Urlaub kontaktierte Ölvebro den Journalisten Boris Ersson, der wenige Jahre zuvor eine ausführliche Zusammenfassung bei der Polizei abgeliefert hatte, allerdings nicht, um dazu Nachfragen zu stellen. Nein, Ölvebro bat um Restaurant- und Hoteltipps in Johannesburg. Bevor er auflegte, fragte er noch, ob es sich lohne, eher Kapstadt oder Sun City zu besuchen, Südafrikas Antwort auf Las Vegas. Staatsanwalt Jan Danielsson und er planten, ein paar Tage Urlaub zu machen, wenn sie schon dort waren.

Am 10. Oktober landeten Ölvebro und Danielsson endlich in Kapstadt, von dort ging es am 11. Oktober weiter nach Johannesburg. Ein wahres Presseaufgebot erwartete sie am dortigen Flughafen. Die schwedische und internationale Presse war ebenfalls angereist.

Ölvebro und Danielsson blieben vier Wochen und wurden von einer Entourage an Journalisten verfolgt. Auf der Liste von Personen, die sie treffen wollten, standen der Chef des Geheimdienstes, Eugene de Kock, Craig Williamson und seine ehemaligen Kollegen Riaan Stander und Peter Casselton.

Ein kleiner Erfolg war, dass die angolanischen Behörden Craig Williamson festsetzten und so den Schweden ermöglichten, ihn vor Ort zu vernehmen. Während der Vernehmung beteuerte Craig Williamson seine Unschuld und vergoss sogar die eine oder andere Träne. Danach beschwerte er sich, dass die Schweden ihm weder einen Anwalt gestattet noch ihm erlaubt hatten, sie in ihrer gecharterten Maschine nach Südafrika zu begleiten.

Laut Ölvebro und Danielsson konnte Eugene de Kock nur indirekte Hinweise auf Craig Williamsons Beteiligung am Mord geben. Er selbst hatte seine Informationen vom Abgeordneten Philip Powell, der ein Treffen mit den Schweden verweigert hatte. Ihren Aufenthalt in Südafrika schlossen die beiden mit einer Woche in Kapstadt ab, bevor sie nach Schweden zurückkehrten.

»Ich hoffe, wir sind des Rätsels Lösung nähergekommen, allerdings glaube ich nicht, dass es die sogenannte Südafrika-Spur wirklich gibt«, fasste der Staatsanwalt Jan Danielsson ihre Arbeit auf der Südhalbkugel zusammen.

Ölvebro und Danielsson legten die Südafrika-Spur einmal mehr beiseite. Ob sie Sun City besuchten, wurde nicht öffentlich bekannt.

LETZTE CHANCE

Stockholm, 1997

Trotzdem wurde 1997 zu einem ereignisreichen Jahr für die Palme-Ermittlungen. Leider jedoch nicht aus den Gründen, die sich viele erhofft hatten. Von der Südafrika-Spur hatte seit Ölvebros und Danielssons Rückkehr im Oktober des Vorjahres niemand mehr gehört, aber andere Neuigkeiten ließen nicht lange auf sich warten.

Zunächst musste Hans Ölvebro im Januar die Leitung der Ermittlungen abgeben, weil gegen ihn der Verdacht der Steuerhinterziehung erhoben wurde. Er schied aus, wurde später aber freigesprochen.

Im Dezember stellte Oberstaatsanwalt Klas Bergenstrand einen Wiederaufnahmeantrag des Falles Christer Pettersson an das Oberste Gericht. Polizei und Staatsanwaltschaft wagten einen letzten Versuch, damit Pettersson doch noch verurteilt wurde. Der Antrag wurde jedoch abgelehnt, weil das Oberste Gericht anhand der vorgelegten Beweise nicht mit einem anderen Ergebnis rechnete als in der Vorinstanz. Die Ermittlungsleitung sah den Fall weiterhin aus polizeilicher Sicht als aufgeklärt, auch wenn die Juristen die Nachweise für unzulänglich hielten.

Erst viele Jahre später würde jemand namens Krister Petersson einen anderen Namen als Christer Pettersson ins Spiel bringen, dem er die Schuld am Mord gab.

STIEGS WICHTIGSTER KAMPF

In den Achtzigerjahren lernte Stieg *the tricks of the trade*, in den Neunzigerjahren wandte er sie an. Das Klima in Schweden war rauer geworden, was nicht zuletzt dadurch bestätigt wurde, dass die fremdenfeindliche Partei Ny Demokrati ins Parlament einzog und der sogenannte »Lasermann« John Ausonius Einwanderer mit einem Lichtpunktgewehr erschoss. Für Stieg alles Zeichen, dass sein Kampf gegen den Extremismus umso wichtiger war.

Als das Buch *Die extreme Rechte* 1991 erschien, hatten Stieg und Anna-Lena drei Jahren daran gearbeitet. Für Stieg endete die Recherche nie, für ihn bedeutete ein Jahr mehr oder weniger keinen Unterschied, aber Anna-Lena signalisierte, dass es höchste Zeit war, das Projekt abzuschließen, sich zu einem fertigen Manuskript vorzukämpfen. Stieg wollte in letzter Minute noch neue Informationen einarbeiten, und Anna-Lena wurde fast wahnsinnig, weil er seine neusten Erkenntnisse und Bezüge mit winziger Handschrift auf die Korrekturfahnen gekritzelt hatte.

Im Buch stellten Anna-Lena und Stieg fest, dass »Rechtsextremismus« kein guter Begriff war, weil ein paar der relevanten Gruppierungen als links betrachtet werden mussten und andere gar keine politische Ideologie hatten. Die rechten Gruppierungen konnten in »Faschisten« und »Ultrarechte« unterteilt werden. Allen gemein war nur die Einwandererfeindlichkeit. Eine der neueren Parteien, die sie beschrieben, waren die Schwedendemokraten, die 1988 von Anhängern rassistischer und fremdenfeindlicher Gruppierungen gegründet wurde.

Das Buch wurde überschwänglich aufgenommen und machte Stieg Lust auf mehr. Aber bevor er sich in ein neues, großes Projekt stürzte, schrieb er etwas nur für sich. Eine Novelle über einen alten Mann, der jedes Jahr von einem unbekannten Absender eine Blume geschickt bekam. Vielleicht würde er eines Tages weiter daran arbeiten können, wenn sich ausreichend Zeit dafür fand.

Eins seiner wichtigsten Ziele erreichte er ein paar Jahre später, als er eine Gruppe junger Aktivisten kennenlernte. Zusammen gründeten sie 1995 nach dem Vorbild von *Searchlight* die Zeitschrift *Expo*. Endlich gab es in Schweden eine Gruppe, die sich genauso im Kampf gegen den Extremismus engagierte wie er. Stieg wurde zum Anführer, weil er der Älteste und Erfahrenste von ihnen war. Nach und nach übernahm er die Verantwortung für einige der wichtigsten Bereiche, für die die anderen sich nicht sonderlich interessierten: Finanzierung, Administration, Buchführung und Sicherheit. Und all das fraß allmählich fast genauso viel Zeit wie die redaktionelle Vor- und Nachbereitung. Neben seiner Tätigkeit bei *Expo* arbeitete Stieg weiter bei TT, was wegen drängender Deadlines viele lange Nächte zur Folge hatte. Er leistete fast Übermenschliches.

Der Sicherheitsaspekt war Stieg besonders wichtig, weil er aufmerksam beobachtet hatte, wie sich das Klima in Schweden wandelte und Journalisten wie er und seine Kollegen zu Zielscheiben wurden. Manch einer hielt ihn für paranoid, weil er Türspione installieren ließ und den Kollegen erklärte, dass man gepolsterte Umschläge am anderen Ende und unter einem dicken Telefonbuch zu öffnen hatte, um sich vor Briefbomben zu schützen.

Expo kämpfte nicht nur gegen Extremisten, sondern auch mit finanziellen Problemen. Drohungen gegen das Personal, harte Arbeit, lange Nächte und finanzielle Probleme, dabei stand ihnen die größte Prüfung am 28. Juni 1999 erst noch bevor. Ein Journalist, der für *Expo* geschrieben hatte, wurde bei der Explosion einer Autobombe verletzt. Seine Lebensgefährtin – ebenfalls Journalistin – bekam den Schock ihres Lebens, als sie ihren Mann und Sohn zwischen Metall- und Glassplittern vorfand.

Nun hielt man Stieg zwar nicht länger für paranoid, aber für einige Mitarbeiter war die Gefahr zu groß, und sie verließen *Expo*.

Stieg kämpfte, alles unter einen Hut zu bringen. Im Fahrwasser der immer breiter akzeptierten Einwandererfeindlichkeit bildeten sich immer öffentlicher neonazistische Gruppierungen und fanden größeren Zulauf. *Expo* wurde mehr denn je gebraucht, und es lag an Stieg, alles zusammenzuhalten.

In den letzten Jahren vor der Jahrtausendwende begriff Stieg als einer der wenigen, dass die Rechtsextremisten ihre Taktik änderten. Statt mit Glatze, Stiefeln und Hitlergruß präsentierten sie sich zusehends wohlfrisiert, mit gepflegten Schuhen und traten nach außen auf wie die etablierten Parteien. Die Programme wurden poliert, aber Nazis agierten trotzdem noch im Hintergrund – und selbstverständlich wollte man noch immer die Einwanderer loswerden. Eine Partei, über die Stieg schon 1991 geschrieben hatte und die seither von Wahl zu Wahl mehr Zulauf bekam, waren die Schwedendemokraten. Ihre Methode waren wohlformulierte Reden, die mit einem Lächeln vorgetragen wurden. Ihr erklärtes Ziel war es, ins Parlament zu kommen, aber noch lag ein langer Weg vor ihnen.

Zusammen mit seinem *Expo*-Kollegen Mikael Ekman schrieb Stieg das Buch *Die Schwedendemokraten*, worin sie verdeutlichten, auf welch nazistischem Nährboden die Partei gewachsen war und dann zu etwas transformiert wurde, das oberflächlich akzeptabel wirkte. Mikael hatte die Idee, Auszüge aus dem Strafregister abzudrucken, in dem viele der führenden Schwedendemokraten auftauchten. Denn dort zeigte sich, dass der Vorwurf, alle Einwanderer seien kriminell, eher auf die eigene

Parteispitze zutraf. Körperverletzung, häusliche Gewalt, Bedrohung, Tierquälerei – die Liste ihrer Verbrechen war lang.

Auch das Buch *Die Schwedendemokraten* wurde, ganz wie *Die extreme Rechte* wenige Jahre zuvor, überwältigend aufgenommen. Allerdings verschwand das Interesse der Medien auch diesmal, kaum dass ein Reality-Star wieder auffällig geworden war.

Aber Stieg wusste, seit er den Kampf gegen den Extremismus aufgenommen hatte, dass es keinen endgültigen Sieger geben würde. Die Demokratie war immer in Gefahr. Sie musste permanent verteidigt werden.

Ende der Neunzigerjahre blickte Stieg auf ein arbeitsreiches Jahrzehnt zurück und war unumstritten Schwedens führender Experte auf dem Gebiet des Extremismus. Und dessen größter Gegner.

EVA

Stockholm, Juni 2015

Eva Gabrielsson und ich saßen im Café *Nybergs*, sie trank ihren Kaffee mit Milch. Die Medien hatten oft versucht, sie in die Opferrolle zu drängen, aber sie war weit davon entfernt, ein Opfer zu sein. Sie war eine Kämpferin. Das zeigte sie deutlich, als ich fragte, wie sich die Jahre nach Stiegs Tod angefühlt hatten.

»Gefühle haben hier nichts verloren«, war ihre knappe Antwort.

Also versuchte ich es anders und merkte mir, Fragen persönlicher Natur zu vermeiden.

»Was trieb Stieg an?«, fragte ich.

»Sein Antrieb kam von seinem Großvater, bei dem er bis zu seinem neunten Lebensjahr aufwuchs«, sagte Eva. »Sein Großvater war ebenfalls Stalinist, und während des Kriegs hatte er definitiv zu den Nazigegnern gehört. Von ihm erfuhr Stieg vom Zweiten Weltkrieg und vom Rechtsextremismus. Von seinem Großvater Severin.«

Ich biss in meine Punschrolle. »Wie ging er bei seinen Recherchen vor?«, wollte ich wissen.

»Er las sehr aufmerksam Zeitung, prüfte, in welchen Vereinen die Leute Mitglieder waren«, antwortete Eva. »Womit sie sich beschäftigten, wo sie arbeiteten, ob sie Leserbriefe schrieben, ob es jemanden gab, der sie kannte, ob sie der Polizei bekannt und im Strafregister gelistet waren. Normale Journalistenarbeit.«

»Und das Ausspionieren?«

Ich dachte an Gerrys Informant Lesley Wooler, der auf Zypern sein Leben riskiert hatte.

»Das kam erst in den Neunzigerjahren dazu. In den Achtzigerjahren konnte man sich nicht einschleusen, die Gruppierungen waren damals noch zu klein. Da musste man andere Wege finden.«

»Haben Sie sich an den Recherchen beteiligt?«

»Ja, einmal sind wir losgezogen und haben Fotos von Klingelschildern gemacht. Auf Kungsholmen gab es eine ganze Reihe Gebäude, in denen sonderbare Firmen und Organisationen mit politischen Verstrickungen ihren Sitz hatten.«

»Und wenn Sie ihn nicht begleitet haben?«, wollte ich wissen. »Hat er Ihnen dann etwas erzählt?«

»Nun, das waren jetzt nicht direkt ausführliche, monatliche Berichte. Er hat einfach jeden Abend ein bisschen erzählt, und wir haben darüber diskutiert.«

»Auch über den Palme-Mord?«

»Es hat sich ja gezeigt, dass da ein recht großes Netzwerk dahintersteckte. Wenn man es aufdeckt, findet man meist zwei oder drei weitere Netzwerke, die sich noch weiter erstrecken. Während seiner Nachforschungen zum Palme-Mord kam es zu zahlreichen Überschneidungen mit rechtsextremen Gruppierungen.«

Trotz meiner unbeholfenen Einstiegsfrage hatten wir in ein Gespräch gefunden. Für einen Moment schweiften wir thematisch ab, weil wir unser gemeinsames Interesse für Stadtplanung und Architektur entdeckten. Eva erzählte von dem Architekten Per Olof Hallman und von seinen Plänen für Stockholm, die am Anfang des 20. Jahrhunderts den Grundstein für ein paar der besten Stadtteile gelegt hatten. Und dass sein Wirken jedoch in der Geschichte unterging, weil die Historiker ihr Augenmerk lieber auf seine weniger begabten Nachfolger richteten, die alles unternommen hatten, Hallmans Werk zu zerstören. Ich erzählte von meinem Buchprojekt, wie man Orte analysieren konnte, um festzustellen, wie sie die Menschen beeinflussten, die dort lebten. Nach und nach fanden wir einen Zugang zueinander.

Als ich mit Gerry zusammengesessen hatte, war schnell deutlich geworden, wie wichtig er für Stieg gewesen war. Er war über zwanzig Jahre lang Stiegs Freund und Mentor gewesen. Eva hatte Stieg noch zehn Jahre länger gekannt und ihm von allen am nächsten gestanden. Sie war seine Lebensgefährtin gewesen. Und sie hatte ihren Lebensgefährten verloren, als er starb. Ich würde nicht noch einmal nachhaken, wie es sich anfühlte, nach so einem Verlust weiterzuleben, und wählte eine andere Frage.

»Wie viel hat Stieg gearbeitet?«, fragte ich.

Eva hielt inne. Dann lehnte sie sich vor und schaute mir tief in die Augen. »Man kann nicht über eine so lange Zeit so viele Stunden am Tag arbeiten.«

EINE NEUE AUFGABE

Stockholms Schärengarten, August 2002

Eva war es endlich gelungen, ihn zu überzeugen. Er brauchte Urlaub, und sie hatte ein Haus im Schärengarten gemietet. Dort konnten sie sich ein paar Wochen lang entspannen und die Ruhe genießen. Alle wussten, dass Stieg ein Workaholic war, und in der *Expo*-Redaktion hatten sie sich darüber lustig gemacht, dass Stieg eine so lange Pause gar nicht durchhalten würde. Ihn hatte das jedoch nicht weiter gekümmert. Er hatte sich auf die Auszeit gefreut.

Nach ein paar Tagen fragte er sich, womit er sich beschäftigen konnte, während Eva schrieb. Sie hatte sich etwas Großes vorgenommen, das in einem Buch über Per Olof Hallman resultieren würde.

Eines Morgens kramte Stieg die Novelle hervor, die er wenige Jahre zuvor geschrieben hatte. Über den Mann, der jedes Jahr am selben Tag eine Blume von einem unbekannten Absender bekam, und zeigte sie Eva. Vielleicht ließ sich daraus ja etwas machen? Eva war sofort neugierig und wollte wissen, wer die Blumen schickte. Sie ermunterte ihn, den Sommer auf der Insel zum Schreiben zu nutzen. Also spannte Stieg das erste Blatt in die Schreibmaschine und tippte in die oberste Zeile den Titel: *Verblendung.*

SIEBEN STOCKWERKE

Stockholm, 9. November 2004

Sieben Stockwerke lagen vor ihm. Das blinkende rote Lämpchen am Aufzug hatte angedeutet, dass etwas nicht stimmte, und nachdem er fünf Minuten erfolglos auf den Aufzugknopf gedrückt hatte, entschied Stieg, zu Fuß hinaufzugehen.

Die Aufregung der letzten Wochen war eine Erleichterung gewesen, hatte aber dennoch den Druck erhört. Seine drei Romane würden in Schweden erscheinen, und man sprach bereits von Rekordauflagen. Das Interesse aus dem Ausland war groß, und andere Märkte, darunter die USA, hatten sich schon die Übersetzungsrechte gesichert. Gerade waren zudem die Kino- und Fernsehrechte verkauft worden.

Es war so unwirklich. Er würde vom unterbezahlten, ja fast armen Journalisten und Verleger einer der kleinsten Zeitschriften in Schweden zu einem Autor werden, der ein bequemes Leben führen konnte. Ein Traum von vielen, aber Stieg war anderes wichtig.

Selbstverständlich würde er sich und Eva ein paar Träume erfüllen. Allen voran der Kauf eines kleinen Sommerhauses, aber hauptsächlich wollte er die Zeit und das Geld nutzen, um seine Projekte schneller voranzutreiben. Der Kampf gegen Rassismus, Sexismus und Intoleranz waren wichtiger und mussten fortgeführt werden. Allerdings ließ sich diese Aufgabe leicht delegieren. Es gab viele gute Journalisten, die größtenteils die Herausgabe von *Expo* übernehmen konnten; seine eigene Rolle würde sich dann auf wenige Redaktionskonferenzen pro Woche und ein paar Artikel begrenzen.

Die übrige Zeit wollte er für das Projekt nutzen, das nun schon seit vielen Jahren ruhte. In den ersten beiden Jahren nach dem Mord an Olof Palme hatte Stieg sehr viel Zeit in die Recherche der Tatumstände gesteckt. Aber der Kampf um das tägliche Brot und andere alltägliche Dinge hatten dazu geführt, dass er diese Arbeit in seiner spärlichen Freizeit erledigen musste, weshalb er sich seit vielen Jahren wenig mit dem Palme-Mord befasst hatte. Jetzt wollte er sich dieses Projekts endlich wieder annehmen.

Drei schier endlose Stockwerke langen noch vor ihm, als er den ersten Stich in der Brust spürte. Nach ein paar Schritten hatte er schließlich den oberen Absatz erreicht. Er klammerte sich an das Geländer, beugte sich vor und holte ein paar Mal tief Luft. Der Druck auf seinem Brustkorb ließ ein wenig nach, doch nun strahlte der Schmerz in seinen Arm aus.

Sicher, er kümmerte sich nicht gerade gut um sich und seine Gesundheit, wenn man das Rauchen, den Schlafmangel und die vielen, schnell zwischendurch gekauften belegten Brote betrachtete, die es ihm ermöglichten, länger zu arbeiten – aber so schlimm stand es nicht um ihn? Er war erst fünfzig und hatte das Gefühl, noch mindestens zwanzig weitere Jahre vor sich zu haben.

Ein paar Stufen auf dem nächsten Treppenabsatz ging es wieder leichter. Er gewöhnte sich an den Druck auf der Brust und kam ohne Unterbrechung bis zur nächsten Etage. Pausierte, bevor er sich die letzten Stufen hinaufkämpfte.

Für einen Moment fühlte es sich an, als würde er sich selbst sehen, den Mann mittleren Alters, der vor seinem großen Durchbruch stand. Er sah die hängenden Schultern, Zeugen der Last, die er trug. Den krummen Rücken, geformt von den vielen Jahren, denen er der Arbeit den Vorzug vor der Gesundheit gegeben hatte. Seine Haut war aschgrau, die Haare standen ab, und die runde Brille saß ihm schief auf der Nase, ein Daumenabdruck auf dem einen Glas. Der Anblick verdeutlichte nur zu gut, dass die Last zu viel für einen einzelnen Mann geworden war.

Er nahm all seine Kraft zusammen und besiegte Schritt für Schritt die letzte Treppe. Über die letzte Stufe stolperte er, konnte aber gerade noch rechtzeitig nach der Klinke zur Redaktion greifen. Mit aufgerissenen Augen schauten ihn die Kollegen an, als er in die Redaktion stolperte und auf einem Stuhl zusammensackte. Weit weg hob jemand den Hörer vom Telefon und rief einen Rettungswagen. Dann wurde alles schwarz.

Hätte er doch nur mehr Zeit. So vieles war unfertig. Wer würde übernehmen? Wie würde es weitergehen?

Auf keine seiner Fragen würde Stieg mehr eine Antwort bekommen. Aber sie spielten auch keine Rolle mehr für ihn. Er war fünfzig, sein Großvater Severin war nur wenige Jahre älter gewesen, als er seinen Herzinfarkt hatte. Severin wäre stolz auf das gewesen, was sein Enkel erreicht hatte.

Es war zu früh und doch Zeit für Stieg zu gehen.

STIEG IST TOT

Manchmal haben Todesfälle Auswirkungen, die niemand vorhersehen kann. Stiegs Tod war so ein Fall. Bei der Beerdigung würden sich alle, die Stieg nahestanden, zum letzten Mal im selben Raum aufhalten.

Obwohl Stieg Eva seine Frau nannte, hatten sie nie geheiratet, und so erbten nach schwedischem Gesetz seine Verwandten alles, auch alle Buchrechte und die dadurch entstandenen Einkünfte. Der Streit war absehbar.

Wenige Jahre später hatten sich Stiegs drei Romane über achtzig Millionen Mal verkauft und waren in Schweden verfilmt worden. Vom ersten Band, *Verblendung*, entstand darüber hinaus eine amerikanische Neuverfilmung mit Daniel Craig in der Hauptrolle.

Der Streit hielt an und wurde offen in den schwedischen und internationalen Medien ausgetragen. Kaum schien die Wunde endlich zu heilen, wurde sie wieder aufgerissen, obwohl viele Jahre seit Stiegs Tod verstrichen waren.

Die Zukunft von *Expo* wurde zum Teil durch Stiegs Erbe gesichert. Als Stieg 1991 vor den Schwedendemokraten gewarnt hatte, erlangten sie nur knapp fünftausend Stimmen bei der Regierungswahl. 2010, bei der zweiten Wahl nach Stiegs Tod, kamen sie mit 340 000 Stimmen ins Parlament. Die Arbeit von *Expo* war wichtiger denn je, denn nun saß eine Partei, die von Rassisten und Faschisten gegründet worden war, im Parlament und fand weiter Zulauf.

* * *

Auch die Palme-Ermittlungen gingen weiter. 1997 übernahm die Staatsanwältin Kerstin Skarp die Ermittlungen im Palme-Mord. Skarps Schwester war mit Olof Palmes früherem Antagonisten Jan Guillou verheiratet, der noch immer über Christer Petterssons wahrscheinliche Schuld schrieb. Man hoffte vergebens darauf, dass eine andere Spur verfolgt würde. Obwohl Skarp versicherte, niemals die Hoffnung aufzugeben, wandte die Polizei nur minimale Mittel dafür auf, einen anderen Verdächtigen als Christer Pettersson zu finden.

Es wurde zwar immer weiter ermittelt, aber nicht auf hohem Niveau. Das Rechtssystem, die Medien und die Politik stellten sicher, dass Gras über die Sache wuchs. Die typisch schwedische Lösung für gravierende Probleme – »alle sind unschuldig« – durfte weiter gelten.

Christer Pettersson starb bei einem Unfall, kein ungewöhnliches Schicksal für einen Drogenabhängigen. Ein tragisches Leben hat sein Ende gefunden, kommentierte der damalige Ministerpräsident Göran Persson.

Spätestens zu jenem Zeitpunkt hätte man die Ermittlungen zum Mordfall einstellen sollen, aber es fand sich kein Politiker, der diesen Beschluss verantworten wollte. Außerdem war es gut möglich, dass sich in den Ermittlungsakten kompromittierendes Material befand. Sobald die Ermittlungen eingestellt würden, wäre die Voruntersuchung öffentlich einsehbar, so auch empfindliche Angaben, die sich wiederum negativ auf die sowieso schon schlecht dastehenden Politiker auswirken konnten.

Trotzdem war es an der Zeit, etwas zu tun. Die Politiker mussten sich die Frage stellen, wie sie dem Druck der Öffentlichkeit nachkommen konnten, ohne dass dabei ihre Fehler ans Tageslicht kamen. Die Lösung war so einfach wie genial.

Am 1. Juli 2010, ein gutes halbes Jahr, bevor die Ermittlungen zum Mord an Olof Palme eingestellt werden würden, schaffte man die Verjährungsfrist für schwere Verbrechen in Schweden ab. Nun konnte niemand mehr behaupten, dass die Politik kein Interesse daran hatte, den Schuldigen zu finden. Die Geheimhaltungspflicht für die Voruntersuchung blieb als Konsequenz bestehen, also musste niemand befürchten, mit seinen eigenen Fehlern konfrontiert zu werden.

TEIL 2
AUF STIEGS SPUREN

RORSCHACH

Stockholm, 20. März 2013

Es war früher Abend, und der Schneefall hatte etwas nachgelassen, als ich das Lager verließ. Auf meinem Volvo 780 lagen 20 Zentimeter Neuschnee, die ich mit dem Mantelärmel fortschob. Nach dem deutlich hörbaren Orgeln des überdimensionalen Anlassers sprang der Motor an. Mit durchdrehenden Reifen schoss ich aus der Schneewehe.

Die Gedanken drehten sich nur so in meinem Kopf. Nach einem ganzen Tag in Stiegs Archiv war meine Aufnahmegrenze erreicht. Jetzt wusste ich, dass es dort eine Menge Informationen über den Mord gab, aber nicht, was ich damit anfangen sollte. Meine größte Hürde war, dass Stiegs Theorie so überhaupt nicht meiner eigenen entsprach. Stieg glaubte, dass der südafrikanische Geheimdienst hinter dem Mord steckte, der von einer schwedischen Gruppe ausgeführt wurde. Ich glaubte, es waren zwei oder drei schwedische Amateure. Schwer nachvollziehbar, wie man zu zwei so unterschiedlichen Schlussfolgerungen kommen konnte.

Aber vielleicht war der Mordfall so etwas wie Schwedens Rorschachtest. Statt eines Bilds mit symmetrischen Flecken betrachtet man den Palme-Mord und sagt, was man sieht. Die Antwort gibt mehr über einen als Person als über den wahren Mordhintergrund preis. Wen halten Sie für den wahrscheinlichsten Täter? Den drogenabhängigen Christer Pettersson, rechtsextreme Polizisten oder den südafrikanischen Geheimdienst? Man entscheidet selbst, was man sehen will.

Auf dem Heimweg, während die Scheibenwischer mir dabei halfen, mich durch ein verschneites, dunkles und menschenleeres Stockholm zu kämpfen, juckte es mir trotzdem in den Fingern. Ein paar Jahre zuvor war ich selbst auf eine Spur im Palme-Mord gestoßen, ich hatte sie verfolgt, sie war länger und länger geworden und hatte mich schlussendlich bis zu Stieg Larssons vergessenem Archiv geführt. Unmöglich, sie jetzt zu verlassen. Der Mord am Ministerpräsidenten war das ultimative Rätsel, dessen Auflösung Zeit und Energie forderte. Also nahm ich mich dieser Aufgabe mit großem Enthusiasmus an.

SPACE SYNTAX

Schweden, 2008–2010

Der Weg bis zu Stiegs Archiv war nicht gradlinig verlaufen, und eigentlich hatte ich es nicht gesucht. Nach zwei Büchern darf man sich Autor nennen, und ich wollte mein zweites schreiben. Das erste handelte von den schmutzigen Affären von Saab und British Aerospace in Tschechien und fußte auf meinen eigenen Erfahrungen, das nächste Buch sollte ganz anders werden.

Vor vielen Jahren habe ich Architektur studiert, aber nach einer kurzen und ziemlich misslungenen Karriere gab ich meine berufliche Ambition als Architekt auf. Das Grundinteresse blieb jedoch bestehen. Mittlerweile waren zwanzig Jahre seit meinem Examen ins Land gezogen, ich selbst näherte mich der fünfzig, trotzdem war mir einer der Universitätskurse sehr deutlich im Gedächtnis geblieben. Ein Kurs über die Studien des Soziologen Bill Hilliers. Er hatte mit Kollegen des Bartlett University College of London die Theorie *Space Syntax* entwickelt, mit der er beschrieb, wie unterschiedliche Orte miteinander in Bezug standen und wie sie die Menschen beeinflussten, die dort lebten.

Basierend auf dieser Theorie entwickelte Hillier Methoden, die von Architekten, Städteplanern und Soziologen angewandt wurden, um ein Umfeld zu schaffen, das Menschen positiv beeinflusste. Andere wandten sie an, um die Kauflust in Einkaufzentren zu erhöhen. Mit einem Mal wusste man bereits im Vorhinein, ob sich Menschen in geplanten Wohngebieten, Stadtteilen, Wohnungen, Geschäften und an Arbeitsplätzen sicher, geborgen und inspiriert fühlen oder ob diese Orte Unruhe, soziale Probleme und somit auf lange Sicht Kriminalität fördern würden.

Ein beliebtes Beispiel zur Verdeutlichung dieser Theorie war, dass die meisten Verbrechen nicht auf einem Platz mit vielen Menschen begangen wurden, sondern an verborgenen Stellen in der Nähe des Platzes, in einer Gasse direkt um die Ecke. Also unmittelbar an Orten mit vielen Menschen, an denen man aber nicht gesehen wurde.

Mein Buch sollte von Orten handeln, an denen schwere Verbrechen begangen wurden und wo besagter Ort für die Tat wichtig war. Es faszinierte mich, dass gewisse Stellen Menschen sogar zu Verbrechen bewegen konnten und dass man das erforschen, aber nicht erklären konnte.

Nach einem knappen Monat der Recherche hatte ich eine Reihe von Adressen gefunden, an denen mehr als ein Verbrechen begangen worden war, aber eine ganz bestimmte fesselte mich – Norr Mälarstrand 24 in Stockholm.

Die Morde an den von Sydows hatte Stockholm erschüttert. Am späten Nachmittag des 7. März 1932 wurden drei Tote in einer 250 Quadratmeter großen Acht-Zimmer-Wohnung im dritten Stock in der Norr Mälarstrand 24 gefunden. Und zwar von der fünfzehnjährigen Tochter der Familie. Die Opfer waren Hjalmar von Sydow, Eigentümer der Wohnung, die Köchin Emma Herou und die Haushälterin Ebba Hamn. Alle drei waren mit einem stumpfen Gegenstand erschlagen worden, höchstwahrscheinlich mit einem aus dem Haushalt stammenden Bügeleisen, das nicht mehr aufzufinden war.

Hjalmar von Sydow war Vorsitzender des schwedischen Arbeitgebervereins, Leiter der ersten Kammer im Reichstag und Träger des Vasaordens und somit einer der prominentesten Menschen der Stadt und des gesamten Landes. Die Polizei wurde verständigt, und recht schnell war klar, dass der Täter wahrscheinlich der dreiundzwanzigjährige Sohn, Fredrik von Sydow, war, der mit seiner gleichaltrigen Frau Ingun von Sydow, geborene Sundén-Cullberg, fluchtartig die Wohnung verlassen hatte.

Gegen zweiundzwanzig Uhr fand die Polizei das junge Ehepaar im Restaurant *Gillet* in Uppsala. Die Polizei wartete im Foyer, um nicht unnötig Aufmerksamkeit auf sich zu ziehen, doch bevor das Paar festgenommen werden konnte, hatte Fredrik seiner Frau bereits in den Kopf geschossen. Ingun war auf der Stelle tot. Sofort richtete Fredrik die Waffe gegen sich selbst und starb genauso schnell. Es wurde der bekannteste Mord der schwedischen Geschichte und einer der größten Gesellschaftsskandale aller Zeiten.

Aus verständlichen Gründen hatte die Wohnung nun einen schlechten Ruf, aber die gute Adresse zog immer neue Bewohner an, allerdings blieb in den Jahrzehnten nach dem Mord niemand lange. Bis zum Sommer 1980, als der Arzt Alf Enerström und die Schauspielerin Gio Petré dort einzogen. In den Folgejahren betrieben sie ihre intensive Hasskampagne gegen Olof Palme aus genau der Wohnung, in der drei Menschen brutal ihren Tod gefunden hatten.

Dreiundzwanzig Jahre nach Alf Enerströms Einzug in die Wohnung endete seine Beziehung zu Gio Petré. Alf war psychisch erkrankt und wegen wiederholter Gewaltverbrechen zu mehrfachen Gefängnisstrafen und Psychiatrieaufenthalten verurteilt worden. Die Paradewohnung war verkommen, und Alf hatte sie mit allerhand Gerümpel und Müll gefüllt. Die Miete war seit Monaten nicht beglichen worden.

Am 28. November 2003 stand Alf Enerström die Zwangsräumung bevor. Nur mit einem Herrenhemd bekleidet und einem Kochtopf als improvisiertem Helm auf dem Kopf öffnete er dem Vollzugsbeamten und den Polizisten die Tür. Als ihm der Anlass ihres Besuches bewusst wurde, schloss er sich schnell ein und schoss mit einer Pistole durch die verzierte gläserne Doppeltür. Eine Polizistin wurde mehrfach getroffen, aber überlebte. Alf Enerström wurde unverzüglich in die Psychiatrie eingeliefert.

Die Adresse, Norr Mälarstrand 24, bot das faszinierendste Beispiel für mein Buch über Orte, an denen mehr als ein Verbrechen begangen wurde.

* * *

Ich las mehrere Bücher über die von Sydow-Morde und alles, was an Material über Alf Enerström zugänglich war. Schon bald stieß ich auf den Bericht der Prüfungskommission des Palme-Mordes von 1999 – einen tausendseitigen Bericht, der mehr oder weniger ausführlich sämtliche Spuren auflistet, die die Polizei während der Ermittlungen verfolgt hat. Auf sechs Seiten wird beschrieben, welche Maßnahmen gegen Alf Enerström ergriffen wurden. Im Schatten der Ermittlungen gegen die PKK und Christer Pettersson gab es durchaus Polizeibeamte, die sich für Enerström interessierten; der Aktivste von ihnen war Kriminalkommissar Alf Andersson.

An den Tagen nach dem Mord waren Hinweise eingegangen, dass Enerström verwickelt sein könnte. Ein Anrufer berichtete, dass Enerström wenige Monate vor dem Mord gesagt habe: »Ich werde Palme schneller absetzen, als du glaubst«, und dass »an dem Tag, an dem wir ihn aus dem Weg geschafft haben, die Sozialdemokraten uns wählen werden«.

Dem Anrufer war daraufhin der Posten als Justizminister in Enerströms künftiger Regierung angeboten worden. Er war von der Polizei vernommen worden und hatte angegeben, zur Tatzeit mit seiner Frau Gio Petré zu Hause in seiner Wohnung, Norr Mälarstrand 24, gewesen zu sein.

Einen Monat nach dem Mord hatte Hans Holmér entschieden, dass es keinen Anlass gab, Enerström zu beschatten, ein Entschluss, der zwei Wochen später durch eine Analyse der Säpo bestätigt wurde: »Die gesamte Alf-E-Angelegenheit wird von der Säpo als abgeschlossen betrachtet.«

Auf den folgenden Seiten des Berichts war zu lesen, dass weitere Hinweise zu ihm eingingen, dass jemand weiter ermitteln wollte und dass sämtliche Verdachtsmomente wiederholt beiseitegelegt oder vorgeschlagene Maßnahmen gestoppt wurden.

Als ich das Kapitel über Norr Mälarstrand 24 plante, konnte ich mir kaum bessere Charaktere als den extravaganten Fredrik von Sydow und den fanatischen Alf Enerström wünschen. Intelligente, wortgewandte, charmante, narzisstische Männer – und darüber hinaus durchaus gewaltbereit. Außerdem gehörte Enerström zu den Verdächtigen im Mordfall Palme.

Die Prämisse für mein Sachbuch nahm Formen an. Bestimmte Orte konnten Menschen zu Gewalttaten bewegen. Dazu musste ein Mann – immer ein Mann – mit einem Hang zur Selbstüberschätzung eine lange Zeit an einem Ort leben, der seinen Übermut förderte. Der Ort musste abgelegen und exklusiv sein und außerdem ein Gefühl von Unbesiegbarkeit vermitteln. Waren all diese Voraussetzungen gegeben, war es möglich, dass dieser Mann grobe Gewalt ausübte. Nichts, das als Theorie für Bill Hillier taugte, aber definitiv genug Ausgangsmaterial für ein spannendes Buch über wahre Morde.

Und ich wusste, was ich als Nächstes zu tun hatte. Alf Enerström war erst kürzlich aus der psychiatrischen Abteilung des Krankenhauses Arvika entlassen worden, und ich würde ihn besuchen.

DER PALME-HASSER

Stockholm, Oktober 2010

Ich war ein paar Minuten zu früh und blieb vor dem Eingang zu Thelins Konditorei auf Kungsholmen stehen. Es war nicht schwer gewesen, Alf Enerström zu finden, denn es gab sogar eine Internetseite mit seinem Lebenslauf und einer E-Mail-Adresse. Bereits eine Woche nach meiner Kontaktaufnahme hatte Enerströms Begleiter Bo einen Treffpunkt und eine Uhrzeit genannt. Kurz vor eins tauchte ein sehr großer, sehr alter Mann vor mir auf. Er trug eine fleckige Steppjacke in einem ungewöhnlichen Türkiston, seine gesamte Erscheinung wirkte ungepflegt, fast wie ein Obdachloser. Unter der Jacke konnte ich mehrere Lagen von einfarbigen Baumwollhemden erahnen. Er sah aus, als würde er nach jemandem Ausschau halten, deshalb fragte ich:

»Sind Sie Alf?«

»Ja, das bin ich. Ich bin das jüngste von neun Kindern, meine Eltern wollten einen kurzen Namen, deshalb gaben sie mir einen. Alf.«

Er gestikulierte wild und kicherte, weshalb ich unwillkürlich einen Schritt zurückging, wenngleich ich mehr hören wollte.

»Wie groß Sie sind«, sagte ich.

»Ja, 1,95 Meter! Als ich jung war, war ich sehr schnell. Bin mit Gunder Hägg gelaufen, der meinte, wenn ich richtig trainieren würde, könnte ich schneller sein als er.«

Das war selbstverständlich ein fantastisches Urteil von Gunder Hägg, der zehn Weltrekorde in nur acht Tagen gebrochen hatte. Unter anderem auf allen Distanzen von 1500 bis 5000 Meter. Gleichzeitig wurde ich das Gefühl nicht los, dass mit Alf irgendwas nicht ganz stimmte. Zu viele Informationen in viel zu kurzer Zeit. Schon bald stieß sein Begleiter Bo dazu, der bedeutend schweigsamer war und wie ein typischer Siebzigjähriger auf mich wirkte; er trug einen Ehering und gepflegte Kleidung.

Seit meinem letzten Besuch war die Konditorei renoviert worden. Die gemütlichen Samtsessel und Marmortische waren modernen dunkelbraunen Designerstühlen und weißen viereckigen Tischen gewichen. Alf und sein Freund bestellten, was typisch für alte Männer war, jeder eine Tasse Kaffee und ein knuspriges Kopenhagener Gebäckstück.

»Ich habe ein wenig auf Ihrer Homepage gelesen, Alf. Sie scheinen ein sehr spannendes Leben geführt zu haben«, sagte ich.

»Ja, ich war der intelligenteste meiner Klasse, weshalb ich auf die gute Schule in Gävle gehen durfte, am gegenüberliegenden Ufer. Ich war der einzige meiner Familie, der auf dem Gymnasium und an der Universität war. Ich wurde Flugingenieur und Kopilot. Zum Glück musste ich nie die Tunnan fliegen, sonst würde ich hier nicht sitzen. Die Hälfte aller Piloten starb. Aber dann habe ich bei Saab in Linköping angefangen, und als ich damit nicht weitermachen wollte, habe ich mich zum Arzt weitergebildet. Ich hatte mehr als 150 000 Patienten.«

Meine Sorge darüber, wie ich das Gespräch in Gang bringen konnte, war unbegründet gewesen. Unverkennbar stand Alf gern im Zentrum und erzählte mehr oder weniger glaubwürdige Geschichten.

Bo war bedeutend schmallippiger, und soweit ich das beurteilen konnte, stimmte, was er mir vorab am Telefon gesagt hatte. Er hatte die Aufgabe übernommen, Alf bei unterschiedlichen Problemen des Alltags zu helfen, und solche schien es häufiger zu geben.

Alf hatte eine ganze Weile gesprochen. Wir hatten ihm mit großer Aufmerksamkeit gelauscht, als wir uns dem Themenbereich näherten, der für mich relevant war.

»Gio und ich zogen in eine fantastisch schöne Wohnung, sie war das Hauptquartier unserer politischen Arbeit.«

»War das die Wohnung in der Norr Mälarstrand 24, wo der Mord an von Sydow begangen wurde?«, fragte ich.

»Ja, genau die. Können Sie sich das vorstellen?«

»Es scheint Sie nicht weiter beeindruckt zu haben, in eine Wohnung zu ziehen, in der drei Menschen brutal ermordet worden sind.«

»Es war eine fantastische Wohnung. Und die Miete war niedrig.«

Damit hatte er mir bestätigt, dass es sich um dieselbe Wohnung handelte, und obendrein hatte er mir ein geniales Zitat für mein Buch geliefert. Ich war glücklich, obwohl ich noch nicht ahnte, dass hinter all dem noch eine viel bessere Story lauerte.

»Erzählen Sie mir von Gio.«

»Gio, Gio. Sie war die schönste Frau der Welt. Das dachten auch die Amerikaner, als sie dort war. Sie wurde für *Life* und *Playboy* interviewt, wo man ihre Schönheit beschwor. Dann kehrte sie nach Schweden zurück, wo wir zusammen die Arbeit in der Politik aufnahmen. Ich bin Sozialdemokrat, und anfangs arbeiteten wir für Palme, aber als er die Abtreibung jedem zugänglich machen wollte, hatten wir genug. Wir reisten durchs Land und sprachen mit den Leuten. Wir wurden Olof Palmes stärkste Gegner. Aber die Leute wollten Gio sehen. Sie konnte die Zuschauer fesseln. Gewöhnliche Arbeiter hörten auf sie.«

»War es denn wirklich Palme, der so sehr auf ein Abtreibungsrecht pochte?«

»Ja, war er. Damals zeichnete sich das ab und gehörte zu dem, was ich ›Palmeismus‹ taufte. Und das kostete ihm 1976 auch den Kragen, da verlor er wegen unserer Kampagne die Wahl. Unsere Arbeit hat nämlich die Wahl entschieden. Hätte er sich an das gehalten, was wir abgesprochen hatten, wäre er weiter auf seinem Posten geblieben. Aber

Palme konnte man nicht trauen. Auch das gehörte zum ›Palmeismus‹. Es zählte nur Olof Palme. Deshalb schrieben wir ein Buch darüber, wie wir die Wahl beeinflusst hatten und warum. Es hieß *Wir haben die Regierung gestürzt – eine Niederlage für Olof Palme.*«

Ich hatte das Buch dabei – mit Eselsohren an den Passagen, die ich interessant fand. Die Texte waren abwechselnd von Alf und Gio geschrieben. Je weiter man darin las, desto schärfer wurde der Ton gegen Palme.

»In einem von Gios Texten steht: ›Sie begriff, dass ihr der Teufel gegenüberstand‹, als sie Olof Palme traf. Was genau wollte Sie damit sagen?«

»Das ist doch selbsterklärend. Kennen Sie Griechenland? Das war einmal das beste Land der Welt, und jetzt ist es ein Elend. Wenn Palme weitergemacht hätte, wäre es Schweden wie Griechenland ergangen. Er hat das Land zerstört, deshalb musste er aufgehalten werden.«

»Aber dazu musste er ja nicht gleich getötet werden«, warf ich ein.

Alf blinzelte mich plötzlich sehr streng und kalt an. Er fasste sich kurz ans Kinn, ohne auf die Bemerkung einzugehen.

»Das ist lange her, und mein Gehirn hat unter all den Medikamenten gelitten, die mir verabreicht wurden. Ich erinnere mich nicht … Aber dass Olof Palme Schweden geschadet hat, das weiß ich sicher. Wenn er weitergemacht hätte, gäbe es heute keine großen schwedischen Unternehmen mehr.«

Alf schien müde zu sein, und ich würde heute nicht weiterkommen. Ich hatte den berüchtigten Alf Enerström getroffen und war gleichermaßen fasziniert wie eingeschüchtert. Ein Gedanke drängte sich nahezu auf. Alf wirkte verrückt genug, um in einen Mord verwickelt zu sein, und außerdem intelligent genug, um damit davonzukommen. Nirgendwo hatte ich gelesen, dass Enerström explizit von den Ermittlungen im Mordfall Palme ausgeschlossen worden war. Im Gegenteil, der Abschnitt über ihn im Bericht der Prüfungskommission schloss mit einem Zitat der Ermittlungen von 1996: »Glaubt man an eine Verschwörung, gibt es nach wie vor einiges auszugraben in Bezug auf Alf E.«

Das, was mich jedoch am meisten erschütterte, war Alfs Schilderung von den Umständen, wie es zu der langjährigen Beziehung zwischen ihm und Gio gekommen war. Jenem Treffen gingen zwei fürchterliche Geschehnisse voraus, Alf war davon überzeugt, dass er und Gio zusammenfanden, weil sie dasselbe Schicksal teilten.

Der Drehbuchautor Henry Sidoli kannte sowohl Alf als auch Gio, und erkannte, was sie verband. Es waren fast drei Jahre vergangen, seit Gio ihre Kinder bei einem Feuer verloren hatte, und knapp ein Jahr, seit Alfs Töchter bei einem Wasserflugzeugunglück ertrunken waren.

Henry hatte erkannt, dass der Verlust zweier Kinder und das überwältigende Gefühl, für ihren Tod verantwortlich zu sein, das Schwerste war, was ein Mensch durchzustehen hatte. Durch Henry trafen sich Alf Enerström und Gio Petré. Und wurden ein Paar.

DIE TOTEN KINDER 1

Auszug aus dem Ermittlungsprotokoll SE-BZR Auster
V. Sigtunaförde, Südwest Sigtuna, Provinz Stockholm
– 12. Juli 1971

Der Zeuge hatte angegeben, dass beim Start aus der Sigtunaförde in Richtung Südwesten das Flugzeug sehr schwer wirkte und erst nach einer nicht feststellbaren Anzahl von Metern abhob, um dann wieder auf der Wasseroberfläche zu landen. Es erfolgte ein weiterer Startversuch über mehrere Meter, bis das Flugzeug plötzlich sehr steil hochflog und sogleich in eine Linkskurve ging. Nach der Linkskurve stürzte das Flugzeug ins Wasser.

Alf Enerström wurde von einem herbeigeeilten Boot aus unmittelbarer Nähe des fast vollständig versunkenen Flugzeugs geborgen. Nach circa einer halben Stunde glückte es einem Rettungstaucher, die beiden toten Mädchen aus dem Flugzeugswrack zu bergen, das in ca. vier Metern Tiefe lag. Die Mädchen wurden mit dem Rettungswagen ins Löwenströmska Krankenhaus gebracht, wo Dr. Strömstedt nur noch den Tod feststellen konnte, wonach die Mädchen in die Leichenhalle des Krankenhauses gebracht wurden.

* * *

Skans: Ich starte eine Tonbandaufnahme, und mein Kollege macht ein paar Notizen. Können Sie uns erzählen, was passiert ist?

Enerström: Waren Sie dort ...

Skans: Ich stieß erst später dazu.

Enerström: Ist das Flugzeug gesunken?

Skans: Es ist gesunken.

Havarie-Aufklärungskarte über Alf Enerströms Flugroute (Archiv des Verfassers).

Enerström: Was ist mit mir passiert?

Skans: Sie konnten sich selbst befreien. Das Heck befand sich noch stellenweise über Wasser, als das erste Boot eintraf. Sie klammerten sich ans Heck.

Enerström: Daran kann ich mich nicht erinnern. Ich weiß noch alles, bis wir auf dem Wasser aufschlugen. Ich muss rausgeschleudert worden sein. Ich weiß nicht, wie ich hinausgekommen bin.

Skans: Wann wollten Sie los?

Enerström: Ja, wie spät könnte es gewesen sein? Vier – gegen vier. Wie spät ist es jetzt?

Skans: Es ist fünf vor acht. Der Unfall ist also gut vier Stunden her. Sie haben das Flugzeug von Scherdin gemietet oder geliehen und es bei ihm abgeholt, nicht wahr?

Enerström: Ja.

Skans: Der weiße Amazon, der dort steht, ist das Ihrer?

Enerström: Ja.

Skans: Können Sie mir kurz wiedergeben, wie Sie vorgegangen sind?

Enerström: Ja, ich kam zum Flugzeug, machte eine kurze visuelle Prüfung, kontrollierte Öl, füllte Benzin nach, pumpte die Pontons leer. Dann setzte ich meine jüngste Tochter auf die Rückbank.

Skans: Wie heißt sie?

Enerström: Laila. Woher kommt das Blut?

Skans: Von einer kleinen Wunde am Nasenflügel.

Enerström: Also, ich setzte sie hin und legte den Sicherheitsgurt an. Dann stellte ich eine Reisetasche neben sie und legte ein Jackett darüber. Eva, meine älteste Tochter, setzte sich neben mich, schnallte sich an, und dann ging's los.

Skans: Was hatten Sie vor? Wollten Sie weit fliegen?

Enerström: Wir wollten nur fliegen.

Skans: Also ein Tagesausflug?

Enerström: Ja, ein Tagesausflug nach Vaxholm.

Skans: Und noch am selben Tag zurück?

Enerström: Ich arbeite im Karolinska Universitätskrankenhaus und habe am Nachmittag Freizeitausgleich für meinen Bereitschaftsdienst. Meine Frau wollte unheimlich gern herkommen. Wir haben Welpen und einen neunjährigen Sohn, deshalb wollten wir sie abholen. Meine Kinder haben es offenbar nicht geschafft?

Skans: Nein, haben sie nicht.

Es folgte ein Gespräch über das weitere Verfahren wegen der Kinder.

DIE TOTEN KINDER 2

Aus Expressen, 27. August 1969
von Barbro Flodquist

Die arme, arme Gio Petré. Wie viel Leid muss ein Mensch ertragen, bevor das Leben endlich ein Einsehen hat? Erst wird ihr der Ehemann entrissen, der stets charmante Filmproduzent Lorens Marmstedt. Lässt sie allein zurück – eine achtundzwanzigjährige Witwe mit zwei kleinen Kindern, Pierre und Lovisa. Der Junge zweieinhalb, das Mädchen nur wenige Monate.

Jetzt, knapp drei Jahre später, sterben ihre beiden Kinder. Vor ihren Augen, als sie vergeblich versucht, sie aus dem brennenden Haus zu retten. Diese beiden Kinder, das Einzige, was das Leben seit dem Tod des Mannes erträglich gemacht hat. Die Ärzte kümmern sich nun um Gio. Sie liegt im Krankenhaus, ist selbst verletzt. Und sie ist sich der grausamen Einsamkeit bewusst, die sie nun umgibt.

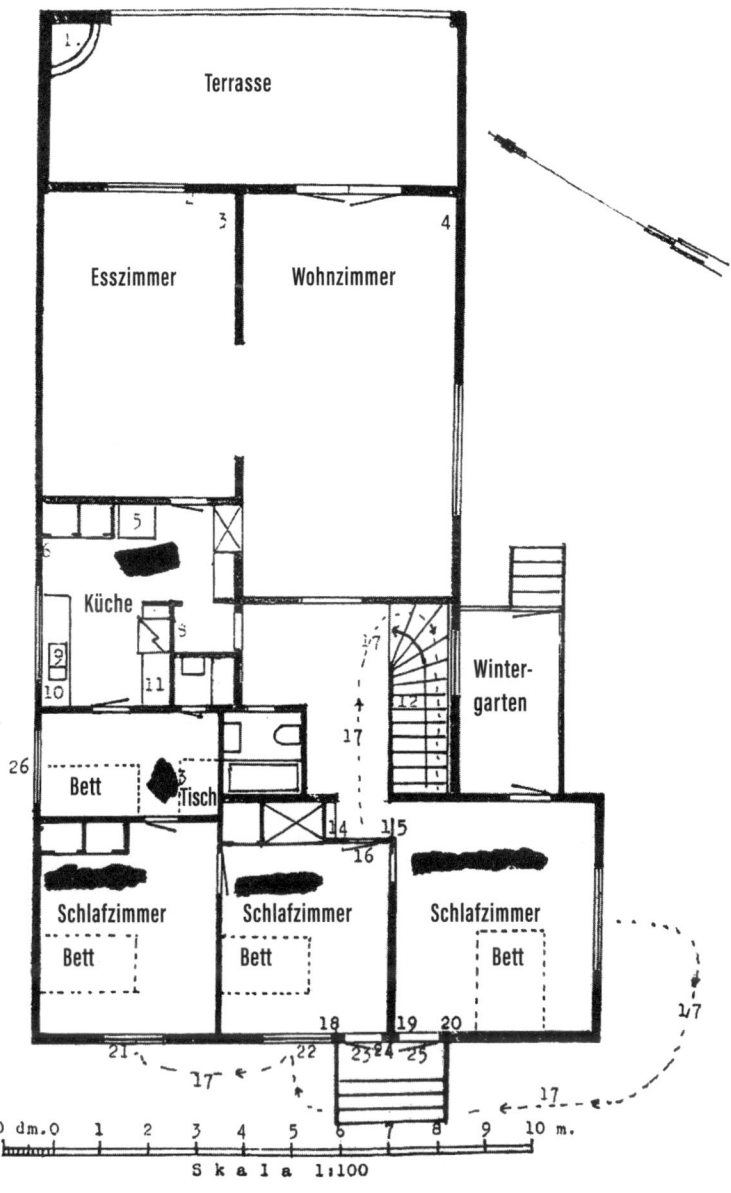

Grundriss von Gio Petrés Haus, Karte der Brandursachenermittlung (Archiv des Verfassers).

DIE ZWEIFACHE WITWE

Värmland, Januar 2012

Das typische Motorengeräusch. Gab es je einen Volvo, der nicht anspringt? Der Weg nach Örebro war geprägt vom typisch schwedischen Landschaftsbild – Kraftfahrtstraßen und Autobahnen wechselten einander ab, rechts und links breiteten sich unzählige Fichtenwälder aus und hin und wieder ein See. Dann veränderte sich das Bild. Es wurde hügeliger, die Wälder wurden dichter und die Seen dunkler. Vereinzelte Schneewehen bildeten eine zusammenhängende Decke. Rotgestrichene Höfe und Arbeitersiedlungen. Wenn ich jemandem Schweden beschreiben sollte, der eine Reise hierher plant, ich würde es wie Värmland beschreiben. Hinter Karstadt wurde es sogar noch schöner, dort lag ein halber Meter Schnee, und dazu strahlte die Sonne. Auf den letzten dreißig Kilometern sah ich nur wenige Häuser und noch weniger Menschen. Oft standen ein oder mehr amerikanische Schlitten der Fünfzigerjahre neben den Häusern, letzte Überbleibsel der Raggare-Kultur.

Hinter jeder Kurve erwartete ich den Gutshof. Der Glafsfjorden schmiegte sich an steile Klippen und nestelte in kleinen Buchten am gegenüberliegenden Ufer. Endlich tauchte es auf, der Sölje herrgård. Eine lange Allee führte direkt vors Hauptgebäude, ein gelb gestrichenes Gutshaus aus dem 18. Jahrhundert. Die Fotos, die ich gesehen hatte, zeigten überwiegend ein verfallenes Haus mit Gerümpel davor, inklusive ungefähr zehn verschiedener Autos, die Alf Enerström bewusst dorthin gestellt hatte, um eventuell böswillige Besucher fernzuhalten. Jetzt strahlte das Haus mit der Sonne um die Wette. Ich fuhr bis zum Rondell vor, in dessen Mitte ein etwas übertriebener Brunnen prangte. Er war von einem Geländer umgeben, und eine griechische Göttin erhob sich über seinem Mittelpunkt. Neben dem Eingang parkten ein weißer und ein schwarzer Mercedes, beides Oldtimer aus den Sechziger- und Siebzigerjahren, bestens in Schuss.

Aber am meisten beeindruckte mich der riesige Hund, der zwischen meinem Auto und dem Eingang saß. Eine Art Bernhardiner, nur noch größer. Vorsichtig öffnete ich die Autotür; sofort wandte der Hund den Kopf in meine Richtung und fing an, tief zu knurren. Ich schloss die Tür wieder. Dieses Spiel wiederholten wir ein paar Mal, und obwohl sich der Hund nicht vom Fleck gerührt hatte, wagte ich es nicht, auch nur einen Fuß aus dem Auto zu setzen.

Also steuerte ich wieder die Allee entlang davon. Es war bescheuert, den ganzen Weg von Stockholm hierhergefahren zu sein, ohne es überhaupt zu wagen, auch nur an der Tür zu klingeln. Gio zu treffen sollte eine mehrstündige Autofahrt wert sein. Ich wollte nach Norr Mälarstrand 24 fragen, nach Alf und ihrem gemeinsamen Leben dort – in der Hoffnung, dass sie vielleicht etwas zum Palme-Mord und Alf Enerströms eventueller Verwicklung in die Tat erwähnen würde. Gio hatte mehr als fünfundzwanzig Jahre mit Alf zusammengelebt, wenn er irgendwie beteiligt war, würde sie darüber Bescheid wissen.

Ich folgte der Landstraße eine Weile und schon bald hatte ich einen Plan ausgeheckt, in dem eine Wurst aus dem Supermarkt in Glava eine Rolle spielte. Als ich wieder beim Gutshof vorfuhr, saß der Hund noch immer am selben Fleck. Ich warf die Wurst demonstrativ an den Anfang der Einfahrt und fuhr so schnell es ging bis zur Haustür. Dort klopfte ich an, während der Hund vollends damit beschäftigt war, sich das Fleisch einzuverleiben.

»Hallo, ich heiße Jan. Sind Sie Gio?«

»Ich habe Sie schon erwartet.«

Die Worte wirkten wie aus einem Bergman-Film, nur der Ton war leichter. Gio war keine große Frau, aber sie erfüllte den Raum. Ich wusste, dass sie fünfundsiebzig war, aber die Kraft in ihrem Blick ließ sie mindestens zwanzig Jahre jünger wirken – trotz der Wehmut, die ebenfalls darin lag. Ihr Haar war nicht gekämmt, ihre Kleidung bequem, aber sicher nichts, was sie wählen würde, um jemanden zu treffen.

»Ach ja? Haben Sie gesehen, dass ich vor einer Stunde schon einmal hier war?«

»Das waren Sie? Ich sitze die meiste Zeit am Fenster im Flur und lese. Ich dachte, dass sich einfach jemand das Haus ansehen wollte. Das passiert oft. Aber jetzt sind mir wieder die Nachrichten eingefallen, die Sie auf meinem Anrufbeantworter hinterlassen haben. Ich hätte vielleicht antworten sollen, aber wenn es etwas Wichtiges gibt, taucht früher oder später jemand auf. So ist das immer. Und jetzt sind Sie ja da.«

Gio bat mich herein. Der Flur war nicht so groß, wie man es von einem Gutshof erwarten würde, trotzdem fanden eine Doppeltreppe, die ins obere Stockwerk führte, und mehrere Wandgemälde Platz, die eine gemütliche und mondäne Atmosphäre schufen.

»Haben Sie Interesse an einer Tasse Kaffee und einem Knäckebrot?«

Ich hatte meinen obligatorischen Zimtkranz im Wagen vergessen und kein gesteigertes Interesse daran, einen Hundebiss zu riskieren. Obwohl ich unterwegs schon drei Tassen schwarzen Kaffees getrunken hatte, nickte ich eifrig und stimmte beidem zu.

»Kommen Sie, wir setzen uns in die Küche, dann können Sie mir erzählen, warum Sie den langen Weg aus Stockholm auf sich genommen haben, um eine bald Achtzigjährige zu treffen.«

Auf dem Herd stand die Kaffeekanne und klapperte, weil Wassertropfen zwischen die warme Platte und den Aluminiumboden gelaufen waren. Ich erzählte von meinem Buchprojekt, von meinem Interesse an der Adresse Norr Mälarstrand 24 und wie mich dieses zu ihr und

Alf geführt hatte. Als meine Erzählung beendet war, pfiff auch schon die Kanne, um zu verkünden, dass der Kaffee fertig war. Gio goss den Kochkaffee in kleine Porzellantassen, und während ich darauf wartete, dass der Kaffeesatz zu Boden sank, hoffte ich auf eine Reaktion.

»Ein paar Jahre, nachdem Alf und ich uns kennengelernt hatten, zogen wir in die Wohnung in Stockholm. Aber wir wollten auch noch einen Ort haben, an den wir fliehen konnten, und fanden diesen Gutshof. Beide Wohnorte wurden wichtig für uns, aber aus unterschiedlichen Gründen. Schon damals war Alf besessen von der Politik, ich hingegen gar nicht.«

»Inwiefern war er besessen von der Politik?«, fragte ich.

»Er fing schon in den Siebzigerjahren an, sich für den Wahlkampf zu interessieren, reiste durchs Land. Er wollte, dass ich als bekannte Schauspielerin die Leute anlockte, deshalb las ich Gedichte vor. Ich selbst engagierte mich nicht politisch. Wie auch? Woher sollte ich die Zeit nehmen? Wir hatten fünf Pferde, achtzig Schafe, und dann kam jedes Jahr ein weiteres Kind dazu. Alles in allem haben wir vier Kinder zusammen. Er hat mich ausgenutzt. Er hat mich mehr oder weniger gezwungen, ihn zu seinen politischen Treffen zu begleiten.«

Gio kam schneller zur Sache, als ich erwartet hatte. Es war deutlich, dass sie diese Last schon lange trug und es niemanden gab, mit dem sie darüber sprechen konnte. Aber jetzt hielt sie inne.

»Das habe ich noch niemandem erzählt. Ich weiß nicht, ob ich das sollte …«

»Manchmal kann es wichtig sein, sich zu öffnen«, sagte ich.

»Aber ich habe mich nie politisch engagiert …«

Gio wiederholte sich, um Kraft zum Weitersprechen zu sammeln.

»Alf wollte jemand werden und hatte Ideen. Er war wie besessen davon. Zuletzt führte das zu psychischen Problemen bei ihm.«

»Wann begannen die Probleme?«

»Das kam so nach und nach. Er hatte ja zwei Kinder bei einem Flugunfall verloren und sich dabei möglicherweise den Kopf angeschlagen.

Das wurde nie untersucht. Und dann kam das mit dem Palme-Mord …
Und dann wurde es schlimmer.«

»Was genau war denn mit dem Palme-Mord?«

»Das war sehr unbehaglich. Damals gingen die Kinder auf die französische Schule in Stockholm, und direkt nach dem Mord brachte er sie hierher auf den Gutshof und ließ sie wegen seines Verfolgungswahns nicht wieder zur Schule. Das war schwer. Sehr schwer. Dann wurde er gewalttätig, die Polizei musste kommen und so. Schrecklich war das … Ich wurde immer zerzauster. Diese unfassbare Aggressivität. Er warf mit Möbeln und Gegenständen.«

»Das klingt ja furchtbar … unerträglich.«

»Dann setzte er mich und die Kinder am Hochzeitstag meiner Tochter vor die Tür. Wir wollten das Fest hier auf dem Hof feiern, aber Alf war mitten im – wie er es nannte – Wahlkampf, deshalb mussten wir alle weg. Dann kam die Polizei mit Verstärkung, und er wurde festgenommen wegen Waffenbesitz und so weiter …«

»War das viel später?«

»Ja, zwölf Jahre nach dem Palme-Mord.«

»Das ging mir jetzt etwas zu schnell. Können Sie mir etwas mehr darüber erzählen, warum er es so sehr auf Palme abgesehen hatte? Wann fing das an?«

»Als Alf und ich uns kennenlernten, sprach er nur von Palme und Ingmar Bergman. Das waren seine großen Vorbilder.«

»Palme war sein Vorbild?«

»Ja, war er. Aber das schlug dann um. Er war wie besessen von der Politik und sprang von Partei zu Partei, bevor er die Sozialdemokratische Opposition gründete und anfing, gegen Palme zu arbeiten.«

»Und Sie konnten nichts tun?«

»Anfangs dachte ich das. Wir waren wie zwei angeschossene Vögel, als wir uns kennenlernten. Alle meine Lieben waren ja tot. Mein Mann Lorens starb, meine Kinder starben, mein Vater starb. Alf sagte: ›Du brauchst Kinder‹, und dann kauften wir diesen fantastischen Gutshof und bekamen Kinder und kauften Pferde für die Kinder. Es hätte das perfekte Leben sein können, aber dann ging eben etwas schief.«

»Wann wurde Ihnen das zum ersten Mal bewusst?«

»Schon sehr früh. Alf war schrecklich launisch. Sein Sohn Ulf litt sehr darunter.«

»War Ulf der Sohn, der mit seiner Mutter auf ihn wartete, als die Töchter beim Unfall starben?«

»Genau. Er hat bei uns gewohnt, aber Alf schlug ihn. Als dann das Sozialamt kam und sich um Ulf kümmerte, steckte für Alf Palme dahinter. Und als unsere Kinder groß wurden und ihre eigenen Vorstellungen entwickelten, gab es Probleme. Wir trennten uns schließlich 1998, ich zog nach Stockholm und wohnte bei meiner Mutter. Dann lernte ich per Zufall Lars Thunholm kennen. Ein ehemaliger Bankdirektor, der ein Freund der Familie war.«

»Lars Thunholm? Der hat doch im Wallenberg Imperium gearbeitet? Für die Skandinaviska Enskilda Banken und Bofors?«

»Ja, aber er war schon pensioniert, als wir zusammenkamen.«

Ich lauschte gebannt, wie sich Gio in der Vergangenheit verlor. Es war das erste Mal, dass sie sich einem Außenstehenden öffnete, und mir kam es so vor, als würde sie mit jedem Schritt in die Vergangenheit eine weitere Tür zu Ereignissen öffnen, die sie seit so vielen Jahren verschlossen hielt.

»Sie kannten Lars aber schon von früher?«

»Alf kannte seine Frau May, die bei im Ausland lebenden Schweden Geld für die Kampagnen sammelte, aber sie war schon ein paar Jahre zuvor gestorben. Dann lernte ich Lars kennen, der mich in die Oper einlud. Ich war sicher zwanzig, dreißig Jahre nicht mehr in der Oper gewesen. Eine große, große Liebe entstand.«

»Und sie wurden ein Paar?«

»Ja, uns waren acht glückliche Jahre vergönnt. Ich konnte Alf den Anteil am Gutshof auszahlen. Seit unserer Trennung war ich nicht hier gewesen. In der Zeit verfielen die Gebäude. Sie waren in einem fürchterlichen Zustand. Alf lebte mit jemand anderem hier. Rickard hieß er.«

»Wer war das genau?«

»Eigentlich hieß er anders, aber er trug eine Perücke, nannte sich Rickard und war ein anderer Mann.«

»Ein anderer Mann … Wie meinen Sie das? Waren sie zusammen?«

»Nein, nein! Er wollte ein anderer Mann sein. Er war Alfs Lakai. Er verfolgte politisch dieselben Ziele wie Alf.«

»Wie meinen Sie das?«

»Er schrieb an einem Buch, bei dem ich ihm half.«

»Wovon handelte es?«

»Palme, selbstverständlich.«

Ich blätterte in meinen Notizen, hauptsächlich, um mir etwas Bedenkzeit zu verschaffen. Das Gespräch hatte schleppend begonnen, aber jetzt schien es, als wäre ein Damm gebrochen.

»Ich kümmerte mich um die Familie und den Hof, während Alf herumreiste und Geld für die Kampagne sammelte«, fuhr Gio fort. »Er holte große Bündel von Geldscheinen aus der Toilette im Sheraton in Stockholm. Und dann hatte er seine reichen Damen. May Thunholm und Vera Ax:son Johnson, die im Ausland und in Schweden ebenfalls Geld für ihn sammelten. Er erzählte nie, woher das Geld kam. Und nichts davon ging an die Familie. Er wusste genau, wann die Studienbeihilfe der Kinder kam, und hob das Geld sofort ab. Er hat sie um so viel gebracht.«

»Die Kinder?«

»Ja, sie knabbern alle noch daran. Aber am Anfang war es sehr schön, mit den Tieren und so.«

»Können Sie mir noch etwas mehr über ihre Zeit in der Norr Mälarstrand 24 erzählen? Davon soll mein Buch ja handeln.«

»Was möchten Sie denn wissen? Ich hab so viel vergessen oder verdrängt. Oft, wenn ich mich an etwas erinnere, dann sage ich mir selbst

›denk nicht drüber nach, denk nicht drüber nach, denk nicht drüber nach‹. Und dann denk ich auch nicht drüber nach.«

»Was wissen Sie zum Beispiel über den Tag der Zwangsräumung 2003?«

»Nicht viel mehr, als was in der Zeitung zu lesen war. Und das wenige, was ich direkt von der Polizei hörte.«

»Wurden Sie von der Polizei kontaktiert?«

»Ich habe dort angerufen. Und erzählt, dass Alf eine Smith & Wesson besaß.«

»Moment, Alf hatte einen Revolver von der gleichen Marke wie der, mit dem Palme ermordet wurde?«

»Ja, hatte er.«

»Seit wann?«

»Das weiß ich nicht. Er hatte ihn jedenfalls schon, als ich ihn kennenlernte.«

»Also schon vorm Mord an Palme?«

»Ja, lange vorher.«

»Und was hat die Polizei dazu gesagt?«

»Dass sie keine Waffe gefunden haben. Aber dann hat unser Sohn Johan ihnen beschrieben, wo Alf sie für gewöhnlich versteckte. In einem Kachelofen, da gab es so eine Klappe. Sie fanden dort sogar eine Pistole, aber nicht seine Smith & Wesson.«

»Also hatte er verschiedene Waffen?«, fragte ich.

»Eine ganze Menge. Gewehre, Pistolen. Dafür wurde er ja sogar verurteilt. Abends musste Rickard seine Runden um den Gutshof drehen und sicherstellen, dass sich dort niemand versteckte.«

»Das muss ja ein Anblick gewesen sein. Aber wo wir gerade über den Palme-Mord sprechen … Was haben Sie an dem Tag denn gemacht?«

»Es waren Ferien, wir waren hier auf dem Gutshof. Eigentlich wollten wir in ein Ferienhaus in Dalarna fahren, aber dann war es Alf plötzlich wichtiger, irgendetwas über Palme zu schreiben. Deshalb ließen wir die Kinder am Mittwoch vor dem Mord mit einem Kindermädchen hier auf dem Hof und fuhren nach Stockholm. Ich wollte eigentlich nicht, aber konnte mich nicht durchsetzen. Wir fuhren mit einem alten VW-Bus, dann wechselten wir in Grums den Wagen und nahmen eine der Schrottkarren von Alf. Er litt ja unter Verfolgungswahn, deshalb wechselte er oft das Auto. Am Freitag, dem Tag des Mordes, war Marias Namenstag, und ich wollte ihr einen Anhänger mit zwei Marienfiguren kaufen. Erst aßen wir in einem Restaurant, dann fuhren wir kurz vor Ladenschluss zum Sveavägen und dann wieder nach Hause. Abends um neun schauten wir zusammen die Nachrichten im Fernsehen, und dann sagte Alf, er müsse noch einen weiteren Parkschein für den Wagen lösen. Anfangs fand ich das nicht weiter verwunderlich, aber dann fiel mir ein, dass man ja freitags fürs Parken nichts zahlen musste. Übers Wochenende ist das umsonst. Ich ging jedenfalls schlafen, und als ich etwas später aufwachte, war da ein Schatten hinter der Glastür.«

»War es Alf?«

»Er muss es gewesen sein …«, sagte Gio, wirkte aber nicht sonderlich überzeugt.

»Weiß das die Polizei? Ich habe nur gelesen, dass Alf ein Alibi hatte, weil er den ganzen Abend mit Ihnen zu Hause war.«

»Ja, ich habe nach unserer Trennung 1998 Kontakt aufgenommen, als ich es endlich wagte, davon zu erzählen. Zweimal hab ich sie angerufen, aber sie haben nichts unternommen.«

»Woher wissen Sie das?«

»Na, dann wären sie sicher vorbeigekommen und hätten Fragen gestellt. Oder ich hätte etwas in der Zeitung gelesen.«

»Ja, da haben Sie recht. Alf hat gesagt, dass er seit vielen Jahren nichts von der Polizei gehört hat.«

»Sie haben Alf getroffen? Der lebt noch?«, fragte Gio.

»Ja, und er hat nur Gutes über Sie erzählt.«

»Aha …«

Ich hatte das Treffen mit Alf nicht vorab erwähnt, weil ich wusste, dass das Verhältnis zwischen den beiden belastet war. Aber Gio hob nur kurz die Augenbrauen und trank dann einen Schluck Kaffee.

»Es versteht sich ja von selbst, dass ich überlegt hab, ob Alf die Strecke hätte schaffen können, er war ja ein guter Läufer. Und Rickard war zu dem Zeitpunkt ebenfalls ins Stockholm, das weiß ich. Aber warum hätte Alf Olof Palme erschießen sollen? Palme war sein Brötchengeber. Nach dem Mord hatten wir noch weniger Geld.«

»Hat die Polizei nach der Tat mit Ihnen gesprochen?«

»Ein Beamter war hier. Alf Andersson hieß er, glaube ich. Er kam ein paar Mal vorbei und wollte mit mir reden. Und dann haben sie hier im Glafsfjorden nach der Waffe gesucht.«

»Das war aber noch damals, als Alf durch Sie ein Alibi hatte?«

»Ja, genau.«

Die letzten Sonnenstrahlen fielen durchs Küchenfenster. Gio erzählte Geschichten aus ihrer Zeit mit Alf, fand aber immer wieder zurück zu Themen, die Bezug zum Palme-Mord hatten, und ich lauschte gebannt. Ihr Leben war direkt betroffen gewesen. Zwei Schüsse auf dem Sveavägen hatten Schweden verändert, die Folgen hatten die Leben vieler Menschen zerstört, ob sie nun Zeugen, Verdächtige oder nur Bekannte von jemandem waren, der im Fokus der umfangreichen Ermittlungen stand.

Als unser Gespräch langsam verebbte, schlug Gio vor, mit mir eine kleine Tour durchs Haus zu machen. Wir fingen am hinteren Ende an, von wo man eine atemberaubende Aussicht über den Glafsfjorden hatte. Es war fast unbeschreiblich schön, das dunkle Wasser, die steilen Klippen und dazu strahlte die Sonne schicksalsschwer über die Baumkronen des dichten, angrenzenden Waldes. Oder vielleicht war diese Wahrnehmung auch nur meinem Gemütszustand geschuldet, nach all den Geschichten, die Gio erzählt hatte.

»Früher befand sich hier ein Hof aus dem 17. Jahrhundert im Karolinerstil, dieses Haus stammt aus der Hochzeit dieser Region – vom

Ende des 18. Jahrhunderts. Damals wohnten hier um die tausenddreihundert Menschen, sie lebten von der Landwirtschaft oder betrieben Glashütten. Seither war es ein Auf und Ab für diesen Hof. Als wir ihn kauften, war er sehr heruntergekommen, und das wurde ja immer schlimmer.«

»Aber jetzt ist er in sehr gutem Zustand?«

»Ich habe nach Lars-Eriks Tod geerbt, dadurch konnte ich den Hof retten. Hier ist die Doppeltreppe. Mein Sohn Johan ist Eventmanager in Stockholm. Wenn er zu Halloween einlädt, kommen viele Prominente. Die Krimikönigin Camilla Läckberg und ihr Mann Martin Melin zum Beispiel. Dann gehen die Frauen auf der linken Seite hinauf, die Männer auf der rechten, und oben treffen sie sich.«

Gio und ich gingen jeder auf unserer Seite hinauf und trafen im ersten Stock wieder aufeinander, ganz wie die Promis aus Stockholm. Sie zeigte mir ein Zimmer, dessen Wände und Schränke gefüllt waren mit Fotos von Kindern und Verwandten. Auf einem kleinen Schreibtisch im Kaiserstil stand ein Foto von Lars-Erik Thunholm. Danach betraten wir einen Salon mit Fenstern, die zur Auffahrt und zum Giebel blickten.

»Das hat Elsa Stolpe gemalt. Hier liegt Palme«, sagte Gio.

Sie lachte auf und deutete auf eine Acrylzeichnung an der Wand, die wirklich eine grellrote, liegende Figur mit krummer Nase zeigte. Der Großteil des Gemäldes bestand aus vier Blüten, ein stilisiertes Gesicht in jeder von ihnen.

»Das war die Wahl von 1976, als die Konservativen über Palme siegten. Das ist Fälldin und das Bohman.«

»Oh … Ganz schön mutig, sich das Gemälde hinzuhängen, nachdem Palme ermordet wurde.«

»Das stammt noch aus dem Wahlkampf«, sagte Gio.

»Er sieht ziemlich tot aus.«

»Finden Sie? Finde ich nicht.«

Wir hatten alles gesehen, und Gio wirkte müde. Wir waren beide müde. Die Fahrt nach Värmland war voller Eindrücke, aber kaum saß ich am Steuer, fiel mir ein, dass ich eine Frage nicht gestellt hatte.

»Was ist aus Ulf geworden?«

»Alfs Sohn? Er hat sich mit seinem Wagen im Hafen von Arvika versenkt und ist ertrunken. Er wollte so sterben wie seine Schwestern.«

* * *

Ich drehte den schwarzen Plastikschlüssel um, und schon erwachte der Wagen zum Leben. Vier Stunden Autofahrt lagen vor mir, genug Zeit, über das nachzudenken, was Gio mir erzählt hatte. In Grums hielt ich bei einem Imbiss. Der Kiesplatz davor war groß genug für sicher hundert amerikanischer Raggar-Schlitten, aber es war kein solcher Abend. Der Parkplatz war leer. Mein kleiner Snack machte es sich in meinem Magen bequem, ich schob eine meiner alten Kassetten in den Schlitz und drehte die Lautstärke auf, um das Heulen des Volvos zu übertönen, der sich mit einer Geschwindigkeit von über neunzig fortbewegte. *The Final Countdown* von *Europe* wirkte wie der passende Soundtrack, nachdem ich so lange mit Gio über die Achtzigerjahre gesprochen hatte.

Ich hatte etwas über Gio erfahren, was mir vorher gar nicht bewusst gewesen war. Sie hatte in ihrem Leben mehr tragische Erlebnisse durchstehen müssen als jeder andere Mensch, dem ich je begegnet war. Ihre Persönlichkeit, ihr Schicksal und ihr Gutshof erinnerten mich an englische Krimis. Nur zu leicht verwischten die Grenzen zwischen Wahrheit und Fiktion. Sie hatte sehr viel Ähnlichkeit mit Henrik Vanger aus dem ersten Roman von Stieg Larsson, der ebenfalls schwer an seinen Geheimnissen trug und einsam in einem großen Gutshof lebte.

Gio war Schauspielerin, und die Rolle von Alfs Opfer stimmte sicher größtenteils mit der Wirklichkeit überein, aber die Texte in dem Buch *Wir haben die Regierung gestürzt*, die von ihr geschrieben waren, klangen genauso aggressiv wie Alfs. In gewisser Weise musste sie doch politisch aktiv gewesen sein. Und wer hängt sich ein Gemälde in seinen Salon, auf dem Olof Palme tot aussieht?

Gio hatte mir von Alf und dem Palme-Mord erzählen wollen. Laut ihrer Aussage besaß er eine Smith & Wesson, und sein Alibi war falsch. Das Alibi, das von Polizei und Säpo als wichtigster Punkt dafür angeführt wurde, nicht weiter gegen ihn zu ermitteln. Und wer war dieser Rickard, der ebenfalls in Stockholm gewesen war, in der Nacht, in der Palme ermordet wurde?

Während ich meine Gedanken und Eindrücke sortierte, wurde mir bewusst, dass meine Recherche zu Orten mit mehreren Verbrechen allmählich in den Hintergrund trat. Ich plante bereits den nächsten Schritt meiner Nachforschungen zu Alf Enerström und dem Mord an Olof Palme.

DER BIBLIOTHEKAR

Stockholm, Januar 2012

Die Frau hinter dem Bibliothekstresen hatte mir das Buch herausgesucht, ganz wie sie es mir am Telefon versprochen hatte, allerdings wollte sie mir noch etwas sagen, bevor sie es aus den Händen gab.

»Da gibt es jemanden, der Sie treffen möchte. Sie können sich schon einmal setzen und darin lesen, er kommt sicher gleich.«

Als Alf Enerström und Gio Petré 1977 *Wir haben die Regierung gestürzt* verfassten, hatten die Sozialdemokraten mit Olof Palme an der Spitze gerade die Wahl verloren. Das Paar beschrieb in aggressiven Texten, warum es ihr Verdienst war, dass Schweden von seinem Tyrannen Olof Palme befreit worden war.

Aber Palme kehrte zurück und gewann die Wahl 1982, was nur dazu führte, dass Enerström erneut intensiv gegen ihn vorging. Vor der Wahl im September 1985 brachten Alf und Gio ein neues Buch heraus, dem sie den Titel *Wir haben die Regierung gestürzt – Teil 2* gaben. Das Problem mit dem Titel offenbarte sich, als die Stimmen ausgezählt waren. Olof Palme hatte erneut gewonnen, die Regierung bestand fort.

In der Bibliothek und dem Archiv der Arbeiterbewegung gab es das einzige, zugängliche Exemplar von *Wir haben die Regierung gestürzt – Teil 2*. Das Buch folgte demselben Aufbau wie das erste. Die Texte waren abwechselnd von Alf und Gio geschrieben. Im Vergleich zum ersten Buch war der Ton sogar noch härter geworden.

Im Vorwort, unter dem Gios Name prangte, schilderte sie, wie das Sozialamt ihnen den Sohn Ulf genommen hatte, weil es den politischen Zielen Olof Palmes diente, und wie schwer es sein würde, sich ihn vom Hals zu schaffen: »Es bedurfte eines Weltkriegs, um Hitler loszuwerden. Was ist nötig, um unseren Hitler loszuwerden – Olof Palme?«

Die folgenden Kapitel setzten sich aus Artikeln, Anzeigen und Essays zusammen, deren gemeinsamer Nenner war, dass sie sich gegen den Ministerpräsidenten richteten. Auch den Epilog zierte Gios Unterschrift, der mit den Worten schloss, dass der 1719 hingerichtete Landesverräter Georg Heinrich von Görtz »im Vergleich zu Palme ein Kleinkrimineller war« und dass »Olof Palme vors Gericht gehört«.

Alfs Enttäuschung war groß, als weder die Kampagne noch das Buch den erhofften Effekt auslösten und Olof Palme auch nach der Wahl im September 1985 weiter an der Macht blieb. Weniger als ein halbes Jahr vor dem Mord.

Ich hatte das Buch einmal durchgeblättert, als ein vielleicht Fünfundzwanzigjähriger zu mir trat.

»Wie ich höre, haben wir ein gemeinsames Interesse«, sagte er.

Daniel Lagerkvist war blond, trug eine Brille mit Stahlfassung und hatte genau das bescheidene Auftreten, das man von jemandem erwartet, der sich die Bibliothek als Arbeitsplatz ausgesucht hat. Ich fragte ihn, wie er an das Buch gekommen war.

»Es lag zwischen anderen Dokumenten, die ich bei meiner Recherche über Alf Enerström fand. Ich habe es an mich genommen und zum Bibliotheksinventar hinzugefügt. Ich weiß nicht einmal, ob es überhaupt noch weitere Exemplare davon gibt.«

»Warum interessieren Sie sich für Alf? Ich dachte, ich wäre der Einzige«, sagte ich.

»Keineswegs, es gibt sogar noch einige andere. Ich beschäftige mich schon seit ein paar Jahren mit ihm, und angefangen hat es wohl damit, dass ich verstand, wie jemand so viel Energie darauf verwenden konnte, Palme zu hassen. Erst wollte ich ein Buch über Alf schreiben, dann blieb es doch nur bei Nachforschungen. Ich schätze, ich habe mittlerweile die meisten offiziellen Dokumente über ihn aufgetrieben: Gerichtsprotokolle etc. Mein nächstes Ziel ist ein Treffen mit Alf. Und Gio.«

»Ich habe sie getroffen. Beide«, sagte ich. »Vielleicht können wir uns ein bisschen unterhalten?«

Daraufhin saßen Daniel und ich eine gute Stunde zusammen und tauschten uns über unsere Gedankengänge und schließlich auch unser Material aus. Er bekam die Aufnahmen, die ich von meinen Gesprächen mit Alf und Gio gemacht hatte. Ich erhielt Kopien aller Unterlagen der Prozesse, an denen Alf beteiligt war. Und das waren viele. Mehrere Fälle von Körperverletzung, Nötigung und Belästigung. Illegaler Waffenbesitz und schwere Verstöße gegen das Waffengesetz. Er wurde zu Gefängnisstrafen und Aufenthalten in Psychiatrien verurteilt, außerdem bekam er Kontaktverbot zu seiner Familie.

»Hier ist noch ein komischer Kauz«, sagte Daniel und deutete auf eine der Zeugenaussagen der Verteidigung. »Er nennt sich Rickard.«

»Rickard? Den hat Gio auch erwähnt, allerdings konnte ich noch nichts weiter über ihn herausfinden.«

»Er hat über fünfzehn Jahre für Alf gearbeitet. Rickard war nicht sein richtiger Name. Er trug Perücke und war Alf gegenüber zu hundert Prozent loyal. Selbst in den Prozessen, wie Sie noch lesen werden.«

»Aber wie heißt er wirklich?«, fragte ich.

»Er heißt Jakob. Jakob Thedelin«, antwortete Daniel.

* * *

Es war nicht schwer, Jakob Thedelin zu finden. Im Online-Telefonbuch gab es nur einen relevanten Treffer, allerdings ohne Telefonnummer. Er wohnte in Hedestad in Västergötland. Auf Facebook gab es drei Jakob Thedelins, aber nur einer davon war Schwede. Auf dem Profilfoto und diversen anderen öffentlich sichtbaren Fotos posierte er in schottischer Nationalkleidung. Auf einem anderen Bild trug er einen kurzen Blazer, wie er in den Achtzigerjahren modern war. Die übrigen Fotos zeigten Mitglieder des britischen Königshauses und verschiedene jüdische Symbole.

Unter seinen Freunden waren Namen, die aktuell durch die schwedischen Medien geisterten: Kent Ekeroth, Björn Söder und weitere Schwedendemokraten, die in Skandale verwickelt und an fremdenfeindlichen Initiativen beteiligt waren. Sie alle repräsentierten eine Partei, vor der Stieg Larsson und andere bereits vor über zwanzig Jahren gewarnt hatten und die nun die höchste Hürde genommen hatte und ins Parlament eingezogen war.

Ein Kontakt stach besonders heraus. Das Profilbild zeigte eine hübsche Frau, vielleicht dreißig Jahre alt, die den typisch tschechisch anmutenden Namen Lída Komárková trug. Ich fragte mich, wie eine so junge und fast übertrieben hübsche Frau aus Tschechien mit dem Schwedendemokraten mittleren Alters im Kilt in Kontakt gekommen war. Sie passte gar nicht in die Gruppe von Menschen, mit denen er sonst Umgang pflegte. Es schrie nur so nach einem Fake-Profil, aber wer würde sich die Mühe machen und warum? Ohne besondere Hoffnungen schickte ich einen kurzen Gruß an Lída Komárková.

Jakob Thedelins Pinnwand war allen zugänglich, und dort fand ich eine Reihe feindlicher Palme-Posts – unter anderem schrieb er, dass er Olof Palmes Todestag mit einem Glas Wein feierte. Ich hatte definitiv den richtigen Jakob Thedelin gefunden. Allerdings war es offensichtlich, dass er eher ein durchgeknallter Vogel war als jemand, den man mit dem Mord am schwedischen Ministerpräsidenten in Verbindung bringen würde. Gio hatte jedoch betont, dass Thedelin in der Mordnacht in Stockholm war, und aus den Fotos konnte ich schließen, dass er ungefähr 1,80 Meter groß war, was der Zeugenaussage deutlich näherkam als Alf Enerströms 1,95 Meter.

Meine Buchidee über Orte und ihre kriminelle Energie legte ich nun definitiv beiseite. Jetzt gab es zwei Personen, die ich im Hinblick auf den Palme-Mord näher untersuchen wollte.

DIE ANALYSE

Stockholm, Februar 2012

Ich ging häufig ins Café *Nybergs*, wo die Semlor einen Großteil der Auslage ausmachten, obwohl noch gar nicht Veilchendienstag war. Ein ganzes Fach füllte die traditionelle Sorte, also eine mit Mandelmasse und Schlagsahne gefüllte und mit Puderzucker bestreute Hefeteigkugel. Das nächste Fach bot Abwandlungen: Minisemlor, dreieckige Wienersemlor und Luxussemlor mit mehr von allem.

Ich saß in der hintersten Ecke und genoss die Kalorienbomben.

Wenn Jakob – oder Rickard, wie er sich nannte – irgendwie in den Mord an Palme verstrickt war, hätte ihn die Polizei zu irgendeinem Zeitpunkt überprüfen müssen. In dem tausendseitigen Bericht der Prüfungskommission gab es keinen eigenen Eintrag über ihn, aber im Abschnitt über Alf Enerström fand ich ein paar Zeilen: »Im Juni 1987 versuchte die Ermittlungsleitung erneut, die Erlaubnis zu bekommen, die Telefone von Alf E., seiner Frau und Jakob T. abzuhören. Jakob T. war ein komischer Kauz aus dem direkten Umfeld Alf E.s.«

Also hatte die Polizei Jakob beobachtet, aber nicht genug gegen ihn in der Hand gehabt, um eine Abhörerlaubnis zu erwirken. Und »komischer Kauz« passte sehr gut zu dem Eindruck, den sein Facebook-Profil erweckte.

* * *

Als ich mich auf den Palme-Mord konzentrierte, musste ich feststellen, dass das schriftliche Material grenzenlos war. Es gab Zeitungsartikel, Bücher, veröffentlichte Ermittlungsakten und schier unendliche mehr oder weniger relevante Dokumente, die sich in Archiven verbargen und ausgegraben werden wollten. Es gab fast so viele Theorien zum Mord wie Interessenten an dessen Auflösung. Viele andere hatten sich vor mir daran versucht, aber es gab nichts, was mich davon abhielt, mir meine eigene Meinung zu bilden.

Weil das Puzzle über eine Million Teile verfügte – von denen viele nicht mal wirklich dazugehörten –, wählte ich meine eigene Vorgehensweise. Ich überprüfte die wenigen gesicherten Tatsachen und versuchte, sie zu deuten. Gab es Teile, deren Deutung unklar blieb, so würde ich sie aussortieren oder sie wieder hinzufügen, nachdem meine eigene Deutung abgeschlossen war.

Ich setze an dem Punkt an, an dem meine Reise ihren Anfang genommen hatte. Mit einer Analyse des Tatortes.

Der Tatort

Olof Palme wurde an der Ecke Sveavägen und Tunnelgatan erschossen. War dieser Ort eigens dafür ausgesucht worden oder wurde improvisiert? Die Meinungen dazu variierten stark. Einige hielten den Tatort für sorgfältig ausgewählt von einem Profi, andere für eine Zufallswahl, und zwar keine sonderlich gute.

Der Sveavägen ist eine der breitesten, längsten und meist befahrenen Straßen in Stockholm. Die Tunnelgatan hingegen ist kurz und ungewöhnlich, weil an ihrem einen Ende Treppen sind, über die der Mörder verschwand. Außerdem gibt es einen Fußgängertunnel durch den Brunkebergsåsen, der allerdings am Mordabend um zweiundzwanzig Uhr geschlossen wurde. Zum Zeitpunkt des Mordes waren die Treppen, die Rolltreppe daneben und der Aufzug geöffnet. All diese führten auf die David Bagares gata.

Selbst an einem kalten Abend im Februar war die Ecke Sveavägen/ Tunnelgatan vielbefahren. Es war dunkel, aber die Sicht war dank der Straßenbeleuchtung gut, außerdem gab es nur am östlichen Ende der Tunnelgatan etwaige Hindernisse. Kurz nach dreiundzwanzig Uhr befanden sich viele Menschen auf der Straße, weil Kinovorstellungen oder Essensveranstaltungen endeten und junge Leute auf dem Weg zu Bars oder Diskotheken waren. Dies spiegelte sich in der recht großen Zahl von Augenzeugen wieder – mehr als zehn.

Die Straße verzweigte sich oft, und mit jeder Verzweigung stieg die Zahl der möglichen Fluchtwege exponentiell. Trotzdem hatte der Mörder entschieden, nach Osten zu fliehen, wo der Brunkebergsåsen ein großes Hindernis darstellte und es wesentlich weniger Fluchtwege gab. Auch die Treppe barg ein Risiko, denn dort wäre der Mörder körperlich unterlegen gewesen, wenn er auf jemanden getroffen wäre.

Ein anderer Umstand, der die Wahl des Tatorts in höchstem Maße beeinflusst haben musste, war, dass das Ehepaar Palme eigentlich den genau entgegengesetzten Weg hätte einschlagen müssen, um vom Kino nach Hause zu kommen. Normalerweise wären sie in der Rådmansgatan in die U-Bahn gestiegen oder wären am Hötorget zugestiegen. Als der Film endete, war es noch immer unwahrscheinlich, dass das Ehepaar Palme überhaupt die Ecke passieren würde, an der der Mord geschah. Vermutlich wussten sie nicht einmal selbst, dass sie dort entlanggehen würden.

Meine Schlussfolgerung war, dass es sich um einen improvisierten Tatort handelte, der nicht gut gewählt war.

Zeitpunkt

Der Mord geschah an einem späten Abend im Februar. Es war dunkel, kalt und windig. Die Temperatur betrug sieben Grad unter null, aber durch den Wind waren es gefühlte minus fünfzehn Grad. Beste Bedingungen für einen Überfall auf offener Straße, die schlechten Wetterbedingungen ließen auf eine fast menschenleere Gegend schließen. Allerdings war bekannt, dass um dreiundzwanzig Uhr mehr Menschen unterwegs sein würden aus oben genannten Gründen.

Am auffälligsten war, dass Olof Palme keine Leibwächter bei sich hatte; er hatte der Säpo mitgeteilt, dass er keinen Schutz brauche. Erst am Nachmittag hatte sich das Ehepaar Palme für einen Kinobesuch entschieden und sich erst noch später auf einen Film geeinigt. Der Täter oder sein Helfer hätte sie also dabei beobachten können, wie sie ohne Leibwächter ins Kino gingen, was ihnen genug Zeit gegeben hätte, die Waffe zu holen und eventuelle Mord- und Fluchtszenarien vorzubereiten.

Meine Schlussfolgerung war, dass der Zeitpunkt für einen Mord auf offener Straße recht gut gewählt, aber trotzdem improvisiert war.

Die Schüsse

Der Mörder schoss zweimal mit einer kurzen Pause dazwischen – die meisten Zeugen sagten aus, es handelte sich um eine oder zwei Sekunden. Der erste Schuss traf Olof Palme aus einer Entfernung von zwanzig plus/minus zehn Zentimetern in den Rücken, woraufhin er sofort zusammensackte. Die Kugel durchtrennte sein Rückenmark und traf dann auf lebenswichtige Organe wie die Aorta. Olof Palme war tot, bevor er auf dem Boden aufschlug. Der andere Schuss erfolgte kurz darauf aus siebzig bis hundert Zentimetern Abstand, drang auf der linken Seite von Lisbet Palmes Mantel ein, streifte ihren Rücken und verursachte dort eine Schürfwunde, bevor die Kugel auf der rechten Seite wieder austrat. Lisbet hatte unwahrscheinliches Glück, dass sie überlebte, und das fast unverletzt.

Aus Sicht des Mörders war der erste Schuss durchaus erfolgreich. Der zweite war ein Patzer, egal ob er damit nun Lisbet oder Olof treffen wollte. Meiner Meinung nach läuft man bei nur einem Schuss Gefahr, dass das Opfer überlebt, selbst wenn es in sich zusammensackt. Der

Mörder konnte schließlich unmöglich wissen, ob Olof Palme wirklich tot war, ohne dies zu prüfen. Hätte der Schütze falsch gezielt oder sich Olof Palme nur wenige Zentimeter bewegt oder gedreht, hätte die Kugel das Rückenmark verfehlt und wäre glatt durch den Körper gedrungen, ohne ein lebenswichtiges Organ zu treffen. Ein Profikiller hätte mit großer Wahrscheinlichkeit mit mehreren Schüssen dafür gesorgt, dass das Opfer wirklich tot war.

Wenn der zweite Schuss ebenfalls für Olof Palme gedacht war, wäre er leichter zu platzieren gewesen, schließlich war das Opfer bereits zu Boden gegangen und bewegte sich nicht mehr. Mit nur wenigen Schritten wäre der Täter über Olof gewesen und hätte ihm direkt in den Kopf oder Oberkörper schießen können. War der zweite Schuss also wirklich für ihn gedacht gewesen, hatte der Schütze sein Ziel total verfehlt.

Der erste Schuss mit einer Magnum ist leicht abzufeuern, wenn der Hahn bereits gespannt ist. Für den zweiten Schuss muss der Hahn erneut gespannt werden, oder aber man nutzt die Double-Action-Funktion, dann muss man jedoch sehr stark auf den Abzug drücken, damit sich der Hahn spannt und der nächste Schuss im selben Zug abgefeuert wird. Für Double-Action benötigt man mehr Kraft, dafür geht es schneller.

Ein ungeübter Schütze schiebt bei Double-Action häufig den Finger zu weit über den Abzug, um mehr Kraft aufzubringen, was aber bei einem Rechtshänder gleichzeitig dazu führt, dass er etwas nach rechts verreißt – in diesem Fall dorthin, wo sich Lisbet Palme befand. Die Kugel, die Lisbet streifte, könnte also genauso gut für Olof gedacht gewesen sein.

Selbst wenn Lisbet Palme das Ziel für den zweiten Schuss gewesen war, war der Schuss ebenfalls nicht richtig platziert, weil sie nicht ernsthaft verletzt wurde. Unabhängig davon, auf wen der Schütze nun zielte, verließ er den Tatort, ohne sich sicher sein zu können, dass Olof Palme wirklich tot war, und sehr wohl wissend, dass Lisbet Palme überlebt hatte und eine wichtige Zeugin darstellte. Ich kam zu der Schlussfolgerung, dass die Schüsse nicht professionell ausgeführt wurden.

Waffe und Munition

Die beiden Kugeln, die verwendet wurden, waren panzerbrechende Patronen des Typs Winchester Western .357 Magnum 158 grain. Anders als gewöhnliche Patronen waren diese vollummantelt, also imstande, harte Materialien wie schusssichere Westen zu durchschlagen. Solche Kugeln haben oft eine weniger schädigende Wirkung für das Opfer, da sie häufig einfach durch den Körper dringen, ohne sich zu verformen wie gewöhnlich ummantelte Patronen. Aus diesem Grund sind vollummantelte Patronen bei der Jagd auf große Tiere verboten, weil durch sie eine größere Gefahr besteht, diese nur anzuschießen. Ein professioneller Killer hätte gewusst, dass eine vollummantelte Patrone Olof Palmes Körper hätte durchschlagen können, ohne ihn dabei lebensgefährlich zu verletzten.

Die Spuren an den Projektilen zeigten, dass ein Revolver verwendet wurde, dafür sprach die Tatsache, dass am Tatort keine Patronenhülsen gefunden wurden, weil diese nach dem Schuss mit einer Magnum in der Trommel verbleiben. Allerdings konnte man nicht sicher auf Marke und Modell der Waffe rückschließen. Am häufigsten werden Patronen des Kalibers .357 mit Smith & Wesson geschossen, aber auch mit Revolvern anderer Hersteller. Außerdem kann man die Zylinder eines .38-Revolvers aufbohren, damit er .357-Patronen fasst – oder alternativ eine .357-Patrone auf eine .38-Patrone montieren. Zusammenfassend lässt sich mit Sicherheit sagen, dass es sich um einen Revolver größeren Kalibers für Magnum-Munition handeln musste, und die üblichste Marke war eben Smith & Wesson.

Charakteristisch für einen Revolver mit Magnum-Munition ist seine große Sprengkraft und die extreme Lautstärke. Der Revolver ist schwer, und die Rückschlagkraft so stark, dass es nicht leicht ist, mit nur einer Hand zu schießen, besonders wenn man schnell mehrmals hintereinander abdrücken will. Die Lautstärke liegt bei 164 Dezibel. Da die Dezibel-Skala logarithmisch verläuft, entspricht dies einem deutlich lauteren Geräusch als dem der Schmerzgrenze von 120 Dezibel. Zum Vergleich: Eine Waffe mit Schalldämpfer erzeugt ein Geräusch, das ungefähr auf dem Niveau der Schmerzgrenze liegt. Die Gefahr permanenter Hörschädigungen ist hoch, wenn man sich ohne Hörschutz in der Nähe eines Magnum-Revolvers befindet, der abgefeuert wird.

Eine kleinere Pistole von geringerer Lautstärke und leichterer Handhabung hätte den Mord vereinfacht und weniger Aufmerksamkeit erregt. Der Schütze hätte mehr Schüsse abgeben können – bei höherer Treffsicherheit in einem kürzeren Zeitraum –, und es wäre bedeutend leiser gewesen.

Hatte der Schütze jedoch nicht die Wahl, weil entweder die Zeit oder der Zugang zu anderen Waffen fehlte, bot die Magnum die einzige Möglichkeit. Dies deutete daraufhin, dass der Mord ohne große Vorlaufzeit geplant wurde und der Mörder keinen unmittelbaren Zugang zu Waffen und Munition hatte.

Ich folgerte, dass der Täter eine unnötig starke Waffe und die falsche Munition genutzt hatte.

Die Flucht

Der Fluchtweg eines Mörders konnte viel über die Ausführung der Tat und den Täter selbst verraten; an dieser Stelle muss ich mich jedoch auf die Aussagen der Zeugen verlassen, die nicht zuverlässig, weil nicht handfest sind. Durch Anwendung der Regel, dass, je früher eine Aussage eintraf, sie desto mehr Gewicht hatte, hoffte ich, dennoch auf recht zuverlässige Angaben zu blicken.

Der Täter lief unmittelbar nach der Tat in die Tunnelgatan, links an den Bauwagen vorbei, kreuzte die Luntmakargatan und erreichte die steile Treppe. Wie bereits geschrieben, halte ich den Brunkebergsåsen für ein großes Hindernis, wenn man eine schnelle Flucht plant. Am Fuß der Treppe hatte der Täter die Wahl. Es gab zwei Treppen, rechts und links des Tunnels. Der Tunnel selbst war geschlossen, die rechte Treppe war von Gerüsten verstellt, weshalb ihm nur zwei Alternativen blieben – die linke Treppe oder die Rolltreppe, die noch weiter links lag. Es erklärte sich von selbst, dass das Warten auf den Aufzug keine Option darstellte.

Wenn sich der Mörder gut auskannte und möglichst unbemerkt auf den Brunkebergsåsen gelangen wollte, hätte sich die Rolltreppe besonders angeboten. Dort war die Gefahr, jemandem zu begegnen, gering; außerdem wäre er dort relativ geschützt gewesen. Er zog jedoch die Treppe vor.

Auf den neunundachtzig Stufen war die Gefahr groß, dass er überwältigt würde. Jemand, der auf der steilen Treppe oberhalb von ihm stand, hatte einen klaren Vorteil; von dort hätte vermutlich selbst eine Einzelperson einen starken Täter überwältigen können.

Einer der Zeugen, der den Täter am deutlichsten gesehen hatte, war Lars J. Er hatte auf der anderen Seite der Bauwagen gestanden, als die Schüsse fielen, sah dann den Täter im Profil und von hinten, während dieser die Treppe hinauflief. Lars beobachtete, wie er den obersten Ansatz erreichte, und entschied sich dann, ihm zu folgen. Oben traf er auf eine Frau und einen Mann, die gesehen hatten, dass ein Mann in die David Bagares gata gelaufen war. Lars lief ebenfalls in die genannte Straße und erblickte etwa einen Block entfernt einen Mann, der zwischen zwei Autos trat, ohne wieder aufzutauchen. Dann wurde Lars von einem Streifenwagen abgelenkt, der langsam an ihm vorbeifuhr, ohne ihn anzuhalten. Er suchte eine Weile nach dem Mann, fand ihn jedoch nicht wieder. Bei der Vernehmung gab Lars an, dass der Mann vermutlich in die Johannesgatan verschwunden sei.

Die nachfolgenden Aussagen waren unsicher und stellenweise widersprüchlich. In der Regeringsgatan, die von der David Bagares gata abgeht, stieß das Paar Gerhard S. und Ann-Cathrine R. mit einem Mann zusammen, der etwas Unverständliches murmelte, dann rasch verschwand und von ihnen nicht weiter beachtet wurde.

Die junge Kunststudentin Sara trat durch einen Hinterausgang des Nachtclubs *Alexandra's* auf die Smala gränd. Mit der aufschwingenden Tür traf sie beinahe einen Mann, der unterwegs Richtung Snickarbacken war, die Arme eng am Körper, die Hände in den Manteltaschen. Bevor er den Kragen hochschlug, um sein Gesicht zu verbergen, konnte sie ihn deutlich erkennen. Er war schlank, durchtrainiert, ging aber leicht gebückt und hatte ein langes, männliches Gesicht mit einer schmalen, geraden, langen Nase. Dunkles, kurzes Haar, das ihm bis über die Ohren fiel. Er trug einen dunkelblauen, halblangen Mantel mit schmalem Kragen, einen etwas helleren Pullover und eine dunkelblaue Hose. Saras Aussage bildete die Grundlage des Phantombilds. Die deutschen BKA-Experten stuften ihre Aussage als äußerst zuverlässig ein.

Politesse Birgit D. saß in ihrem Dienstfahrzeug in der Smala gränd und beobachtete, wie jemand schnellen Schrittes die Treppen von der Birger Jarlsgatan in die Snickarbacken herunterkam. Er ging mitten auf der Straße und versuchte, sein Gesicht mit der rechten Hand abzuschirmen.

Der Taxifahrer Hans H. wartete vor dem Restaurant *Karelia* in der Snickarbacken, als er einen Mann die Treppen herunterkommen und die Tür zu einem wartenden Volkswagen Passat öffnen sah, wahrscheinlich blau oder grün. Bevor er einstieg, zog er den Mantel aus und stattdessen eine Nappalederjacke an. Dann fuhr er mit quietschenden Reifen los.

Wenn es sich wirklich um den Täter handelte, der in mehreren Zeugenaussagen beschrieben wurde, dann hatte er sehr lange vom Tatort bis auf die andere Seite des Brunkebergsåsen gebraucht. Viele dieser Beobachtungen wurden zehn bis zwanzig Minuten nach dem Mord gemacht.

Es gab weitere Aussagen von Zeugen, die jemanden auf dem Brunkebergsåsen gesehen hatten. Viele beschrieben eine Person, die nicht wusste, wohin sie wollte. Möglicherweise war der Täter tatsächlich ein wenig durch das Viertel geirrt. Das wäre nur ein weiterer Hinweis darauf, dass der Mord von einem Amateur ausgeführt worden war und keinesfalls von einem aalglatten Profi, der sich innerhalb weniger Minuten vom Tatort entfernt und vermutlich außer Landes abgesetzt hätte.

* * *

Die Vorgehensweise des Täters, die Wahl seiner Ausrüstung und sein Fluchtweg bestätigten meine Annahme, dass es kein professioneller Killer gewesen war, der Olof Palme erschossen hatte. Im Gegenteil, alles deutete auf einen Amateur hin. Jemanden wie Alf Enerström, der allerdings auffällig groß war – fast 2 Meter –, was den Zeugen sicher nicht entgangen wäre.

Oder jemand wie Jakob Thedelin. Es war jedoch schwer vorstellbar, dass Thedelin, der Schottenröcke trug und fast dreißig Jahre nach dem Mord an Olof Palme feindliche Aussagen auf Facebook veröffentlichte, seine Täterschaft so lange geheim halten konnte.

Oder jemand wie Christer Pettersson, der bei der Gegenüberstellung von der einzigen Zeugin herausgepickt wurde, die weniger als einen Meter vom Täter entfernt gewesen war – Lisbet Palme.

LISBET 1

Stockholm, Februar 2012

Die wenigen und kurzen Zeugenaussagen von Lisbet Palme, die veröffentlicht wurden, hatte ich schnell gefunden und gelesen. Nach dem Mord an ihrem Mann war Lisbet gleichzeitig Witwe, Kronzeugin und Klägerin, weil sie selbst angeschossen wurde. Darüber hinaus war sie die Frau des ehemaligen Ministerpräsidenten und von Beruf Psychologin. Aus den Dokumenten wurde deutlich, dass man nicht wusste, wie man mit ihr verfahren sollte. Gut drei Jahre nach dem Mord war sie sicher gewesen, wer ihren Mann ermordet hatte, aber las man ihre Zeugenaussagen, schien sie nicht ganz so sicher.

Am 26. Juni 1989, mehr als drei Jahre nach dem Mord, identifizierte Lisbet Palme ohne jeden Zweifel Christer Pettersson als den Mann, den sie an der Ecke Tunnelgatan/Sveavägen gesehen hatte.

Am 14. Dezember 1988, fast drei Jahre nach dem Mord, wählte sie Christer Pettersson während einer Videogegenüberstellung aus. Sie sagte: »Ja, Nummer 8 stimmt mit meiner Beschreibung überein.«

Am 5. und 6. Mai 1986, etwas über zwei Monate nach dem Mord, nahm der Chef des Landeskriminalamtes Tommy Lindström an der Vernehmung von Lisbet Palme teil. Die Erinnerung an das Gesicht des

Täters war detailliert. Er hatte »einen intensiven Blick, schmale, dünne Lippen, eine helle, flache Oberlippe, eine gerade Stirn mit geraden Augenbrauen, dazu ein rechteckiges Gesicht mit einer kräftigen, etwas vorgeschobenen Kinnpartie und markanten Wangenknochen«.

Am 25. März 1986, etwa drei Wochen nach dem Mord, begrenzte sich ihre Aussage auf »der Täter hatte einen starren Blick. Klaren Blick. Seine Wangenknochen sind irgendwie bullig. Er hat eine weiße Oberlippe.«

Am 8. März 1986, eine Woche nach dem Mord, beschrieb Lisbet das Gesicht des Täters, indem sie es mit dem Phantombild verglich: »Der Mann, der in die Tunnelgatan lief, hatte ein etwas runderes, fülligeres Gesicht als das auf dem Foto. Die Züge um Mund und Nase empfand sie als gerade.«

Am 1. März 1986, am Nachmittag nach dem Mord, gab Lisbet keine Beschreibung des Tätergesichts.

Am 1. März 1986, kurz nach ihrer Einlieferung ins Krankenhaus Sabbatberg, wurde sie befragt, ohne das Gesicht beschreiben zu müssen. Sie berichtete, dass sie am Tatort zwei Personen gesehen hatte, bei denen es sich um dieselben Männer handeln könnte, die zwei oder drei Wochen zuvor vor ihrem Apartmenthaus gesehen hatte.

Für mich war es schwer nachzuvollziehen, warum Christer Pettersson in erster Instanz verurteilt worden war, wenn sich dieses Urteil zum Großteil auf Lisbet Palmes Aussage stützte. Drei Jahre nach dem Mord war sie sich zwar sicher gewesen, dass Christer Pettersson der Mörder war, dabei war auffällig, dass, je zeitnaher die Befragung auf den Mord folgte, desto weniger hatte sie über das Aussehen des Täters sagen können. Das widersprach der vorherrschenden Meinung darüber, wie das

Gedächtnis funktionierte, und den aktuellen Errungenschaften der Aussagenpsychologie.

In der Mordnacht hatte sie außerdem ausgesagt, sie hätte zwei Täter gesehen, konnte aber weder deren Gesichter beschreiben noch sicher sagen, wer von beiden geschossen hatte. Diese Beschreibung lag auch der gründlich kontrollierten landesweiten Fahndung zugrunde, die in der Mordnacht herausgegeben wurde: »Zwei Täter, zwischen vierzig und fünfundvierzig Jahren, dunkelhaarig, einer der Täter ist auffällig groß.«

Dies widersprach sogar der Annahme, es handele sich um einen Einzeltäter. Es deutete eher auf eine Verschwörung hin. Vielleicht eine kleine amateurhafte Verschwörung vom großen Alf Enerström und seinem Helfershelfer Jakob Thedelin.

ANNA-LENA

Stockholm, März 2012

Als ich mit Daniel Lagerkvist in der Bibliothek saß, erwähnte er, dass er mit einer von Schwedens führenden Expertinnen auf dem Gebiet des Rechtsextremismus gesprochen habe und dass sie viel über Alf Enerström und dessen Netzwerk wusste. Auch wenn sich Enerström selbst einen Sozialdemokraten nannte, seine Ansichten und seine Gesellschaft machten ihn eher zu einem Rechtsextremen.

Ich kontaktierte Anna-Lena Lodenius.

* * *

Anna-Lenas Wohnung befand sich in einem typisch schwedischen Mietshaus, einem dreistöckigen Lamellenhaus mit Satteldach und drei Treppenaufgängen ohne Aufzug. Dieses Haus stand in einem südlichen Vorort von Stockholm. Es war ein ganz normaler Wintertag in einem ganz normalen Vorort. Sogar die Schneeräumung war ganz normal, was nichts anderes hieß, als dass die Autos einen Meter weit auf der Straße parkten und sich am Straßenrand und zwischen den Autos Schneeverwehungen auftürmten. Ich musste eine ganze Weile nach einem Parkplatz suchen.

Anna-Lena öffnete schwungvoll die Tür, lächelte und ließ mich in der Tür stehen, während sie den Schlüssel zu ihrem Archiv holte.

Durch den kleinen Flur erkannte ich eine ganz normale schwedische Wohnung, die sehr gemütlich wirkte, obwohl sie vor Ordnern, Büchern und Papier überquoll. Wir gingen zu Anna-Lenas Archiv, und als sie mir die Reihen von übervollen IKEA-Regalen zeigte, die sich in den kleinen Raum zwängten, wurde nur zu deutlich, dass sie wirklich eine von Schwedens führenden Expertinnen auf dem Gebiet des Rechtsextremismus war.

»Hier ist das Material aus den Achtzigerjahren, dort sollten Sie etwas über Alf Enerström finden. Er war bereits in den Siebzigerjahren aktiv und blieb es bis weit in die Neunzigerjahre, aber wir können ja erst einmal hier ansetzen und schauen, was wir finden.«

Sie zog zwei dicke Ordner hervor und legte sie auf einen Tisch in der kleinen Küche, die an das kleine Archiv anschloss.

»Sie können sich hier hinsetzen und lesen. Ich bin direkt nebenan, wenn Sie Fragen haben.«

Ich fing mit dem Ordner an, auf dem Alf Enerström stand. Die Blätter waren leicht vergilbt. Manche Dokumente waren Originale, andere Kopien, aber sie alle trugen dieselben Spuren der Zeit. In dem Ordner befanden sich die zahlreichen Zeitungsanzeigen, die Alf und Gio aufgegeben hatten. Uferloses Gefasel, in kleine Anzeigenfelder gezwängt, um Geld zu sparen. Oft wurde Olof Palme attackiert, direkt oder indirekt.

In einem dieser Texte erklärte Bankdirektor Lars Thunholm aus dem Wallenberg-Imperium, der viele Jahre später Gio heiraten sollte, warum er als Vorstandsvorsitzender der Zeitung *Svenska Dagbladet* empfahl, Enerströms Anzeigen aufzunehmen.

Ein Dokument erregte besonders meine Aufmerksamkeit. Eine dreiseitige, maschinengeschriebene Zusammenfassung über Alf und Gio, inklusive kurzer Inhaltsangaben einiger ihrer Anzeigen. Es gab keine Verfasserangabe, aber wer immer sie getippt hatte, hatte sehr sorgfältig formuliert und auf diesen wenigen Seiten das Wichtigste über das Paar zusammengetragen.

Ich nahm mir den anderen Ordner vor, auf dem *Gemischtes 1980er* stand. Auf ein paar Seiten fand ich Informationen über Enerström, aber hauptsächlich handelten die Dokumente von mir unbekannten Personen und Gruppierungen: WACL, Resistance International, EAP, Demokratisk allians, Contra, Anders Larsson, Carl G. Holm, Filip Lundberg. Alle Blätter wiesen dieselbe ungewöhnliche Schriftart auf und schienen mit derselben Maschine getippt worden zu sein. Und noch etwas anderes war ihnen allen gemein: Sie handelten vom Hass gegen Olof Palme, und in mehreren Fällen wurde auf eine mögliche Verwicklung in den Palme-Mord verwiesen.

Ich legte die Blätter vor mir auf den Tisch. Keine Angaben zu Verfasser, Datum, aber dieselbe wohlformulierte und präzise Sprache wie in der Zusammenfassung über Alf. Ich konnte mir keinen Reim darauf machen. Also stand ich auf und ging ins Nebenzimmer, wo sie Material sortierte.

»Was ist das?«

Anna-Lena blätterte die Seiten durch, las ein paar Zeilen.

»Die sind von Stieg«, sagte sie.

»Von Stieg?«

»Stieg Larsson. Sieht aus, als hätte er sie geschrieben, als er sich besonders für die Palme-Ermittlungen interessierte.«

»Der Krimiautor? Der hat sich mit dem Palme-Mord befasst?«

»Im Zusammenhang mit seinen Nachforschungen zum Rechtsextremismus, ja«, erklärte Anna-Lena. »Das war lange, lange bevor er die Krimis schrieb. Der Großteil des Materials in diesen Ordnern stammt von Stieg. Er gab mir immer Kopien, für den Fall, dass die Originale verloren gingen.«

»Haben Sie ihn bei den Recherchen zum Mord unterstützt?«, fragte ich.

»Nein, das hat mich nicht sonderlich interessiert. Manchmal kontaktierte er mich, um neue Ideen mit mir durchzuspielen. Wahrscheinlich, weil er wusste, dass ich immer eher nüchtern an die Sache heranging. Stieg liebte Verschwörungen und zeichnete ständig Skizzen, um zu verdeutlichen, welche Verbindungen es zwischen verschiedenen Personen gab.«

»Das klingt wahnsinnig spannend«, sagte ich.

»Das ist es auch zweifellos, aber für mich war das eher unbedeutend, weil man anfängt, Zusammenhänge zwischen Menschen zu sehen, die sich vielleicht nur einmal auf einer Konferenz begegnet sind.«

»Da haben Sie natürlich recht«, erwiderte ich, obwohl ich mir nichts lieber anschauen würde als Stiegs Skizzen über diese Netzwerke.

»Wenn Sie sich für den Palme-Mord interessieren, gibt es sicher irgendwo noch mehr Material von Stieg«, sagte Anna-Lena.

»Im Ernst? Wo denn?«

»Das weiß ich nicht. Fragen Sie doch mal einen der Herren, mit denen er zusammengearbeitet hat: Håkan Hermansson, Tobias Hübinette, Daniel Poohl, Sven Ove Hansson. Oder versuchen Sie es bei Eva Gabrielsson, seiner Lebensgefährtin.«

»Wo soll ich denn anfangen?«

»Das kann ich Ihnen nicht sagen. Aber das ist es, was man Recherche nennt. Man weiß nicht so recht, wonach man sucht oder wo man ansetzen soll, aber das ist ja genau das, was es so spannend macht. Plötzlich findet man ein Dokument, das zu einem weiteren führt. Wohin die Reise schlussendlich geht, das weiß man nicht. Wollen Sie eine Kopie davon?«

* * *

Als ich mich von Anna-Lena verabschiedete, war nichts mehr wie zuvor. Ich hatte Kopien von Dokumenten erhalten, die Schwedens bekanntester Krimiautor verfasst hatte und die vom Mordfall Olof Palme handelten. Außerdem hatte er über Alf Enerström geschrieben, den ich ja selbst untersuchte. Ich musste mehr über Stieg Larssons Recherchen herausfinden.

LISBET 2

Stockholm, März 2012

Wie der Großteil der schwedischen Bevölkerung und mehrere Millionen Menschen weltweit hatte auch ich Stiegs Bücher gelesen. Nach *Verblendung*, was ich in wenigen Tagen verschlungen hatte, freute ich mich auf den zweiten Band. Aber *Verdammnis* war zu lang, und Lisbeth Salanders fast übermenschliche Fähigkeiten wurden mir etwas zu viel. Band drei, *Vergebung*, fand ich am besten. Als ich über die geheime Sektion für spezielle Analyse der Säpo las, klang das zweifellos so, als könne es diese auch im realen Schweden geben.

Anna-Lena Lodenius hatte etwas erzählt, das ich vielleicht schon einmal gehört, aber dann offenbar wieder vergessen hatte. Stiegs wichtigstes Projekt war sein Kampf gegen den Rechtsextremismus gewesen. Und dieser hatte ihn zum Palme-Mord geführt. Vielleicht waren seine Nachforschungen in seine Romane eingeflossen. Gab es Bezüge zur Wirklichkeit in seinen Büchern und vor allem im dritten Band? Ich holte *Vergebung* hervor und las es in einem Zug mit einem Rotstift in der Hand.

Abgesehen von der offenbar erfundenen Geschichte über Zalatschenko und Lisbeth Salander war dieser Band von dem bestimmt, was mich schon beim ersten Lesen gefesselt hatte. Ich googelte Gruppierungen, Personennamen und Bücher, die genannt wurden. Mehr als ich vermutet hätte, fußte das Buch in der Wirklichkeit.

Das Buch spielt ein paar Jahre nach dem Palme-Mord und der Flucht des Spions Stieg Bergling, beides Begebenheiten, die häufig erwähnt werden. Ein Teil der Säpo-Mitarbeiter, die zur Sektion für Spezielle Analyse – oder kurz Sektion – gehören, einer »Mikroorganisation« der Säpo, spielen eine Schlüsselrolle. Einige Mitarbeiter dieser Sektion waren Mitglieder der *Demokratisk allians*, einer rechtsextremen Gruppierung in den Siebzigerjahren.

PG Vinge ist der Name des damaligen Säpo-Chefs, sowohl im Buch als auch in Wirklichkeit. Der Leiter der Sektion heißt Evert Gullberg, was ein fiktiver Name ist. Seine Beschreibung passt jedoch auf Tore Forsberg, den Chef der Gegenspionage für den im Roman beschriebenen Zeitraum..

Im Buch teilt Gullberg seine Sorge darüber mit, welche Risiken eine Öffnung des Sektions-Archivs bedeuten würde: »Verrückte Journalisten würden versuchen, der Sektion den Palme-Mord in die Schuhe zu schieben, was zu einem weiteren Labyrinth an Enthüllungen und Anklagen führen musste.«

Es war ein leichtes, sich in der Theorie zu verlieren, dass einer der meistverkauften Krimiautoren der Welt eine heiße Spur im Palme-Mord gehabt hatte und darüber in seinen Büchern schrieb.

Anna-Lena Lodenius hatte gesagt, dass es mehr Dokumente von Stieg zum Mordfall Palme geben müsse, also beschloss ich, weiter danach zu suchen. Und wer weiß? Vielleicht würde ich schlussendlich sogar die echte Lisbeth Salander finden. Mit Tätowierungen, irgendeiner Sozialstörung und Freunden, die alles hacken konnten.

ZUM ARCHIV

Stockholm, März 2012 – März 2013

Nach Anna-Lena traf ich noch weitere Freunde und Kollegen von Stieg, die mir von ihm und seiner Arbeit erzählten. Ein Jahr ist nichts, wenn man recherchiert oder eine Scheidung durchlebt, und auf mich traf beides zu.

Immer wieder hielt ich inne und fragte mich, ob es die ganze Zeit wert war, die ich investierte, um neue Anhaltspunkte zu finden, wo ich doch nicht länger ein Buch schreiben wollte. Die Antwort war jedes Mal: nein. Aber ich machte trotzdem weiter. Ich verlor mich im Rätsel Stieg und Palme-Mord, wenn mir mein eigenes Versagen zu heftig und die Wirklichkeit mit einer gescheiterten Ehe zu beschwerlich wurde.

* * *

Der Journalist Håkan Hermansson beschrieb mir die Arbeit am Buch *Auftrag Olof Palme* und bestätigte, Stiegs unfassbares Recherchetalent. Er erzählte davon, wie sie gemeinsam den Hass erfassten, mit dem sich Palme konfrontiert sah, während Stieg parallel seine Nachforschungen zum Mord betrieb.

Sven Ove Hansson, der Nestor besagter Erfassung des schwedischen Rechtsextremismus, hatte ebenfalls mit Stieg zusammengearbeitet und bestätigte das Bild des begnadeten Rechercheurs. Außerdem war es Hansson gewesen, der Stieg mit Håkan Hermansson und Anna-Lena zusammengebracht hatte.

Tobias Hübinette, Recherchechef der antirassistischen Zeitschrift *Expo* und einer der Gründer, erzählte, dass Stieg unter anderem die Briefe besaß, die ein Anders Larsson an verschiedene Empfänger, darunter Kabinettsekretär Pierre Schori, geschickt hatte. Die Briefe und weitere Dokumente ließen sich bei *Expo* einsehen oder vielleicht auch bei Stiegs Lebensgefährtin Eva Gabrielsson.

Eva Gabrielsson und ich trafen uns mehrfach. Oft bestimmte unser gemeinsames Interesse für Architektur unsere Gespräche, aber zwischendurch ging es immer wieder um Stieg kurz bevor oder kurz nach seinem Tod. Sie erzählte mir, dass Stieg daran geglaubt hatte, dass Südafrika und die schwedischen Rechtsextremisten hinter dem Mord steckten.

Meine Enttäuschung war groß, als ich erfuhr, dass Stieg an die große südafrikanische Geheimdienstverschwörung glaubte. Weil sie einfach nicht zu meiner Theorie mit Alf Enerström passte, der Hilfe von einer oder mehreren Personen gehabt hatte.

Daniel Poohl, Chefredakteur der *Expo*, erzählte mir von Stiegs Interesse am Palme-Mord, das selbst 2001 noch groß war, als sie anfingen zusammenzuarbeiten. Er erwähnte zudem, dass *Expo* einen Lagerraum hatte, in dem relevante Dokumente liegen könnten. Es dauerte ein paar Tage, bis er sich wieder bei mir meldete. Wir verabredeten uns für den kommenden Morgen auf dem Parkplatz des Lagers, wo die Kartons mit Stiegs Dokumenten verwahrt wurden. In der Nacht fiel reichlich Schnee.

OCR

Stockholm, März 2013

Aus dem *Expo*-Lager hatte ich zwei große Umzugskartons mit Stiegs Dokumenten mitnehmen dürfen. Für die Auswahl war mir nicht viel Zeit geblieben, weil ich bis zum letzten Moment in die Lektüre vertieft war. Trotzdem wusste ich, dass der Inhalt wertvoll war.

Während ich das Material sortierte, stieß ich auf vieles, was Stieg geschrieben hatte: Zusammenfassungen, Briefe, Übersichten sowie Dokumente von der Polizei und anderen Behörden, die manchmal den Stempel *vertraulich* trugen. Ich funktionierte mein Wohnzimmer zur Recherchewerkstatt um, stellte einen übergroßen Schreibtisch, einen Scanner/Kopierer und ein Regal für die wachsende Anzahl von Palme-Büchern hinein. Die alte Schulweltkarte, die auf einer porösen Holzplatte angebracht war, musste als Pinnwand herhalten.

Stieg hatte seine gesamten Unterlagen in Hängemappen sortiert. Jede dieser Mappen war mit einem handschriftlichen Zettel und einem Stichwort versehen. Während ich den Karton durchging, fiel mir auf, dass es drei unterschiedliche Arten von Hängemappen gab. Manche waren aus brauner Pappe, andere leuchtend grün oder blau. Ein paar Stichworte kamen mehrmals vor. Die braunen Mappen stellten die Überzahl dar, und sie deckten den Zeitraum der späten Siebziger- und die Achtzigerjahre ab. Die bunten umfassten teilweise die Achtziger- und reichten bis in die Neunzigerjahre.

Ich nahm zwei Mappen zum Stichwort *Resistance International* heraus und breitete den Inhalt vor mir aus: Briefe, Berichte, Artikel und Zusammenstellungen. Die Daten überlappten, obwohl in der ersten Mappe Dokumente von 1985 überwogen und in der anderen von 1986. Es gab kein Dokument doppelt. Sobald eine Mappe voll war, legte Stieg eine weitere unter dem selbem Stichwort an. Ich kontrollierte dies anhand von Unterlagen mit dem Stichwort *WACL* und *Anders Larsson*. Es stimmte. Stieg hatte die Mappen nach und nach gefüllt und dann einen neuen Schrank mit Hängesystem gekauft. Nun wurde mir bewusst, wie viele Kartons ich wegen geringerer Relevanz zunächst beiseitegestellt hatte und wie umfangreich sein Archiv war.

Mein nächster Schritt war, das Material in der Reihenfolge einzuscannen, wie ich es auf meinem Schreibtisch ausgelegt hatte. Einzelblätter ließen sich einfach von oben in den Scanner legen, oft waren aber auch bis zu fünfzig Seiten zusammengeheftet. Wenn ich alles wieder problemlos zusammenheften konnte, löste ich die Klammern; die anderen legte ich beiseite, um sie später zu lesen. Eine monotone Aufgabe, aber allmählich begriff ich nicht nur den Umfang von Stiegs Arbeit, sondern auch seine Methode. Ein strukturiertes Chaos. Notizen, die nur für ihn bestimmt waren, wurden achtlos hingekritzelt, alles, was für andere bestimmt war, wurde ordentlich maschinell getippt mit fast pedantisch geraden Seitenrändern.

Von den Dokumenten aus den Achtzigerjahren wiesen mehrere drei verschiedene Schriftarten auf, aber damals gab es noch keine erschwinglichen Textverarbeitungsprogramme für Privatpersonen und erst recht keine Laserdrucker. Ich kam zu dem Schluss, dass Stieg eine elektrische Schreibmaschine mit unterschiedlichen Schriftarten gehabt haben musste. Schätzungsweise eine IBM Selectric mit austauschbarem Kugelkopf und Korrekturfunktion, was auch die geraden Abschlüsse der Rechtskanten erklärte, denn die Maschine verfügte über eine Erinnerungsfunktion über mehrere Zeilen.

Briefe, Aufzeichnungen, Zusammenstellungen und Dokumente aus Stiegs Feder machten ungefähr ein Zehntel des Materials aus, das ich mitgenommen hatte. Etwa die Hälfte bestand aus Zeitungen, ausgeschnittenen oder kopierten Artikeln und sonstigen Dokumenten, die frei zugänglich waren. Der Rest waren Briefe, Berichte und andere Unterlagen von nicht offiziellen Quellen, die Stieg entweder selbst ausgegraben hatte oder die ihm zugeschickt wurden.

Es war nicht zu übersehen, wie viel Zeit Stieg diesem Archiv geopfert hatte – Nächte, Wochenenden –, um zu lesen, nachzudenken, zu schreiben und zu sortieren. Viele Stunden, in denen er etwas mit Eva, Freunden oder was ganz anderes hätte unternehmen können. Er hätte eine ganz gewöhnliche Familie gründen und in einen Vorort von Stockholm ziehen können. Aber dann wäre er nicht Stieg Larsson gewesen. Seine Bücher wären nicht geschrieben worden, der Rechtsextremismus hätte freier in Schweden wüten können und zu seinen Recherchen im Mordfall Palme wäre es nie gekommen.

Nachdem ich Stiegs Archiv so weit durchgesehen hatte, übertrug ich alle gescannten Dateien auf einen brandneuen Computer und schaffte mir ein OCR-Programm an, eine Texterkennungssoftware, mit der ich das Material schnell durchsuchen konnte. Einige Abende nachdem ich mit dem Scannen und Sortieren von Stiegs Material fertiggeworden war, stieß ich auf eine von Stiegs Zusammenfassungen von 1987. Sie betraf einen gewissen Bertil Wedin, und der erste Satz lautete: »Hinweise für *Searchlight* über Person mit Verbindungen zur extremen Rechten: Gerüchte darüber, dass W als ›Mittelsmann‹ im Palme-Mord agierte.«

Sofort überschlug sich meine Fantasie, dabei war dies nur eine weitere neue Spur, die es zu verfolgen galt. Neues zu meiner Theorie über Alf Enerström und Jakob Thedelin lieferte sie nicht.

MOSCOW MULE

Prag, April 2013

»Co chcete?«

Die persönliche Nachricht bestand aus nur zwei tschechischen Wörtern – »Was wollen Sie?« –, trotzdem war es der Beginn einer Unterhaltung. Die tschechische Schönheit Lída Komárková war Jakob Thedelins Facebook-Freundin geworden, obwohl sie in Prag lebte und ein wenig zu hübsch auf ihrem Profilfoto aussah. Wenn es sich tatsächlich um ein Fake-Profil handelte, wollte ich wissen, wer sie – oder vielleicht auch er – in Wirklichkeit war.

Bereits einen Monat nach meiner Kontaktaufnahme hatte ich völlig vergessen, dass ich Lída diese kurze Nachricht geschickt hatte. Jetzt war über ein Jahr vergangen, und ich hatte keine Ahnung, warum ich plötzlich eine Antwort erhielt, aber es bestätigte meine Annahme, dass es sich um ein Fake-Profil handelte, das selten genutzt wurde. Wir schickten einander ein paar Zeilen. Lída erzählte wenig von sich, schien mir aber Informationen entlocken zu wollen. Ich tat dasselbe. Schließlich schlug ich ein Treffen in Prag vor. Die Antwort kam schnell. »*Blue light v útery 22. Hodin. 2x Moscow Mule.*«

Der Flug dauerte knappe zwei Stunden nach Prag, und der von Lída vorgeschlagene Treffpunkt lag in der Nähe der Karlsbrücke in der Malá Strana, an dem Ufer, das die schwedische Armee ein paar Jahre lang, während des Dreißigjährigen Kriegs belagert und geplündert hatte.

Während ich in der schummrigen Bar saß, fragte ich mich, ob sie sich eher an Touristen oder an Einheimische richtete, und kam zu dem Schluss, dass mich hier eine Mischung umgab. Vor mir standen zwei Moscow Mules, serviert in flachen Blechbechern mit Henkel. Es war bereits halb elf, als sich eine der Frauen, die vorher durch die Bar gestreift und offenbar mit allen bekannt war, zu mir setzte und aus der noch unberührten Tasse trank.

»Moment, hier ist besetzt«, sagte ich.

»Ja, genau. Das ist Lídas.«

Sie sah nicht aus wie auf dem Profilfoto. Um die dreißig, etwas kleiner als mittelgroß, rotgefärbtes Haar, braune Augen, aber ein ungewöhnlicher Farbton und ein gewinnendes Lächeln. Aber definitiv nicht die Frau auf dem Foto. Eine Tätowierung am Handgelenk, eine im Nacken. Auf Hebräisch. Vielleicht war sie Jüdin?

»Ich habe abgewartet, um sicherzustellen, dass Sie allein sind«, sagte sie. »Dann schießen Sie mal los. *What's your story?*«

Unsere Unterhaltung glich mehr einem vorsichtigen Tanz. Erst erzählte ich ein wenig, wartete auf eine Reaktion, bevor ich weitersprach. Es lief etwas schwerfällig, nicht nur, weil wir so vorsichtig formulierten, sondern weil sie mich oft unterbrach, und wenn es an ihr war, zu erzählen, stockte sie oft, sodass ich ihre Sätze vervollständigen musste. Aber sie war mir sofort sympathisch, was sich zusätzlich bestätigte, wenn sie mit der Bedienung oder jemand anderem sprach, der neben uns saß.

Ihre Geschichte war nicht aufregend. Sie hatte sich bei Facebook mit Jakob angefreundet, weil sie sich beide für das Judentum interessierten. Sie trug sich schon länger mit dem Gedanken, zu konvertieren, und hatte mehrere Facebook-Freunde, die Juden waren. Wahrscheinlich hatte sie – oder er – eine Freundschaftsanfrage geschickt, nachdem sie den Post eines gemeinsamen Freundes kommentiert hatten. Aber persönliche Nachrichten hatten sie keine ausgetauscht, das hatte sie vor unserem Treffen extra noch einmal geprüft. Mir hatte sie erst jetzt geantwortet, weil sie im Messenger eine Nachricht gesucht hatte und dabei wieder auf meine gestoßen war.

Ich wollte wissen, warum sie kein echtes Foto von sich eingestellt hatte und nicht ihren Klarnamen nutzte, und darauf sagte sie nach einem kurzen Zögern, dass dies eine Art Rollenspiel für sie war. Sie konnte einfach andere Menschen treffen und andere Dinge schreiben als in ihrem wirklichen Leben. Sie konnte für einen Augenblick jemand anderes sein, und sie fand, dass ich ihren Klarnamen nicht wissen müsse.

Mehr konnte ich ihr nicht entlocken; dabei spürte ich, dass sie etwas bewusst verschwieg.

Ich erzählte ihr von meinem Projekt. Von Olof Palme und dem Mord hatte sie noch nie gehört, aber Stieg Larsson sagte ihr etwas. Alles in allem saßen wir ein paar Stunden zusammen, und ich hatte den Eindruck, sie würde mich unterstützen können, aber da kam sie mir schon zuvor.

»Darf ich helfen?«

»Sie könnten für mich herausfinden, wer seine Freunde sind. Und mehr über Enerström. Und vor allem, was Jakob über den Palme-Mord weiß.«

»Das klingt nach der richtigen Aufgabe für mich«, sagte Lída. »Geben Sie mir ein paar Monate, dann kann ich Ihnen sicher etwas Neues mitteilen. Vielleicht spreche ich auch noch mit einem Kumpel, der so was auch gern macht.«

Mir war nicht ganz klar, was sie damit meinte, aber Prag war schon immer eine Stadt voller Überraschungen gewesen. Am nächsten Tag flog ich zurück in das deutlich vorhersehbarere Stockholm.

GT

Stockholm, Sommer 2013

An der Weltkarte im Wohnzimmer hingen die Dokumente, die ich gerade am interessantesten fand. Der Untergrund war weich, deshalb ließen sich schnell neue Reißzwecken hineindrücken. Manches blieb lange hängen, anderes wechselte schnell. Jeden Tag betrachtete ich, was Stieg viele Jahre zuvor durch den Kopf gegangen war. Die Eckpfeiler seiner Theorie waren sehr schnell zu erfassen: Südafrika, Craig Williamson, südafrikanische Agenten, Bertil Wedin, schwedische Rechtsextremisten. Den Details war schwerer beizukommen.

Ein Artikel, der lange nachklang, war im Mai 1987 in der Abendzeitung *GT* veröffentlicht worden. Ich vermute, dass Stieg diesen Artikel oft hervorholte, denn darin wurde genau das thematisiert, woran Stieg so intensiv gearbeitet hatte. Zur gleichen Zeit veröffentlichten selbstverständlich auch *Svenska Dagbladet* und *Arbetet* ähnliche Artikel. Ein Teil der Angaben stammte offenbar von derselben anonymen Quelle, die die Auslandskorrespondentin Mari Sandström in Genf aufgetan hatte. Ihr Informant war ein Europäer, der trotz der Sanktionen Geschäfte mit dem Apartheidregime gemacht hatte und deshalb detailliert Auskunft darüber geben konnte, wie der Mord an Olof Palme durchgeführt worden war.

Aber die *GT* hatte auch mindestens eine Kontaktperson bei der schwedischen Polizei, wodurch sie anschaulich eine zusammenhängende Theorie beschreiben konnte, mit der die Polizei arbeitete. Außerdem spielte Bertil Wedin eine wichtige Rolle in dem geschilderten Szenario, genauso wie in Stiegs Zusammenfassung über ihn.

Die Überschrift lautete »Säpo verdächtigt Südafrika«, und im Artikel wird beschrieben, dass die Säpo, das Landeskriminalamt und die Stockholmer Polizei etwa ein Jahr nach dem Mord gemeinsam daran arbeiteten, eine Gruppe von Rechtsradikalen zu erfassen. Mehrere Mitglieder der Vereinigung waren in der Nähe des Tatorts mit Walkie-Talkies gesehen worden.

Laut Aussage einer Quelle mit Verbindungen nach Südafrika sollten die Schweden einem drei Mann starken »Mördertrupp« geholfen haben. Die Tat wurde angeblich von dem südafrikanischen Agenten Craig Williamson, einem in Südafrika lebenden Europäer und einem Westdeutschen geplant. Außerdem sollen ihnen ein südafrikanischer Beamter in Schweden und ein Schwede, der für Südafrika gearbeitet hat, geholfen haben. Um dies übersichtlicher zu gestalten, wurde der Artikel um eine Illustration im typischen Achtzigerjahre-Stil ergänzt.

Ich versuchte, die Namen der anonymisierten Personen herauszufinden, indem ich zwischen den Artikeln, Stiegs Dokumenten und dem Bericht der Prüfungskommission hin und her blätterte, in dem Südafrika und relevanten Rechtsextremen zusammen zweihundert Seiten gewidmet wurden. Schließlich hatte ich eine Liste.

Planungsgruppe
1. Craig Williamson
2. Mario Ricci, ein Italiener, mit dem Williamson zusammenarbeitete
3. Franz Esser, westdeutscher Autohändler, der für die Fluchtwagen sorgen sollte

In dieser Gruppe war ich mir nur bei Mario Ricci unsicher, weil er nicht in Südafrika, sondern auf den Seychellen wohnte. Aber wie im

Artikel erwähnt wurde, war er Europäer, arbeitete mit Williamson und engagierte sich für Geschäfte mit Südafrika.

Täter

1. Anthony White, wurde am häufigsten in den Artikeln und Dokumenten genannt
2. Roy Allen, sein Name stand auf einer Reiseabrechnung, die möglicherweise gefälscht war
3. Nigel Barnett alias Henry Bacon et al, sprach Schwedisch und besaß einen Magnum Revolver
4. Paul Asmussen, ehemaliger Klassenkamerad von Williamson, wurde in geleaktem Dokument erwähnt

Im Artikel stand etwas von drei Personen, laut einem Informanten sollte die südafrikanische Gruppe jedoch aus zwei Personen bestanden haben. Insgesamt fand ich mindestens vier Namen, die infrage kamen.

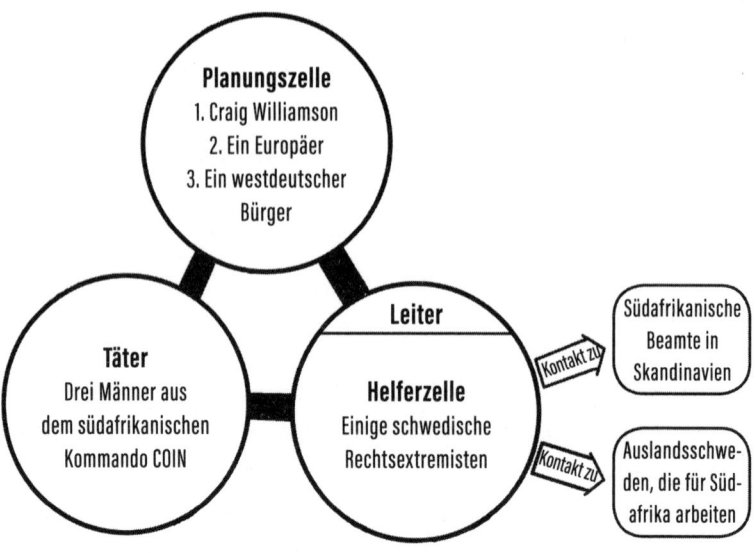

Organisation des Mordes aus *GT* am 28. Mai 1987 (Grafik der Vorlage im Artikel nachempfunden).

Helfer
1. Anders Larsson (Anführer), Kontakt zu südafrikanischen Institutionen
2. Victor Gunnarsson, Bekannter von Anders Larsson
3. Rechtsextreme Polizisten – Carl-Gustaf Östling und Kollegen

Anders Larsson war der Rechtsextremist der *Demokratisk allians*, der vor dem Mord an Palme gewarnt hatte. Victor Gunnarsson wurde mindestens zweimal verdächtigt, am Mord beteiligt gewesen zu sein. Der Polizist Carl-Gustaf Östling tauchte am häufigsten bei den Ermittlungen zur *Polizei-Spur* auf. Andere interessante Personen waren der Regierungsstenograph Bengt Henningsson, der Buchhändler Bo R. Ståhl – beide enge Freunde von Anders Larsson – und der sogenannte Skandiamann, der so passend am Tatort auftauchte.

Südafrikanische Beamte in Schweden
1. Luis Antunes, angolischer Repräsentant der UNITA und Kontakt von Anders Larsson
2. Heine Hüman, kontaktierte 1986 die Polizei. Wurde gebeten, für die Unterkunft der Südafrikaner zu sorgen
3. Jan W. Svensk, Professor mit Wohnsitz in Stockholm und Informant der Südafrikaner

Schweden im Ausland
1. Bertil Wedin

Es war auffällig, dass bereits wenige Monate nach Holmérs Ausscheiden die Polizei ermittelte und mehrere Tageszeitungen von Stiegs Theorie berichtet hatten, dass Südafrika hinter dem Mord steckte.

Nach Holmérs Fortgang konnte die Polizei wieder arbeiten, wie sie es gewohnt war, konnte neuen Spuren nachgehen, und es dauerte nicht lange, bis sie eine Theorie mit sehr konkreter Basis gefunden hatte.

Soweit ich das überblicken konnte, gab es jedoch nichts, was Südafrika und Bertil Wedin mit Alf Enerström oder Jakob Thedelin verband.

Ich blickte nach wie vor auf zwei unterschiedliche Theorien: Stiegs und meine eigene.

MIT DEM MITTELSMANN

Kyrenia, September 2013

Bertil Wedin wurde nie verhört. Laut Polizei, weil er ihnen seit fast drei Jahrzehnten aus dem Weg ging. Laut Wedin, weil sie daran kein Interesse hatten. Ich schätze, Stieg hatte Kontakt zu Wedin aufnehmen wollen, war aber verstorben, bevor sich die Gelegenheit bot. Zeit für mich, es zu wagen.

Das Leben als frisch geschiedener Mann in Stockholm war eintönig und einsam, und eigentlich hatte ich nichts zu verlieren, so fühlte es sich zumindest an. Was war das Schlimmste, was passieren konnte? Bevor ich es mir anders überlegen konnte, hatte ich ein Flugticket nach Zypern gebucht.

Der Flug von Stockholm nach Larnaka kostete bei *Norwegian* knapp tausend Kronen, und die Reisezeit betrug vier Stunden ohne Zwischenlandung. Nachteil war, dass ich mir die Maschine mit leicht angetrunkenen Pauschaltouristen teilen musste, die die günstigen Herbsttickets nutzten, um noch ein bisschen Sonne zu tanken, bevor der lange Winter Schweden in Beschlag nahm.

Ich landete spät abends und fand einen Taxifahrer, der bereit war, mich über die Grenze in die Türkische Republik Nordzypern zu bringen, eines der kleinsten Länder Europas. Das Land mit dreihunderttausend Einwohnern wurde 1966 nach der türkischen Invasion gegründet, die die Hälfte der Insel betraf. Bis heute wird Nordzypern nur von der Türkei als selbstständiger Staat anerkannt und fungiert unter anderem als Zufluchtsort für Kriminelle, da es kein Auslieferungsabkommen mit anderen Ländern gibt.

Die erste Nacht in einem Hotel hatte ich via E-Mail ohne Kreditkarte buchen können. Ich war mir nicht sicher gewesen, ob meine Kreditkarte wegen der Nichtexistenz des Landes dort überhaupt funktionieren würde, weshalb ich in Schweden zweitausend Dollar abgehoben hatte, damit ich ein paar Wochen überleben konnte.

Wir überquerten die Grenze. Der Fahrer fuhr sehr viel schneller über die gewundenen Straßen und durch die kleinen Dörfer als erlaubt. Vermutlich hatte er es eilig, in seinen Teil Zyperns zurückzukehren. Es war bereits nach Mitternacht, als wir in eine Geschwindigkeitskontrolle gerieten. Er musste die gesamte Summe zahlen, die ich ihm vor der Fahrt gegeben hatte.

* * *

Der erste Morgen war hart. Ich saß im großen Frühstücksraum des Hotels, umgeben von englischen, deutschen und holländischen Pauschaltouristen, die von den günstigen Preisen angelockt worden waren und sich nicht darum scherten, ob das Land nun besetzt war oder nicht. Das Hotel war heruntergekommen, und im Speisesaal wurde das Geräusch von Besteck auf Geschirr von den Wänden und dem gefliesten Boden zurückgeworfen. Die Aussicht war vermutlich atemberaubend, aber ich hatte kein Auge dafür. Stattdessen konzentrierte ich mich auf das Buch, das ich mitgebracht hatte: *Rechtsextremismus in der schwedischen Oberschicht* von Karl Alvar Nilsson. Das Buch war bereits etwas aus der Form geraten, weil ich so viele interessante Seiten mit Eselsohren markiert hatte. Aber an diesem Tag konnte ich nicht weiterlesen. Ich fühlte mich noch einsamer als sonst und überlegte, ob ich mir nicht direkt ein Rückflugticket nach Stockholm buchen sollte. Vor all meinen Problemen zu fliehen und mich auf Zypern in die

Recherche zu stürzen, das war mir wie eine gute Idee vorgekommen, aber nun hatte mich die Wirklichkeit eingeholt.

Nach einem Pfannkuchen mit Schokolade und Sprühsahne ging es mir etwas besser, und ich nahm mir ein Taxi, um ein bisschen in Kyrenia oder Girne, wie die Stadt auf Türkisch heißt, spazieren zu gehen. Das Zentrum der kleinen Stadt war malerisch und verfügte über einen kleinen Fischereihafen, wo eine Reihe von Restaurants verriet, dass die größte Einnahmequelle der Tourismus war. An einem Ende des Hafens liegt eine Festung, die im 16. Jahrhundert erbaut wurde, die aber noch immer sehr gut erhalten ist. Ich lief entlang des Uferwegs in die andere Richtung. Wenige 100 Meter entfernt erblickte ich das Hotel Dome, in dem Bertil Wedin 1996 von mehreren internationalen Journalisten interviewt wurde, nachdem einer seiner früheren südafrikanischen Kollegen behauptet hatte, er wäre am Palme-Mord beteiligt gewesen. Das Dome war eine alte Schönheit, eine Perle des Funktionalismus, das sichtlich heruntergewirtschaftet worden war.

Ich schlenderte eine gute halbe Stunde durch die Stadt und bekam einen recht guten Eindruck von ihrer Größe. Es sollte kein Problem sein, herauszufinden, wo Wedin wohnte. Von Bildern wusste ich, dass sein Haus am Rand von Kyrenia lag, aber die Stadt war in den letzten Jahren sicherlich gewachsen. Ich kehrte ins Hotel zurück und verlängerte meinen Aufenthalt um eine Nacht. Dann gab ich mir selbst für den Rest des Tages frei.

Der nächste Tag war effektiver. Am Vormittag hatte ich mir eine Strategie für Wedins Haussuche überlegt und mir für eine Woche ein Auto gemietet, eine E-Mail an die Redaktion des *Svenska Dagbladet* geschickt, um nachzuhören, ob sie sich für ein Interview mit Wedin interessieren würden. Ich hatte Stiegs Zusammenfassung angehängt, um sie neugierig zu machen. Sicherheitshalber unterschrieb ich die E-Mail mit Fredrik Bengtson. Diesen Namen wollte ich verwenden, wenn ich Wedin wirklich zu fassen bekäme.

Bevor die Mittagshitze einsetzte, fuhr ich eine Stunde lang mit meinem Mietwagen durch das Villenviertel und fand gleich drei Villen, die infrage kamen. Vor dem Haus, das ich am wahrscheinlichsten für das von Wedin hielt, standen zwei schrottreife Renaults 12 aus den späten Siebzigerjahren, ein Automodell, das ich meinte, in einem Interview mit Wedin gesehen zu haben. Der Garten war verwildert, fast dschungelartig, und das Wenige, was man vom Haus sehen konnte, verriet, dass es stark renovierungsbedürftig war.

Statt zu klingeln, entschied ich, mir noch einen oder zwei Tage Zeit zu lassen. Bertil Wedin wohnte seit fast dreißig Jahren hier. Er würde sicherlich nicht abhauen, nur weil jemand aus Schweden hier herumirrte. Allerdings war es mir unbegreiflich, weshalb es der Polizei in so vielen Jahren nicht geglückt war, ihn zu vernehmen, obwohl es doch so viele Gründe dafür gab. Es war wirklich keine große Schwierigkeit, ihn zu finden.

Die Hauptpost lag in der Mustafa Cagatay Caddesi. Neben einer Reihe von Türen befanden sich noch immer Telefonkabinen aus Holz, zu denen ein Telefonist internationale Anrufe durchstellen konnte. Direkt daneben war, was ich gesucht hatte: Telefonbücher, die mit den Rücken nach oben an ein Stativ montiert waren. Man konnte sie einzeln hochklappen und dann auf den Rücken der anderen Bücher aufschlagen. Bei nur wenigen hunderttausend Einwohnern sollte es ein Leichtes sein, eine Telefonnummer zu finden. Ich wählte das schmalste Buch und lag richtig. Es war mehrere Jahre alt und gut gebraucht. Unter W fand ich zwei Telefonnummern auf den Namen Bertil Wedin, die ich notierte.

Bevor ich zum Hotel zurückfuhr, drehte ich noch ein paar Runden um sein Haus. Die Dämmerung setzte ein. Beide R12 standen vor dem Gebäude, und durch das dichte Gestrüpp konnte ich schwach das Licht zweier Lampen erkennen. Es war Abend bei den Wedins. Einer von zehntausend Abenden, die sie seit November 1985 hier verbracht hatten.

* * *

Am folgenden Tag war ich voller Energie. Ich schliff meine Geschichte zurecht und probierte mehrere Varianten durch, bevor ich mich für die einfachste entschied. Dann setzte ich mich aufs Bett in meinem schlichten Hotelzimmer und hob den Hörer des Festtelefons ab. Ich wählte Bertil Wedins Nummer. Nach wenigen Freitönen antwortete eine Stimme: »Hallo?«

»Guten Tag, mein Name ist Fredrik Bengtson«, stellte ich mich vor. »Spreche ich mit Bertil Wedin?«

»Das kommt darauf an, wer fragt. Was wollen Sie denn?«

»Ich bin Journalist und von Ihnen fasziniert. Ich würde Sie gern interviewen.«

Ich umklammerte den Hörer und wartete auf seine Antwort.

»Ach, das ist ja schmeichelhaft. Für wen arbeiten Sie?«

»Verschiedene Zeitungen. Ich bin Freiberufler, aber wegen dieses Artikels bin ich mit *Svenska Dagbladet* im Gespräch.«

Mein Pseudonym war nicht aus dem luftleeren Raum ersonnen. Fredrik war mein zweiter Vorname, und da der zweite Vorname meines Vaters Bengt lautete, war Bengtson auch nicht direkt gelogen. Ich hatte mir vorgenommen, mich freundlich, bestimmt und gewählt auszudrücken, da ich annahm, dass Wedin das schätzen würde. Die konservative Zeitung *Svenska Dagbladet* hatte ich gewählt, weil es die einzige schwedische Tageszeitung war, die er vermutlich politisch akzeptierte. Außerdem war die Antwort der Zeitung auf meine E-Mail vom Vortag verhalten positiv ausgefallen: »Melden Sie sich, wenn Sie das Interview geführt haben. Verstehen Sie dies nicht als Auftrag.« Und mir war klar, dass ich so nah wie möglich bei der Wahrheit bleiben musste, sonst würde Wedin mir sicher auf die Schliche kommen.

»Worüber möchten Sie sprechen?«

»Ihr spannendes Leben. In Schweden, in Großbritannien und hier auf Zypern.«

»Haben Sie auch Fragen zum Mord an Olof Palme?«

»Ja, die habe ich, wenn es Ihnen recht ist.«

Jetzt konnte ich ihm fast beim Nachdenken zuhören. Mir war bekannt, dass er in den letzten Jahren schon viele Interviews ablehnt hatte.

»Gibt es ein gewisses Budget?«

Mit dieser Frage hatte ich gerechnet, vielleicht nur nicht so schnell. Das heruntergekommene Haus, die schrottreifen Autos, alles Zeichen dafür, dass Wedins finanzielle Lage nicht sonderlich gut war. Wie viel war wohl angemessen?

»Ich kann Ihnen zweihundertfünfzig Britische Pfund für das Interview anbieten«, sagte ich also.

Nach einer kurzen Pause erwiderte Wedin: »Dann sagen wir Folgendes: Zweihundertfünfzig Pfund für ein etwa ein- bis zweistündiges Interview. Wir sehen uns morgen um Punkt elf im Hotel Dome.«

Es hatte funktioniert! Mir war etwas gelungen, das die schwedische Polizei in fast drei Jahrzehnten nicht bewerkstelligt hatte. Morgen würde ich einen von Schwedens notorischsten und sagenumwobenen Rechtsextremen und Agenten treffen.

DER MITTELSMANN – ERSTER TAG

Kyrenia, September 2013

Das Frühstück am nächsten Morgen bot nichts Neues. Der gleiche schwache Kaffee, das gleiche Rührei und das gleiche helle Brot. Aber ich war hochkonzentriert und vergaß fast das Essen. Heute bedurfte es keines Pfannkuchens.

Ich trug ein gebügeltes, langärmliges, gestreiftes Hemd, dazu eine hellgraue Chinohose und Schnürschuhe. Eifrig notierte ich Fragen auf meinem Block. Zwischen all den farbenfroh gekleideten Touristen in Shorts und Flipflops musste ich merkwürdig wirken.

Ich bemühte mich, zehn Minuten vor elf in der Bar des Hotel Domes zu sein, um innerlich zur Ruhe zu kommen. Das spartanisch eingerichtete Lokal mit seinen braunen Tischen und mit weinrotem Plastik bezogenen Lehnstühlen war leer, und ich fragte mich, ob ich wirklich richtig war.

Um Punkt elf Uhr tauchte Bertil Wedin auf. Gebügelte helle Hose, makelloses langärmliges Hemd mit hochgekrempelten Ärmeln und geputzte Schuhe. Er war gekleidet, wie ich es vermutet hatte, mein eigener Aufzug passte glücklicherweise. Bertils Gesicht war noch immer wie aus Granit gemeißelt, wie auf den alten Bildern, die ich gesehen hatte, bloß etwas faltiger. Auf seinen Lippen nicht der Anflug eines Lächelns, ich schien mich mit einem Mann verabredet zu haben, mit dem nicht zu spaßen war. Durch leichten Druck startete ich die Aufnahme meiner Stiftkamera, die ich vor meiner Abreise nach Zypern gekauft hatte. Sie steckte in meiner Brusttasche, und mit ein bisschen Glück würde ich dadurch Bild und Ton unseres Treffens haben.

»Fredrik Bengtson, *I presume?*«

»Ja, ganz genau. Schön, Sie kennenzulernen, Bertil.«

»Was meinen Sie, setzen wir uns nach draußen und bestellen ein Bier?«

»Sehr gern.«

Wedin führte mich durch die Lobby und den hinteren Teil der Bar hinaus zur Terrasse am Swimmingpool. Auf der zum Meer gewandten Seite war noch immer dasselbe Geländer, vor dem er fast zwanzig Jahre zuvor fotografiert worden war. Wir setzen uns an einen Tisch im Schatten eines Sonnenschirms. Ich legte mein iPhone auf den Tisch, das ich in den Flugmodus versetzt hatte, damit meine Aufnahme nicht durch einen eventuellen Anruf gestört wurde. Nur zur Sicherheit, falls der Stift seinen Dienst versagte.

»Ich war so frei, *Svenska Dagbladet* anzurufen«, sagte Wedin. »Um Ihre Angaben zu prüfen. Dort erfuhr ich, dass sie noch nie etwas von einem Fredrik Bengtson veröffentlicht haben.«

Mein Herz schlug schneller; ich spürte, wie mir langsam die Röte ins Gesicht stieg.

»Aber dann bestätigten sie, dass sie sich für einen Artikel von Ihnen interessieren, also können wir anfangen«, fuhr Wedin fort. »Haben Sie das Geld dabei?«

Insgeheim dankte ich meinem Glücksstern, dass ich mich ausnahmsweise sorgfältig vorbereitet hatte. Offenbar nahm die Zeitung das Vorhaben doch ernst, wenn sie es sogar gegenüber Wedin bestätigten. Ich holte mein Portemonnaie hervor und legte zweihundertfünfzig Pfund auf den Tisch. Wedin steckte sie sofort ein, ohne nachzuzählen.

»Also, was wollen Sie wissen?«

»Fangen wir doch einfach von vorne an. Erzählen Sie mir von Ihrer Zeit im Kongo.«

»Sie sind sorgfältig. Mal sehen, wohin wir in den zwei Stunden kommen«, erwiderte Wedin. »Fangen wir mit dem 6. August 1963 an, einem wichtigen Tag in meinem Leben. Ich war schon lange Leutnant der UN im Kongo. Der UN-Generalsekretär Dag Hammarskjöld war wenige Jahre zuvor bei einem Flugzeugabsturz ums Leben gekommen. Offiziell gab es keine Rebellentruppen mehr; es war unsere Aufgabe, zu prüfen, ob dem wirklich so war. Die CIA übernahm diese Aufgabe aus der Luft und teilte mit, dass sie keine Truppen feststellen konnten. Aber der Bereich, den wir abdecken sollten, war größer als Schweden, und ich hatte Gerüchte gehört, dass es in einem bestimmten Dorf noch Rebellen geben sollte. Eine kleine Gruppe UN-Soldaten flog hin. Um zu zeigen, dass wir in friedlicher Mission kamen, hatten wir keine Waffen dabei, nur ich trug eine Pistole des schwedischen Herstellers Husqvarna. Während wir mit dem Dorfältesten sprachen, wurden wir plötzlich von hundertfünfzig Soldaten umzingelt, die mit Maschinengewehren um sich schossen.«

»Und dann zogen Sie Ihre Waffe?«

»Wir wurden alle gefangen genommen, auch unser Oberbefehlshaber Axel Munthe-Kaas. Da stand ich also mit meiner Pistole, die ich auf zwei Katangesen mit Maschinengewehren richtete, und bekam im letzten Moment von ihm den Befehl, die Waffe abzugeben.«

»Warum haben Sie die Waffe überhaupt gegen so viele Gegner gezogen?«

»Ich war Geheimagent, aber auch Leibwächter des Oberbefehlshabers. Es war meine Pflicht. Auf jeden Fall wurden wir gefangen genommen und schnell wegen Spionage zum Tode verurteilt. Wir wurden mehrmals vor eine Wand gestellt, um hingerichtet zu werden, aber jedes Mal fingen sie eine Diskussion darüber an, wie sie vorgehen wollten. Schließlich kamen sie zu dem Schluss, dass sie uns die Penisse abschneiden und der ersten Frau ihres Anführers geben wollten, damit sie sie trocknen und um den Hals tragen konnte.

»Was für eine primitive Idee.«

»So kann man das wohl ausdrücken«, sagte Wedin. »Wenn sie wirklich unsere Penisse abschneiden sollten, wollte ich mich auf den erstbesten Katangesen stürzen, damit ich erschossen wurde. Aber Munthe-Kaas war in Diplomatie ausgebildet und konnte es lange Zeit hinauszögern. Sie servierten unsere Henkersmahlzeit, die aus Coca-Cola und Dosensardinen bestand. Ich mochte keine Coca-Cola, aber die Sardinen waren gut. Die Vereinbarung mit unserem Hauptquartier in Elisabethville war, wenn wir nicht um sechzehn Uhr zurückwaren, würden sie zweitausend Mann schicken. Die Katangesen sagten, sie würden uns auf der Stelle erschießen, wenn Verstärkung käme. Zu unserem Glück war der wachhabende Offizier im Hauptquartier nach dem Mittagessen eingeschlafen, es kam also keine Verstärkung. Als es achtzehn Uhr war, gingen die Katangesen davon aus, dass niemand mehr kommen würde, und ließen uns zurückfliegen.«

»Sie kamen also ohne Schaden und Verluste davon?«

»Ja. Was man von den Rebellen nicht behaupten konnte. Major Munthe-Kaas wollte es verhindern, aber der UN-General befahl, Truppen dorthin zu schicken und alle Rebellen zu töten, und so geschah es auch.«

»Und dann?«

»Dieses Ereignis hatte zwei Folgen. Einmal feiere ich jedes Jahr den 6. August mit einer Dose Sardinen, weil ich meinem Todesurteil von 1963 entkommen bin.«

»Und die andere Folge?«

»Seitdem habe ich mein Leben dem Kampf gegen den Kommunismus gewidmet.«

Der Kellner erschien und fragte, ob wir noch etwas wünschten.

»*Large beers?*«

»*No, today we go for lady beers*«, antwortete Bertil mit seinem höflichen, aber leicht steifen Lächeln.

Bertil schwärmte von seiner Zeit nach dem Kongo, was ich nur schwer nachvollziehen konnte. In Wien war er Assistent des konservativen Journalisten Arvid Fredborg gewesen, der Konferenzen gegen den Kommunismus organisierte und dem *Stay behind*-Gründer Alvar Lindencrona nahestand. Die geheime Widerstandsgruppe *Stay behind*, erklärte er, war die letzte Verteidigungslinie für den Fall, dass Schweden besetzt würde, und bestand aus unabhängigen kleinen Zellen. Bertil war ein Mitglied von *Stay behind* gewesen, »vom konservativen Zweig«, wie er es ausdrückte.

Als er längere Zeit wieder in Schweden war und beim Verteidigungsstab arbeitete, wurde er beschuldigt, der südvietnamesischen Regierung nahezustehen, und 1967 musste er seine Arbeit niederlegen. Daraufhin übertrug Marcus Wallenberg ihm die Verantwortung für das sogenannte *Näringslivets Information* (*Informationen über das Wirtschaftsleben*). Diese Agentur übernahm eigene und externe Untersuchungen und Projekte für die Säpo oder die Sicherheitsabteilung des Verteidigungsstabs. Eine abwechslungsreiche Aufgabe, wie Bertil fand. Am einen Tag saß er da und lieferte sich eine Verbalschlacht mit Ebbe Carlsson in der Bar der Stockholmer Oper, am nächsten Tag nahm er an einer Konferenz oder an einer öffentlichen Debatte teil.

»Moment, Sie kannten Ebbe Carlsson?«, fragte ich.

»Ja, aber nicht besser als alle anderen, die in die Operabaren oder zu Pressekonferenzen gingen. Wir grüßten uns, wechselten ein paar Worte, so war das damals«, sagte Bertil.

Er machte eine Pause, trank einen Schluck Bier und senkte dann die Stimme.

»Dann kam das nächste Ereignis, das meinem Leben eine neue Richtung geben sollte. Ein Kollege der Agentur bat mich darum, seinen Sohn zu treffen, um über seinen Wunsch zu sprechen, als Söldner nach Rhodesien zu reisen. Dort war ich selbst noch nie gewesen, aber Afrika war mir vertraut. Wir beschlossen, uns in der Kneipe *Tudor Arms* auf Östermalm zu treffen, wo ich häufig einkehrte. Dort stießen wir auf einen Bekannten, der sich zu uns gesellte.«

»Und wer war das?«

»Ein amerikanischer Diplomat. Damit war mein Schicksal besie-
gelt. Die Zeitschrift *FiB Kulturfront* veröffentlichte kurz darauf eine
Reportage, dass ich im Auftrag der CIA Söldner für Ian Smiths rassistisches Regime in Rhodesien anwarb. Eine Falle, in die ich direkt
mal getappt war.« Als Bertil das Wort »Falle« aussprach, rauschte mir
nur so das Blut in den Ohren. Ich trank schnell einen großen kalten
Schluck Bier aus der Flasche. Ich hoffte, dass er mir meine plötzliche
Nervosität nicht ansah.

»In der Folge verlor ich einmal mehr meine Anstellung. Ich war
alles leid, und um dem Weihnachtsstress in Schweden zu entkommen,
wollte ich nach Saigon in Südvietnam fliegen.«

Jetzt musste ich nachdenken.

»Herrschte dort zu der Zeit nicht Krieg? Warum wollten Sie dorthin?«

»Ich kannte dort einen buddhistischen Mönch, den ich besuchen
wollte.«

Auch wenn Bertils Geschichten häufig gerade noch am Rande der
Glaubwürdigkeit balancierten, traf das für diese nicht zu. Bertil gehörte zu den wenigen Befürwortern der USA im Vietnamkrieg, wofür er
in der Presse oft kritisiert wurde. Hätte er gesagt, er wäre hingeflogen,
um dort zu kämpfen, wäre das wesentlich nachvollziehbarer gewesen.

»Und waren Sie dort?«

»Nein, ich entschied mich im letzten Moment am Flughafen um
und flog stattdessen nach Zypern. Wenige Wochen später traf ich dort
meine spätere Frau. Wir lebten einige Jahre in Schweden und zogen
1975 nach London.«

Ich hob die Hand, um ihn zu stoppen. In Stiegs Archiv gab es mehrere Mappen über die Organisationen und Personen, zu denen Bertil
Kontakt hatte.

»Jetzt haben Sie ein paar Stationen übersprungen. Mich interessieren die Organisationen, für die Sie tätig waren. Zum Beispiel die *Demokratisk allians*. Das war doch noch, bevor Sie Schweden verließen?«

»Ich war kein Mitglied. Ich war zwar häufig dort, aber nie Mitglied.«

»Aber Anders Larsson von der *Demokratisk allians* kannten Sie?«

»Oh, ja.«

»Was können Sie mir über ihn erzählen?«

»Nichts Gutes. Anders Larsson war ungeheuer verlogen. Ein schlechter Mensch. Ich sage das nicht gern, aber er war nicht so, wie er sich gab.«

»Und das heißt?«

»KGB. Permanent. Und mental war er schwach, sozusagen. Aufgeweckt war er, intellektuell gesehen, aber er hatte so seine Probleme, Schizophrenie oder wie das heißt. Irgendetwas stimmte nicht mit ihm. Er konnte keinen normalen Job halten, deshalb bekam er den Job als Bibliothekar beim *Baltiska kommittén* und Unterstützung vom Amt. So hatte das *Komitee* eine unbezahlte Arbeitskraft und Anders Larsson etwas zu tun.«

Starke Worte über einen Toten. Ich hielt es für das Beste, abzuwarten, bis Wedin weitersprach.

Nach einer langen Pause sagte Bertil: »Ich war recht aktiv im *Baltiska kommittén*, das auch im *WACL* und im *Nya Tisdagsklubben* mitmischte. Und im *Svenska frihetsrådet*. Anders Larsson hatte überall seine Finger drin.«

Bertil und ich saßen nun seit fast vier Stunden zusammen und hatten genauso viele Biere getrunken. Dabei waren wir noch lange nicht bei seiner Zeit als südafrikanischer Agent für Craig Williamson angekommen. Aber er hatte mir Faszinierendes über ein längst verschwundenes Schweden und über seine Zeit in London erzählt. Er war ein guter Erzähler, und ich schlüpfte in die nur zu bequeme Rolle des Zuhörers. Wenn dies unser erstes und letztes Treffen bleiben sollte, war es ein Fehler, nicht mehr Fragen gestellt zu haben. Wenn wir uns noch einmal sehen würden, hatte ich Vertrauen geschaffen. Weil er erzählen konnte, was er wollte. Um fünf Uhr stand Wedin auf.

»Schön, einen zivilisierten Schweden zu treffen. Wer übernimmt die Rechnung? Sie oder ich?«

»Die übernehme selbstverständlich ich, schließlich habe ich um dieses Treffen gebeten. Sehen wir uns morgen wieder?«

Mir war nicht klar, ob es an meiner Bereitschaft lag, die Rechnung zu begleichen, oder ob er wirklich Lust dazu hatte, aber wir einigten uns auf ein Treffen zur selben Zeit am nächsten Tag.

Vorsichtig fuhr ich zurück zum Hotel, berauscht vom Bier und der Euphorie, dass mein Plan funktioniert hatte. *Denk dran, hier herrscht Linksverkehr. Denk dran, mit Links zu schalten. Nein, das war der Scheibenwischer.*

* * *

Als ich um zwanzig Uhr in den Speisesaal ging, um zu Abend zu essen, war ich wieder nüchtern, spürte aber noch das Adrenalin; schließlich hatte ich Bertil Wedin getroffen. Die vielen Eindrücke, der hervorstechendste wohl, dass er so nahbar war. Ich hatte mir eine harte Persönlichkeit vorgestellt, die zu der taffen Fassade passte. Stattdessen traf ich einen Mann mit einem Verlangen danach, geschätzt und gebraucht zu werden. Durch sein mittlerweile dreißig Jahre währendes, selbstgewähltes Exil auf Nordzypern schien er weder das eine noch das andere häufig zu erfahren.

Man wies mir einen Platz am letzten freien Tisch zu, und schon bald gesellten sich zwei Türken zu mir, die kein Wort Englisch sprachen. Unter normalen Umständen wäre es ein sehr stilles Mahl geworden, aber an diesem Abend konsumierten die beiden Kranführer aus Ankara und ich Unmengen von Raki und Meze und lösten die Mysterien des Lebens ohne eine gemeinsame Sprache zu sprechen. Morgen war ein neuer Tag.

DER MITTELSMANN – ZWEITER TAG

Kyrenia, September 2013

Irgendwie gelang es mir aufzustehen. Ein Hemd zu bügeln erforderte übermenschliche Fähigkeiten. Im Speisesaal bat ich um einen extra starken Kaffee. Wieder war ich – fast – einwandfrei gekleidet und lauschte der gestrigen Aufnahme, die mit doppelter Geschwindigkeit ablief, während ich mir eifrig Notizen machte. Da erst fiel mir auf, dass Wedin einen der ältesten Tricks der Welt angewendet hatte. Am Anfang unseres Gesprächs hatte er gefragt, wie alt ich war. Eine knappe Stunde später nach meinem Geburtsjahr. Hätte ich bei meinem Alter gelogen, hätte ich bei der Frage sicher gezögert. Vordergründig waren wir freundlich, aber wir wussten beide, worum es ging. Wir wollten über seine Arbeit beim südafrikanischen Geheimdienst und seine mögliche Beteiligung am Palme-Mord sprechen.

Wedin war pünktlich, aber meine mangelnde Selbstdisziplin machte sich bemerkbar. Ich suchte lange nach einem Parkplatz und kam eine Viertelstunde zu spät. Bertil saß am selben Tisch auf der Terrasse. Obwohl ich aus der Defensive startete, kam ich direkt zur Sache, was Wedin offenbar gefiel. Er reagierte nicht weiter, als ich das Handy auf den Tisch legte. Die Aufnahme lief.

»Wann haben Sie Craig Williamson zum ersten Mal getroffen?«

»Das ist eine Geschichte für sich. Als ich 1975 nach London umzog, bekam ich eine Reihe von Aufträgen von Brian Crozier. Er war ein fantastischer Journalist, der für *The Economist* und *Reuters* arbeitete, aber seine wichtigste Aufgabe war der freie Geheimdienst mit dem unscheinbaren Namen *The 61*, den er 1977 mit ein paar ehemaligen CIA- und MI6-Agenten gründete.«

»Erfüllten Sie auch Aufträge in England?«

»Nein, in den USA und später in Südafrika. Das war Ende der Siebzigerjahre, und ich erforschte sowjetische Spionageaktivitäten auf amerikanischem Boden. Das war eigentlich die Aufgabe des FBI, aber die CIA wollte mehr wissen, durfte aber nicht weitermachen. Ich als Journalist hingegen schon. Wenn ich Probleme bekam, konnte ich auf die Unterstützung der CIA bauen, aber mein Auftraggeber blieb Crozier, d.h. und *The 61*. Als ich fertig war, wollte die CIA den Bericht direkt von mir, aber ich übergab ihn an Crozier, der ihn wiederum persönlich Ronald Reagan aushändigte, dessen Kommentar dazu war: ›Das ist das Ende der Sowjetunion.‹«

Sofort litt ich an Informationsüberflutung. Ich hatte einen Kater und saß mit einem ehemaligen südafrikanischen Agenten, der angeklagt worden war, weil er mehr als nur eine Rolle im Mord an Palme gespielt haben sollte, aber nie verhört worden war, in einem offiziell nicht existenten Land. Und jetzt erzählte er mir, dass seine Arbeit die US-Politik gegenüber der Sowjetunion beeinflusst haben sollte. Ich hatte keinerlei Möglichkeit, hier vor Ort zu prüfen, ob seine Angaben stimmten. Auch später nicht, fürchtete ich. Also lauschte ich gespannt weiter.

»Mein nächster Auftrag für *The 61* führte mich nach Südafrika, dort sollte ich herausfinden, was die Sowjets planten. Ich war recht gut darin, weil ich diese Art von Arbeit gewohnt war. Außerdem schrieb ich Artikel, die Crozier unter anderem Namen in großen Zeitungen unterbrachte. Die Länder, die ich im Auge behalten sollte, waren Südafrika, Namibia und Rhodesien, das kurz davorstand, seinen Namen in Zimbabwe zu ändern.«

Wedin trank einen Schluck aus seiner Bierflasche, als bräuchte er Zeit zum Nachdenken.

»Nun, eine meiner Reisen, vielleicht war es 1980, führte mich nach Johannesburg, wo ich einen Artikel mit schwedischem Bezug las. Ein südafrikanischer Spion namens Craig Williamson hatte eine Organisation namens *IUEF* infiltriert, die von Schweden geleitet wurde. Ich nahm sofort Kontakt zu ihm auf, und wir vereinbarten ein Treffen.«

»Und das war noch in Johannesburg?«

»Ja. Wir trafen uns in einer Hotelbar, ich trank etwas Alkoholisches, er nur Pepsi Light. Er war ziemlich dick.«

»Ja, ich hab Fotos von ihm gesehen.«

»Aber er war sehr interessant und außerdem hilfsbereit. Er bestätigte mehr oder weniger alles, was in den Zeitungen stand. Etwas später rief ich ihn an und fragte, ob er Interesse an meiner Arbeit hätte. Schon bald rief mich ein Mitarbeiter von seiner Scheinfirma, *African Aviation Consultants*, an, der mir 1000 Pfund im Monat anbot. Ziemlich viel Geld damals, und ich stimmte zu. So fing meine Zusammenarbeit mit Craig Williamson an.«

»Und dann organisierten Sie den Einbruch in die Büros der Befreiungsorganisationen? Ich meine *ANC*, *PAC* und *SWAPO*.«

Wedin schreckte zurück.

»Alles, was ich für *African Aviation Consultants* und Craig Williamson machte, war legal. Ich sollte Informationen sammeln, wie jeder andere Journalist es auch tut. Alle Anklagepunkte gegen mich, diesen Einbruch betreffend, wurden fallengelassen. Noch mal deutlicher: Ich habe nicht mit dem südafrikanischen Geheimdienst zusammengearbeitet, habe wissentlich keine gestohlenen Dokumente entgegengenommen und war an keinem Einbruch beteiligt. Ich bin komplett unschuldig.«

»Haben Sie mit Peter Casselton zusammengearbeitet?«

»Ich kannte ihn. Er wurde für den Einbruch zu vier Jahren Haft verurteilt und saß davon achtzehn Monate.«

»Sie meinen absitzen?«

»Ja, vielleicht heißt es auch so. Nach vierzig Jahren im Ausland vergesse ich manchmal meine Muttersprache.«

Wedin lehnte sich vor und sprach leiser. Im Vorfeld hatte ich erfahren, dass das seine Angewohnheit war, wenn er etwas betonen wollte. Ich lauschte.

»Als ich freigesprochen wurde, mein Sieg gewiss war, meldeten sich selbstverständlich massenweise Journalisten. Ich war Mitglied der *Foreign Press Association*. Alle kamen sie, um mir zu gratulieren. Nur eine Gruppe nicht, die Schweden. Angeführt vom ersten Sekretär der schwedischen Botschaft marschierten sie geschlossen hinaus. Taten so, als sähen sie mich nicht. Keiner von ihnen schrieb über meinen Erfolg. Über den Ausgang des Prozesses.«

Wedin lehnte sich wieder zurück.

»Wie Sie sicher nachvollziehen können, halte ich nicht viel von den schwedischen Medien. *Svenska Dagbladet* bildet da unter Umständen eine Ausnahme.«

»Wie war Craig Williamson denn privat?«

»Weil ich davon ausgehe, dass er Ihren Artikel lesen wird, sollte ich vielleicht nicht zu kritisch sein. Er war … Ich habe mich oft mit ihm unterhalten, und er war sehr nett.«

»War er gefährlich?«

»Gefährlich … Erschossen hat er mich schon mal nicht, aber wenn wir uns politischen Themen näherten, dann … Ich würde mich selbst als eher liberal bezeichnen, und er behauptete, ebenfalls liberal zu sein. Aber das kann man ja auf unterschiedliche Arten sein.«

»Was genau haben Sie denn für Craig gemacht?«

»Nicht so viel. Oft hieß es über mich, ich sei Agent der Südafrikaner gewesen, aber ich war gleichermaßen Agent für sie wie für den KGB, als ich noch in Schweden wohnte.«

»Haben Sie von Craig gehört, als die Südafrikaner einander die Schuld am Palme-Mord gaben?«

»Nein, er hat sich nie gemeldet. Peter Casselton rief an, aber er muss betrunken gewesen sein. Kurz darauf verunglückte er.«

»Wie denn?«

»Ich glaube, er war bei einem Freund und reparierte einen Lkw, als der Motor ansprang und ihn gegen die Wand presste. Keine schöne Geschichte.«

»Allerdings. Allerdings.«

Wedin strich sich übers Kinn und zögerte.

»Hören Sie, Fredrik, wir müssen an dieser Stelle aufhören, wenn Sie keine weiteren Fragen haben.«

Das, was ich befürchtete hatte, drohte einzutreffen. Es war mir noch nicht gelungen, die nötigen Fragen rund um den Palme-Mord zu stellen, und Bertil wollte offenbar aufbrechen. Einer spontanen Eingebung folgend, wagte ich etwas.

»Ich habe tatsächlich noch ein paar Fragen. Die lassen sich aber vermutlich nicht so schnell beantworten«, sagte ich. »Ich habe eine Zusammenfassung, die Stieg Larsson über Sie geschrieben hat.«

»Stieg Larsson? Der Krimiautor?«

Ich nickte.

»Er hat über Sie geschrieben und seine Unterlagen Ende 1987 bei der Palme-Ermittlungsgruppe eingereicht.«

»Zeigen Sie her!«

Eifrig streckte Wedin die Hand aus und schaute neugierig auf meine Tasche, als könnte er sehen, dass das Dokument dort lag.

»Ich habe die Unterlagen leider im Hotel gelassen. Wenn wir uns morgen wiedersehen, bringe ich sie mit und stelle Ihnen noch ein paar abschließende Fragen.«

Eitelkeit hat eine große Zugwirkung. *Wenn einer der bekanntesten Krimiautoren der Welt etwas über dich geschrieben hat, willst du es auch lesen,* dachte ich. In Wedin schien es zu arbeiten es, aber schlussendlich gab er nach.

»Okay, morgen noch ein letztes Mal. Aber da müssen wir früh aufhören, weil Freitag ist.«

Mir war es egal, wie lange wir zusammensitzen konnten. Hauptsache, wir würden uns noch ein letztes Mal treffen. Ich musste nur noch einen Weg finden, unser Gespräch zu filmen. Das Handy zeichnete zuverlässig auf, aber die Videofunktion des Spionstiftes hatte sich verabschiedet. Zeit für eine kleine Shoppingtour in Kyrenia.

* * *

Eine knappe Stunde später, nach dem Besuch in einem Fotogeschäft, war ich zurück im Hotel und stolzer Besitzer einer weinroten Digitalkamera der Marke Canon. Sie machte Filmaufnahmen ohne leuchtendes rotes Lämpchen und kostete bloß 1000 Schwedische Kronen.

An diesem Abend galt beim Essen ein Hawaiimotto, und ich ließ mich in die Welt der Pauschaltouristen mitreißen. Gegen zweiundzwanzig Uhr wechselten alle in die Hotelbar, und auf dem Weg dorthin griff jemand beherzt nach meinem Arm. Ich fuhr herum und wurde von einer Frau – etwas jünger als ich, um die vierzig – angestarrt, die mich weiter festhielt.

»Wer sind Sie eigentlich? Morgens wirken Sie autistisch, sitzen zurechtgemacht da und kritzeln in ein Notizbuch. Am Abend sind Sie *all over the place*, tanzen und trinken. Und dann gestern die beiden Türken. Was haben Sie mit den Türken zu schaffen?«

Die beiden Interviewtage mit Wedin hatten mich aufgewühlt, aber diese Frau machte mich sprachlos. Schließlich fragte ich die Frau einfach nur mit niederländischem Akzent, ob ich sie auf einen Mai Tai einladen dürfte. Inklusive Schirmchen und Cocktailkirsche.

DER MITTELSMANN – DRITTER TAG

Kyrenia, September 2013

Selbst nach zwei Tagen, in denen ich acht Stunden in Wedins Gesellschaft verbracht hatte, sorgte ich mich noch um meine Sicherheit; dabei wurde er mir langsam sympathisch. Auch wenn ich die ganze Wahrheit nicht kannte, hatte er in gewisser Weise durch seinen Hausarrest auf dieser Insel frühere Taten verbüßt. Sein Leben war 1986 erstarrt wie sein eigenes Pompeji. Gestrandet in einem Land, das es offiziell nicht gab, in einem Haus, das langsam verfiel und zuwucherte. Einzig geblieben waren ihm die Erinnerungen an den Kalten Krieg, als er noch im Zentrum des Geschehens stand. Ironischerweise hatte er für die westliche Seite und somit gegen die Sowjetunion gekämpft, also der Gewinnerseite angehört, war aber trotzdem vergessen worden, nachdem der Krieg vorbei und der Rauch verzogen war.

Seit ich den Menschen kennengelernt hatte, kamen mir Zweifel an seinem Ruf. Obwohl ich die Kompromisslosigkeit in seinen eiskalten blauen Augen gesehen hatte, die mir wiederum bestätigte, dass vermutlich der Großteil dessen, was Stieg über Wedin geschrieben hatte, der Wahrheit entsprach.

Zu unserem letzten Gespräch kam ich besser vorbereitet. Ich war pünktlich, hatte die nötige Ausrüstung dabei, alle Dokumente und außerdem alles aufgeschrieben, was ich brauchte. Unser Treffpunkt war wieder die Terrasse der Hotelbar. Das Handy zeichnete auf, und auch die Digitalkamera stand auf dem Tisch und filmte Wedin, der sehr aufrecht mir gegenübersaß, wohl um direkt zu signalisieren, dass wir uns heute nicht lange unterhalten würden.

»Haben Sie Stieg Larssons Memo dabei?«

»Ja, allerdings dachte ich, wir fangen mit einer Liste der Namen an, die ich hier und da aufgeschnappt habe. Ich würde gern wissen, ob Ihnen die Personen bekannt sind.«

Wedin wirkte nicht gerade erfreut, sträubte sich aber nicht. Also fragte ich meine Liste ab, die drei Seiten lang war. Ich hatte mit voller Absicht die Namen von Personen ausgewählt, die er kannte, und von anderen, zu denen er vermutlich nie Kontakt gehabt hatte.

Anders Larsson und Ebbe Carlsson hatten wir ja schon abgehakt. Zu meiner Verwunderung sagte er, dass er den Regierungsstenographen Bengt Henningsson nicht kannte. Das wunderte mich, da mehrere Zeitungen, darunter auch *GT,* geschrieben hatten, dass Bertil Wedin, Bengt Henningsson und Anders Larsson vor dem Mord zueinander Kontakt hatten.

Wedin kannte die meisten Angestellten der Zeitschrift *Contra,* war sogar lange ihr Korrespondent im Mittleren Osten gewesen. Der Chefredakteur Carl G. Holm hatte Wedin entdeckt und dem Industrieverband empfohlen, der ihn anstellte. Hans von Hofsten und Joel Haukka sagten ihm etwas, aber er war sich nicht sicher, ob er je einen von ihnen persönlich getroffen hatte.

Wedins Reaktion auf Palmes engen Mitarbeiter Bernt Carlsson war interessant. Ich fragte nach ihm, weil Bernt Carlsson die Arbeit des *IUEF* leitete, während Craig Williamson die Organisation infiltrierte. Wedin kannte Bengt Carlsson nicht, sagte aber, er sei überzeugt davon, dass das Flugzeug über Lockerbie gesprengt wurde, weil sich Bernt Carlsson an Bord befand. Wenige Wochen vor der Katastrophe, so Wedin, hatte Bernt Carlsson seine engsten Freunde zu sich eingeladen und weinend gesagt, er würde bald sterben. Wedin presste ein paar Krokodiltränen hervor, um zu demonstrieren, wie Bernt Carlsson geweint hatte. Ich war beeindruckt. Der Agent Wedin konnte auf Knopfdruck weinen. Damit hatte er mir bewiesen, dass seine schauspielerischen Fähigkeiten größer waren, als ich gedacht hätte.

»Darf ich mir nun das Memo anschauen?«, fragte er, als wir meine Liste abgearbeitet hatten.

Er saß seitlich mit übereinander geschlagenen Beinen. Für mich bestand kein Zweifel daran, dass er auf dem Absprung war, und das Einzige, was ihn noch hielt, war das Versprechen, das Dokument zu sehen.

Ich konnte es nicht länger hinauszögern, aber glücklicherweise kam genau in diesem Moment der Kellner und fragte, ob die nächste Runde fällig war, was zu genug Zeit und Ablenkung führte, sodass ich kurz prüfen konnte, ob die Kamera auf dem Tisch filmte.

»Ich habe mir überlegt, Ihnen Seite für Seite zu geben, damit Sie auf das reagieren können, was darauf steht.

Wedin nahm das erste Blatt entgegen, las aufmerksam und bat dann immer wieder um das nächste, bis er das komplette Memo gelesen hatte. Obwohl er keine Miene verzog, erahnte ich Verwunderung und Stolz auf seinem Gesicht. Dann fing er an zu leugnen.

»Ich weiß nicht, was in diesem Fall mit Mittelsmann gemeint sein soll. Ich war jedenfalls weder Mittels noch Mann in diesem Fall. Niemand bat mich um meine Unterstützung. Kein Mensch der Welt hat je mit mir über Palme oder über Mordpläne gesprochen. Ich bin nicht mal im Entferntesten um Hilfe gebeten worden, habe nie eine Aussage gemacht, die in irgendeine Richtung weisen könnte. Keine einzige. Keine einzige. Nichts dergleichen. Gar nichts, es gibt nichts … Man sagt ja gern, wo Rauch ist, ist auch Feuer. Ich weiß, welchen Ruf ich habe – rechtskonservativ, mag Palme nicht und so weiter. Aber ich habe nichts davon getan. Nicht das Geringste. Und ich bin auch von niemandem um irgendetwas davon gebeten worden. Wer immer das behauptet hat, kannte mich nicht oder traute mir nicht. Ich wurde nicht befragt.«

Wedin stritt hartnäckig und überzeugend alle Vorwürfe ab. Ein einfaches »Ich war nicht beteiligt« hätte gereicht, aber es war verständlich, dass er mehr dazu sagen wollte, nachdem er Mal für Mal, Jahr für Jahr dieselbe Anschuldigung zurückweisen musste. Wedin stritt tatsächlich ab. Ich stellte keine weiteren Fragen zu seiner eventuellen Verwicklung in den Mord an Olof Palme. Das war überflüssig. Aber so leicht wollte ich das Thema trotzdem nicht aufgeben.

»Wer hat Olof Palme ermordet?«

»Darüber habe ich einen Artikel für *Contra* geschrieben, aber den kennen Sie vermutlich. Ich habe eigene Nachforschungen angestellt und Material zusammengetragen. Ich habe wiederholt versucht, meine Erkenntnisse den schwedischen Behörden zu übergeben. Erst an Kabinettsekretär Pierre Schori, dann an die schwedische Polizei. Niemand hatte Interesse. Im Gegenteil, ich wurde eher gehindert.«

»Hätten Sie das nicht umgehen können, indem Sie das Material einfach per Einschreiben gesandt und gleichzeitig die Presse eingeschaltet hätten?«

»Darunter befindet sich viel zu sensibles Material, um die Presse einzuschalten. Und bei einem Einschreiben kann man nicht kontrollieren, was ich geschickt habe. Ich glaube, dass es ein türkischer Mitbürger war, der einer Organisation angehörte, von der ich erst später erfuhr, dass sie PKK hieß. Er tötete Palme und war unter anderem von einer Frau aus Ostdeutschland beauftragt worden, die sich zum damaligen Zeitpunkt auf Zypern aufhielt, damit man mir die Schuld in die Schuhe schieben konnte. Anders Larsson war wahrscheinlich auf die eine oder andere Weise beteiligt.«

Ich hatte gefragt, was ich fragen wollte, und Wedin war schon längst auf dem Sprung. Allmählich schien ihm aufzugehen, dass er zu viel gesagt hatte, in diesem Fall fast ein Lob für meinen Einsatz. Noch niemand sonst hatte Bertil Wedin elf Stunden lang interviewt. Ich war zufrieden mit mir und entspannte mich einen Moment zu früh.

»Wie lautet Ihre E-Mail-Adresse?«

Darüber hatte ich nachgedacht, aber weil alles so gut gelaufen war, hatte ich nichts weiter unternommen. Jetzt musste ich mich zusammenreißen und eine E-Mail-Adresse aus dem Ärmel schütteln, die zu meinem fingierten Namen passte. Fredrik Bengtson war ein viel zu gewöhnlicher Name, ich konnte also kaum eine einfache Gmail- oder Yahoo-Adresse daraus machen. Ich hoffte, dass die roten Flammen nicht zu offensichtlich an meinem Hals hinaufkrochen, und fand endlich meine Stimme und eine Antwort.

»437 Bengtson Punkt Fredrik Klammeraffe Gmail Punkt com. Bengtson mit einem S.«

»Ein S? Wie angeberisch.«

Er schien meine jüngste Notlüge geschluckt zu haben, aber mir verdeutlichte es einmal mehr, dass ich mir mein Gefühl von Sicherheit nur einredete. Wedin musste nur einen seiner Freunde auf mich ansetzen, damit er mir bis zum Hotel folgte, wo er sofort herausfinden würde, dass dort kein Fredrik Bengtson wohnte. Das Erste, was ich tun würde, war, die E-Mail-Adresse wirklich zu registrieren, damit Wedin nicht zu früh Lunte roch. Als Nächstes musste ich elf Stunden Interview von meinem iPhone sichern sowie mehrere Stunden Videoaufzeichnung von Spionstift und Digitalkamera. Dann würde ich Zypern so schnell wie möglich verlassen.

* * *

Ich bekam noch einen Platz in einem Flieger von *Norwegian* am folgenden Morgen. Diesmal verlief die Fahrt nach Larnaka ohne Zwischenfall. Ich dachte über das nach, was Wedin gesagt hatte, und fragte mich, ob er wohl die Wahrheit gesagt hatte. Oder vielmehr *wann* er die Wahrheit gesagt hatte, denn gelogen hatte er definitiv. Manchmal hatte er sehr langsam gesprochen, weil ihm alte Lügen nicht mehr eingefallen waren und er sich erinnern musste, was er sich einst zurechtgelegt hatte, etwa seine eigene Theorie zum Mord an Olof Palme.

DIE LIEFERUNG

Stockholm, September 2013

Als ich die Wohnungstür öffnete, erwartete mich dahinter der übliche Berg an Wurfsendungen und Rechnungen. Und ein kleiner wattierter Umschlag ohne Absender. Abgestempelt in Prag. Die Briefbomben, die auf Craig Williamsons Veranlassung verschickt worden waren und zwei Frauen und ein Kind getötet hatten, gingen mir durch den Kopf. Ich öffnete den Umschlag am anderen Ende, wie Stieg es laut einem seiner Freunde den Kollegen bei *Expo* beigebracht hatte. Diesmal war darin zum Glück nur ein USB-Stick.

Der Inhalt war passwortgeschützt. Ich schaute noch einmal im Kuvert nach. Nichts. Wer sollte mir einen verschlüsselten USB-Stick schicken? Prag. Lída Komárková. Sofort hatte ich den Geschmack von Ingwer und Limette auf der Zunge von unseren Moscow Mules. Als wir uns vor der Bar verabschiedeten, hatte Lída versprochen, Jakob Thedelin via Facebook zu kontaktieren und ihm Fragen zu Enerström und zum Palme-Mord zu stellen. Ich wusste nicht, was mich erwarten würde, aber Lída erschien mir wie ein Mensch, der sein Wort hielt. Vielleicht war dies ja das Ergebnis.

Ich checkte meine SMS. Ihre Nachricht war kurz: »Wedin.« Das konnte das Passwort sein. Aber woher sollte sie Bertil Wedin kennen? Ich war mir fast sicher, dass ich seinen Namen nicht erwähnt hatte, als wir über Stieg Larsson sprachen, weil ich wollte, dass sie sich auf Jakob,

Alf und Gio konzentrierte und sonst niemanden. Ich tippte »Wedin«
ein, und sofort wurde mir der Inhalt angezeigt. Eine PDF- und eine
PST-Datei. Eine kurze Internetsuche verriet, dass PST ein Format war,
um Nachrichten, zum Beispiel E-Mails von Outlook, zu speichern.
Vermutlich war es etwas umständlich, diese Nachricht zu öffnen, deshalb las ich zuerst die PDF-Datei. Sie enthielt etwa hundert Seiten
privater Nachrichten auf Englisch via Facebook-Messenger zwischen
Lída Komárková und Jakob Thedelin.

* * *

Hello Jakob, you have many friend with me. Tell me
you and family?
Best regarding
Lída Komárková

Dear Lída Komárková,
wie schön, dass du dich meldest. Du hast nach meiner
Familie gefragt. Also, mein Vater lebt noch, aber
meine Mutter ist 1994 verstorben. Mein Vater wohnt in
einer anderen Stadt, aber wir telefonieren ab und zu,
genauso verhält es sich mit meinen Freunden. Ich habe
ein paar wenige, aber gute. Ich bin ein richtiger
Gentleman.
LG Jakob

Lída hatte vorsichtig angefangen, aber schnell gemerkt, dass sich Jakob
leicht steuern ließ. Vielleicht hatte sie es mit ihrem schlechten Englisch
übertrieben, aber Jakob hatte auf jede Nachricht geantwortet. Ich bekam das Gefühl, einen privaten Dialog zwischen zwei Menschen zu
belauschen, die ich kannte. Und so ganz falsch war das ja nicht. Allerdings hatte die eine Seite, Lída, akzeptiert, dass ich ihre Nachrichten

las. Ein hübsches Profilbild und freundliche Nachrichten schienen die moderne Form der Sexfalle zu sein. So effektiv wie Mata Hari, aber viel einfacher. Nach einer Woche und ein paar Nachrichten war Lída Jakob nähergekommen.

Hello Jakob,
ich schreibe in Word, das mir dabei hilft, besseres Englisch zu nutzen. So kann ich dir mehr über mich und mein Leben erzählen. Irgendwann möchte ich mal nach Schweden kommen. Vielleicht im Sommer?
Ich finde es sehr spannend, dass du zum Judentum konvertiert bist! Nach vielen Jahren denke ich sehr, sehr oft darüber nach, die Religion meines Großvaters anzunehmen. Wie kann ich konvertieren? Wann bist du konvertiert? Ist es für Frauen anders?
Liebe Grüße
Lída

Dear Lída,
du wolltest wissen, wie man konvertiert. Man kann orthodox, liberal oder konservativ konvertieren. Ich bin zum konservativen Judentum konvertiert. Dazu muss man wissen, welches Essen koscher ist, außerdem die grundlegenden jüdischen Gesetze kennen, aber das ist überhaupt nicht schwer. Frauen haben nicht die religiösen Pflichten, die Männer haben. Die Konvertierung ist deshalb weniger streng. Aber wende dich doch an eine Synagoge bei dir vor Ort, wenn du mehr wissen willst.
Liebe Grüße
Jakob

Lída hatte erfahren, dass Jakob zum Judentum konvertiert war, somit erklärten sich die jüdischen Symbole auf seiner Facebook-Pinnwand. Nach und nach wurden seine Antworten immer länger, während Lídas immer kürzer und direkter wurden. Oft wollte sie einfach nur mehr erfahren. Manchmal fragte sie gezielt nach und bekam häufig sehr konkrete Antworten, die sich allerdings in den langen Nachrichten von Jakob versteckten. Sie bat ihn darum, ehrlich zu ihr zu sein, weil sie schon enttäuscht worden war und deshalb absolute Ehrlichkeit verlangte.

Dear Jacob,
es gefällt mir sehr, dass du „dear" schreibst. Vielleicht bist du ja wirklich so ein Gentleman, wie du anfangs meintest? Aber gibt es deinen Freund wirklich? Olof Palme war Schwede, war er ein Gentleman? Ein Held?
Liebe Grüße
Lída

Dear Lída,
schön, von dir zu hören.
Du hast nach Gentlemen gefragt - ob es sie noch gibt? Tja, ich kenne ein paar, ein paar von ihnen praktizieren die alten Grundsätze und sprechen viel von Ritterlichkeit. Ich gebe mein Bestes, dem gerecht zu werden.

Olof Palme war der Parteivorsitzende der sozialdemokratischen Partei Schwedens. Er wurde 1986 ermordet. Er wurde von der Sowjetunion mit einer offiziellen Briefmarke geehrt, die sein Porträt zeigte.

Der einzige andere Ausländer, der auf ähnliche Weise
geehrt wurde, war Kim Philby, ein sowjetischer Spion
und britischer Bürger.

Mich wundert es nicht, dass Palme im Ausland für
einen Helden gehalten wird, denn viel Schlechtes wird
nicht über ihn gesagt.

Mit einer Ausnahme. Die italienische Zeitung *La Stampa*
brachte 1982 einen Artikel mit der Überschrift:
„Palme – ein Diktator mit direktem Draht nach
Moskau".
Love
Jakob

Wie zu erwarten gewesen war, beschrieb Jakob den früheren Ministerpräsidenten als Verräter, KGB-Agenten und fügte dann hinzu, dass er
»den Todestag dieses Landesverräters jedes Jahr mit einem Glas Wein
feierte«. Lída versuchte, weitere Informationen aus ihm herauszukit-
zeln, vor allem wollte sie erfahren, wer Jakobs Freund war. Er antwortete mit langen Nachrichten, und Lída kam ihm immer näher.

Dear Lída,
danke für deine Nachricht!
Du wolltest wissen, ob ich selbst schon einmal mit
einer Magnum geschossen habe. Ja, habe ich. Dazu
stützte ich meinen Arm gegen einen Fensterrahmen, um
besser schießen zu können. Das Ergebnis war wie erwartet.

Du schreibst von Vertrauen. Ich mag auch keine Lügen,
nicht einmal kleine sind je in Ordnung. Lügen zerstören Beziehungen.

Es freut mich, dass du Lügen hasst. Ich selbst habe
mir die Bedeutung der Wahrheit beigebracht.
Wenn ich etwas Interessantes erzähle, versuche ich,
so genau wie möglich zu sein.

Mein ritterlicher Freund heißt Herr Bertil Wedin. Ich
habe ihn vor vielen, vielen Jahren kennengelernt,
übers Telefon. Er war einer der Menschen, die Doktor
Enerström kontaktiert haben. Ich habe Herrn Wedin nie
persönlich getroffen. Er wohnt auf Zypern. Aber wir
schreiben uns jede Woche E-Mails. Unser Kontakt besteht seit 1998, wenn ich mich richtig erinnere.
Darüber schreibe ich ein andermal mehr.
Love
Jakob

Daher wusste Lída also von Wedin. Sie hatte herausbekommen, dass
Wedin sowohl Jakob Thedelin als auch Alf Enerström kannte! Diese
Verbindung hatte ich bisher noch nicht entdeckt, weder in Stiegs Archiv
noch im Bericht der Prüfungskommission oder in anderen Dokumen-
ten. Lída grub weiter nach Informationen, und ich überflog Jakobs
Antworten, die oft mehrere Seiten lang waren, um die interessanten
Passagen zu finden.

Ich habe als Hilfspfleger in einem Krankenhaus gearbeitet. Dann war ich eine Zeit lang in Israel, kehrte

aber nach Schweden zurück. Wie sich das System für
mich entwickelte. Es wurde ein Kompromiss. Ich war
eine zu große Belastung für die Gemeinde, deshalb
wurde ich frühpensioniert - und ich war nicht der
Einzige! Was für ein System! Kannst du dir das vorstellen! Jetzt arbeite ich ein bisschen in der Stadt
für eine kleine Partei, die Schwedendemokraten.

Du hast gefragt, ob ich viel Auto fahre. Nun, meine
Eltern haben mich vor die Wahl gestellt, entweder
nach England zu fliegen, um besser Englisch zu lernen,
wo ich sieben Jahre lang jeden Sommer war, oder den
Führerschein zu machen. Deshalb kann ich heute zwar
ein Pferd reiten, aber einen Führerschein habe ich -
noch - nicht.

Mein Computer ist von ACER. Und natürlich gibt es
keine absolute Integrität. Gewöhnliche Briefe sind da
die Lösung!

Mein Freund, der Otto von Habsburg getroffen hat, hat
die sozialdemokratische Opposition angeführt. Sein
Name ist Doktor Alf Enerström. Leider war der Druck
durch die politische Presse und andere Umstände zu
groß, sodass er die Kontrolle verlor.

Ich lernte Doktor Enerström durch seine Frau kennen,
zu der ich Kontakt aufnahm. Ich interessierte mich
für die Kampagne, die Doktor Enerström gegen Palme
vorantrieb. Das erste Mal traf ich ihn in seiner
Praxis. Wir wurden Freunde.

Du hast nach meiner Brille gefragt. Die trage ich fast immer, nur nicht, wenn ich lese oder schreibe. *Well*, der gute Doktor mietete eine Sechs-Zimmer-Wohnung in unserer Hauptstadt Stockholm. Er zahlte die Hälfte der Miete, den Rest gab seine Untergrund-Partei dazu, aber das ist nicht wichtig für die Geschichte.

Wichtig ist, dass Doktor Enerström ein geheimes Bankkonto in Luxemburg hatte. Das Geld kam von Spendern, die seine Sache unterstützten. Hauptsächlich unterstützten ihn Schweden, die im Ausland lebten. Eine der Freiwilligen, die das Geld sammelten, war Vera Ax:son-Johnsson, die aus einer von Schwedens erfolgreichsten Wirtschaftsfamilien stammt. Die Beträge wurde dafür genutzt, vor der Regierungswahl Anzeigen zu schalten.

Es imponierte mir, wie leicht Lída mit ihren Fragen Jakob genau zu den Aussagen verleitete, die sie für relevant hielt. Kein Führerschein, Marke des Computers, woher er Doktor Enerström kannte, seine Fehlsichtigkeit. Nach und nach entlockte sie ihm alles, was sie wollte. Er schrieb immer weiter und erzählte:

... der schwedische Diplomat Bernt Carlsson bei der UN hatte Informationen zum Palme-Mord in seinem UN-Safe. Der Tresor wurde aufgebrochen, und Herr Carlsson sagte danach zu seinen Freunden, dass er „bald ermordet würde". Was auch geschah. Er starb beim Lockerbie-Massaker über Schottland. Mehrere hundert Menschen starben!

Du hast auch nach der CIA gefragt. Der CIA-Mann, mit
dem ich zusammenarbeitete, war bei der US-amerikanischen Botschaft für die Nachrichten zuständig.
Er sammelte bei seinen Reisen Informationen über
Osteuropa. Er war auch in der Tschechoslowakei,
weil er die Sprache beherrschte. Genauso Deutsch.
Du wolltest wissen, ob er Amerikaner ist, nein, ist
er nicht.

So lerne ich meinen Kontakt kennen. Er war ein Journalist. Ich wollte mit ihm sprechen, nachdem ich einen
Zeitungsartikel von ihm gelesen hatte. Bei unserem
ersten Treffen gab ich ihm die Information, dass ein
wichtiger Geheimagent Olof Palme 1982 besucht hatte,
was ich von Doktor Enerström wusste. Mein Kontakt
fand die Information wertvoll, weshalb ich sie später
auch an die CIA weitergab.

Die CIA überprüfte mein Material und kam zu dem
Schluss, dass sie fünfundsiebzig Prozent davon verwenden konnten, für ihre eigenen CIA-ausgebildeten
Leute in ihrem Hauptsitz in Langley lag die Quote
durchschnittlich bei fünfzig Prozent. Du kannst dir
denken, wie stolz mich das machte! Das hat mich nur
noch mehr motiviert."

Jakob wiederholte mehrfach, dass er einem CIA-Mann Bericht er-
stattete, und gab Hinweise auf dessen Identität. Es erschien mir mehr
als unwahrscheinlich, aber ich mahnte mich trotzdem, die Augen
nach jemandem offenzuhalten, der als Redakteur gearbeitet hatte und
Tschechisch sprach.

Du hast gefragt, wer Palme ermordet hat. Eine Gruppe
oder ein Einzeltäter. Um das kurz zusammenzufassen:
Es scheint ganz so, als hätte sich Palme am Tag
vor seinem Tod mit einem sowjetischen GRU-Offizier
getroffen.

Du hast gefragt, wie viele Personen an so etwas
beteiligt sein müssten. In einem Fernsehinterview
wurde mal in ähnlichem Zusammenhang die Frage gestellt, ob eine große Gruppe ein Geheimnis wahren
kann. Ich habe gehört, dass man, um eine einzelne
Person zu beschatten, zwanzig Leute braucht, allerdings entsprechend mehr, wenn man Schichtwechsel
einbezieht, weil jeder mal essen oder schlafen muss.
Damit zwanzig Leute schweigen, sind sehr viel Selbstdisziplin, professionelle Motivation und Ehrgefühl
nötig.

Ich habe mich schon häufig gefragt, ob Palmes Telefon
abgehört wurde. Denn wer wusste, dass er an dem Abend
ins Kino wollte? *Well*, wenn es sein GRU-Kontakt wusste, war es ein Leichtes für ihn, also GRU, Palme zu
töten. Ihn abzupassen und zu erschießen, bevor er in
die U-Bahn einstieg. Palme starb gegenüber vom U-Bahn-
eingang. Dazu waren nur ein oder zwei Killer nötig,
einer als Ersatz, falls der erste krank wurde.

Lida hatte Jakob dazu gebracht, über den Palme-Mord zu schreiben, aber seine Antworten waren überraschend. Eine Verschwörung,
okay. Aber die Russen? Wenn Palme ein sowjetischer Agent war,
warum wollten sie ihn dann töten? Das ließ sich doch mit Logik nicht

erklären. Lída näherte sich stetig der großen Frage, was aus Jakobs Nachrichten immer deutlicher wurde.

Du schreibst, dass du mir nicht glaubst und dass du
in meinen Antworten nicht das findest, was du suchst.
Ich lese Teile meines Briefs, suche die Stelle, wo
ich etwas ausgelassen oder im Unklaren gelassen haben
könnte?

Eins sollst du wissen: Ich mag dich sehr. Ich möchte
dich nicht verlieren.
Und damit komme ich auch gleich zu dem anderen Thema,
zu Olof Palme. Ach, ich wünschte, ich hätte ihn
erschossen, als ich zwölf oder dreizehn war. Damit
hätte ich meinem Land viel Kummer erspart. (Hierunter
folgt die ganze Geschichte.)

Ich stellte mir damals vor, mit dreizehn, dass ich
die Pistolen von einem Freund meines Vaters nehmen
könnte, die zweihundert Jahre alt waren. Einfach
irgendetwas Metallisches hineinfüllen und dann schau-
en, ob ich nahe genug an den Ministerpräsidenten
herankam. Ich dachte, dass ich, als kleiner Junge,
dafür sicher nicht ins Gefängnis musste und sicher
auch zu Palme gelassen würde. So könnte mein Plan
gelingen.

Ob Palme das damals überlebt hätte, kann ich nicht
sagen, es wäre darauf angekommen, wie gut ich geschossen, und vor allem darauf, wie viel Glück ich
gehabt hätte.

König Gustaf III wurde mit einer ähnlichen Pistole
erschossen, wie ich sie verwenden wollte. Aber der
König starb an einer Infektion, nicht an der Schuss-
wunde an sich. Das wusste ich als Zwölf- oder Dreizehnjähriger, und auch wie ich es richtig machen
musste – auf die Brust zielen aus nächster Nähe, um
das Herz zu stoppen. Damit es unmöglich war, ihn zu
retten. Ich überlegte, was ich als Munition verwenden
konnte, das weiß ich noch.

Aber es war ein weiter Weg von meinem Wohnort bis in
die Hauptstadt, weshalb aus meinen Jugendträumen
nichts wurde. Und ich bereue das sehr. Denn, wenn ich
Palme mit dreizehn erschossen hätte, hätten mich
nicht nur meine Eltern geliebt, sondern auch das
halbe Land. Dafür hätte ich ein Jahr im Gefängnis auf
mich genommen, aber vielleicht war ich zu jung dafür.

Ich malte mir aus, wie ich der Presse erklärte, als
Jugendlicher selbstverständlich, warum ich Palme
erschossen hatte. Weil ich ihn für einen Verräter
hielt. Ich rechnete mit großer Zustimmung, weil ich
Licht ins Dunkel gebracht hatte. Heute weiß ich, dass
einige Menschen, die ich jetzt kenne, mich mit ihrer
Aussage unterstützt hätten, dass Palme ein Verräter
war. So hätten wir Schwedens Geschichte zum Besseren
wenden können.

Ich fühlte mich schuldig, weil ich Palme nicht erschossen hatte. In einem Maße, das nicht mehr normal
war, deshalb beschloss ich, so viele Beweise zu
sammeln wie möglich und darüber zu schreiben, damit

das alles publiziert wurde. Außerdem wollte ich alles
gegen Palme und das, wofür er stand, tun. Deshalb
nahm ich 1980-1982 Kontakt zu Doktor Enerström auf.
Love
Jakob

Dear Jakob,
die Wahrheit ist wichtig und auch, nichts zu ver-
schweigen. Aber die Frage. Ich habe keine Antwort auf
die direkte Frage: Hast du Olof Palme erschossen?
Love
Lída

Dear Lída,
ach, das war die Frage. Ich dachte, die hätte ich
beantwortet. Hier kommt die Antwort: Ich habe Palme
nicht 1986 erschossen. Und ich war auch nicht an
seinem Tod am 28. Februar 1986 beteiligt. Mich erreichte die Nachricht wie alle anderen auch, die für
mich eine gute war, selbst wenn sie fünfzehn Jahre zu
spät kam, um noch einen Unterschied bei der Entwicklung unseres Landes zu machen oder bei den Schäden,
die er da schon angerichtet hatte.
Hug and love
Jakob

Jakob,
es tut mir wirklich leid. Ich habe solche Angst, dich
zu verlieren., denn mein Gefühl sagt, deine Antwort

zu Palme ist ein Trick. Ich verstehe, wie schwer es
nach so vielen Jahren ist, die Wahrheit zu sagen.
Aber deine Antwort war nicht ehrlich, das weiß ich.
Aus Erfahrung. Sehr schlechter Erfahrung.
Jakob. Ich kann dir nicht vertrauen. Ich bin sehr
traurig. Ich verliere dich.
Tschüss
Lída

Lída war Jakob so nahegekommen, dass sie ihm die Frage stellen konnte, ob er Olof Palme erschossen hatte, und er hatte ausweichend geantwortet, bis sie auf einer Aussage beharrt hatte, einer wahrheitsgetreuen
noch dazu. Jakobs Antwort war eindeutig gewesen. Er hatte Palme
nicht ermordet, war am Mord nicht beteiligt gewesen. Aber wieso hatte
er erst dann das Mordjahr explizit erwähnt? Und dann sogar das vollständige Datum? Vielleicht, um seine Unschuld besonders zu betonen,
wenngleich das den gegenteiligen Effekt hatte. Besonders wenn man
bedachte, dass Olof Palme sechs Minuten nach Mitternacht für tot
erklärt wurde, er also gar nicht am 28. Februar starb, sondern am
1. März.

Weder Jakobs widerwillige Antworten noch seine rätselhaften Formulierungen halfen, meine letzten Fragezeichen zu beseitigen. Ganz
im Gegenteil, eigentlich verstärkte das, was ich gelesen hatte, eher
noch meine Vermutung, dass er am Mord beteiligt war.

Lídas Austausch mit Jakob hatte abrupt geendet. Sie brach den
Kontakt ab nach ihrer Feststellung, dass sie ihm nicht trauen könne.
Jakobs verzweifelte Versuche, den Kontakt danach wieder aufzuneh-
men, blieben unbeantwortet.

RAKETEN, DIE NIE WIEDERKEHREN

Stockholm, September 2013

Die andere Datei auf dem USB-Stick, den Lída mir geschickt hatte, war schwerer zu öffnen, stellte sich aber als nicht minder interessant heraus, als es mir endlich geglückt war, sie zu lesen. Dazu musste ich Outlook auf meinem Computer installieren, damit ich schlussendlich die PST-Datei importieren konnte. Nach einer Viertelstunde hatte ich freien Zugriff auf Jakob Thedelins und Bertil Wedins E-Mailaustausch.

Irgendwie passte das nicht zu Lídas wirrer und unkonzentrierter Persönlichkeit. In den zielgerichteten Fragen an Jakob erkannte ich Lídas Art, sich auszudrücken, auch wenn es mir so vorkam, als fiele es ihr leichter zu schreiben, als zu erzählen. Ich vermutete, dass jemand anderes das E-Mailprogramm gehackt hatte. Vielleicht war der Hacker ein Freund von Lída, die ja erwähnt hatte, noch jemanden um Hilfe bitten zu wollen. Davon abgesehen, wem ich die Dateien nun zu verdanken hatte, gaben sie mir die Möglichkeit, zu lesen, was zwei Personen, die möglicherweise in den Palme-Mord verwickelt waren, einander schrieben. Zwei Personen, von denen weder ich noch die Polizei noch sonst jemand, der sich für den Palme-Mord interessierte, wusste, dass sie sich kannten. Sich sogar gut kannten.

Ich ging Tausende von E-Mails durch. Jakob hatte das Gefühl, überwacht zu werden, und Bertil gab ihm Tipps, wie er kontrollieren konnte, ob ihm jemand folgte oder seine Wohnung verwanzt war. Oft erwähnten sie, dass sie vorsichtig sein mussten, weil immer die Gefahr bestand, dass ihre Computer gehackt würden. *Womit sie recht hatten,* dachte ich. Ihre Telefone schienen sie aber für sicher zu halten. Wichtige Informationen, von denen sie nicht wollten, dass jemand sie las, schickten sie per Post.

Ein paar Themen wiederholten sich ständig. Auf Platz eins der Palme-Mord. Häufig schrieben sie, was über die Ermittlungen berichtet wurde oder was die Polizei tat oder unterließ. Sie hatten die Theorie, dass Olof Palme ein Agent der Sowjetunion gewesen war und der KGB ihn ermordet hatte, weil er kurz vor der Enttarnung stand. Diese Theorie tauchte oft in ihren E-Mails auf und widersprach dem, was Wedin mir auf Zypern erzählt hatte, stimmte allerdings in Teilen mit dem überein, was Jakob Lída geschrieben hatte. Obwohl es auf den ersten Blick so unlogisch wirkte. Warum sollte der sowjetische Geheimdienst seinen eigenen Agenten ermorden, noch dazu einen Ministerpräsidenten? Und die Tatsache, dass nach Palmes Tod nichts darüber ans Tageslicht kam, das auch nur im Entferntesten darauf hindeutete, dass er für die Russen gearbeitet hatte, machte diese Theorie umso unglaubwürdiger. Außerdem wirkte der ewige Hinweis auf den KGB bewusst hinzugefügt, weil die E-Mails eigentlich immer von etwas anderem handelten. Meine Schlussfolgerung war, dass die E-Mails über diese Theorie für ungewollte Eindringlinge wie mich gedacht waren. Eine Art Ablenkungsmanöver.

Ein anderes, wiederkehrendes Thema war das Lockerbie-Attentat im Dezember 1988, das auch Wedin auf Zypern erwähnt hatte. Er hatte Jakob beauftragt, ihm sofort alles mitzuteilen, was in den schwedischen Medien darüber berichtet wurde. Laut ihrer Theorie war Bernt Carlsson Ziel des Anschlags gewesen, und wenigstens ein Aspekt des Motivs war, dass er wusste, wer Palme ermordet hatte und warum. Wenn man Wedins und Jakobs Annahme zugrunde legte, müsste der KGB die Tat ausgeführt haben, was sie erstaunlicherweise nie so deutlich formulierten.

Offenbar glaubte Wedin die offizielle Version, dass Libyen hinter dem Angriff steckte, nicht, und während ich das recherchierte, musste ich ihm fast zustimmen. Der Libyer al-Megrahi, der Einzige, der je für die Tat verurteilt wurde, war 2009 aus humanitären Gründen freigelassen worden, nachdem sich herausgestellt hatte, dass einer der Kronzeugen gelogen hatte, und sich die Gespräche, ob es einen neuen Prozess geben würde, voraussichtlich so lange hinzögen, bis der totkranke al-Megrahi verstorben war.

Noch etwas ging aus den E-Mails hervor: Es gab keinen Menschen, der Jakob näherstand als Bertil Wedin. Fast alle E-Mails mit einer persönlichen Note gingen an Bertil Wedin, und es gab niemanden, dem er mehr vertraute. Nicht einmal sich selbst, wie es schien. Als Jakob die dichte Berichterstattung der schwedischen Medien nach Breiviks Tat in Norwegen als »Hetzjagd« bezeichnete, widersprach Bertil bestimmt und schrieb, »es gibt keine Entschuldigung dafür, Frauen und Kinder umzubringen«. Jakob fügte sich und schien Bertil als moralischen Kompass zu nutzen, eine Eigenschaft, die er selbst wohl nicht hatte. Es war schwieriger zu erkennen, welchen Nutzen Bertil aus dem E-Mailwechsel zog, aber vielleicht reichte die einfachste Erklärung. Beide waren isoliert und hatten kaum zwischenmenschlichen Kontakt, außer via E-Mail, Brief oder weniger Telefonate. Vielleicht waren sie einfach nur einsam.

Die E-Mail, an die ich immer wieder denken musste, war Jakobs Antwort auf Bertils allererste E-Mail.

1. September 2009
Lieber Jakob,
erzähl mir doch bitte etwas über die Musikerszene von Västra Frölunda.
Beste Grüße
Bertil

```
5. September 2009
Bertil!
In Västra Frölunda gibt es keine relevante Musiker-
szene, aber ein IDF-Sprecher kann von Donner und Lärm
in einem Bunker berichten, dazu gesellen sich andere
Geräusche, die klingen, als würden Bomben fallen, die
vor Raketen warnen, die nie wiederkehren.
Mit freundlichen Grüßen
Jakob Thedelin
(IDF = Israel Defence Force)
```

Bertil hatte nach der Musikerszene in einem der Betonvororte Göteborgs gefragt, wo Jakob hin und wieder wohnte. Selbst mir war klar, dass es dort keine Musikerszene gab, für die sich Bertil und Jakob interessieren würden. Sie waren einfach nicht die Typen, die sich für Rap und Hiphop begeisterten. Offenbar fragte er nach etwas ganz anderem, und Jakob wusste genau wonach.

Jakobs Antwort war sogar noch kryptischer. Ich versuchte, zu dechiffrieren, was er meinen könnte. Die E-Mail war in einem scherzhaften Ton gehalten, ihr lag eine Kodierung zugrunde, über die Absender und Adressat Bescheid wussten. Ich prüfte die anderen E-Mails, aber nirgendwo fand ich etwas Vergleichbares.

Es gab nur zwei mögliche Erklärungen. Entweder war dies ein unschuldiger, witzig gemeinter E-Mailaustausch über etwas sehr Alltägliches, was niemanden kümmerte. Oder aber es war das genaue Gegenteil, es ging um etwas, was sie verbergen mussten. Ich grübelte eine Weile und schrieb dann auf, was es bedeuten könnte:

Jakob *(Sprecher der israelischen Armee)* erzählt von Waffen *(Raketen)*, die sicher verwahrt werden *(die nie wiederkehren)* in einem Raum ohne Fenster *(Bunker)*, wo es heult und pfeift *(Donner und Lärm, andere Geräusche, die klingen, als würden Bomben fallen)*.

Ich hatte einen verständlichen und verschwörerischen Satz aus einer kodierten E-Mail gebildet, der genauso gut völlig harmlos gemeint sein könnte.

Meine linke Hirnhälfte meldete, dass ich mich auf dem besten Wege befand, so besessen zu werden wie andere vor mir, die über den Palme-Mord recherchiert hatten. Meine rechte Hirnhälfte war davon überzeugt, dass Jakob vielleicht die Waffe versteckt hatte, mit der Olof Palme umgebracht worden war. Und zwar irgendwo in Västra Frölunda.

* * *

Der andere E-Mailwechsel, der meine Aufmerksamkeit erregte, war deutlich aktueller. Zwei Tage nachdem Lída ihm die Facebook-Freundschaft gekündigt hatte, wandte sich Jakob an Bertil, um ihn um Rat zu bitten, wie er mit der Situation umgehen solle. Jacob hatte in ein paar vorangegangenen E-Mails mehr über Lída und ihren Austausch geschrieben. Schließlich erwähnte er, wie sehr sie sich für den Palme-Mord interessiert hatte. Bertil Wedins Antwort war sehr direkt. Er verstand nicht, dass Jakob ein so ernstes Thema mit jemand Fremdem diskutiert hatte. Bertil schrieb, dass er seinem Freund nicht länger trauen konnte und sich gezwungen sah, den Kontakt zu Jakob abzubrechen.

Jakob Thedelin hatte innerhalb weniger Tage zwei seiner nächsten Freunde verloren.

* * *

Via Viber schrieb ich Lída, um mich für das Material zu bedanken, und fragte neugierig, wie sie das angestellt hatte. Ein paar Tage später antwortete sie.

Hi,

No worries. Du hast das unter einer Bedingung bekommen, dass du mich nie fragst, wer mir geholfen hat. Das ist mein Geheimnis. Die Person verlangt „Quellenschutz".

Hab noch ein schönes Leben!

Lída

Das Wort »Quellenschutz« hatte sie offenbar gegoogelt, denn es stand auf Schwedisch in der E-Mail. Oder aber ihre Quelle war schwedisch und hatte es ihr verraten. Ich schickte eine Antwort und bekräftigte, dass ich nie nachfragen würde. Sie antwortete nicht. Eine Woche später rief ich bei ihr an. Keine Reaktion. Ich schickte ein paar SMS, ohne Erfolg. Vielleicht war sie verreist oder hatte eine neue Nummer. Ich dachte nicht weiter darüber nach, ich hatte genug anderes, das mich beschäftigte.

THE NEW YORKER

Stockholm, März 2014

Svenska Dagbladet hatte großes Interesse an meinem Interview mit Bertil Wedin, allerdings ein noch größeres an Stieg Larssons Dokument. Zusammen mit dem Redaktionsleiter Ola Billger schrieb ich vier lange Artikel über Stieg, den Mord an Olof Palme und das Interview mit Bertil Wedin. Im Zuge der Veröffentlichungen ließen wir zwei der Artikel ins Englische übersetzen, die eine durchschlagende Wirkung erzielten.

Die Nachricht über Stiegs Faszination an dem Palme-Mord verbreitete sich wie ein Lauffeuer, innerhalb von vierundzwanzig Stunden wusste es die ganze Welt, und wir waren für einen Moment Helden. Der Chefredakteur Fredric Karén dankte uns und schärfte mir ein, dass ich niemandem erzählen sollte, wie ich an Stiegs Archiv gekommen war. Dies war eine Exklusivstory des *Svenska Dagbladet*, das sollte ich ja nicht vergessen. Aber ich wurde bezahlt, weshalb sollte ich dagegen etwas einwenden?

Ein paar Tage nach der ersten Veröffentlichung klingelte mein Handy.

»Hi, ich heiße Nicholas Schmidle. Ich schreibe für *The New Yorker Magazine*«, meldete sich eine amerikanische Stimme.

Mir war zu jenem Zeitpunkt nicht klar, wofür *The New Yorker Magazine* in den USA und in der Welt stand – es war immer sehr weit oben auf der Liste der wichtigen und angesehenen Zeitschriften. Wäre mir das bewusst gewesen, ich hätte vermutlich angefangen zu stammeln. Stattdessen unterhielten Nicholas und ich uns sicher eine Stunde lang sehr intensiv über Stieg Larssons Archiv, seine Theorien und meine Arbeit.

Nicholas wollte einen Artikel über meine Arbeit an seinen Redakteur verkaufen. Es würde ein Jahr bis zur Veröffentlichung dauern. So begann unsere Zusammenarbeit und führte zu intensivem Austausch relevanten Materials, das unter anderem eine zentrale Lüge aufdecken und uns bis nach Südafrika führen würde.

DAS PHANTOMBILD

Stockholm, Herbst 2014

Es gab noch immer viele Ungereimtheiten in den Ermittlungen, über die Stieg bestimmt ähnlich verwirrt gewesen war. Eins davon war das umstrittene Phantombild, das in der ersten Woche nach dem Mord entstand und sich auf die Zeugenaussage von Sara stützte.

Stieg hatte in seinem Brief an den Chefredakteur der *Searchlight* Gerry Gable vom 20. März 1986 über das Phantombild geschrieben.

Zu einem späteren Zeitpunkt der Ermittlungen hatte die Polizei sowohl das Bild als auch Saras Aussage für irrelevant erachtet. Ich entschied, zu analysieren, wie es zu dem Bild gekommen war, welche Rolle es in den Ermittlungen spielte und ob es für meine Nachforschungen interessant war.

* * *

Acht Tage nach dem Mord schien die Polizei davon überzeugt zu sein, dass das Phantombild Palmes Mörder darstellte. Die Zeugin Sara wurde als am glaubwürdigsten eingestuft, um ein Bild des Mörders anzufertigen. Es wurde weit verbreitet von der Polizei, den Medien und der Öffentlichkeit.

Etwas später entschieden der Chef des Landeskriminalamtes Tommy Lindström und sein Polizeikollege, dass es irrelevant war, weil es einen Unschuldigen darstellte, den Sara angeblich früher am selben Abend gesehen haben soll. Sie waren sich so sicher, dass Sara dazu nicht einmal befragt wurde.

Am dreißigsten Jahrestag des Mordes eröffnete die Polizei die Pressekonferenz mit der Information, dass es »wenig glaubwürdig« war, dass der Mann auf dem Phantombild der Mörder sei, und sich die Polizei nicht länger dafür interessierte. Diesmal argumentierten sie, dass es keine ungebrochene Zeugenkette vom Tatort bis in die Smala gränd gab, wo Sara auf den Mann traf. Außerdem waren seit dem Mord zehn bis zwanzig Minuten vergangen, eine zu lange Zeit, um den Weg vom Tatort zurückzulegen. Die Polizei sah ein weiteres Mal von dem Phantombild ab.

Acht Tage nach dem Mord waren Saras Zeugenaussage und das Phantombild das Wichtigste gewesen, was die Polizei in der Hand hatte. Dreißig Jahre später bewertete man beides genau gegenteilig – ohne die kleinste Erklärung dazu, wer der Mann gewesen sein könnte oder was er dort gewollt hatte.

* * *

Während ich alle Hinweise und Angaben überprüfte, waren es vor allem die auf den ersten Blick widersprüchlichen Zeugenaussagen auf dem Brunkebergsåsen, die mich folgern ließen, dass der Mörder ein Amateur gewesen sein musste.

Die Smala gränd, wo Sara den Mann gesehen hatte, war eine kleine Gasse, die zwei Seitenstraßen verband. Von dort kam man nur über die Birger Jarlsgatan fort oder aber über die Treppen, die zum Brunkebergsåsen hinaufführten. Wenn Sara also wirklich den Mörder gesehen hatte, war die wahrscheinlichste Erklärung für seinen Aufenthalt dort, dass er sich verlaufen hatte. Das wäre auch eine Erklärung dafür, dass Lars J. in der David Bagares gata den Mann aus den Augen verloren hatte, womöglich hatte sich der flüchtige Täter versteckt, weil er nicht wusste wohin. Dasselbe galt dann auch für die übrigen Zeugen-aussagen vom Brunkebergsåsen. Und wenn der Täter umhergeirrt war, konnte er sich sehr wohl erst zehn bis zwanzig Minuten nach der Tat in der Smala gränd aufgehalten haben. Und große Verwirrung bei even-tuellen Mittätern geschürt haben, die auf den Täter warteten.

Die Polizei konnte sich auch in diesem Fall geirrt haben, wie so häufig in dieser langandauernden Ermittlung.

Also entschloss ich mich, dieser Spur nachzugehen. Vielleicht äh-nelte das Phantombild jemandem, den ich bereits verdächtigte. Da Alf Enerströms Größe von 1,95 Meter nicht mit Saras Zeugenaussage übereinstimmte, setzte ich bei Jakob Thedelin an.

Sicherheitshalber bat ich bei der Polizei um ein Original des Phan-tombilds. Nach ein paar Wochen kam ein Abzug in Fotoqualität per Post.

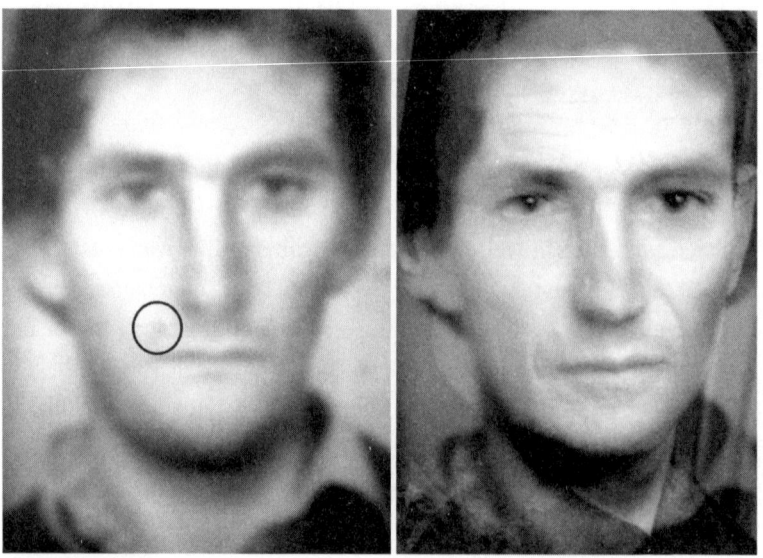

Links: Phantombild mit markiertem Muttermal oberhalb des rechten Mundwinkels (Bild: Polizeibehörde).
Rechts: Phantombild, über das eine Fotografie von Jakob Thedelin gelegt wurde (Bild: Archiv des Verfassers).

Ich hatte mehrere Bilder von Jakob Thedelins Facebook-Seite gespeichert und wählte eins aus, was ihn von vorn mit neutralem Gesichtsausdruck zeigte. Mithilfe von Photoshop richtete ich das Bild so aus, dass es ganz vertikal war, löschte seine Brille und wandelte es in eine Schwarzweißaufnahme. Schließlich vergrößerte ich das Foto, damit es dieselbe Größe hatte wie das Phantombild und erhöhte die Transparenz um fünfzig Prozent. Dann legte ich Jakobs Gesicht über das gescannte Phantombild, so dass sie sich überdeckten.

Ich stellte zwei Dinge fest:

1. Jakob Thedelins Ähnlichkeit mit dem Phantombild war auffällig.
2. Jakob Thedelin hatte ein Muttermal direkt über dem rechten Mundwinkel, auch beim Phantombild war genau an dieser Stelle ein rundes Gesichtsmerkmal. Auf Nachfrage konnte mir die Polizei nicht erklären, worum es sich dabei genau handelte. Und sie beantworteten meine Frage nicht, wer der Mann sein könnte, der sich so kurz nach dem Mord in die Smala gränd verirrt hatte. Sie gaben sich mit der Aussage zufrieden, dass die abgebildete Person keinerlei Relevanz für den Fall habe.

* * *

Ich verwendete das Material, das ich von Lída erhalten hatte – die Facebook-Nachrichten und den E-Mailwechsel mit Bertil Wedin, die große Ähnlichkeit Thedelins mit dem Phantombild und eine Reihe anderer Faktoren –, um eine Zusammenfassung zu erstellen, ähnlich der, die Stieg Larsson über Bertil Wedin verfasst hatte. Alles in allem wurden es zwölf Seiten, in denen ich Jakob Thedelins mögliche Verwicklung in den Mord an Palme anhand von Illustrationen, Zeitleisten und Zitaten aus Zeugenaussagen, Facebook-Nachrichten und E-Mails darlegte. Diese Zusammenstellung übergab ich der Polizei. Und dann wartete ich auf eine Reaktion. Und wartete.

STUDIE DES MORDENS

Stockholm, Frühjahr 2015

Die Aufzeichnungen, die Stieg ein Jahr nach dem Mord an die Polizei weiterleitete, handelten von Bertil Wedins möglicher Tatbeteiligung. Außerdem enthielten sie ein paar Hinweise auf die EAP. Denkbar, dass Stieg über die Jahre noch weitere Informationen ablieferte, aber das konnte niemand mehr wirklich nachvollziehen, denn viel Material hatte das schwarze Loch geschluckt, das angeblich die umfangreichste Mordermittlung der Welt war.

Im Brief an Gerry Gable, den *Searchlight*-Chefredakteur, hatte Stieg einen professionell ausgeführten Mord beschrieben, aber im Nebensatz erwähnt, dass der Täter auch ein Amateur gewesen sein könnte. Selbst im letzten öffentlichen Dokument über den Mord, einem *Searchlight* Artikel, der 1996 erschien, wird der Mord noch als professionell beschrieben mit einer unklaren Verbindung zu schwedischen Rechtsextremisten.

Ich wusste, dass Stiegs Interesse und vor allem seine Recherchen nach dieser Veröffentlichung nicht nachgelassen hatten, sondern dass er geforscht hatte bis zu seinem Tod acht Jahre später. Aber ich hatte keine konkreten Hinweise gefunden, dass er zu einer anderen Schlussfolgerung gekommen war. Aber vielleicht hatte ich nicht gründlich genug gesucht? Gab es noch Material in seinem Archiv, das ich übersehen hatte?

Die Scans war ich mittlerweile mehrmals durchgegangen, allerdings gab es noch unzählige gebundene Berichte, die ich nicht eingescannt hatte, weshalb sie bei der Stichwortsuche keine Treffer lieferten. Da sie noch immer bei mir zu Hause lagen, ging ich sie sorgfältig durch für den Fall, dass mir etwas entgangen war.

Ein Bericht lautete *A Study of Assassination*. »Eine Studie über Auftragsmorde« – das klang akademisch und stachelte gleichzeitig die Fantasie an. Ich konnte nicht nachvollziehen, wie Stieg darauf gestoßen war, aber das galt für eine Menge Dokumente seines Archivs.

Es handelte sich um eine neunzigseitige Abhandlung, ohne jegliche Zeit- oder Verfasserangabe, aber im Zuge einer Veröffentlichung am 15. Mai 1997 schätzte man das Datum der Fertigstellung auf den 31. Dezember 1953. Hinter dem Dokument stand die CIA, die damit Präsident Guzmans Regierung in den Jahren 1952–1954 in Guatemala destabilisieren wollte. Die CIA-Operationen PBFORTUNE und PBSUCCESS sollten die demokratische Regierung des Landes unter der Leitung von Präsident Jacobo Árbenz Guzman stürzen. Der erste Versuch wurde 1952 vom US-amerikanischen Präsidenten Truman autorisiert. Zu Beginn desselben Jahres hatte man im Hauptquartier der CIA angefangen, Berichte mit Überschriften wie »Guatemalisches kommunistisches Personal, das im Zuge militärischer Operationen beseitigt werden soll« zu sammeln. Die Liste von Personen, die getötet werden sollten, umfasste achtundfünfzig Namen.

* * *

A Study of Assassination war in einfacher Sprache verfasst und wie eine übliche Handreichung gegliedert. Vorangestellt war eine kurze Definition des Terminus »Auftragsmord«, die Verwendung im Text wurde begründet, und dann folgte eine kurze Beschreibung, wie ein solcher Mord beschlossen wurde und warum sich empfindsame Personen erst gar nicht daran versuchen sollten.

Verschiedene Methoden wurden beschrieben, dabei immer die Vor- und Nachteile gelistet.

MANUELL. Wenige Mörder sind in der Lage, jemanden mit bloßen Händen umzubringen, deshalb sind einfache Hilfsmittel oft effektive Waffen im Nahbereich. Hammer, Axt, Schraubenschlüssel, Schraubendreher oder etwas anderes Schweres sind ausreichen, oder aber ein Seil oder ein Gürtel, wenn der Mörder stark und schnell genug ist. Bei Trotzki hatte ein Maschinengewehr nicht den gewünschten Effekt, den man mit einem Eispickel hingegen erzielte.

UNFALL. In manchen Fällen ist ein provozierter Unfall die effektivste Methode, weil er für wenig Aufmerksamkeit sorgt und oft nur oberflächlich untersucht wird. Der wirksamste Unfall ist ein Sturz aus fünfundzwanzig oder mehr Metern Höhe auf harten Untergrund. Stürze vor den Zug oder die U-Bahn sind häufig erfolgreich, erfordern jedoch sehr gute Planung und gehen selten ohne unerwünschte Beobachtung vonstatten.

DROGEN. Ist der Mörder ein examinierter Arzt oder eine Krankenschwester und das Opfer in ihrer Obhut, so sind Drogen eine einfache und gute Methode. Eine Überdosis Morphin oder eines Beruhigungsmittels stellt sicher, dass der Tod ohne Zwischenfall eintritt und schwer zurückzuverfolgen ist.

WAFFE MIT KLINGE. Damit diese Methode effektiv ist, braucht der Täter ein Minimum an anatomischem Wissen. Stichwunden in den Rumpf können folgenlos bleiben, wenn das Herz nicht getroffen wird. Absolut zuverlässig ist ein Stich in den unteren Teil des Nackens, der das Rückgrat durchtrennt. Dies erreicht man mit einer Messerspitze oder einer kleinen Axt. Ein weiteres Vorgehen ist, die Adern zu beiden Seiten der Luftröhre zu durchtrennen.

STUMPFE WAFFEN. Wie bei den scharfen Waffen ist auch bei diesen ein gewisses anatomisches Wissen vonnöten. Ein großer Vorteil ist die breite Verfügbarkeit. Einen Hammer bekommt man fast überall auf der Welt. Ein Stein oder ein schwerer Stock können ausreichen, und so muss man nicht einmal eine Waffe kaufen oder bei sich tragen und sich später auch nicht des Gegenstands entledigen. Der Schlag muss auf die Schläfe gerichtet sein, auf die Stelle direkt darunter und hinter dem Ohr oder den hinteren Teil des Schädels. Ist der Hieb hart genug, ist es fast egal, wo man trifft.

SCHUSSWAFFEN. Die Verwendung von Schusswaffen bei Auftragsmorden ist weit verbreitet und oft äußerst ineffektiv. Die Schützen sind häufig ungenügend ausgebildet, kennen sich mit den Beschränkungen der Waffe nicht aus und erwarten mehr Reichweite, Präzision und tödliche Kraft, als die Waffe zuverlässig leisten kann. Um die tödliche Wirkung zu gewährleisten, muss ihre Durchschlagskraft mindestens hundert Prozent höher sein, als im jeweiligen Fall prognostiziert. Der Abstand muss die Hälfte von dem betragen, was für die Waffe als realistisch gilt. Ein weiterer Nachteil: Schusswaffen als Mordinstrument werden grundsätzlich überbewertet.

Pistole oder Revolver. Obwohl Handfeuerwaffen bei
Auftragsmorden äußerst ineffektiv sind, werden sie
oft verwendet. Zum einen, weil sie leicht verborgen
und gezogen werden können, zum anderen, weil ihre
Nutzer mit ihren Beschränkungen nicht vertraut sind.
Trotz der Tatsache, dass viele Morde mit Handfeuerwaffen ausgeführt wurden (Lincoln, Harding, Gandhi),
missglücken diese Versuche öfter, als dass sie glücken
(Truman, Roosevelt, Churchill). Wenn eine Handfeuerwaffe verwendet werden soll, muss sie so stark wie
möglich sein und in unmittelbarer Nähe des Opfers
abgefeuert werden. In den Händen eines Profis ist eine
solche Pistole definitiv tödlich, aber sie sind selten
und für gewöhnlich nicht für solche Aufträge zu gewinnen. Effektive Kaliber sind .45 Colt, .44 Special,
.455 Kly und .357 Magnum. Kleinere Kaliber können
ausreichen, sind aber weniger zuverlässig. Unter
allen Umständen sollte das Opfer mindestens dreimal
getroffen werden, nur zur Sicherheit.

Sprengstoff. Bomben und verschiedene Sprengstoffe
wurden oft zum Töten verwendet. Solche Mittel garan-
tieren dem Täter Sicherheit und überwinden Barrieren
in Form von Wachen. Die Ladung sollte so platziert
werden, dass das Opfer zum Zeitpunkt der Explosion
weniger als 2 Meter davon entfernt ist.

Die Klassifizierung verschiedener Mordformen war direkt: *simpel*
bedeutete, das Opfer wusste nichts von der Operation, *chase*, das
Opfer wusste von der Bedrohung, war aber nicht geschützt, *guarded*,
das Opfer wurde geschützt, *lost*, der Täter wurde geopfert und im

Idealfall getötet, *safe*, der Plan sah ein Entkommen des Täters vor, *secret*, der Mord sollte wie ein Unfall wirken, *open*, es war unnötig, zu verschleiern, dass es sich um einen Mord handelte, und *terroristic*, der Mord würde Aufmerksamkeit erregen.

Anhand dieser Termini wurde der Mord an Julius Caesar als safe, simple und terroristic eingeordnet, da der Mörder überlebte, das Opfer ungeschützt war und die Mörder Aufmerksamkeit damit erlangen wollten. Der Mord am US-amerikanischen Politiker Huey Long hingegen war *lost*, *guarded* und *open*, da der Mörder getötet wurde, das Opfer geschützt war und es keinerlei Grund gab, seinen Mord als etwas anderes aussehen zu lassen.

Der Mörder musste, um *safe* zu sein, dieselben Fähigkeiten haben wie ein Geheimagent – *clandestine agent*. Er musste entschlossen, intelligent, geistesgegenwärtig und sportlich sein. War eine spezielle Ausrüstung gefragt, zum Beispiel eine Handfeuerwaffe, musste er die Fertigkeit besitzen, diese zu bedienen. Er sollte so wenig Kontakt zur eigentlichen Organisation haben wie möglich. Abgesehen von den *terroristic* Fällen, sollte sich der Mörder nur so lang wie unbedingt notwendig am Tatort aufhalten.

Für ein *lost* Attentat musste der Täter ein Fanatiker sein. Politik, Religion oder Rache waren die einzig denkbaren Motive. Weil Fanatiker psychisch instabil sind, musste er mit extremer Vorsicht behandelt werden. Er durfte keinen der übrigen Mitglieder der Organisation kennen, denn obwohl er bei der Ausführung sterben sollte, gab es dafür keine Garantie. Auch wenn Trotzkis Mörder nie aussagte, so war es unvorsichtig, sich darauf zu verlassen.

Die Planung sollte nur mündlich erfolgen, und alles muss auswendig gelernt werden, es durfte keine schriftlichen Spuren geben, die die Operation bewiesen.

* * *

Als ich den Bericht der CIA las, war mir klar, dass sich die Methoden der Fünfzigerjahre vermutlich wenig von denen der Achtzigerjahre unterschieden, außer dass sie verfeinert worden waren und nun womöglich von anderen Geheimdiensten verwendet wurden, besonders wenn die Zusammenarbeit zwischen den internationalen Geheimdiensten so etabliert war, wie Stieg und andere beschrieben hatten. Die Frage war, ob sie sich nun mehr an die Gesetze hielten. Hatten sie einfach aufgehört, Menschen zu ermorden? Der südafrikanische Geheimdienst hatte in den Achtzigerjahren nachweislich Menschen getötet. Das hatten viele Schuldige während der Wahrheitskommission bezeugt.

Ich wandte den Inhalt von *A Study of Assassination* auf Stiegs Theorie, dass eine professionelle Organisation hinter dem Mord steckte, und auf meine Schlussfolgerung, dass ein Amateurtäter geschossen hatte, an.

Waren die Voraussetzungen beim Mordfall Palme *lost*, dann handelte es sich beim Täter um einen Fanatiker der einen oder anderen Gesinnung. Das würde einige der Fehler erklären, die er begangen hatte, und meine Theorie untermauern. Er hatte das Opfer nicht mindestens dreimal getroffen, wie die Empfehlung lautete. Außerdem hatte er Munition verwendet, die das Risiko erhöhte, dass das Opfer überlebte. Und er hatte Lisbet Palme verfehlt, also eine Zeugin überleben lassen. Ich ging noch einmal meine Analyse des Täters durch, die ich ein paar Jahre zuvor geschrieben hatte, und fügte weitere Hinweise hinzu, die auf einen Amateur hindeuteten.

Meine Schlussfolgerung nach der Lektüre des Berichts war: Wenn der Mord an Olof Palme von einem Geheimdienst organisiert worden war, der Zugang zu ähnlichem Wissen hatte wie die CIA in den Fünfzigerjahren, dann handelte es sich um einen Fall von *lost, simple* und *open*, was wiederum bedeutete, dass der Täter ein Fanatiker war, Olof Palme von der Gefahr nichts wusste und der Mord nicht verschleiert werden musste.

Auf Basis dieser Hypothese stimmte Stiegs Theorie über Südafrika, Wedin und schwedische Rechtsextremisten überein mit dem Ergebnis meiner Analyse, dass der Mord von einem Amateur ausgeführt worden war. Um das herauszufinden, musste ich diejenigen treffen, die in den Fall verwickelt waren. Ich musste nach Südafrika.

DIE TOTEN KINDER 3

Südafrika, 9. Januar 1990

Kurz vor der Kollision baute sich die Front des Lkw wie eine Wand vor dem kleinen Pkw auf. Der riesige Schatten ließ das grelle Licht der afrikanischen Sonne im Wagen kurz verschwinden. In diesem Augenblick begriffen Franz Esser und seine Frau Emily, dass ihr Wagen unausweichlich mit fünfzehn Tonnen Metall zusammenprallen würde, die mit siebzig Stundenkilometer auf sie zu donnerten. Die Motorhaube war in einer Zehntelsekunde eingedrückt, nicht genug Zeit für die beiden auf den vorderen Sitzen, auch nur über irgendetwas nachzudenken. Die Mädchen auf der Rückbank merkten nicht, wie sich die tödliche Gefahr näherte. Sie zankten sich um etwas, das schon bald keine Rolle mehr spielen würde. Die älteste Tochter, Emily, war fünf Jahre alt und nach ihrer Mutter benannt. Sally war zwei Jahre jünger und hatte gerade angefangen, die Welt jenseits der Familie zu entdecken.

Im April 1986, knapp vier Jahre zuvor, war Emily ins Johannesburger Krankenhaus eingeliefert worden, nachdem ihr von einem Unbekannten ins Bein geschossen worden war. Alle glaubten, dass auf die junge Schönheitskönigin geschossen worden war, weil ihr Mann Franz krumme Geschäfte mit dem Apartheidregime machte. Der Schuss ins Bein war vermutlich nur eine Warnung. Im Krankenhaus erfuhr Emily, dass sie mit Sally schwanger war.

Auch vier Jahre später waren es mit großer Wahrscheinlichkeit Franz' Geschäfte, die dafür sorgten, dass der Lkw auf die Gegenfahrbahn geriet und ihren BMW demolierte. Franz war es dreizehn Jahre zuvor trotz krimineller Vergangenheit gelungen, für 550 000 südafrikanische Rand die südafrikanische Staatsangehörigkeit zu kaufen. Seither waren viele Einwohner seines neuen Heimatlands von dem skrupellosen Geschäftsmann betrogen worden. In seiner ehemaligen Heimat Deutschland wurde er wegen Vergewaltigung, Erpressung, Körperverletzung, Betrug und Steuerhinterziehung gesucht. In Südafrika hatten ihm lange seine Kontakte zu Geheimagenten und den höchsten Politikern geholfen, darunter auch Außenminister Pik Botha.

Beharrlich hielten sich die Gerüchte, dass Franz Esser die südafrikanischen Agenten mit Autos versorgt hatte, die beim Mord an Olof Palme gebraucht wurden. Der Schuss auf seine Frau Emily einen knappen Monat nach der Tat war eine Warnung gewesen, und in der letzten Zeit war immer deutlicher geworden, dass den südafrikanischen Behörden die Geduld für Essers kriminelle Geschäfte ausging. Schon bald sollte er für die Verbrechen, die er in Südafrika begangen hatte, vor Gericht, was die Loyalität gegenüber seinen politischen Kontakten auf eine harte Probe stellte.

Offenbar war ihre Treue nicht stark genug, um ihn vor fünfzehn Tonnen Stahl zu schützen, die auf ihn und seine Familie zurollten. Das plötzliche Ausscheren eines Lkw gehörte zu den Lieblingsmethoden des südafrikanischen Geheimdienstes, um unbequem gewordene Personen loszuwerden.

Das Metall, das in Franz und Emilys Körper eindrang, tötete sie sofort. Die fünfjährige Emily starb noch an der Unfallstelle. Als die Rettungskräfte eintrafen, fanden sie Sally schwer verletzt und mit gebrochenem Rückgrat vor.

Wenn das Ziel gewesen war, die gesamte Familie Esser auszulöschen, war der Plan nicht aufgegangen. Die dreijährige Sally überlebte und musste ihr Leben im Rollstuhl ohne ihre Familie meistern.

DIE ÜBERSCHREITUNG DES RUBIKON

Südafrika, Dezember 2015

Es war ein gewagter Schritt, aber wenn ich Stiegs Spuren weiterverfolgen wollte, musste ich nach Südafrika. Bertil Wedin hatte für den dortigen Geheimdienst gearbeitet. Craig Williamsons Name und die einiger weiterer Agenten tauchten häufig in Stiegs Dokumenten auf. In seinem Archiv fand ich einen Bericht über die schwedische Polizei und ihre Kontakte nach Südafrika vor dem Mord. Es war einfach unumgänglich, ich musste dorthin. Während ich mich mit dem Gedanken anfreundete, setzte ich mich mit mehreren Bekannten in Verbindung, die sich ebenfalls für die Rolle Südafrikas interessierten. Einer davon war der Journalist Boris Ersson, der mir eine Kopie seines bis dahin unveröffentlichten Arbeitsmaterials geschickt hatte, das er 1994 für die Palme-Ermittlungen zusammenstellte, nachdem er sich selbst in Gefahr gebracht hatte, um sich mit einer Reihe südafrikanischer Agenten zu treffen. Ein anderer war Simon Stanford, der mich zum ersten Schritt ermuntert hatte.

* * *

»*Hi Nicholas*, willst du uns nach Südafrika begleiten?«, fragte ich. »Simon Stanford und ich wollten Anfang Dezember hinfliegen. Uns bleibt ein Monat für die Vorbereitung.«

Der Redakteur vom *New Yorker* war nicht so leicht zu überzeugen gewesen, aber schließlich war es Nicholas Schmidle gelungen, ihm meinen Artikel über Stieg Larssons Nachforschungen im Mordfall Palme zu verkaufen. Unter der Bedingung, dass Nicholas alles noch einmal selbst nachprüfte und alle relevanten Personen traf, was die eine oder andere Reise nach sich zog. Deshalb meine Frage an ihn.

»Wer ist Simon Stanford?«, fragte Nicholas.

»Südafrikaner, Dokumentarfilmer, wohnt schon lange in Schweden«, erklärte ich. »Und taff im Umgang mit den Südafrikanern.«

»Weiß er etwas über die mögliche Rolle Südafrikas im Mordfall Palme?«

»Oh, ja. Er beschäftigt sich schon lange mit dem Thema. 1996 hatte er ein Ticket, um nach Zypern zu fliegen und zusammen mit Peter Casselton Bertil Wedin zu treffen. Aber Casselton konnte nicht mitkommen. Er wurde von einem Lkw zerquetscht, den er für einen anderen Agenten reparieren wollte.

»*Deal*«, sagte Nicholas.

* * *

Wir hatten ein Hotel in Sandton, Johannesburg bezogen, eine Nacht geschlafen, und schon stand das erste Treffen an. Nicholas hatte mit Vic McPherson vereinbart, dass wir ihn bei sich zu Hause interviewen durften. Er war einer von Craig Williamsons engsten Mitarbeitern beim zivilen Geheimdienst gewesen, bis Williamson Mitte 1985 zum militärischen Geheimdienst wechselte, und konnte über ihre Arbeitsmethoden berichten.

Es dauert nur eine knappe Autostunde, um von Johannesburg durch die hüglige Landschaft nach Pretoria zu gelangen. Nicholas Schmidle, Simon Stanford und ich irrten am Stadtrand Pretorias herum, bis wir endlich eine der größeren Straßen fanden, die auf unserer nicht wirklich detaillierten Karte verzeichnet war. Aber irgendwann hatten wir den richtigen Stadtteil gefunden, der zum Großteil aus Einfamilienhäusern bestand, nur hin und wieder abgelöst von einer Tankstelle oder einem Geschäft mit Parkplatz davor.

Wie bogen von der Hauptverkehrsstraße ab und fuhren langsam durch das gutsituierte Villenviertel. Die Häuser hier waren nicht von hohen Mauern mit Stacheldraht oder Glasscherben umgeben wie in Johannesburg. Die wenigen Menschen, die wir sahen, waren alle weiß. Dieser Ort hätten genauso gut in Europa liegen können. Vielleicht in einer englischen Kleinstadt.

Schließlich fanden wir die richtige Straße und Hausnummer. Es war ein relativ anspruchsloses, einstöckiges Haus mit Giebeldach, gebaut vermutlich in den Siebziger- oder Achtzigerjahren mit einem gepflegten Vorgarten, der sich um das ganze Haus erstreckte. Wir parkten in der Auffahrt und überprüften den Namen, der an der Tür stand: McPherson. Wir waren richtig.

Wir hatten den Vorabend genutzt, um uns gut vorzubereiten. Ich wusste, dass ich jemandem gegenübersitzen würde, der den Tod vieler Menschen veranlasst und sogar eigenhändig getötet hatte, aber nicht, wie ich darauf reagieren würde. Ich klingelte, und dann mussten wir ziemlich lange warten, bis geöffnet wurde.

Auf den Fotos wirkte er stark: dunkler Bart und harter Blick. Er trug oft eine Uniform. Nach zehn oder zwanzig schweren Krankheitsjahren war Vic McPherson ein körperlich gebrochener Mann. Kaum größer als 1,70 Meter, dünn wie ein Ast und mit großen Gehproblemen, die sich zeigten, als er uns zur Rückseite des Hauses führte. Sein guter Freund Karel Gerber, der beim Interview anwesend sein würde, sah neben ihm groß und stark aus; er hatte sein leicht ergrautes Haar in einen Pferdeschwanz zusammengefasst. Karel stützte Vic auf dem Weg zur Terrasse.

Dort erwarteten uns bereits eine Kanne Eistee und ein kleiner Snack. Vics Frau stieß dazu und sorgte dafür, dass es uns an nichts fehlte, bevor sie wieder im Haus verschwand.

»Wir Südafrikaner schreiben Gastfreundschaft sehr groß. Bei uns soll sich jeder Besucher wohlfühlen.«

Vics Stimme war genauso dünn und gebrechlich wie sein Körper. Die Energie, die er während seiner Zeit beim südafrikanischen zivilen Geheimdienst gehabt haben musste, ließ sich nur noch in seinen Augen erahnen. Wir erzählten kurz über uns und unser Anliegen, das uns den weiten Weg bis nach Südafrika geführt hatte.

»Erzählen Sie uns von der Bombe in London.«

Vic schien glücklich, fast aufgeregt, endlich erzählen zu dürfen.

»1982 bekamen wir den Auftrag, die Hauptvertretung des ANC in London zu sprengen. Das war die Reaktion von Ministerpräsident Botha auf das, was er *The Total Onslaught* nannte, den totalen Angriff, dem wir Südafrikaner ausgesetzt waren. Dazu benötigte er die totale Strategie – *The Total Strategy* –, die es uns zum ersten Mal ermöglichte, Aktionen außerhalb von Südafrika auszuführen. Dafür waren unsere besten Agenten gefragt, die zu *black operations* aufgefordert wurden, die unsere Feinde erschütterten.«

Vic holte Luft und trank einen Schluck. Ich sah keinen Grund, ihn mit einer Frage zu unterbrechen.

»Wir verbrachten eine Woche auf der Daisy Farm, die mit schwedischem Geld finanziert worden war, das Craig Williamson durch den IUEF abgeschöpft hatte. Dort planten wir den Auftrag, bevor wir nach London flogen. Zwei Wochen lang kundschafteten wir das Ziel der Bombe aus und suchten mehrere Wege, das Land nach erfolgter Tat zu verlassen. Ein Problem zu Anfang war, dass Eugene de Kock und sein Kollege wegen ihres Aussehens an der Grenzkontrolle aufgehalten wurden. Eugenes harter Blick und ihre sonnengegerbte Haut nach Monaten im Busch verrieten zu offensichtlich, dass es sich um Profis handelte. Der britische Geheimdienst verhörte sie.«

Vic musste tief einatmen, bevor er weitersprechen konnte.

»Craig Williamson leitete den Einsatz. Wir anderen wurden in Zweier- oder Dreiergruppen unterteilt, mussten uns voneinander fernhalten und schliefen an unterschiedlichen Orten. Jede Gruppe hatte eine eigene Aufgabe und bekam Informationen, die für die Ausführung relevant war. Craig saß in einem Hotelzimmer in London und koordinierte die Aktion. Das war *standard procedure*. Mehrere Zellen, individuelle Aufgaben und Informationen auf *need to know* Basis.«

»Wer war denn beteiligt?«, fragte ich.

»Die meisten wurden aus Südafrika eingeflogen. Selbstverständlich mit unterschiedlichen Fluggesellschaften und auf unterschiedlichen Routen. Mit dabei waren Eugene de Kock, Jimmy Taylor, John Adam, Jerry Rave und ich. Peter Casselton, der in London lebte, war ebenfalls beteiligt.«

»Wie lief die Kommunikation?«

»Über Craig. Er wusste, wie wir zu kontaktieren waren. Wir konnten nur Kontakt zu Craig aufnehmen. Ein paar Mal wurden wir zu einem Kino am Leicester Square bestellt und saßen im selben Saal, ohne zu zeigen, dass wir einander kannten. Das war ein Test, um zu prüfen, ob wir dem Druck standhielten.«

Vic erzählte die Geschehnisse so spannend, dass man viel zu leicht vergaß, dass sie im Auftrag des Apartheidregimes einen Bombenanschlag vorbereiteten, der viele Menschenleben in Londons Innenstadt kosten würde. Aus seinem Mund klang es wie ein Spionageroman, in dem man sich mit den Protagonisten identifizieren konnte. Ungeachtet, ob sie nun die Guten oder Bösen waren.

»Aber Sie wurden nie verdächtigt?«, fragte ich.

»Eugenes Team berichtete Craig, dass sie überwacht wurden, wahrscheinlich vom britischen MI5. Das ging ein paar Tage lang. Ihr Team sollte die Bombe platzieren, und jeden Tag gaben sie durch, dass sie wegen der Überwachung nichts unternehmen konnten. Aber am dritten oder vierten Tag, wenn ich mich richtig erinnere, war die Luft rein. Da gab Craig den Befehl, die Bombe zu platzieren. Wir waren für die Logistik zuständig und hielten uns bereit. Sie deponierten die Bombe, und wir warteten. Als die ersten Nachrichten eintrafen und uns klar wurde, dass wir erfolgreich gewesen waren, verließen wir umgehend das Land und trafen uns am Flughafen in Amsterdam. Erst da erfuhren wir, dass unsere eigenen Männer de Kocks Team beschattet hatten, auf Befehl von Craig. Um zu prüfen, ob sie aufmerksam waren. Eugene wirkte darüber nicht glücklich, Craig dafür umso mehr. Die Stimmung war ausgelassen, fast euphorisch. Wir feierten mit Bier und Drinks, als wir plötzlich etwas hörten, dass uns erstarren ließ. Über die Lautsprecher wurde ein »Mr. Joseph Slovo« ausgerufen.«

Der Name kam mir bekannt vor, aber Vic begriff, dass ich nicht wusste, um wen es sich handelte.

»Ein weißer Südafrikaner und Kommunist. Einer, den wir als Landesverräter betrachteten. Weil er noch dazu Kommunistenanführer war, stand er auf Platz eins.«

»Platz eins?«

»Joe Slovo stand ganz oben auf unserer Abschussliste. Und dann befand er sich auf demselben Flugplatz wie Südafrikas kompetenteste Geheimagenten. Eugene sagte sofort, dass wir ihn schnappen müssen. Craig war eher zurückhaltend. Eugene holte einen orangefarbenen Kugelschreiber mit blauem Deckel hervor. ›Wenn ihr ihn auf die Toilette lockt, mach ich ihn damit platt. Ich ramme ihm das Ding durch den Solar Plexus direkt ins Herz.‹ Theoretisch war das eine gute Idee, aber schlussendlich mussten wir uns eingestehen, dass das Risiko einfach zu groß war, und brachten Eugene davon ab. Wir flogen zurück und wurden mit Medaillen ausgezeichnet. Ein paar Monate später bekamen wir Joe Slovo oder besser gesagt seine Frau Ruth First. Mit einer Briefbombe, mit der Craig uns beauftragte.«

Ganz nebenbei schilderte Vic den Mord an einer Frau, als wäre das etwas Alltägliches. Genau diese Frau, Ruth First, war mit Olof Palme befreundet gewesen. Stieg hatte den Mord in seiner Zusammenstellung über Bertil Wedin erwähnt. Aber ich wollte mehr über diese Abschussliste erfahren.

»Es gab eine Abschussliste? Also eine Liste von Personen, derer Sie sich entledigen wollten? Wer stand auf dieser Liste? Olof Palme?«

»Wir hatten eine solche Liste, aber darauf standen nur Mitglieder der Kommunistenpartei, des ANC und anderer Widerstandsbewegungen. Palme war kein südafrikanischer Bürger, noch dazu Ministerpräsident eines anderen Landes. Ich habe nie eine Liste gesehen, auf der sein oder ein vergleichbarer Name stand.«

»Gab es denn eine andere Liste, die Sie vielleicht nicht zu Gesicht bekommen haben? Vielleicht hatte das Militär ja eine eigene?«

Vic blinzelte.

»Nein, es gab nur *eine* Liste und zwar über die Personen, die wir loswerden wollten.«

Damit hatte Vic gesagt, dass Olof Palme kein Ziel des südafrikanischen Geheimdienstes war, weder des zivilen noch des militärischen. Karel Gerber schenkte Vic Eistee nach. Er hatte bisher noch kein Wort gesagt, aber ihm war anzusehen, dass er seinem Freund nicht zustimmte.

»Sie haben *black operations* erwähnt«, sagte ich. »Was meinen Sie damit?«

»Es gab weiße und schwarze Operationen«, sagte Vic. »Die weißen betrafen häufig die Beschaffung von sensiblen Informationen des Gegners. Und die ließen wir dann veröffentlichen.«

»Und schwarze Operationen?«

»Ich gebe Ihnen ein Beispiel: Frank Chikane war Pastor und fügte uns großen Schaden zu. Einmal wollte er in die USA reisen und war zu einer Zwischenlandung in Namibia gezwungen, wo er eine Nacht verbringen musste. Unsere Männer verschafften sich Zugang zu seinem Hotelzimmer und rieben Gift in seine Kleidung, während er unterwegs war. Es war ein Pulver von einer afrikanischen Pflanze, das sie an den Stellen platzierten, an denen man schwitzt. Unter den Armen und in der Unterwäsche. Am nächsten Tag flog er weiter, und auf halber Strecke in die USA ging es ihm plötzlich sehr schlecht. Man konnte nichts tun. Bei der Landung war er im Prinzip schon tot. Wäre er nicht ausgerechnet in die USA geflogen, wäre er gestorben, aber den Amerikanern gelang es, schlussendlich sein Leben zu retten. Allerdings fanden sie nie heraus, um welches Gift es sich gehandelt hat.«

»Sie haben erwähnt, dass Sie von schwarzen Operationen wissen, die nie bekannt geworden sind.«

»Ja, es gibt Vorfälle, von denen ich weiß oder gehört habe, aber darüber werde ich nichts erzählen.«

Die folgende Stille war für Vic nur schwer auszuhalten. Ich nutzte insgeheim wieder die Technik, innerlich bis zehn zu zählen. Er lachte nur und schüttelte den Kopf, war dann wieder still, bis er doch aufgab.

»*Alright*. Anthony White bekam einen Auftrag. Leabua Jonathan war Premierminister Lesothos, einer Enklave in Südafrika. Obwohl Jonathan von Südafrika abhängig war, unterstützte er den *ANC* und stand deshalb auf unserer Abschussliste. Ant White sollte sich darum kümmern.«

Mit zitternder Hand griff Vic nach seinem Glas und trank einen Schluck, um sich für das rüsten, was er – so seine Worte – noch nie zuvor jemandem erzählte hatte.

»Er unternahm einen Versuch mit einer Paketbombe, die er an der Straße deponierte, die auf Jonathans üblicher Strecke lag. Als der Wagen des Premierministers auf Höhe des Pakets war, drückte er auf den Auslöser. Er musste mehrmals drücken, bis die Bombe zündete. Da war der gesamte Konvoy bereits vorbeigefahren. Ants Versuch war gescheitert, aber er gab nicht auf.«

Vic schien die Schilderung dieser Szene nicht weiter zu berühren, die genauso gut aus der Pink-Panther-Reihe mit Peter Sellers hätte stammen können, wenn sie nicht der Wahrheit entsprochen hätte.

»Ant machte seinen Hausaufgaben. Jonathan würde eine öffentliche Rede halten, und zwar an dem Ort, wo er immer seine Reden hielt. Unsere Leute vermaßen das Metallgeländer, an dem er stehen würde, und ließen ein identisches anfertigen, in das allerdings Sprengstoff eingearbeitet wurde. Die Bombe war so platziert, dass sie auf Jonathans

Bauchhöhe explodieren und ihn in zwei Teile zerreißen sollte. Anthony White war mit dem Geländer im Auto unterwegs nach Lesotho, als er in eine Kontrolle geriet. Es war eine unserer südafrikanischen Polizeikontrollen. Sie fanden das Geländer mit dem Sprengstoff und nahmen White fest. Sofort wurde ich angerufen, um mich darum zu kümmern.«

»Aber Sie arbeiteten doch für die Polizei und Anthony für den militärischen Geheimdienst.«

»Wenn es Probleme gab, riefen sie mich. Ich war der *cleaner*. Ich erfuhr den Namen des Staatanwalts, rief ihn direkt an und erklärte ihm die Zusammenhänge, aber da er selbst nicht zur Lösung fand, musste ich ihm die auch noch liefern. ›Morgen früh wird Ant White als allererster dem Richter vorgeführt. Dort soll er sich wegen unerlaubten Besitzes von Sprengstoff, einer AK-4, einer Pistole und Munition für schuldig erklären. Er kann zehn- oder zwölftausend Rand bezahlen. Das alles sollte schnell gehen, damit er verschwand, ehe die Medien oder jemand anders reagieren konnten.‹«

Vic gluckste zufrieden und trank noch einen Schluck.

»Der Staatsanwalt musste mit dem Richter gesprochen haben, denn schon wenige Minuten, nachdem White den Gerichtssaal betreten hatte, wurde das Urteil gesprochen. Um 8.02 Uhr war Ant White wieder ein freier Mann. Und Jonathan kam ein weiteres Mal davon.«

»Das war also eine schwarze Operation, die missglückt ist?«, fragte ich. »Ich würde gern von einer Aktion hören, die erfolgreich verlief.«

»Wir halten zusammen und erzählen nicht, was wir oder andere gemacht haben. Und wenn es doch jemand tut, muss er sich darauf gefasst machen, getötet zu werden. So gefährlich ist das nun mal. Mehr werde ich nicht preisgeben.«

Vic McPherson hatte gerade von zwei Versuchen berichtet, den Premierminister eines anderen Landes zu ermorden. Und dass, obwohl er kurz zuvor abgestritten hatte, dass das Apartheidregime je so etwas getan hatte.

»War der Flugzeugabsturz am 19. Oktober 1986, bei dem der Präsident Mosambiks, Samora Machel, umkam, eine Sabotage durch den südafrikanischen Geheimdienst?«

Vic schüttelte den Kopf und antwortete, ohne zu zögern.

»Nein, war es nicht. Einer meiner Kollegen war früh am Unfallort und fand Wodkaflaschen im Fußraum des Cockpits. Die russischen Piloten hatten getrunken und vermutlich Matsapha in Swasiland angeflogen, während sie glaubten, Maputo anzufliegen. Als sie die Baumkronen streiften, war es zu spät.«

»Aber ist es nicht auffällig, dass der südafrikanische Geheimdienst als Erster vor Ort war, obwohl der Absturz der Maschine mitten im Dschungel passierte? Über 500 Kilometer von Johannesburg entfernt?«

»Mein erster Gedanke damals war auch, dass es sich um eine schwarze Operation handelte. Aber das tat es nicht, laut derer, die sie normalerweise ausgeführt hätten. Wissen Sie, wer außerdem noch sehr früh am Unfallort war? Pik Botha, unser Außenminister.«

Vic sah erneut zufrieden aus. Als hätte er ein Puzzle ausgelegt, um uns das Gesamtbild zu zeigen, aber sobald wir es sahen, bestand er darauf, dass es eigentlich etwas ganz anderes darstellte. Er sprach leichtfertig über die gewaltsamen Tode vieler Menschen, was man nur verstehen konnte, wenn man sich in Erinnerung rief, dass er Geheimagent und zum Töten ausgebildet worden war.

»Was halten Sie von Craig Williamson?«

»Der beste Spion, den Südafrika je hatte«, sagte Vic, dann suchte er nach den richtigen Worten. »Er war der beste … einfach der beste.«

»Glauben Sie, dass Craig Williamson hinter dem Palme-Mord steckt?«

»Ich habe bis Mitte 1985 mit ihm gearbeitet, dann wechselte er zum militärischen Nachrichtendienst. Ab diesem Zeitpunkt weiß ich nichts mehr. Ich habe ihn wiederholt gefragt, aber er streitet es ab. Ich verstehe nicht, warum er wieder und wieder mit dieser Frage konfrontiert wird. Ich glaube nicht, dass es Craig war.«

Aber ein anderer Todesfall war fast genauso interessant.

»Waren Sie dabei, als Agent Peter Casselton starb?«

»Ja, ich war da. Casselton wohnte bei portugiesischen Freunden, nur ein paar Autostunden von hier entfernt«, erzählte Vic, genauso heiter. »Ich war mit den Hunden der Portugiesen beim Tierarzt, und Casselton reparierte gerade einen Lkw in der engen Garagenauffahrt. Am Steuer saß ein Schwarzer, der aus Versehen den ersten Gang eingelegt hatte. Casselton schloss den Motor kurz, und der Lkw machte einen Satz nach vorn. Casselton sprang zur Seite, wurde aber zwischen Lkw und der Grundstücksmauer eingeklemmt«, sagte Vic und deutete mit den Händen an, wie das Fahrzeug gestanden hatte. »Seine Eingeweide wurden eingedrückt, und er konnte nicht mehr atmen. Ich rief, dass sie den Lkw zurücksetzen mussten, was nicht ging, weil er festsaß. Also blieb uns nichts anderes übrig, als die Mauer einzureißen, wozu wir das Einverständnis der Nachbarn brauchten, meinten die Portugiesen. Währenddessen hing Casselton da und bekam keine Luft. Schlussendlich rissen wir die Mauer ein, und dann … ist er einfach gestorben. Vor Ort gelang es dem Notfallarzt zwar, ihn zu reanimieren, aber im Krankenhaus stellten sie fest, dass seine Pupillen nicht mehr reagierten. Er war hirntot. Ich hatte ihn ins Krankenhaus begleitet.«

Nicholas und ich stellten in den folgenden zwei Stunden abwechselnd Vic unsere Fragen. Simon lauschte den Geschichten, die er aus anderer Perspektive kannte. Nachdem die Sonne untergegangen war, waren alle müde. Vic verabschiedete sich und verschwand schon durch die Hintertür im Haus, während uns sein Freund Karel noch bis zum Auto brachte. Er hatte Vic die ganze Zeit sprechen lassen.

»Das, was Vic über die Abschussliste gesagt hat …«

»Ja?«, fragte ich.

»Das stimmt nicht. Es gab zwei. Das Militär hatte andere Befugnisse, mehr. Sie hatten ihre eigene Liste.«

»Sicher? Haben Sie eine Kopie davon?«, fragte ich.

Karel lachte auf, schüttelte den Kopf und öffnete mir die Autotür.

»*Have a safe ride back to Joburg!*«

* * *

Wir fuhren zurück nach Johannesburg, und es kostete mich Kraft, mich im Dunkeln auf den Linksverkehr auf einem fremden Kontinent zu konzentrieren. Wir schwiegen, jeder in Gedanken verloren. Das Bombenattentat in London 1982 hatten also Zellen ausgeführt, alle Beteiligten erhielten Informationen auf *need to know* Basis. Die Illustration in der *GT* von 1987 beschrieb ein solches Szenario mit mehreren Zellen für den Palme-Mord. Außenminister Pik Botha gehörte zu den Ersten, die am Unglücksort eintrafen, wo Samora Machel gestorben war. Als hätte er gewusst, dass das Flugzeug verunglücken würde. Anthony White sollte einen ausländischen Premierminister töten, obwohl der südafrikanische Geheimdienst solche Operationen nicht ausführen sollte. Vic wusste nicht, was Craig Williamson nach 1985 gemacht hatte, nach seinem Wechsel zum militärischen Geheimdienst.

Nach unserer Rückkehr ins Hotel war ich der Einzige, der sich an der Bar einen doppelten Whiskey ohne Eis bestellte. Ich brauchte einen.

DAS ZENTRUM DER FINSTERNIS

Südafrika, Dezember 2015

Wir waren seit einer knappen Woche in Südafrika. Nicholas hatte mehrere Interviews und Treffen für uns organisiert, meine eigenen Versuche waren erfolglos geblieben. Aber die Informationen flossen allmählich zusammen. Wer hatte wen verraten? Wem konnte man trauen? Wer war in den Mordfall Palme verwickelt und wer nicht?

Eins von Craig Williamsons Opfern war Frits Schoon, der uns erzählte, wie er als Dreijähriger eine Briefbombe überlebt hatte, die auf Befehl von Craig Williamson verschickt worden war und die seine Mutter Jeannette Schoon und seine sechsjährige Schwester Katryn tötete.

Barry Gilder war einer der wichtigsten Geheimagenten der Umkhonto we Sizwe gewesen, des militärischen Arms des ANC, und hatte über den Kampf gegen das Apartheidregime gesprochen und über seine Arbeit als Geheimagent sowohl vor als auch nach dem Fall des Apartheidregimes.

Im SAHA – South African History Archive – fanden wir Hinweise auf Dokumente zum Palme-Mord, die die Wahrheitskommission und spätere Ermittlungen hervorgebracht hatten. Manche konnten wir einsehen, andere waren noch immer als vertraulich eingestuft.

Aber die drei Personen, die im Bericht der Prüfungskommission erwähnt wurden und die ich unbedingt treffen wollte, hatte ich nicht zu einem Treffen bewegen können.

Riaan Stander hatte 1986 mit Craig Williamson zusammengearbeitet und ihn als Organisator des Palme-Mordes benannt. Riaan Stander war einer von Boris Erssons wichtigsten Quellen für seine Zusammenfassung, die ich nach Südafrika mitgebracht hatte. Stander wurde von vielen als unglaubwürdig beschrieben und war bei prinzipiell allen ehemaligen Geheimagenten unbeliebt, aber er war eben auch derjenige, der die detailliertesten Angaben dazu gemacht hatte, wie Craig Williamson und seine Kollegen den Mord an Olof Palme angeblich organisierten haben sollen. Als ich endlich seine Telefonnummer herausgefunden hatte, war Standers Reaktion unmissverständlich. Er wollte sich weder mit mir treffen noch sprechen. Nicholas startete wenige Tage später ebenfalls einen Versuch – mit demselben Ergebnis.

Ein anderer, zu dem ich Kontakt suchte, war Nigel Barnett alias Henry Bacon alias Leon van der Westhuizen alias Nicho Esslin. Er war Agent des militärischen Geheimdienstes und einer derjenigen, die im Zusammenhang mit dem Palme-Mord immer wieder auftauchten. Er soll der Gruppe gehört haben, die nach Schweden geschickt wurde, um Palme zu ermorden. Barnett war von einem schwedischen Missionar adoptiert worden und hatte eine Zeit lang in Schweden gelebt. Als der schwedische Polizist Jan-Åke Kjellberg – der für die Wahrheitskommission gearbeitet hatte – die Erlaubnis bekam, Barnetts Bankschließfach zu öffnen, fand er dort unter anderem eine Smith & Wesson Magnum .357. Die ballistische Untersuchung zeigte, dass es sich nicht um die Mordwaffe handelte, aber mehrere Umstände um seine Person waren auffällig. Meine Versuche, ihn ausfindig zu machen, blieben fruchtlos. Es gelang mir, seinen Bruder Olof Bacon zu kontaktieren, aber selbst er wusste nicht, wo sich sein Bruder aufhielt.

Heine Hüman war der Dritte, den ich treffen wollte. Er war Südafrikaner, hatte aber zur Zeit des Mordes in Björklinge gewohnt, 90 Kilometer nördlich von Stockholm. Hüman hatte die Ermittler im Palme-Mord mehrfach kontaktiert und ausgesagt, dass er sechs Tage vor dem Mord von einer anonymen Quelle gebeten wurde, einen Südafrikaner aufzunehmen. In einem Dokument der Säpo schlussfolgerte man, dass es sich bei Hüman wahrscheinlich um einen »Geheimdienstschwindler« handelte, ein Begriff, der häufig auftauchte, wenn die Angaben über jemanden nicht berücksichtigt wurden. Aber ich wollte seine Seite der Geschehnisse hören. In Südafrika gab es einen Heine Human, dessen Alter und Aussehen einigermaßen übereinstimmten, aber als ich ihn anrief, behauptete er, niemals in Schweden gewesen und nicht darum gebeten worden zu sein, südafrikanische Agenten aufzunehmen.

Während der langen Stunden und Tage, in denen wir darauf warteten, dass sich doch jemand zu einem Interview bereit erklärte, erzählte uns Simon Stanford von seinem früheren Leben in Südafrika.

* * *

Simon war ein ernster Fünfzigjähriger, der hin und wieder in warmes Lachen ausbrechen konnte. Seine knapp 1,80 Meter, seine finstere Miene und seine steinharten Muskeln führten dazu, dass Nicholas und ich uns sicher fühlten. Simon hielt sich im Hintergrund, weil er in erster Linie für die Dokumentation der Interviews und unsere Sicherheit zuständig war. Aber als er anfing, von seinen eigenen Erfahrungen in Südafrika zu erzählen, davon, wie er mehrfach dem Tod entkommen war, lauschten wir ihm genauso gebannt wie den anderen Männern, die wir getroffen hatten.

Schlussendlich hatte Simon das unsichere Südafrika hinter sich gelassen und sich mit seiner Frau Marika Griehsel im deutlich unaufgeregteren Schweden niedergelassen, was sie nicht bereut hatten. Und wenn es ihnen doch einmal zu ruhig wurde, konnten sie ja jederzeit nach Südafrika, Namibia oder ein anderes spannendes Land im Süden Afrikas reisen, was sie auch mehrmals im Jahr taten.

1996 hatte Simon Kontakt zu Bertil Wedins Kollegen Peter Casselton aufgenommen, nachdem mehrere südafrikanische Agenten behaupteten, Craig Williamson und Bertil Wedin wären am Palme-Mord beteiligt gewesen. Simon konnte uns berichten, was Peter Casselton kurz vor seinem Tod vorgehabt hatte.

Peter Casselton war im einstigen Rhodesien Helikopterpilot gewesen, zudem absolut loyal gegenüber seinen Kollegen des südafrikanischen Geheimdienstes. Casselton hatte als Einziger des Teams rund um das Bombenattentat auf den Hauptsitz des ANC in London 1982 keine Medaille von der südafrikanischen Regierung verliehen bekommen, weil er nach der Tat weiter als Geheimagent in London tätig war. Etwas später im selben Jahr landete er für einen Einbruch in die Geschäftsräume der Widerständler in einem britischen Gefängnis, wo er seine Strafe auch absitzen musste. Er wurde regelmäßig von schwarzen Mithäftlingen misshandelt, die ihn als Repräsentanten des rassistischen Regimes sahen. Trotz brutaler Verhörtechniken durch Scotland Yards Antiterroreinheit schwieg Casselton, nur um nach seiner Freilassung herauszufinden, dass sämtliches Kapital seiner und Craig Williamsons Firma verbraucht war und er ohne Geldmittel dastand. Dennoch schwieg Casselton weiter und gab nichts über die Operationen preis, an denen er mitgewirkt hatte. Erst als Craig Williamson und eine Reihe anderer während der Prozesse der Wahrheitskommission das Reden anfingen, hielt sich auch Casselton nicht länger zurück.

1994 beschuldigte Casselton in einem Interview im südafrikanischen Fernsehen seinen ehemaligen Chef Craig Williamson, Eugene de Kock damit beauftragt zu haben, ihn zu beseitigen. Zwei Jahre später, nachdem mehrere Agenten Williamson als den Drahtzieher von Palmes Ermordung identifiziert hatten, stellte *Sveriges Television* Simon die finanziellen Mittel bereit, um eine Dokumentation zu machen. Deshalb nahm er Kontakt zu Casselton auf.

»Mein Plan war, ihn auf meine Seite zu ziehen. Ich hatte das Gefühl, dass Casselton mehr wusste, als er behauptete, deshalb nutzte ich meinen südafrikanischen Hintergrund und tat so, als wäre ich in denselben Kreisen heimisch wie er, nur um sein Vertrauen zu gewinnen«, erzählte Simon mir.

Im Januar 1996 nahm Casselton zu mehreren Personen Verbindung auf, die sich für sein Wissen über den Mord an Palme interessierten. Einer davon war Jan-Åke Kjellberg, der schwedische Polizist, der an die Wahrheitskommission ausgeliehen worden war, um vor Ort zu unterstützen.

Casselton und Kjellberg hatten ausgemacht, dass sie sich eine Woche später treffen würden. Im selben Zeitraum besuchte auch Simon ihn mehrfach. Einmal hatte Simon die beiden begleitet und Eugene de Kocks Leibgericht – Ochsenschwanzragout – gekauft, um es ihm ins Gefängnis mitzubringen.

»Casselton war davon überzeugt, dass Bertil Wedin Licht ins Dunkel um den Palme-Mord bringen konnte. Dass er wie bei vielen anderen Operationen die Logistik übernommen hatte und uns wenigstens an diejenigen verweisen konnte, die direkt involviert waren«, sagte Simon. »Casselton und ich einigten uns, nach Zypern zu fliegen, ich buchte die Tickets.«

Es sollte wenige Tage nach dem Treffen mit Jan-Åke Kjellberg losgehen, und ein paar Wochen bevor Casselton vor der Wahrheitskommission aussagen sollte.

»Ich rief ihn an, um ihn vor der Abreise zu treffen. ›Nein, wir können uns nicht sehen. Ich muss zur Farm meiner portugiesischen Freunde. Wir treffen uns direkt am Flughafen.‹ Das war mein letztes Gespräch mit ihm«, berichtete Simon. »Als Nächstes rief mich jemand an und meinte: ›Kauf dir eine Zeitung und lies mal, was Casselton zugestoßen ist.‹ Ich fand eine Randnotiz, dass er bei einem Unfall gestorben war.«

Peter Casseltons Treffen mit Jan-Åke Kjellberg fand nie statt. Er flog nicht mit Simon nach Zypern, um Bertil Wedin zu treffen. Und sagte nie vor der Wahrheitskommission aus. Sein Wissen über den Palme-Mord starb mit ihm.

Als ich Vic McPherson interviewte, verschwieg er, dass er zu den Verdächtigen der südafrikanischen Polizei gehört hatte, die den Tod Peter Casseltons untersuchte. Die Ermittlungen wurden eingestellt, sein Tod als Unfall deklariert.

* * *

Nicholas gelang es schließlich, ein Treffen mit Craig Williamson zu arrangieren, allerdings unter der Auflage, dass ich ihn nicht begleitete. Nach all den Jahren der Anschuldigungen mochte er keine schwedischen Journalisten mehr. Als Nicholas von dem Treffen zurückkehrte, war es ihm dennoch gelungen, eine kleine Tür zu öffnen. Craig hatte nicht sofort verneint, als Nicholas fragte, ob er bereit wäre, mich zu treffen. Allerdings wollte er vorher noch ein weiteres Gespräch mit Nicholas führen. Die Zeit lief mir davon. Wir waren seit zehn Tagen in Südafrika, und ich hatte erst vier Interviews geführt. Mein Rückflug nach Stockholm war für zwei Tage später angesetzt, und ich hatte nicht vor, umzubuchen. Mein Budget und meine Geduld waren fast am Nullpunkt. An diesem Abend kehrte Nicholas von seinem Besuch bei Craig zurück.

»Er hat einem Treffen mit dir zugestimmt. Allerdings stellt er Bedingungen: keine Kamera, keine Tonaufnahme, keine Handys, *no nothing*«, sagte Nicholas.

* * *

Als Treffpunkt hatten wir ein Café in der Nähe des Kyalami Racing Circuit ausgewählt, gelegen in einem Vorort von Johannesburg. Im März 1978 gewann Ronnie Peterson, einer von Schwedens erfolgreichsten Rennfahrern, hier eine Formel-1-Serie. Nur ein halbes Jahr später starb er bei einem Crash in Monza. Kyalami Racing Circuit sah sich wenige Jahre später gezwungen, die internationalen Rennen einzustellen als Folge der Sanktionen gegen das Apartheidregime.

Das Lokal war eine Mischung aus Café und Restaurant, das ganz gemütlich war, aber überall auf der Welt angesiedelt sein könnte. Dekoriert mit Wagenrädern und Baseballs wie aus dem Katalog und einmal um die halbe Welt geschippert. Die Speisekarte wies alle bekannten italienischen Kaffeespezialitäten auf, außerdem Caesar Salad, Hamburger in allen möglichen Varianten und so weiter.

Wir warteten bereits eine Viertelstunde, als ein schwarzer, blankpolierter Range Rover vor dem Lokal hielt und die Fahrertür geöffnet wurde. Schon kam Craig auf uns zu. Er war nicht mehr so dick wie auf den Bildern, die ich gesehen hatte, aber gealtert und wirkte durchaus wie sechzig plus.

Nicholas, Simon und ich standen auf, standen fast stramm, um ihn zu begrüßen. Craig erblickte meinen Blätterstapel, den Notizblock und den Stift obendrauf. Er nickte zu ihnen und sagte dann zu Nicholas: »Das hatten wir anders vereinbart.«

Offenbar verstießen die Blätter auf dem Tisch gegen seine Vorgabe von *no nothing*. Einen Augenblick lang schien es, als würde er gleich wieder auf dem Absatz kehrtmachen und zu seinem Wagen gehen, aber dann setzte er sich doch.

»Fünfundsiebzig Kilo habe ich abgenommen. *Gastric bypass*«, sagte Craig.

Schon hatte er die erste Frage beantwortet, die ich stellen wollte.

Nicholas hatte Craig ja bereits interviewt und alles erfahren, was er wissen wollte, deshalb war es an mir, das Gespräch zu führen. Ich nahm diese Aufgabe ernst und versuchte, mich langsam an meine zentralen Fragen heranzutasten. Problem war bloß, dass Craig genau wusste, was ich vorhatte.

»Ich schreibe ein Buch über die Dokumente, die ich im Archiv des Autors Stieg Larsson gefunden habe. Sie werden dort erwähnt.«

»Darüber können wir gern sprechen, solange es nichts damit zu tun hat, ob ich in den Mord an Palme verwickelt war.«

Das war deutlich.

»Vor ein paar Tagen waren wir bei Vic McPherson«, sagte ich. »Er meinte, Sie seien Südafrikas bester Spion aller Zeiten. Wollen wir damit anfangen?«

Wenn Craig die Schmeichelei wahrnahm, zeigte er es nicht und fing an zu erzählen.

»Wir können gern über alles sprechen, was ich vor der Wahrheitskommission ausgesagt habe. Für alle Operationen, die wir auf Befehl ausgeführt haben, steh ich gerade. All das geschah während des Kalten Krieges, und ich war Soldat auf der Westseite. Damals waren wir davon überzeugt, moralisch überlegen zu sein.«

Craig machte eine Pause und sagte dann etwas, das ich schon einmal gelesen hatte: »Ich habe die Drecksarbeit meiner Regierung erledigt und meine Regierung die Drecksarbeit der westlichen Regierungen.«

»Dann geschahen die Morde an Ruth First und Jeanette Schoon und ihrer Tochter im Namen der Apartheid?«

»Wie gesagt, es herrschte Krieg. Wir sollten Ruth Firsts Mann Joe Slovo töten und Jeanette Schoons Mann Marius Schoon. Sie wurden nicht ermordet, sondern fielen dem Krieg zum Opfer. Sie waren leider *collateral damage*.«

»Wir haben vor ein paar Tagen Frits Schoon getroffen.«

Das war gewagt, aber ich wollte schauen, ob ich ihn überraschen konnte. Craig zeigte keinerlei Reaktion.

»Er beschrieb uns seine erste Erinnerung. Er wurde aus einem brennenden Zimmer getragen«, sagte ich. »In dem seine Mutter und seine Schwester starben.«

Nichts.

»War es Zufall, dass in beiden Fällen die Frauen bei den Briefbombenattentaten starben?«

»Sie waren an Joe Slovo und Marius Schoon adressiert. Die Entscheidung der Frauen, sie zu öffnen, konnten wir nicht beeinflussen.«

Das Gespräch wurde an keinem Punkt konkreter. Südafrikas *Master Spy* war so gewieft, wie man sein musste, um jahrzehntelang ohne Bestrafung davonzukommen, obwohl er in so viele Operationen verwickelt war. Zum Schluss musste ich doch die Frage stellen, wegen der ich den weiten Weg aus Schweden angereist war.

»Waren Sie an der Ermordung von Olof Palme beteiligt?«

Craig schaute mir direkt in die Augen.

»Ich bin wegen einer Menge angeklagt worden. Viele haben behauptet, ich hätte hinter dem Mord an Olof Palme, an Samora Machel und dem Lockerbie-Attentat gesteckt. Das ist alles Unsinn. Ich hatte nichts mit dem Mord an Palme zu tun.«

Er hatte geantwortet und wirkte nicht so, als würde er gleich aufspringen und gehen, deshalb versuchte ich es noch einmal anders.

»Ich habe vor ein paar Tagen mit Riaan Stander telefoniert …«, setzte ich an.

»Riaan Stander«, fiel er mir ins Wort, »ist tot.«

»Nein, ist er nicht«, erwiderte ich zögernd. »Vor ein paar Tagen habe ich ihn angerufen, aber er wollte einem Gespräch nicht zustimmen. Dieselbe Antwort bekam auch Nicholas, als er es wenig später versuchte.«

Das war der einzige Moment, in dem Craig überrascht wirkte.

»Das muss ich gleich prüfen. Riaan Stander ist eine Kakerlake.«

Nicholas und ich wechselten einen Blick. Ups, hoffentlich hatten wir Mr. Stander damit nicht ans Messer geliefert.

Kurz darauf beendeten wir unser Gespräch mit Craig Williamson, ohne auf weitere Zehen getreten zu sein.

* * *

Das Flugzeug hob von Johannesburgs OR Tambo Flughafen ab. Ich hatte getan, was ich mir vorgenommen hatte, ohne dass mir etwas Ernsthaftes passiert war. Ich hatte Opfer und Täter getroffen. Widerstandskämpfer, Agenten und Mörder. Ich hatte Craig Williamson getroffen, den Stieg und viele andere für den Drahtzieher des Palme-Mordes hielten. Ich hatte meine Angst überwunden, trotzdem fühlte es sich wie ein Misserfolg an. Ich hatte gehofft, dass mir gelingen würde, woran so viele vor mir gescheitert waren. Aber Craig hatte nichts gesagt, was nicht schon längst bekannt war. Kein Wort, kein Blinzeln, nichts, was darauf hätte hindeuten können, dass er am Mord beteiligt gewesen war. Im Gegenteil, er hatte seine Beteiligung sehr glaubwürdig abgestritten.

Es gab noch immer viel zu tun, aber die Südafrikaakte konnte ich erst einmal schließen. Ich würde nur weiterkommen, wenn sich Craig plötzlich entschließen würde, doch etwas zu erzählen. Aber damit war ja kaum zu rechnen?

DIE PERÜCKE

Stockholm, Februar 2016

Als ich das einfach eingerichtete Vernehmungszimmer der Polizeiwache auf Kungsholmen betrat, hing ein großes Schild an der Tür: Achtung, Vernehmung. Ich hatte selbst um das Treffen gebeten, und Kriminalkommissarin Karin Johansson nahm mich freundlich in Empfang, trotzdem verursachte das Schild ein gewisses Unbehagen in mir. Auf dem weißen Laminattisch hatte Karin einen überquellenden Ordner gelegt, auf dessen Rücken ich zwei Wörter ausmachen konnte: *Jakob Thedelin.* Kurze Zeit später stieß ihr Kollege, Kriminalkommissar Sven-Åke Blombergsson, zu uns und schloss die Tür hinter sich. Sie informierten mich darüber, dass sie unser Gespräch aufzeichnen würden, und da wurde mir bewusst, dass ich tatsächlich vernommen werden würde. Sie würden Fragen stellen, und ich würde antworten. Am Telefon hatte ich um eine Auskunft gebeten, was mit der Zusammenfassung geschehen war, die ich ein knappes Jahr zuvor eingeschickt hatte. Außerdem hatte ich versprochen, von meinem Treffen mit Craig Williamson zu berichten. Vielleicht konnte ich ja im Gegenzug mit weiteren Informationen rechnen.

Blombergsson leitete die Vernehmung mit den obligatorischen Sätzen ein und stellte das digitale Diktafon zwischen uns auf den Tisch. Wir saßen fast zwei Stunden zusammen, und sie schienen sich wirklich für die Südafrika-Spur und Craig Williamson zu interessieren.

Ich schätzte, dass es vielleicht damit zusammenhing, dass die stellvertretende Generalstaatsanwältin Kerstin Skarp angekündigt hatte, die Verantwortung für die Palme-Ermittlungen abgeben zu wollen. Skarp hatte, seit sie 1997 die Arbeit an diesem Fall aufnahm, mehr oder weniger deutlich gezeigt, dass sie Christer Pettersson für den Täter hielt. Die neuen Ermittler schienen Interesse an einer anderen Spur zu haben. Oder aber es war das Ergebnis einer bitteren Lektion, dass sich die Polizei einen großen Gefallen tat, wenn sie Journalisten ernstnahm und dadurch schlechte Presse umging.

Nachdem ich meine Südafrikareise zusammengefasst hatte, durfte ich Fragen stellen. Karin Johansson blätterte im Ordner, während ich meine Fragen zu Jakob Thedelin stellte.

Wie erwartet, hatten sie keine weiteren Maßnahmen ergriffen, nachdem sie meine Zusammenstellung zu Thedelin erhalten hatten. Allerdings erfuhr ich nun, dass er 1987 zweimal vernommen worden war, ein knappes Jahr nach dem Mord. Bis zu seiner ersten Vernehmung im Mai 1987 war Jakob von der Säpo beschattet worden. Anlass dafür war, dass er Ende 1986 einen externen Säpo-Mitarbeiter kontaktiert hatte, um mit ihm über den Mord an Olof Palme zu sprechen. Anfang 1988 war er dann ad acta gelegt worden. Einen Grund dafür konnte sie nicht finden.

Nach einer weiteren Viertelstunde hatte ich ihnen das Versprechen abgerungen, mir alle Hinweise auszuhändigen, die Stieg Larsson der Polizei gegeben hatte. Im Fall von Jakob Thedelin gestaltete sich das jedoch nicht ganz so einfach. Sie wiesen darauf hin, dass es sich um laufende Ermittlungen handelte und sie zum Schutz der Beteiligten keine Informationen herausgeben konnten. Aber gleichzeitig gaben sie mir ein wenig Hoffnung, indem sie sagten, ich könne einen schriftlichen Antrag stellen, vielleicht würde die Beurteilung dann anders ausfallen.

Ich hatte eine Zusammenfassung geschrieben und war nun sogar persönlich vorbeigekommen, um wiederzugeben, was ich über Jakob herausgefunden hatte, aber ganz offensichtlich brauchte die Polizei mehr, um weitere Schritte zu unternehmen. Zum Beispiel einen Hinweis darauf, wo sich die Mordwaffe befand. Ich machte eine entsprechende Notiz.

DIE ITALIENISCHE AUSFÜHRUNG

Stockholm, Februar 2016

Wenn der *New Yorker* ruft, antwortet man. Nicholas Schmidle kam nach Schweden, um mit einer Reihe von Palme-Mordinteressenten über ihre Blickwinkel zu sprechen, die sich von meinem unterschieden. Viele von ihnen, die sonst nur schwer zu erreichen waren, fanden kurzfristig Lücken, sogar zu ungünstigen Zeiten und waren bereit, lange Reisen auf sich zu nehmen, wenn der *New Yorker* am anderen Ende der Leitung war. Hans-Gunnar Axberger, der den Bericht der Prüfungskommission zusammengestellt hatte, Kriminalguru Leif G.W. Persson, Olof Palmes Söhne und viele mehr. Die Einzige, die keinem Treffen zustimmte, war Lisbet Palme.

Der letzte Name auf Nicholas Liste benötigte eine zweitägige Überzeugungsarbeit, und wir würden das Interview gemeinsam durchführen. Wir setzten uns in meinen Volvo und fuhren nach Hedestad, um Jakob Thedelin einen Besuch abzustatten. Eine Woche zuvor hatte ich ihm gemailt und um ein Interview gebeten, aber er hatte abgelehnt. Plan B war ein unangekündigter Besuch in Hedestad gewesen.

Es begleitete uns mein Freund Johan, der helfen sollte, falls etwas Unvorhergesehenes eintrat, ohne dass wir genauer beschrieben, worin genau seine Hilfe bestehen könnte. Ich hätte nicht glücklicher sein können, als Nicholas nach meinem Auto fragte.

»Das ist ein Volvo 780 von 1990. Ein zweitüriges Coupé nach den Entwürfen des italienischen Designers Bertone, in Italien hergestellt, eins von nur neuntausend Exemplaren. Der teuerste Volvo, der jemals gebaut wurde.«

Wir bewunderten das karamellfarbene Lederinterieur, die dunkelrote Karosserie, die Holzvertäfelung und die Stereoanlage mit Kassettendeck und blinkendem Equalizer. Ein eckiger Volvo – bloß schön.

»Leider haben sie sich auch vom italienischen Qualitätsbewusstsein inspirieren lassen«, sagte ich, »das heißt, dies ist vermutlich der schlechteste Volvo, der je gebaut wurde. Aber er ist hübsch.«

Nach fünf Stunden Fahrt ohne irgendwelche Vorkommnisse waren wir da.

* * *

Hedestad liegt zwischen zwei kleinen Bergen in einem vergessenen Teil von Västergotland. Die Landschaft ist hügelig, es wechseln sich Felder und Wälder ab. Die beiden Berge Mösseberg und Ålleberg sind ungewöhnlich für Schweden, es handelt sich nämlich um Plateauberge, weshalb Hedestad in der ersten Hälfte des 20. Jahrhunderts zum Zentrum der Segelflugzeuge wurde. Mithilfe starker Gummiseile und zehn Männern pro Seite wurde das Flugzeug über eine Rampe in die Ebene geschossen, wo man dank der Thermik der Berge stundenlang fliegen konnte. Am Fuß des Mössebergs entstand am Anfang des 20. Jahrhunderts einer der vornehmsten Kurorte, im Zentrum das Hotel Mösseberg.

Als das Interesse für Segelflüge und Kurorte sank, brach ebenfalls die Textilindustrie ein, weshalb die Einwohner Hedestads zum Arbeiten und Vergnügen in andere Städte pendelten. Anfang des 21. Jahrhunderts war Hedestad nur eine weitere verschlafene schwedische Kleinstadt. Die größte Touristenattraktion waren das Segelflugmuseum, ein Motorradmuseum und – passend zu der alternden Bevölkerung – ein Bestattungsmuseum.

Das Hotel Hedestad liegt auf einem Hügel in der Stadt nahe dem Zentrum und wurde in den Fünfzigerjahren gebaut. Die aufwendige Architektur zeugt noch von der Blütezeit der Stadt, die Stilllegung zwang das Hotel jedoch, die Zimmer für weniger als tausend Schwedische Kronen pro Nacht zu vermieten. Wir checkten ein und erkundeten die Umgebung. Jakobs Wohnsitz lag nur wenige 100 Meter vom Hotel entfernt in einem bescheidenen zweistöckigen Mietshaus. Die Jalousien waren runtergelassen, es gab keine Anzeichen dafür, dass jemand zu Hause war.

* * *

»My name is Nicholas Schmidle. I'm a writer with The New Yorker Magazine.«

»*Yeah, right?*«, fragte Jakob.

Nach reiflichen Überlegungen entschieden wir, dass wir Jakob keinen Schrecken einjagen wollten, indem wir geschlossen vor seiner Tür standen. Stattdessen setzten wir auf einen Anruf von Nicholas. Wenn der *New Yorker* ruft, antwortet man. Nicholas erklärte, worüber er sprechen wollte.

»Ich kontaktiere Sie, weil ich einen Artikel über einen Journalisten namens Jan Stocklassa schreibe.«

»Ich habe kein Interesse daran, ein Interview zu geben«, sagte Jakob mit leichtem Akzent, aber in flüssigem Englisch. »Ich wiederhole – ich gebe kein Interview.«

Trotz Jakobs Protest dauerte ihr Telefonat fünfundzwanzig Minuten. Johan und ich saßen daneben und staunten darüber, wie es Nicholas gelang, Jakob jedes Mal wieder in ein Gespräch zu verwickeln, wenn dieser auflegen wollte. Schlussendlich hatte Nicholas alle wichtigen Fragen gestellt und sogar Jakobs und Bertils E-Mail von 2009 auf Schwedisch und Englisch vorgelesen.

»Bertil schreibt: ›Erzähl mir doch bitte etwas über die Musikerszene von Västra Frölunda.‹ Und Sie antworten: ›Bertil! In Västra Frölunda gibt es keine relevante Musikerszene, aber ein IDF-Sprecher kann von Donner und Lärm in einem Bunker berichten, dazu gesellen sich andere Geräusche, die klingen, als würden Bomben fallen, die vor Raketen warnen, die nie wiederkehren.‹«

Jakobs Reaktion war heftig.

»Das habe ich nie geschrieben. Das ist eine Fälschung. Und ich möchte Sie daran erinnern, Sir, dass es strafbar ist, sich illegal Zugang zu privaten E-Mails zu verschaffen. In Schweden steht darauf sogar eine Gefängnisstrafe.«

Nicholas gelang es, zu fragen, warum Bertil Wedin den Kontakt zu ihm abgebrochen hatte. Jakob konnte sich nicht daran erinnern, wiederholte nur noch einmal, dass sich jemand auf illegalem Weg Zugang zu seinen E-Mails verschafft hatte.

Der Inhalt des Telefonats hatte uns aufgewühlt. Keine E-Mail war verändert worden, und es war unwahrscheinlich, dass Jakob vergessen hatte, wie wütend Bertil Wedin darüber gewesen war, dass er die Ermordung von Palme mit einer Unbekannten via Facebook diskutiert hatte. Kaum wurde Jakob Thedelin unter Druck gesetzt, log er. Wir hatten nur wenig über ihn und seine mögliche Verstrickung in den Palme-Mord erfahren. Gleichzeitig war die Wahrscheinlichkeit, ihn zu treffen, auf kleiner gleich null gesunken. Blieb uns nur noch ein unnötiger Hamburger im O'Learys und eine unnötige Nacht in Hedestad.

* * *

In Jönköping ist eine von Schwedens gefährlichsten Abfahrten. Wir wollten die E4 verlassen, weil Nicholas einmal richtige schwedische Fleischbällchen probieren wollte. Rechts von uns erschien ein Sattelschlepper, der auf die Schnellstraße wollte. Um die Abfahrt nicht zu verpassen, trat ich das Gaspedal durch, was die Kickdown-Funktion aktivierte. Ich fädelte haarscharf vor dem Schlepper ein und konnte gerade noch vor der engen Kurve abbremsen, die fast einen vollständigen Kreis beschrieb. Mit dem Herz in der Hose waren wir gerade so einem Zusammenstoß mit einem Sattelschlepper entgangen. Nicholas nahm es am gelassensten.

»*We're lucky, we have the Italian version.*«

PATSY

Stockholm, April 2016

Eine E-Mail von Craig Williamson weckte immer Gefühle. Seit meiner Heimkehr aus Südafrika waren vier Monate vergangen, und die Erinnerungen an meine drei Wochen in einer anderen Welt verblassten langsam. Die E-Mail von Craig hatte keinen Betreff und enthielt nur den Link zu einem Artikel in der afrikanischen Zeitschrift *ZAM Magazine* mit der Überschrift: *Dulcie, Hani, Lubowksi – A story that could not be told.*

Der Artikel der niederländischen Journalistin Evelyn Groenink beschrieb drei Morde, die auf den ersten Blick politisch motiviert aussahen, um die Apartheid zu verteidigen, gleichzeitig aber wirtschaftliche Motive hatten. Außerdem gab es für jeden der Morde einen Sündenbock – jemanden, dem schnell die Schuld gegeben wurde, um so den wirklichen Tätern das Entkommen zu erleichtern.

Am 29. März 1988 wurde die ANC-Repräsentantin Dulcie September in Paris auf offener Straße erschossen. Sie war eine relativ unbedeutende Person innerhalb der südafrikanischen Freiheitsorganisation, aber Monate vor ihrem Tod hatte sie die Leitung kontaktiert und um ein Treffen mit Abdul Minty gebeten, dem Verantwortlichen für Waffensanktionen innerhalb des ANC. Angeblich hatte sie Informationen über illegale Waffengeschäfte, Informationen, die sie mit in den Tod nahm.

Am 12. September 1989 wurde der Aktivist Anton Lubowski in Namibias Hauptstadt Windhoek erschossen, weniger als ein Jahr nach Ende der Besatzung des Landes durch Südafrika. Er war in der namibischen Selbstständigkeitsorganisation SWAPO aktiv gewesen, die die Führung des Landes übernommen hatte. Motive zum Mord waren laut Groeninks Artikel: Öl-, Diamanten- und Kasinorechte. Laut ihrer Quelle hatte Lubowski die wirtschaftlichen Interessen eines südafrikanischen Ministers durchkreuzt.

Am 10. April 1993 wurde der Generalsekretär der südafrikanischen Kommunistenpartei Chris Hani vor seinem Haus im entfernten Boksburg niedergeschossen. Direkt vor Ort wurde Janusz Waluś verhaftet, ein geistig verwirrter Rechtsextremist, der sich gegen den Demokratisierungsprozess sträubte. Er hatte sich die Pistole des Parlamentsabgeordneten Clive Derby-Lewis geliehen. Beide wurden zum Tode verurteilt, die Strafe wurde aber in lebenslange Haft abgemildert. Vor seinem Tod hatte Chris Hani Südafrikas größtes Waffengeschäft verhindert, was, laut Groenink, das eigentliche Motiv für seinen Tod war. Hinter dem geistig verwirrten Rechtsextremisten Waluś standen Personen mit Verbindungen zum Waffenhandel. Aber drei Zeugen hatten eine andere Person am Tatort gesehen, die der eigentliche Mörder gewesen sein könnte.

Nachdem ich den Artikel gelesen hatte, nahm ich Kontakt zu Evelyn Groenink auf. Sie erzählte, dass sie sowohl vom ehemaligen Außenminister Pik Botha als auch vom französischen Waffenhändler Jean-Yves Ollivier bedroht worden war. Ihr Buch, auf dem der Artikel basiert, war nur auf Holländisch erschienen, und Drohungen gegen den Verlag hatten verhindert, dass es in Südafrika auf Englisch herausgebracht wurde.

Craigs E-Mail sollte offenbar meine Neugier wecken, aber ich ließ mir ein paar Tage Zeit, bis ich ihn anrief.

»*Yes?*«

»Spreche ich mit Craig? Hier ist Jan Stocklassa.«

»*Hi, Jan.*«

»Sie haben mir einen Link gemailt«, sagte ich. »Warum?«

Ich musste mich einen Augenblick gedulden, bis er antwortete.

»*Well*, darin steht doch alles, wofür Sie sich interessieren. Oder etwa nicht?«

»Ich interessiere mich für den Palme-Mord. Geht es darum?«

»Ich sage nur, dass dieser Artikel für Sie von Interesse sein könnte.«

»Meinen Sie die Morde, die dem Kampf gegen die Apartheid zugeschrieben wurde, denen aber wirtschaftliche Motive zugrunde lagen? Und dass das relevant für den Mord an Olof Palme ist?«

»Ich dachte einfach, der Artikel könnte für Sie interessant sein.«

Ich drehte und wendete meine Sätze, kam aber nicht voran. Craig Williamson schien mir durch den Artikel etwas mitteilen zu wollen. In den folgenden Monaten schickte mir Craig weitere E-Mails. Eine enthielt ein Dokument, das zeigte, dass er verantwortlich für eine offizielle amerikanische Delegation gewesen war, die am 1. März 1986 Südafrika besuchte, was es ihm unmöglich gemacht hätte, den Mord in Stockholm zu koordinieren. Eine andere E-Mail enthielt den Hinweis auf ein neues Buch: *Apartheid Guns and Money – a Tale of Profit*. Craigs Urteil war überschwänglich: »*Highly recommended*. Unglaubliche Recherche, die einiges ausgegraben hat, von dem die meisten glaubten, es würde sich um mehr als Spekulationen handeln.«

Ich beantwortete manche seiner E-Mails, aber nicht alle. Sie verwirrten mich. Ich gehörte zu denjenigen, die er am wenigsten ausstehen konnte – ein schwedischer Journalist, der sich wegen seiner möglichen Verwicklung in den Palme-Mord für ihn interessierte. Was wollte er ausgerechnet mir sagen?

Der Teil über Chris Hani in Groeninks Artikel erinnerte mich an etwas, das ich schon anderswo gelesen hatte. Ich durchsuchte mein Material. Allmählich musste ich mir einen Aktenschrank anschaffen, weil sich alles auf meinem Schreibtisch stapelte, wo bald kein Platz mehr war. Die dünne IKEA-Platte bog sich unter der Last, trotzdem hatte ich schon bald das Dokument gefunden, das ich vor meinem Abflug nach Südafrika gelesen hatte. Es war Boris Erssons Zusammenfassung, die er 1994 für die schwedische Polizei verfasst hatte. Ich stieß auf ein paar Sätze, die mit einem Mal größere Bedeutung erlangten.

1986 war Riaan Stander noch Craig Williamsons Kollege, acht Jahre später wurde er eine von Boris Erssons wichtigsten Quellen. Die Zusammenfassung war in großen Teilen von Boris selbst geschrieben, aber es gab auch sorgfältig dokumentierte Zitate. Einer der Männer, die nach Schweden geschickt wurden, war laut Stander Anthony White, der zweimal erfolglos versucht hatte, Lesothos Premierminister zu ermorden. Boris fragte Stander, ob der Mordanschlag von White selbst ausgeführt worden war oder ob jemand anderes den Schuss abgegeben hatte. Seine Antwort: »Erinnern Sie sich an den Mord an Chris Hani 1993? Glauben Sie wirklich, dass der allein von einem sonderbaren Ausländer ausgeführt wurde? Nein, das war *standard procedure*: Man sucht sich eine geeignete Person und sorgt dafür, dass diese das Attentat ausführt. Oft geschieht das sehr subtil. Oft weiß der Attentäter nicht, für wen er in Wirklichkeit arbeitet.«

Standers Aussage zum Mord an Chris Hani stärkte Evelyn Groeninks Theorie, dass der südafrikanische Geheimdienst Morde von einem sogenannten Sündenbock durchführen ließ. Und mit der Weiterleitung von Evelyns Artikel hatte Craig mir indirekt die Aussage der »Kakerlake« Riaan Stander von 1994 bestätigt.

Ich nahm mir das Mordhandbuch der CIA vor und verglich die dortige Passage über Sündenböcke mit Standers Aussage. Sie entsprachen den Angaben zu »lost«, also dem Szenario, in dem der Täter gefasst oder sogar getötet wurde. In einem solchen Fall sollte der Mörder noch dazu an Fanatiker sein, außerdem durfte er nicht wissen, wer sonst noch an der Operation beteiligt war – was laut Evelyn Groenink auf den polnischen Rechtsextremisten Janusz Waluś zutraf, der für den Mord an Chris Hani verurteilt worden war. Wurde der Fanatiker gefasst, gab es keinerlei Verbindungen zum Auftraggeber, weshalb es nicht weiter von Belang war, ob er nun gefasst wurde oder nicht. Falls er nicht erfolgreich war, kam Verstärkung, die den Auftrag zu Ende brachte und ihn am Tatort zurücklassen konnte, damit er gefasst oder getötet wurde. Das Ergebnis war ein professionell organisierter Mord, der aber wirkte wie die Tat eines verrückten Einzeltäters.

Nachdem er wegen Mordes an John F. Kennedy festgenommen wurde, sagte Lee Harvey Oswald: »*I'm just a patsy.*« Ich bin nur ein Sündenbock. Wenn er Teil der Operation war, stimmte sie mit dem *lost*-Aufbau überein und würde außerdem erklären, warum er zwei Tage nach dem Mord von Nachtclubbesitzer Jack Ruby erschossen wurde. Man wollte verhindern, dass Oswald verriet, wen er vor dem Mord getroffen hatte. Im Oktober 2017 glaubten noch immer einundsechzig Prozent der US-amerikanischen Bevölkerung, dass Kennedy einer Verschwörung zum Opfer gefallen war, obwohl es offiziell der verrückte Einzeltäter und Extremist Lee Harvey Oswald war.

Riaan Stander erzählte Boris Ersson mehr über den Mord an Olof Palme. Dass er bei *Long Reach* selbst eng mit Craig Williamson zusammengearbeitet hatte, dessen Aufgabe es gewesen war, diverse Aufträge auf der ganzen Welt auszuführen – das Sammeln von Informationen, das Aufsplittern von Solidaritätsgruppierungen, das Ausführen von Anschlägen und Morden, sofern nötig. Das Codewort für den Mord an Olof Palme lautete: *Hammer.* Die Planung fand angeblich in Johannesburg und an mehreren Orten in Europa statt, auch in Schweden. Ein paar Schweden – *Swedish security guards* – hatten in den Wochen vor dem Attentat mit den Südafrikanern einen Plan über Palmes Bewegungen und Gewohnheiten angelegt. Die Abteilung, für die diese Agenten arbeiteten, hatte laut Stander einen weiblichen Chef. Aber man arbeitete nicht mit einer Gruppe zusammen, sondern mit Einzelpersonen. Die verantwortliche Person vor Ort in Stockholm – »who *received the green light to kill Olof Palme*« – war Anthony White.

Stander nannte einen weiteren Beteiligten: Paul Asmussen, einen Südafrikaner skandinavischen Ursprungs. Die beiden Motive für den Mord waren:

1. Schwedens Unterstützung im Kampf gegen Südafrika in den Achtzigerjahren zu stoppen. Olof Palme war dabei die treibende Kraft. Er verurteilte Südafrika sowohl in Schweden als auch vor der UN und in anderen internationalen Arenen. Er musste fort, genau wie die neue Generation schwarzer Anführer in Südafrika, die vom Ende der Siebziger- bis zum Anfang der Achtzigerjahre methodisch festgenommen, gefoltert und getötet wurden.

2. Stander nannte noch ein weiteres, privates Motiv: einen persönlichen Konflikt zwischen Craig Williamson und Olof Palme. Angeblich ging es um Geld, das auf Umwegen mit dem *IUEF* zu tun hatte. Stander deutete an, dass Craig Williamson etwas gegen Olof Palme in der Hand hatte.

Riaan Stander war bei fast allen seinen ehemaligen Kollegen des Geheimdienstes unbeliebt, man kannte ihn als Aufschneider und Betrüger. Teilweise klangen seine Aussagen erstaunlich: Dass Craig Williamson ein privates Motiv für den Mord an Palme gehabt haben sollte, war nur eine davon. Vielleicht steckten Aussagen von Dritten dahinter, die er umgedeutet hatte.

Aber das, was er über schwedische Unterstützung und über den Mord mit auserkorenem Sündenbock gesagt hatte, stimmte mit einer Menge Angaben zur Südafrika-Spur überein, die 1996 herausgekommen waren. Außerdem passte es zum Inhalt des Artikels, den Craig mir geschickt hatte. Und es stützte Stiegs Theorie über Südafrika, Wedin als Mittelsmann und schwedische Rechtsextremisten als logistische Unterstützung.

Aber gab es wirklich jemanden, der zum Sündenbock auserkoren worden war? Handelte es sich in dem Fall um Jakob Thedelin, jemand anderen oder sogar mehrere Personen? Und welche schwedischen Geheimagenten hatten einen weiblichen Chef?

Ein weiteres Motiv, Olof Palme zu töten, hatte Stieg in seinem Brief an Gerry Gable wenige Tage nach dem Mord genannt. Ich holte den Brief noch einmal hervor.

DEEP STATE

Stockholm, April 2016

„Die Spekulationen gehen in viele Richtungen. Zum
Beispiel könnten südafrikanische Interessen eine
Rolle beim Mord gespielt haben. Die Palme-Kommission,
an der Palme maßgeblich beteiligt war, hatte eine
Kampagne gestartet, die sich an Waffenhändler richte-
te, die Geschäfte mit dem Apartheitsregime machten."

Stieg hatte dies weniger als drei Wochen nach dem Mord geschrieben.
Dreißig Jahre später empfahl mir Craig Williamson ein Buch über
Südafrikas Waffenhandel während der Zeit der Apartheid. Craig – der
wusste, dass ich mich für den Palme-Mord interessierte – fand offenbar, dass ich mich mit Südafrikas Rolle im internationalen Waffenhandel befassen sollte. Ich ahnte ein Motiv, das etwas konkreter war, als
dass Palme der wichtigste der zahllosen Apartheidgegner war.

Es liegt in der Natur des Waffenhandels, dass er Tode verursacht,
und das schließt nicht immer nur die Opfer von Kriegen ein. Ein
paar der größten Exportverträge gelten just Waffen, und wenn sich
ihnen jemand in den Weg stellt oder damit droht, Geheimnisse preiszugeben, die das Geschäft gefährden könnten, ist ein Menschenleben
schnell ein geringer Preis dafür, dass der Handel ungehindert weiter-
laufen kann.

Apartheid Guns and Money – A Tale of Profit von Hennie van Vuuren aus dem Jahr 2017 war mit seinen sechshundert Seiten und einzelnen Illustrationen ein ziemlicher Schinken, der aufschlüsselte, wie, mit wem und wann Südafrika Waffen und Öl gehandelt hatte – trotz der offiziellen Sanktionen gegen das Land. Ich hatte also einen sehr guten Buchtipp von Craig Williamson bekommen.

* * *

Mitte der Achtzigerjahre war der größte bewaffnete Konflikt auf der Welt der Krieg zwischen Iran und Irak. Olof Palme hatte zwischen 1980 und 1982 versucht zu verhandeln, ein unmöglicher Auftrag, wie sich herausstellte, denn der Krieg dauerte bis 1988 an. Ein anderer, strategisch wichtiger Konflikt herrschte zwischen Nicaraguas sozialistischer Regierung und den von den USA unterstützten Contra-Rebellen. Der dritte war der Krieg im südlichen Afrika, wo der Kampf zwischen dem Apartheidregime und den schwarzen Widerstandskämpfern des ANC dominierte.

Das neue Buch über den Waffenhandel während der Apartheid, das Craig mir empfohlen hatte, komplementierte und verstärkte das Bild, das in einem anderen Buch beschrieben wurde, das mir ebenfalls nahegelegt worden war. Stiegs Lebensgefährtin Eva Gabrielsson hatte mir *Vapensmugglarna* von Bo G. Andersson und Bjarne Stenqvist aus dem Jahr 1988 empfohlen, das sich auf das Schmuggeln von Sprengstoff und den illegalen Waffenhandel konzentrierte.

Ein wichtiges Puzzleteil, das van Vuurens Buch lieferte, war, dass Südafrika in einem der größten und kompliziertesten Skandale des 20. Jahrhunderts eine Rolle gespielt hatte – der sogenannten Iran-Contra-Affäre, die Ronald Reagan fast die Präsidentschaft gekostet hatte.

Trotz ausdrücklichem Verbot des US-Kongresses hatte die CIA beschlossen, die Contra-Rebellen in Nicaragua mit Waffen zu unterstützen. Zeitgleich hatte man eingesehen, dass das islamische Regime im Iran bleiben würde und es deshalb wünschenswert war, alte Bande erneut zu knüpfen, indem man ihnen Waffen verkaufte. Selbst dies hatte der Kongress verboten, aber der CIA-Chef William Casey – von Ronald Reagan persönlich ernannt – entwarf einen komplizierten Plan, der an sämtlichen demokratischen Institutionen vorbeiführte. So ermöglichte er der CIA Waffengeschäfte mit dem Iran, mit deren Gewinn sie die Waffen für die Contras finanzieren konnten.

Am 3. November 1986, acht Monate nach Palmes Tod, kam die Iran-Contra-Affäre ans Licht, die die USA das ganze Folgejahr lang erschütterte. Ein wichtiger Punkt des Plans, der nicht besonders viel Aufmerksamkeit erregte – aber im Detail in van Vuurens Buch beschrieben wurde –, war der Export von Öl von Iran nach Südafrika.

Durch die internationalen Sanktionen schrumpften Südafrikas Ölreserven mitunter auf Vorräte, die innerhalb einer Woche aufgebraucht wären. Durch diesen Deal hatte der Iran Einkünfte und einen Weg, den großen Waffenbedarf zu decken, während Südafrika mit Öl versorgt wurde, das auf dem offenen Markt nicht zu kaufen war. Die Geschäfte wurden mit der Unterstützung der CIA durchgeführt, die einen gewissen Anteil erhielt, mit dem sie nicht nur für die Waffen der Contras in Nicaragua, sondern auch noch für andere antikommunistische Widerstandsbewegungen aufkam.

CIA-Chef William Casey war mehrfach in Südafrika, um die Geschäfte abzuschließen, und traf die höchsten Politiker, darunter auch Pik Botha. Laut einer Quelle des US-amerikanischen Kongresses, zitiert vom *Boston Globe*, war William Casey am 8. März 1986 zu einem geheimen Treffen mit Präsident P. W. Botha nach Südafrika gereist. Acht Tage nach dem Mord an Olof Palme.

Craig Williamson bestätigte mir, dass er Casey zweimal getroffen hatte, aber nicht im März 1986.

Um die Geschäfte durchzuführen, bedurfte es einer ausgeklügelten Logistik, wobei die sogenannten *sanction-busters* eine wichtige Rolle spielten. Geschäftsmänner, die über Rechtmäßigkeit hinwegsahen, weil für sie nur die großen Geschäfte und das große Geld zählten. Zwei von ihnen waren der Italiener Mario Ricci und der Schwede Karl-Erik Schmitz.

* * *

Mario Ricci hatte sich auf den Seychellen niedergelassen und pflegte enge Kontakte zu Präsident René, Südafrika und der italienischen Mafia. Die Seychellen spielten eine Schlüsselrolle für Südafrika, um an den Sanktionen vorbeizukommen und trotzdem Waffen und Öl kaufen zu können. Durch die Firma *GMR* – Riccis Initialen – gab es einen Geschäftspartner mit guten Verbindungen bis an die politische Spitze Südafrikas: Craig Williamson. 1986 und 1987 arbeiteten sie zusammen und versorgten das Apartheidregime mit Öl aus dem Iran. Wahrscheinlich hatte CIA-Chef William Casey Kenntnis über diese Geschäfte. Der für den CIA zuständige Diplomat der US-Botschaft auf den Seychellen hatte eine ungewöhnliche Anordnung von Casey bekommen: »Hiermit ist es Ihnen untersagt, je etwas zu melden, finanzielle oder andere Mittel aufzuwenden, um etwas gegen internationale illegale Bankgeschäfte auf den Seychellen zu unternehmen.«

Ein mögliches Opfer dieser Geschäfte war der seychellische Oppositionsführer Gérard Houaru. Am 29. November 1985 – zwei Monate vor dem Mord an Olof Palme – wurde er in London auf offener Straße erschossen, nachdem er gedroht hatte, mit Hinweisen zu einem Finanzskandal an die Öffentlichkeit zu gehen, der Mario Ricci und Präsident René betraf.

Laut Craig Williamson waren die Vorgänge innerhalb der *GMR* nur ein kleines Rädchen eines viel größeren Getriebes. Allerdings ein ausreichend großes Rädchen, denn Mario Ricci war Milliardär, als er gegen Ende der Achtzigerjahre nach Südafrika zog.

* * *

Der schwedische Geschäftsmann Karl-Erik Schmitz, Spitzname Bobbo, war neu im Waffengeschäft. Aber seine Familie besaß schon lange Firmen in Südafrika. Seinen ersten Vertrag unterzeichnete er 1983, er umfasste die Lieferung von 4500 Tonnen südafrikanischen Schießpulvers an den Iran, gedacht für amerikanische Geschütze. Bobbo – laut seiner Geschäftspartner ein charmanter Mann mit großer Risikobereitschaft, der fünfmal pleite und ebenso oft steinreich war – gelang es, nach einer Reihe praktischer Probleme die Lieferung zur Zufriedenheit der Iraner auszuführen.

Ende 1984 schloss er in Teheran über siebzig neue Verträge im Gesamtwert von 2,7 Milliarden Schwedischen Kronen aktuellen Geldwerts ab. Um die Zustellungen solcher Mengen an Schießpulver und Sprengstoff bewerkstelligen zu können, musste er auf die Produktionskapazitäten vieler europäischer Produzenten des sogenannten Pulverkartells zurückgreifen. Das Transportproblem löste Bobbo, indem er mehrere dänische Frachtschiffe leaste. Als Endabnehmer setzte er unter anderem Kenia ein. Bobbo schuf Transportwege durch unterschiedliche Länder wie Ostdeutschland, Jugoslawien und Pakistan, damit niemand Verdacht schöpfte.

Zu jenem Zeitpunkt hörte der Vertriebschef von Bofors, Mats Lundberg, von Schmitz' groß angelegten Geschäften und nahm Kontakt zu ihm auf, damit Schweden auch ein Stückchen vom Kuchen bekam.

Am 2. Januar 1985 trafen sich Bobbo und Mats Lundberg, und Bobbo bot Bofors und dem Tochterunternehmen Nobelkrut den gesamten Auftrag an, den er in der Vorwoche unterschrieben hatte. Es handelte sich unter anderem um 5000 Tonnen Haubitzenpulver, 1100 Tonnen Sprengstoff, 400 000 Granathülsen und 1 000 000 Ladungen für Granatwerfer. Dieses Treffen führte zu einer engen Zusammenarbeit, die schlussendlich für beide in mehrjährigen Gefängnisstrafen zu enden drohte.

Am 8. Februar 1985 beantragte Bofors beim Chef der Kriegsmaterial-Inspektion (KMI), Carl Fredrik Algernon, eine Ausfuhrgenehmigung nach Pakistan für einen Teil der Bestellungen.

Im März 1985 vermittelte der Haupteigentümer des Bofors-Konzerns, Erik Penser, Bobbo den Kontakt zur Arbuthnot Latham Bank, die die Einzahlungen des Iran auf Bobbos Geschäftskonto entgegennahm und an Bofors und andere Produzenten weiterleitete.

Im März, April und Mai 1985 führte der schwedische Zoll Hausdurchsuchungen bei Bofors und dem Tochterunternehmen Nobelkrut durch.

Mitte Mai 1985 traf sich Vertriebschef Mats Lundberg mit dem Geschäftsführer von Nobelkrut, Hans Sievertsson, und strich weitere Aufträge für illegale Ware im Wert von 370 Millionen Schwedischen Kronen ein.

Am 5. Juni 1985 enthüllte *Dagens Nyheter*, dass Bofors verdächtigt wurde, Schießpulver in den Iran zu schmuggeln.

Am 13. Juni 1985 stoppte Schwedens Außenminister Mats Hellström den geplanten Schmuggel von Kriegsmaterial über Pakistan in den Iran – was Bobbo in eine brenzlige Lage brachte. Auf einen Schlag fiel sein Hauptlieferant weg, außerdem bekam er große Probleme, die zivilen Produkte der 204 Verträge mit dem Iran zu liefern, von denen die meisten für den Bau einer Munitionsfabrik in Isfahan bestimmt waren. Bobbo wusste, es war nur eine Frage der Zeit, bis der Zoll auch bei ihm anklopfen würde, deshalb sah er sich gezwungen, eilig neue Lieferanten und neue Schmuggelwege zu finden.

Am 25. Juli landete ein Flugzeug in Mehrabad, etwas außerhalb von Teheran. 22 Tonnen Schießpulver wurden aus dem Flugzeug ausgeladen, das Bobbo geleast hatte, um seinen Teil des Vertrags einzuhalten und den dringenden Bedarf des Iran an Sprengstoff zu decken. Das Flugzeug war eine Boeing 707, die Bobbo von *Santa Lucia Airways* gemietet hatte und die indirekt der CIA gehörte. Einen Monat später mietete Bobbo dort eine weitere Boeing 707 für eine Lieferung an den Iran. Drei Monate später nutzte auch der Oberleutnant Oliver North dieselbe Fluggesellschaft und denselben Flugzeugtyp, um HAWK-Roboter und TOW-Flugkörper in den Iran zu transportieren. *Santa*

Lucia Airways und ihre Boeing 707 wurden auch für Waffenlieferungen in die USA und an die von Südafrika unterstützte Guerilla UNITA in Angola genutzt.

Ende August 1985 kam es zu weiteren Durchsuchungen, diesmal in Bobbos Firma *Scandinavian Commodities* in Malmö. Alle Geschäftsvorgänge wurden im folgenden Herbst geprüft, und obwohl er den Schein erweckte, mit den schwedischen Behörden zusammenzuarbeiten, gelang es ihm, bis Mitte 1987 weiter zu liefern, allerdings mit der Unterstützung von Produzenten und eigenen Firmen außerhalb von Schweden. Bobbo sagte, der schwedische Zoll ging vor wie ein »Elefant im Porzellanladen« und zerschlug ein seit vielen Jahren sehr gut funktionierendes Netzwerk von sprengstoffschmuggelnden Firmen.

Im Herbst 1985 schrieben schwedische und internationale Medien über die aufsehenerregenden Geschäfte, doch das Interesse daran nahm nach dem Mord an Olof Palme am 28. Februar 1986 ab. Parallel lieferte Bobbo weiter Schießpulver in den Iran, diesmal mithilfe mehrerer Produzenten, ohne dass die schwedischen Behörden oder Medien davon wussten.

Im Juni 1986 veröffentlichte *Dagens Nyheter* eine Artikelserie, die enthüllte, dass die meisten westeuropäischen Länder an Bobbos Geschäften beteiligt waren, sowie einige osteuropäische Länder und Israel.

Am 19. November 1986 verdächtigte das Zollkriminalamt Bobbo des Verstoßes gegen das Vermittlungsverbot – nur wenige Monate bevor KMI-Chef Carl-Fredrik Algernon unter mysteriösen Umständen verstarb, weil er vor einen Wagen der Stockholmer U-Bahn fiel.

Im Mai 1987 urteilte die schwedische Regierung durch Ministerin Anita Gradin, dass Bobbo nicht gegen das Vermittlungsverbot verstoßen hatte, sondern gegen die Regelung, die »den Handel mit explosiven Waren« betraf und die häufig Verwendung fand, wenn Eisenhändler Dynamit an Privatpersonen verkauften, was in den Zuständigkeitsbereich der Polizei fiel. Auf diese Weise konnte die schwedische Regierung die direkte Verantwortung abgeben. Kurz darauf sah sich die

Staatsanwaltschaft gezwungen, alle Verdachtsmomente gegen Karl-Erik »Bobbo« Schmitz aufzuheben. Keine weiteren Maßnahmen wurden ergriffen.

* * *

Fast vierzig Seiten des Berichts der Prüfungskommission handeln von der Südafrika-Spur. Direkt nach dem Mord erreichten die Polizei mehrere Hinweise, die in diese Richtung deuteten. Einer kam vom Journalisten und Vorsitzenden des Civilförsvarsförbundet, Karl-Gunnar Bäck. Am Montag oder Dienstag nach dem Mord wurde er von einem alten Bekannten kontaktiert, einem britischen Staatsbürger. Der Mann kam tags drauf nach Stockholm und erzählte, dass die Auslandsabteilung des britischen Geheimdienstes MI6 Informationen erhalten habe, dass der Mörder Kontakte nach Südafrika habe und dass es einen Zusammenhang zum südafrikanischen Waffenhandel gäbe. Ein schwedischer Polizist oder Polizeiinformant der Säpo wäre involviert. Noch konkreter: Die Informationen deuteten darauf hin, dass die Bofors-Affäre und die gezahlten Provisionen eine wichtige Rolle beim Mord gespielt hätten. Eine Provisionsfirma, *A&I Services*, hätte das Geld entgegengenommen, und der Besitzer sei wohnhaft in Südafrika und Rhodesien. Angeblich hieß der Chef Robertson oder Donaldson und wohne abwechselnd in London und Johannesburg.

Nachdem diese Information bei Bäck eingegangen war, wurde sie von seinem Sekretär an die Säpo in Uppsala weitergeleitet, weil er mit jemandem dort bekannt war. Auf diesem Weg gelangte diese sensible Information schon in der Woche nach dem Mord zur Säpo. Der Hinweis wurde jedoch nicht an die Palme-Ermittlung weitergeleitet, die erst 1994 durch den Journalisten Lars Borgnäs davon erfuhr.

Unter der Leitung von Hans Ölvebro wurde untersucht, wo der Hinweis hinterlegt worden war, indem man bei der Säpo und der Polizei in Uppsala nachfragte. Niemand hatte davon gehört, weshalb man zu der Schlussfolgerung kam, dass die Information nie eingegangen war. Keine weiteren Maßnahmen wurden angeleiert, um der Angelegenheit nachzugehen.

* * *

Stieg erwähnte zwanzig Tage nach dem Mord eine Kampagne – an der Palme beteiligt gewesen sein soll – gegen Waffenhändler, die Geschäfte mit dem Apartheidregime machten. Nach der Lektüre von *Apartheid Guns and Money*, das Craig Williamson empfohlen hatte, und *Vapensmugglarna*, das Eva Gabrielsson empfohlen hatte, war es leicht, eine Handvoll Personen zu finden, die großes Interesse daran hatten, eine solche Kampagne zu stoppen. Aber die schwedische Polizei vermied es seit über dreißig Jahren gekonnt, der Sache auf den Grund zu gehen.

Der einzige Besuch in Südafrika fand 1996 statt, zehn Jahre nach dem Mord. Damals hatten Chefermittler Hans Ölvebro und Jan Danielsson eine Kombination aus beruflicher und privater Reise unternommen, halb davon überzeugt, dass die Reise sowieso überflüssig war, da sie bereits ihren Schuldigen in Christer Pettersson gefunden hatten. Die schwedische Polizei interessierte sich einfach nicht sonderlich dafür, welchen Nutzen das Apartheidregime durch den Mord am schwedischen Ministerpräsidenten hatte. Ihr Fazit war und blieb »keine weiteren Maßnahmen«. Aber niemand hielt mich davon ab, selbst nachzuhaken.

CUI BONO?

Stockholm, April 2016

Die Artikel im *Svenska Dagbladet* von 1987, die ich in Stiegs Archiv gefunden hatte, waren von Mari Sandström und ihrem Kollegen geschrieben. Sie gaben vor allem wieder, was ihnen eine anonyme Quelle mitgeteilt hatte. Ein Mann, der in Südafrika aktiv gegen Sanktionen verstieß. Ich hatte mich mit Mari ein paar Mal getroffen, und es gab einen Satz, zu dem wir oft zurückkehrten.

»Der Mord an Griffiths Mxenge war nur der erste Schritt gewesen.«

Wenn das Motiv für den Mord an Olof Palme mit dem Waffenhandel zu tun hatte, dann konnte eine ähnliche Motivation hinter anderen Morden stecken, die zur selben Zeit geschehen waren. In Evelyn Groeninks Artikel wurden mehr als drei Taten beschrieben. Traf das zu, musste es jemanden in Südafrika geben, der davon profitierte, dass all diese Menschen von der Erdoberfläche verschwanden. *Cui bono?* Wem nützt es?

Ich erstellte eine Liste prominenter Todesfälle und Ereignisse, aus denen Südafrika oder dessen Geschäftspartner einen Nutzen ziehen konnten. Viele davon waren nachweislich durch den südafrikanischen Geheimdienst ausgeführt wurden – zum Beispiel der Mord an Griffiths Mxenge, Ruth First und Jeannette Schoon. Andere waren zwar geprüft, dann aber von den südafrikanischen Behörden als Unfälle deklariert worden – wie die Tode von Samora Machel, Frans Esser und Peter Casselton. Wiederum andere standen nicht mit Südafrika in Verbindung – der Mord an Olof Palme war so einer –, aber das Ergebnis nutzte ihnen. Gefolgt von weiteren Todesfällen ohne direkte Verknüpfung nach Südafrika, die von der Polizei als Unfälle eingestuft wurden – wie der Tod des schwedischen Journalisten Cats Falck und des Kriegsmaterialinspektors Carl Fredrik Algernon.

Schon bald erkannte ich drei unterschiedliche Motive, die sich überschnitten. Die ersten Taten zwischen 1981 und 1984 richteten sich hauptsächlich gegen die Gegner der Apartheid. In den Folgejahren waren Waffenhandel und andere mit Sanktionen belegte Wirtschaftszweige ein wichtiges Motiv, was direkt zum dritten Motiv führt: Verhindern, dass Informationen über die krummen Geschäfte und Verbrechen verbreitet wurden.

Viele der Taten waren kompliziert und mussten deshalb mindestens einen, vermutlich eher zwei oder drei Monate lang vorbereitet werden. Viele wurden in Südafrika durchgeführt, andere in den Nachbarländern, manche in Europa. Einige Namen von potenziellen Tätern tauchten wiederholt bei den unterschiedlichen Ermittlungen auf. Offenbar gab es nur wenige Personen innerhalb der südafrikanischen Geheimdienste, die solche Taten ausführen konnten. Im Artikel von Evelyn Groenink, den Craig Williamson mir gemailt hatte, stand, dass »die Ausführung solcher Morde Fähigkeiten und Erfahrungen bedurfte, die ein gewöhnlicher südafrikanischer Polizist nicht hatte«.

Die Chronologie war interessant. Oft trennten die Taten ein halbes Jahr – genug Zeit für eine kleine Gruppe von Agenten, ihre Aktionen nachzubereiten, eine wohlverdiente Pause zu machen und dann die Planung der nächsten Operation anzugehen.

Die Liste wurde immer länger. Sie begann mit dem Mord, den Mari Sandströms Quelle als den Auftakt beschrieb.

19. November 1981, Durban, Südafrika
Griffiths Mxenge, Menschenrechtsaktivist
Starb durch fünfundvierzig Messerstiche und mehrere Hammerschläge. Die Wahrheitskommission gewährte den drei südafrikanischen Männern einer verdeckt operierenden Einheit später Amnestie.

14. März 1982, London, England
Bombe im Hauptsitz des ANC
Bombenangriff wurde von Craig Williamson organisiert, auch ihm gewährte die Wahrheitskommission Amnestie für seine Tat – wie vielen anderen auch. Unter anderem beteiligt: Vic McPherson, Eugene de Kock, Peter Casselton.

17. August 1982, Maputo, Mozambique
Ruth First starb durch eine Briefbombe.
Auf Befehl von Craig Williamson wurde die Briefbombe verschickt, dem später für die Tat Amnestie gewährt wurde.

28. Juni 1984, Lubango, Angola
Jeanette Schoon und ihre Tochter Katryn
Briefbombe wurde auf Befehl von Craig Williamson verschickt, dem später für die Tat Amnestie gewährt wurde

November 1984, Stockholm, Schweden
Cats Falck, schwedischer Journalist
Starb zusammen mit seiner Freundin, nachdem ihr Wagen in Stockholm im Wasser versank. Arbeitete angeblich an einem Exklusivbericht über den Waffenhandel via Ostdeutschland. Gilt offiziell als Unfall.

1. August 1985, Durban, Südafrika
Victoria Mxenge, Menschenrechtsaktivistin
Vor den Augen ihrer Kinder erschossen auf Befehl des südafrikani-

schen Geheimdienstes. Hatte Menschenrechtsfragen und andere Themen vorangetrieben, aus der Anwaltskanzlei ihres verstorbenen Mannes Griffiths.

29. November 1985, London, England
Gérard Hoarau, seychellischer Oppositionsführer
Getötet durch Maschinengewehr in London. War im Begriff, Anschul-
digungen gegen Craig Williamsons Geschäftspartner Mario Ricci zu
veröffentlichen, der Geschäfte unter anderem mit Südafrika und dem
Iran machte.
Unaufgeklärt.

28. Februar 1986, Stockholm, Schweden
Olof Palme, schwedischer Ministerpräsident
Erschossen auf offener Straße in Stockholm. Laut Stieg war er im Begriff,
eine Kampagne gegen den Waffenhandel mit Südafrika einzuleiten.
Unaufgeklärt.

8. September 1986, Stockholm, Schweden
Bombe im schwedischen Hauptsitz des ANC
Bombenattentat in Stockholm. Der südafrikanische Geheimdienst
steht im Verdacht, die Ermittlungen werden jedoch eingestellt.
Unaufgeklärt.

19. Oktober 1986, Mbuzini, Südafrika
Samora Machel, Präsident Mosambiks
Starb bei einem Flugzeugabsturz. Der südafrikanische Geheimdienst
wurde der Sabotage verdächtigt, was aber nicht bestätigt werden konnte.
Gilt offiziell als Unfall.

15. Januar 1987, Stockholm, Schweden
Carl-Fredrik Algernon, Kriegsmaterialinspektor

Starb in der U-Bahn, als seine Ermittlungen in illegale Waffengeschäfte gerade ein brenzliges Stadium erreichten. Gilt offiziell als Unfall.

19. September 1987, Genf, Schweiz
Olav Dørum, norwegischer Diplomat und Aktivist
Überfahren und getötet von einem betrunkenen Repräsentanten der namibischen Befreiungsorganisation SWAPO. Bekam vor seinem Tod Morddrohungen.
Gilt offiziell als Unfall.

29. März 1988, Paris, Frankreich
Dulcie September, ANC-Repräsentantin
Vor dem französischen Sitz der ANC in Paris erschossen worden. Wollte gerade den ANC-Vorstand über Waffengeschäfte informieren. Unaufgeklärt.

21. Dezember 1988, Lockerbie, Schottland
Bernt Carlsson, stellvertretender UN-Generalsekretär und -Kommissar für Namibia
Starb, als die Maschine, eine Pan-Am-103, gesprengt wurde. Hatte den Plünderungen von Naturgütern in Namibia den Kampf angesagt. Es wurde nicht untersucht, ob Carlsson gezielt sterben musste.

1. Mai 1989, Johannesburg, Südafrika
David Webster, Antiapartheidaktivist
Vor seinem Haus vom südafrikanischen Geheimdienst erschossen.

12. September 1989, Windhoek, Namibia
Anton Lubowski, Antiapartheidaktivist
Nach Geschäften mit französischen Waffenhändlern, die mit Südafrika kooperierten, erschossen.
Unaufgeklärt.

9. Januar 1990, Südafrika
Franz Esser und Familie
Deutscher Autohändler, der bei einem Frontalzusammenstoß mit einem Lkw verstarb. Hatte Kontakte bis in die höchsten Reihen Südafrikas und wurde beschuldigt, die Autos für den Mord an Olof Palme bereitgestellt zu haben.
Gilt offiziell als Unfall.

10. April 1993, Boksburg, Südafrika
Chris Hani, Generalsekretär der südafrikanischen Kommunistenpartei
Laut Evelyn Groeninks Artikel verhinderte Hani ein großes Waffengeschäft. Wurde vor seinem Haus erschossen vom polnischen Rechtsextremisten Janusz Waluś.

Januar 1997, in der Nähe von Pretoria, Südafrika
Peter Casselton, südafrikanischer Geheimagent
Zu Tode gequetscht von einem Lkw, den er gerade reparierte. Sollte vor der Wahrheitskommission aussagen und hatte Craig Williamson und Bertil Wedin beschuldigt, am Mordfall Palme beteiligt gewesen zu sein.
Gilt offiziell als Unfall.

* * *

Beim Betrachten meiner Liste zeigte sich ein Muster, aber auch ein paar Abweichungen fielen auf. Der Zeitpunkt des ersten Mordes war selbstverständlich interessant. »Der erste Schritt«, wie Mari Sandströms Quelle gesagt hatte. Craig Williamson hatte bis Januar 1980 die Organisation IUEF unter schwedischer Leitung in Genf infiltriert, der erste Mord geschah knapp zwei Jahre später.

Anfangs wurden die Angriffe regelmäßig durchgeführt, nur 1983 gab es eine Lücke. Entweder war in der Zeit wirklich nichts passiert oder ich hatte etwas übersehen. Ab August 1984 kam es wieder sehr regelmäßig zu Zwischenfällen – bis zu Franz Essers Autounfall im Januar 1990. Dann folgte eine lange Pause bis zum Mord an Chris Hani und Peter Casseltons Tod.

Und es gab noch eine Abweichung. Das Bombenattentat auf den ANC-Hauptsitz in Stockholm geschah nur sechs Wochen vor dem Absturz von Samora Machels Flugzeug. Möglicherweise war das Bombenattentat in Stockholm vom zivilen Geheimdienst ausgeführt worden – ähnlich dem in London wenige Jahre zuvor –, während hinter der anderen Operation mit komplizierterer Logistik und einem Staatsoberhaupt als Opfer der militärische Geheimdienst steckte.

Craig Williamson hatte oft in Interviews betont, dass nach dem Fall der Berliner Mauer 1989 und nach dem Ende des Kalten Krieges keine Westmacht mehr das Apartheidregime in Südafrika brauchte. Daher erstaunt es auch nicht, dass nach Nelson Mandelas Freilassung und nachdem F.W. DeKlerk den Ausnahmezustand zum 7. Juni 1990 aufhob die Zahl der Operationen drastisch abnahm.

Sowohl Franz Esser und Peter Casselton hatten angekündigt, über frühere Operationen zu sprechen, Grund genug, sie auszuschalten – was laut Vic McPherson für alle Agenten galt. Offiziell galten ihre Todesfälle immer noch als Unfälle.

Meine Liste zeigte, dass das weiße Südafrika aus unterschiedlichen Gründen von den vielen Toten profitierte, unabhängig davon, ob es sich nun um Mord, angebliche Unfälle oder unaufgeklärte Tode handelte. Und stützte die Vermutung, dass Südafrika an Palmes Ermordung beteiligt war, würde aber in einem Prozess rein gar nichts beweisen.

Wenn ich konkrete Beweise finden wollte, wäre es vermutlich klüger, meine Energie auf die Personen zu richten, wo ich diese finden konnte – bei Alf Enerström und Jakob Thedelin.

VERNOMMEN

Stockholm, Dezember 2016

Es war Dezember in Schweden – die Temperatur lag gerade über Null, und die feuchtkalte Luft drang direkt durch die Steppjacke. Noch schlimmer als die Kälte war die Dunkelheit. Angeblich ging die Sonne um neun Uhr auf und kurz nach fünfzehn Uhr wieder unter, was sich aber anders anfühlte, denn es war fast durchgängig dunkel.

Immerhin ließ mir das viel Zeit, im Café *Nybergs* zu sitzen, meine fünf Tassen Kaffee zu trinken und dazu ein Eibrötchen mit Kaviar zu essen oder Leberpastete mit eingelegter Gurke. Lussekatt gab es auch schon wieder. Ich aß jeden Tag eines dieser Safrangebäckstücke wie ein Bär, der sich auf den Winterschlaf vorbereitet.

Es waren ein paar Monate vergangen, seit ich Akten von der Polizei angefordert hatte. Die meisten meiner Anfragen waren abgelehnt worden, aber ein paar Unterlagen hatten sie mir doch zugestanden. Den Umschlag hielt ich nun in der Hand. Das Material war nicht so umfangreich, wie ich gehofft hatte – nur ein Bruchteil dessen, was ich bei der Polizei gesehen hatte –, aber immerhin gehörte das Vernehmungsprotokoll und ein Beschattungsfoto von Jakob dazu, das bewies, wie groß das Interesse an ihm doch gewesen war. Und zwar bereits wenige Monate nach dem Mord.

Das Foto war mit einem Teleobjektiv geschossen worden, und es zeigte Jakob, der über einen Zebrastreifen ging, einen schwarzen Aktenkoffer in der linken Hand. Im Hintergrund waren zwei damals moderne Autos zu sehen, ein dunkelblauer Saab 9-5 und ein Volvo 245 in hellblau metallic. Thedelin trug eine schwarze Hose, feste Halbschuhe und eine graue Cargojacke. Dazu ein Brillengestell aus Metall mit leicht getönten Gläsern, vielleicht selbsttönend, die sich den Lichtverhältnissen anpassten. Die gelockte Perücke, die Jakob trug, schien von minderer Qualität zu sein und so schlecht aufgesetzt, dass sie eher wie eine in die Stirn gezogene Mütze wirkte.

Schnell warf ich einen Blick auf die Aussagen der am Tatort anwesenden Zeugen. Ungefähr die Hälfte sagte, der Mann wäre barhäuptig gewesen, die andere Hälfte, dass er eine Kopfbedeckung trug. Ein paar hatten ihre Aussage in diesem Punkt bei der nächsten Befragung geändert.

Über dem Foto stand:»Beilage 1, Stockholm 86-11-21, Säpo, Sekretariat, Pint Tore Forsberg.«

1986 war Tore Forsberg für Gegenspionage zuständig gewesen, die Angelegenheit war also von einem recht hohen Tier innerhalb der Säpo verfolgt worden; da lag der Schluss nahe, dass sie oberste Priorität gehabt haben musste. Es handelte sich um jenen Tore Forsberg, den ich für die Vorlage von Stiegs Figur Evert Gullberg aus dem dritten Roman hielt. Das Foto war eine Beilage, aber ich konnte nicht rekonstruieren, zu welchem Hauptdokument.

Das erste Verhör mit Jakob fand am Donnerstag, den 4. Juni 1987 von 8.45 Uhr bis 11.30 Uhr statt. Jakob war früher am selben Tag ohne Vorwarnung zu Hause abgeholt worden. Anwesend bei der Vernehmung waren Polizeiintendant Tore Forsberg von der Säpo, Alf Andersson, der die Vernehmung leitete, und Kriminalkommissar Stig Kjelson, beide vom Landeskriminalamt. Jakob war fünfzehn Monate nach dem Mord zur Vernehmung abgeholt worden, nachdem er länger als ein halbes Jahr im Fokus einer Säpo-Fahndung gewesen war. Das Protokoll war vierundfünfzig Seiten lang, und es gab eine wortgetreue Transkription der Bandaufnahme.

Vernehmungsperson: Wo waren Sie zum Zeitpunkt des Mordes?

Jakob: Ich habe geschlafen.

V: Es handelte sich um einen Freitagabend. Den 28. Waren Sie in Täby?

J: Nein, ich wurde von einem Untermieter geweckt.

V: Bei?

J: Seppo H. und dort … am Morgen dann …

V: Was haben Sie am Abend gemacht?

J: Ja, was … Man erinnert sich an den Morgen, als sie reinkommen und einen wecken und sagen dass …

V: Er ist reinkommen und hat Sie geweckt?

J: Ja, er weckte mich und sagte, dass sie Olof Palme erschossen haben. Aber was hab ich am Abend davor gemacht? Ja, eigentlich bräuchte ich meinen Kalender, um das genau zu sagen. Entweder habe ich an dem Abend gearbeitet oder hatte frei, mehr Alternativen hat man ja kaum, nicht wahr?

V: Was machen Sie denn gewöhnlich abends? Sind Sie müde? Waren Sie zu Hause und haben geschlafen?

J: Ja, das ist gut möglich. Aber das kann ich nicht mit Sicherheit sagen.

V: Aber Alf haben Sie nicht getroffen?

J: Danach habe ich ihn getroffen. Ich habe ihn selbstverständlich angerufen.

V: Wann?

J: Danach.

V: Sie meinen, an dem Morgen, an dem Seppo H. Ihnen erzählt hat, dass sie Palme erschossen haben? Was haben Sie dann gemacht?

J: Dann bin ich rausgegangen. Und habe eine Telefonzelle gesucht. Habe Alf Enerström angerufen und gefragt, ob ich hochkommen kann.

V: Direkt an dem Morgen?

J: Ja, also, ich habe sicher noch etwas gegessen, aber dann bin ich los.

V: Das heißt, er war zu Hause?

J: Ja, er war zu Hause. Wie lange, kann ich nicht sagen. Aber er war zu Hause, als ich anrief, und auch, als ich dort ankam.

V: Wann war das ungefähr?

J: Es kann gut auch erst am nächsten Tag gewesen sein, ich weiß es nicht mehr.

V: Aber Ihnen kam gleich der Gedanke, jetzt muss ich Alf Enerström kontaktieren?

J: Na ja, na ja ... also, das war ja ... das, also, ich wusste ja, was er mir mal erzählt hat. Und deshalb dachte ich, Herrgott, was ist das denn nun ... wie soll sich das jetzt politisch lösen?

V: Sie haben also am Tag danach mit Enerström gesprochen?

J: Ja, oder so.

V: Wer war denn sonst noch bei ihm?

J: Also die Leute, die ...?

V: Ja, wer war sonst noch bei ihm zu Hause, als Sie dort ankamen?

J: Niemand. Nur Gio, ich, Alf und die Kinder. Keine Ahnung, ob die schliefen oder frühstückten oder sonst was.

V: Und vor dem Mord haben Sie ihn nicht getroffen?

J: Jaa ...

V: Ein paar Tage vor dem Mord? In der vorangegangenen Woche?

J: Das Problem ist, dass ich mir sehr schlecht Daten und so was merken kann. Vielleicht habe ich ihn getroffen. Manchmal ist das einfach unmöglich, so was zu beantworten, weil es so lange her ist.

Jakob hatte offenbar Probleme, sich an das zu erinnern, was er in der Mordnacht und am Tag danach getan hatte. Sobald der Vernehmungsleiter Alf Andersson eine Folgefrage stellte, änderte sich seine Aussage.

Dann kamen sie auf Jakobs Einstellung zu Palme zu sprechen, auf Enerströms Meinung und darauf, mit wem sie sich trafen. Obwohl die Vernehmung über dreißig Jahre alt war, zeigten sich dieselben

Ansichten wie in den aktuellen E-Mails an Bertil Wedin und den Facebook-Nachrichten an Lída. Olof Palme war Sowjetspion, der Schweden an die Russen verhökern wollte. Getroffen hatten sich er und Enerström unter anderem mit Repräsentanten der EAP und des Militärs, denen Olof Palmes Verrat nicht hätte entgehen dürfen. Enerströms Partei *Socialdemokratisk opposition* hatte angeblich fünfzigtausend Mitglieder, weshalb Palme anscheinend Geld von Enerströms Konto gestohlen und dafür gesorgt hatte, dass ihm Sohn Ulf entzogen wurde. Sofort musste ich daran denken, was Enerström mir bei unserem Treffen erzählt hatte. Namen und Gruppierungen aus Stiegs Archiv tauchten ständig auf.

Nach einer Weile war Alf Andersson wieder dazu übergegangen, Jakob zu fragen, wo er sich zum Zeitpunkt des Mordes aufgehalten hatte.

V: Ja, aber Sie haben doch gesagt, dass Sie am Tatort waren.

J: Nach dem Mord.

V: Noch am selben Tag?

J: Na ja. Das muss schon ein paar Tage später gewesen sein. Ich möchte mich da lieber nicht festlegen … Man geht halt manchmal vorbei. Schaut, was auf den Zetteln steht, die die Leute dort anbringen. Ist schon beklemmend, dass die nicht sehen, was ich gesehen habe.

V: Und Alf Enerström? Was hat der gesagt, als Sie ihn trafen? Wo war er zum Zeitpunkt des Mordes?

J: Das weiß ich nicht mehr, vermutlich in Sölje.

V: Sie haben vorhin gesagt, Sie haben ihn getroffen.

J: Ich habe ihn ein paar Tage oder auch einen Tag danach getroffen.

V: Sie haben auch die Adresse genannt. Norr Mälarstrand.

Ich glaube, er war in Stockholm. Oder aber er war in Sölje oder kam gerade von dort zurück … Es ist zu lange her, ich kann mich nicht im Detail erinnern. Aber ich glaube nicht, dass er es war.

Alf Andersson hatte nicht nachgehakt, warum Jakob glaubte, dass Enerström Palme nicht ermordet hatte. Genauso wenig hatte er gefragt, warum Jakob es schwierig fand, sich an das zu erinnern, was er am Abend des Palme-Mordes getan hatte, schließlich war dies eins der einschneidenden Ereignisse Schwedens aller Zeiten.

V: Haben Sie Olof Palme je getroffen?

J: Nie. Ich habe ihn mal aus 50 Metern Entfernung gesehen.

V: Wissen Sie, wo er gewohnt hat?

J: Was?

V: Wissen Sie, wo er gewohnt hat?

J: Damals?

V: Wussten Sie, dass er in Gamla stan wohnte?

J: Nach dem Mord wusste ich das, ja. Vorher hab ich möglicherweise mal gehört, dass er eine Wohnung in Gamla stan hat, aber dass sie in der Västerlånggatan war, das wusste ich nicht mehr. Es ist möglich ...

V: Wie standen Sie denn in Kontakt mit ihrem Vermieter? Also, ich meine, das ist schließlich einer, der bestätigen kann, dass Sie an jenem Abend zu Hause waren. Ist das so?

J: Ich weiß nicht, ob ich am Abend davor ausgegangen bin, aber wir gingen in unterschiedliche Richtungen. Manchmal waren wir zusammen, manchmal nicht.

V: Wie waren Sie vorigen Winter gekleidet?

J: Ich hatte einen hellen Anorak oder so was in der Art. Vielleicht auch einen dunklen ... Dufflecoat nennt man ihn, glaube ich.

V: Trugen Sie eine Mütze?

J: Nein. Der Mantel hatte eine Kapuze, aber manchmal trug ich ihn auch ohne und mit dunkler Hose.

Andererseits sah die Perücke auch aus, als wäre sie warm wie eine Pelzmütze, dachte ich. Jakobs zögerliche Antwort hätte die Polizei hellhörig machen sollen, und tatsächlich gab es eine zweite Vernehmung.

* * *

Am 21. August, zweieinhalb Monate und einen langen Sommer nach der ersten Vernehmung, wurde Jakob erneut von der Polizei einbestellt. Diesmal wurde er nicht mit dem Streifenwagen abgeholt. Anfänglich wurde er von Tore Forsberg bei der Säpo verhört, dann übernahm Alf Andersson von der Palme-Gruppe des Landeskriminalamtes. Das Protokoll war eine zweiseitige Zusammenfassung.

Jakob wurde gefragt, was er von Alf Enerströms Aussage hielt, dass sich Schweden unter Palmes Führung auf dem Weg in den Sowjetkommunismus befand. Jakob war in diesem Punkt einer Meinung mit Enerström. Auf die Frage, warum die Sowjets Palme dann hätten umbringen sollen, schwieg er.

Bei der ersten Vernehmung wollte Jakob nicht sagen, welche Militärs er getroffen hatte. Im zweiten erwähnte er zum ersten Mal, dass er zur Zeit der russischen U-Boot-Vorfälle im Hårsfjärden 1982 Kontakt zum Fregattenkapitän Hans von Hofsten gehabt hatte. Von Hofstens Name tauchte ebenfalls in Stiegs Material auf, er leitete den sogenannten »Marineoffiziersaufstand« im Herbst 1985. Jakob hatte von Hofsten bei sich zu Hause, auf dessen Landsitz und in der Stadt getroffen. Laut Jakob behauptete von Hofsten, dass Palme bezüglich der U-Boot-Vorfälle gelogen hätte und ein russisches U-Boot entkommen sei. Jakob sagte aus, dass von Hofsten bestürzt war über Palmes Verhalten.

Es kam keine Frage, warum Jakob von Hofsten besucht hatte, dabei hätte es den Ermittlern auffallen müssen, was für ein enges, kleines Netzwerk es zwischen allen Palme-Hassern gab. Unter seinem falschen Namen »Rickard« hatte Jakob viele der Personen besucht, die Stieg überprüft hatte. Und zwar vor und nach dem Mord.

* * *

Verglichen mit dem übervollen Ordner über Jakob Thedelin, den ich bei Karin Johansson im Polizeipräsidium auf Kungsholmen gesehen hatte, war mir nur in einen Bruchteil Einblick gewährt worden. Sie hatten mir die Dokumente vorenthalten, von denen Karin gesprochen hatte. Weder den hundertfünfzigseitigen Bericht der Säpo nach der Beschattung noch die Vernehmungen von Personen aus Jakobs Umfeld hatte ich bekommen.

Um den Ordner fast bis zum Bersten zu füllen, musste es deutlich mehr interessantes Material geben. Aber das, was ich vorliegen hatte, zeigte schon deutlich, dass es mehrere Unklarheiten bezüglich Jakob gab. Er hatte gezögert, er hatte seine Aussage geändert, und er hatte behauptet, Dinge vergessen zu haben, an die er sich ein Jahr nach dem Mord noch erinnern sollte. Er wusste nicht mehr, was er am Mordabend gemacht hatte, ob er gearbeitet oder am folgenden Morgen Alf Enerström besucht hatte, ob er wusste, wo Palme wohnte, oder er am Folgetag am Tatort gewesen war. Natürlich konnte er nervös gewesen sein oder einfach nicht antworten wollen. Oder aber – und das war das wahrscheinlichste – er hatte etwas zu verbergen.

Die beste Idee, die ich hatte, war, einfach Alf Enerström zu fragen, wann Jakob Thedelin ihn nach dem Mord kontaktiert hatte. Außerdem könnte ich ihm ein paar weitere Fragen stellen, die aufgekommen waren, seit Gio nicht länger Alfs Alibi unterstützte und sagte, dass er einen Smith & Wesson Revolver besessen habe.

SCHWEDENS RETTER

Stockholm, Dezember 2016

Alf Enerström und sein Freund Bo kamen pünktlich, und ich ging voran in das Büro, das uns zur Verfügung stand.

Alf war etwas gepflegter als bei unserem letzten Treffen; es war nicht zu übersehen, dass ihn jemand mit sauberer Kleidung versorgte, vermutlich jemand im Seniorenheim mit psychischen Problemen, in das er gezogen war. Auf dem Kopf trug er einen kleinen Hut, der die Narbe verbarg, die mir beim ersten Treffen aufgefallen war, und der ihn wie einen gealterten Hipster wirken ließ. Aber er trug auch diesmal wieder fünf Hemden übereinander, das hatte offenbar niemand verhindern können.

Bo setzte sich neben Alf und hörte gut zu. Das Gespräch startete ähnlich ungezwungen wie beim ersten Mal, aber diesmal wollte ich schneller zur Sache kommen.

»Gio hat erzählt, dass Sie in der Mordnacht nach den Neun-Uhr-Nachrichten noch einmal das Haus verlassen haben«, sagte ich.

»Hat sie das?«, fragte Alf. »Wir waren doch den ganzen Abend zusammen.«

»Außerdem hat sie erzählt, dass Sie einen Revolver der Marke Smith & Wesson besaßen.«

Alf dachte nach.

»Daran kann ich mich nicht erinnern. Ich hatte viele Waffen.«

Alf erzählte, wie er zwei Polizisten, die er kannte, auf dem Svea-vägen gesehen hatte. Angeblich war dies spät in der Mordnacht ge-wesen, und hinterher hatte er erst begriffen, dass sie Palme ermordet hatten.

»Können Sie die Polizisten beschreiben?«, fragte ich.

»Ja, kann ich. Aber das werde ich nicht.«

Alf kicherte und legte sich mit einer Geste einen unsichtbaren Maulkorb an.

»Warum nicht?«

»Ganz einfach. Wenn ich es tue, werden die beiden Polizisten we-gen meiner Aussage verurteilt.«

»Aber wäre es nicht gerecht, wenn sie für den Mord verurteilt wür-den? Sie haben sich schließlich das schlimmste Verbrechen zuschulden kommen lassen, das man sich vorstellen kann«, sagte ich.

»Manchmal muss man etwas tun, das nicht in Einklang mit dem Gesetz ist. Weil der Gesetzgeber dies nicht vorgesehen hat … Verste-hen Sie, was ich meine? Der Mensch, der sich in dieser Lage befindet … hält sich ja nicht ans Gesetz. Wenn es dazu führt, dass das Land untergeht.«

»Das heißt, wer immer Palme erschoss, hat das Richtige getan?«

»Nein, sie haben nicht das Richtige getan«, sagte Alf. »Er hätte ein-fach auf mich hören und am Tag davor zurücktreten sollen … Nein, ich meine, als es getan war. Es droht ihnen, für den Rest ihres Lebens eingesperrt zu werden, dabei haben sie Schweden gerettet.«

»Und das wollten Sie verhindern?«

»Ich bin froh, dass Schweden gerettet wurde, dafür gebührt ihnen alles denkbare Lob. Ist es nicht gut? 10 000 000 Menschen zu retten? Was sagen Sie? 10 000 000 Menschen, hauptsächlich Arbeiter, die sich kaputtschuften. Denn wenn Olof Palme seine Politik fortgesetzt hät-te, dann wäre Schweden jetzt Griechenland. Es war mal führend, dort entstand die erste Demokratie. Und jetzt? Jetzt ist es am Boden. Und in Schweden hätte es noch schlimmer ausgesehen.«

Alf hatte während dieser Aufzählung immer wieder leicht gelacht, aber jetzt wurde er ernst.

»So was passiert doch auf der ganzen Welt. Warum wurde Kennedy getötet? Denken Sie mal drüber nach. Der allerbeste, den wir auf der ganzen Welt hatten, der wurde getötet. Und der Tod, der wird falsch verwendet und Mord genannt. Und Mord, das ist etwas, womit man sich nicht befassen sollte. Wer hat das denn entschieden? Wer hat das Wort Mord geprägt? Kennst du ihn oder sie? Nein, aber das Leben ist so …«

Alf verstummte, und ich ließ ihn ein paar Sekunden in Ruhe. Er hatte abgestritten, dass Gios Version des Abends zutraf, außerdem wusste er nichts von dem Revolver, den er laut Gio zwanzig Jahre lang besessen hatte. Ich hatte also meine Antworten bekommen, auch wenn ich Gios Version überzeugender fand.

»Woher kennen Sie Bertil Wedin?«, fragte ich.

»Ich weiß nicht, wer das sein soll«, antwortete Alf.

Verwundert schaute ich zu Bo, der jedoch mit einer Kopfbewegung zeigte, dass auch er nicht wusste, wer Wedin sein sollte.

»Und Jakob Thedelin?«, fragte ich.

»Wer ist das?«

»Ihr Helfershelfer oder Adept, der zeitweise bei Ihnen wohnte.«

»Daran kann ich mich nicht erinnern«, erwiderte Alf.

Auch Bo schien ebenso verständnislos, als Jakobs Name fiel. Ich war sprachlos und stellte die Frage vergeblich noch einmal. Aus dem E-Mailwechsel zwischen Jakob Thedelin und Bertil Wedin wusste ich, dass sowohl Alf als auch Bo Jakob und Bertil kannten. Aber sie stritten es ab. Ich stellte noch ein paar Fragen, bevor sie kurze Zeit später das Büro verließen.

* * *

Ein paar Tage später wollten Alf und Bo noch einmal mit mir Kaffee trinken. Ihre Erinnerung war zurückgekehrt, plötzlich wussten sie, wer Wedin und Thedelin waren. Allerdings stellte sich heraus, dass sie mit Bertil Wedin nur ein paar Mal telefoniert hatten, und Jakob Thedelin war Gios – nicht Alfs – Bekannter. Ich war mir sicher, dass das nicht stimmte. Sie versuchten, ihre Wichtigkeit herunterzuspielen. Jedes Mal, wenn ich etwas Neues von Stiegs Theorie präsentierte, landete ich in einer Sackgasse. Aber trotzdem erfuhr ich dabei etwas Neues, weshalb sich meine Versuche immer wieder lohnten. Ich hatte Bertil Wedin, Craig Williamson und Alf Enerström getroffen. Der Rechtsextremist Anders Larsson und der Polizist Carl-Gustaf Östling waren tot. Blieb noch Jakob Thedelin; aber die einzige Möglichkeit, mehr darüber zu erfahren, was er in der Mordnacht getan hatte und ob er in den Mord verwickelt gewesen war, war, ihm selbst all die schweren Fragen zu stellen. Und selbst wenn er sich auf ein Interview eingelassen hätte, wäre es unwahrscheinlich, dass er etwas preisgegeben hätte.

Das Hacken und die Honigfalle via Facebook hatten ein wenig geholfen, aber ich brauchte mehr, wenn ich Jakob zum Reden bringen wollte. Ich würde einige ernste Entscheidungen treffen müssen. Es gab nämlich eine Reihe logistischer und ethischer Komplikationen.

DER ENTSCHLUSS

Stockholm, März 2017

Die Idee kam schnell, der Entschluss und die Durchführung gestalteten sich etwas schwieriger. Lídas Fragen an Jakob via Facebook und die gehackten E-Mailkonten waren für mich eine schmerzfreie Sache gewesen. Ich hatte Lída um Hilfe gebeten, die selbst entschieden hatte, was zu tun war und wie. Wahrscheinlich hatte jemand sie beim Hacken unterstützt, und sowohl die gehackten E-Mails als auch die Facebook-Nachrichten hatte ich bekommen, ohne dass ich mich fragen musste, ob das, was ich da tat, richtig war.

Seitdem waren mehrere Jahre vergangen, und ich hatte viel herausgefunden, das Stiegs Theorie stützte und meine Erweiterung, dass Jakob Thedelin in den Palme-Mord verwickelt war. Aber obwohl ich eine ausführliche Zusammenfassung bei der Polizei abgeliefert und eine Artikelserie im *Svenska Dagbladet* veröffentlicht hatte, hatte die Polizei keine neuen Maßnahmen gegen Thedelin ergriffen.

Es schien hoffnungslos, und ich sah nur zwei mögliche Auswege. Ich konnte meine Nachforschungen einstellen, ohne sie zu veröffentlichen – weder als Reportage noch als Buch. Ich könnte einfach aufgeben, was zunächst wie eine attraktive Lösung klang.

Oder ich bediente mich der einen journalistischen Methode, die auch Stieg Larsson genutzt und die ich noch nicht probiert hatte: Undercover gehen, wallraffen, infiltrieren. Um ein solch drastisches

Vorgehen zu rechtfertigen, müssen die Ergebnisse von großem allgemeinem Interesse sein.

Jakob Thedelin und seine mögliche Verwicklung in den Palme-Mord erfüllten diese Kriterien. Mein größeres Dilemma war, dass er einerseits extreme Ansichten hatte und ein Verdächtiger im Palme-Mord, andererseits eine bedürftige Person mit Frührente und einem sehr kleinen Freundeskreis war. All das musste gegen den Nutzen einer solchen Undercover-Operation abgewogen werden.

Ein paar Monate lang wog ich die Pros und Contras ab. Irgendwann in dieser Zeit meldete sich Nicholas Schmidle und erzählte von einem Treffen mit seinem Redakteur beim *New Yorker*. Ihm gefiel die erste Hälfte des Artikels. Problem war die zweite, wo alles in Verbindung gesetzt werden sollte. Sie war einfach nicht stichhaltig genug, und wenn nichts Konkreteres mehr dazukäme, wäre der Artikel nicht druckbar. Ich lauschte allem, was Nicholas sagte, erwähnte mein eigenes Dilemma jedoch nicht.

Schließlich fasste ich meinen Entschluss. Aufgeben war keine Alternative.

Ich rief Lída Komárková in Prag an und unterbreitete ihr meine Idee.

JAKOB UND LÍDA

Landvetter, Juli 2017

Lída verließ das Flughafengebäude. Bevor sie mich und den Volvo erreichte, hatte sie sich bereits eine Zigarette angezündet.

»Ich muss die frische Luft etwas verdünnen«, sagte sie auf Englisch, während wir die letzten Schritte bis zu meinem Wagen gingen, der im Kurzzeitparkbereich stand. »Das ist also Göteborg? Sieht aus wie jeder andere Flughafen im Regen.«

Sie setzte sich auf den Beifahrersitz und wartete darauf, dass ich ihr Gepäck in den Kofferraum verfrachtete. In der selbstverständlichen Annahme, dass ich mich um das Gepäck kümmern würde, erkannte ich ihre zentraleuropäischen Wurzeln. Immerhin hatte sie die Zigarette ausgedrückt, bevor sie eingestiegen war.

»Jakob ist von Borås nach Hedestad gezogen, einer kleinen Stadt umgeben von Hügeln, Feldern und Wäldern«, erklärte ich, als ich mich ans Steuer setzte. »Wir fahren sicher eine Stunde bis dorthin.«

»Göteborg, Borås, Hedestad. *Same, same but different*«, sagte Lída, bevor sie gegen den Sicherheitsgurt gelehnt einschlief.

Nach der Autobahnabfahrt vom Riksväg 40 schlängelte sich die Straße durch den Wald. Lída protestierte leicht im Schlaf, wenn die Kurven zu scharf wurden.

Drei Jahre waren vergangen, seit Lída Jakob ausgefragt und mir dann ihre Konversation und die E-Mails zwischen Jakob und Bertil Wedin geschickt hatte. Danach hatten wir uns aus den Augen verloren. Lída hatte sich das nächste spannende Projekt in Prag gesucht, und ich dachte, ich wäre fertig, weil die Polizei auf meine Enthüllungen zu Jakob reagieren würde, was aber nie eintraf. Aber wie so oft zeigte sich, Timing ist alles. Als ich endlich zu dem Schluss kam, dass ich meine Idee umsetzen wollte, brauchte ich Lídas Hilfe. Ich meldete mich gerade, als sie nach einem zweijährigen USA-Aufenthalt zurückgekehrt und ihre Beziehung in die Brüche gegangen war. Sie sagte zu, nach Schweden zu fliegen, um Jakob zu treffen. Und die Risiken schienen sie eher nicht zu beeindrucken.

»Warum hast du dich darauf eingelassen?«, fragte ich.

»Ich sage immer zu, wenn ich etwas spannend finde«, antwortete sie. »Ich habe mich immer zurechtgefunden, egal wo ich war oder mit wem, aber etwas Festes habe ich nie hinbekommen«, fuhr sie fort. »Dieses Projekt scheint genau das zu sein, worauf ich gewartet habe. Wenn es mir gelingt, die Wahrheit herauszufinden, ist sie vielleicht etwas, das viele seit drei Jahrzehnten wissen wollen.«

Lída hatte mir mit wenigen Sätzen erklärt, was ich mich gefragt hatte. Warum hatte sie einem Treffen mit Jakob Thedelin zugestimmt, selbst wenn das gefährlich sein könnte? Aber die Wahrheit war selten einfach, und ich wunderte mich, dass sie mir ihren echten Namen nicht verraten wollte und dass sie Menschen kannte, die sich in E-Mail-konten hacken konnten. Vielleicht würde ich darauf nie eine Antwort bekommen. Aber ich traute ihr, und zusammen würden wir etwas tun, was große Ähnlichkeit mit dem hatte, was Stieg und Gerry Gable in den Neunzigerjahren getan hatten.

Um Mitternacht hatten wir Hedestad erreicht. Ich hatte zwei Zimmer im selben Hotel gebucht wie letztes Mal – im Hotel Hedestad –, und mich versichert, dass wir unseren Aufenthalt so lange wie nötig verlängern konnten, sofern Bedarf bestand.

Bevor Lída auf ihrem Zimmer verschwand, reichte sie mir eine Plastiktüte mit allem, was ich ihr zu besorgen aufgetragen hatte. Die

Vorbereitungen orientierten sich an einem Ablaufplan, der in Technik, Logistik und Gefahrensituationen unterteilt war. Ich legte alles in meinem Zimmer auf den weißlaminierten Tisch am Fenster. Draußen beleuchtete eine einsame Laterne den großen Parkplatz, auf dem eine Handvoll Autos standen. Zur Sicherheit zog ich den weinroten Vorhang zu, damit niemand hereinschauen konnte. In der Tüte mit der Aufschrift *Spyshop CZ* waren mehrere kleine Kartons, die ich öffnete. Für weniger als 10 000 Schwedische Kronen hatte ich eine Unmenge Zeugs gekauft, für das Stieg durchaus auch Verwendung gehabt hätte. Genauso hätte sich vermutlich Palmes und Holmérs alter Freund Ebbe Carlsson gefreut, nicht nur über die Technik, sondern auch über die völlig legale Einfuhr und Ausrüstung – im Gegensatz zu dem Skandal vor dreißig Jahren, der treffend Ebbe-Carlsson-Affäre getauft worden war.

Ich fing links an. Da gab es einen Stift mit Mikrofon, den man durch Druck auf die Klemme aktivierte. Wenn man ihn in der Tasche trug, reichte ein kleiner Druck aus, und schon wurde die Aufnahme gestartet. Der nächste Stift bot eine Kombination aus Ton- und Videoaufnahme, die gestartet wurde durch einfaches Antippen der Oberseite. Die Nachbildung eines Autoschlüssels filmte in 4K mit hoher Tonqualität. Bei der Brille war die Wahl am schwersten gefallen, hatte Lída gesagt. Die Modelle waren nie die modernsten, und bei manchen war die Kameralinse sofort offensichtlich. Sie hatte sich schließlich für ein akzeptables Unisexmodell entschieden mit unsichtbarer Linse. Allerdings ging es auf Kosten der Batterielaufzeit, die sich auf zwanzig Minuten begrenzte. Obwohl wir nun drei Kameras hatten, musste ich mir eingestehen, dass wir ohne ein Smartphone aufgeschmissen sein würden, sollte das Treffen länger dauern. Vielleicht wären zur Unterstützung auch ein paar GoPro-Kameras vonnöten, die ich aus Stockholm mitgebracht hatte.

Der letzte Teil der Ausrüstung hatte keine Aufnahmefunktionen, war aber nicht weniger wichtig. In einer kleinen Schachtel, nicht viel größer als eine Streichholzschachtel, war ein GPS-Tracker aus dunkelgrünem mattem Plastik. Er hatte nur zwei Knöpfe und eine rote Diode. Ich löste den Deckel und setzte eine mitgelieferte SIM-Karte und zwei AA-Batterien ein. Indem ich das Gerät zehn Mal mit meinem Handy anrief, programmierte ich es, nur auf mein Telefon zu reagieren. Dann schickte ich eine SMS an die Nummer und bekam wenige Sekunden später schon eine Antwort, die GPS-Koordinaten und einen Link beinhaltete. Als ich darauf tippte, öffnete sich eine Karte, die das Hotel und alles im Umkreis von einem Kilometer zeigte. Markiert war der Punkt, an dem die kleine Schachtel lag. Der eine Knopf war zum Ein- und Ausschalten, der andere trug die Bezeichnung SOS, und als ich ihn drückte, kam eine weitere SMS mit den Koordinaten und Kartenausschnitt. Eine unscheinbare Schachtel mit wenigen Funktionen, die sich jedoch als wichtig erweisen könnte. Lebenswichtig.

Ich ging die Bedienung aller Geräte durch, was nicht lange dauerte, denn keins hatte mehr als einen oder zwei Knöpfe, mit denen alles gesteuert wurde: Aktivierung, Deaktivierung, Aufnahme und Überspielen. Die Uhr zeigte bereits drei Uhr nachts, weshalb ich mich schnell in das schmale Bett legte, um noch ein paar Stunden Schlaf zu bekommen.

* * *

Der Zug meines Freundes kam kurz nach zehn Uhr am nächsten Morgen an. Staffan war ein extrem ausgeglichener Mann, der gerade fünfzig geworden war und sein ruhiges Dasein in Kopenhagen fristete, bis sich der nächste spannende Job präsentierte. Als ich ihn anrief und fragte, ob er nach Hedestad kommen und Lídas Verstärkung sein wollte, wenn sie sich mit Jakob traf, willigte er sofort ein.

Staffan und ich würden uns bereithalten, sofern irgendetwas Unvorhergesehenes eintraf. Dabei hofften wir natürlich, dass sich eine unschöne oder bedrohliche Situation allein dadurch auflösen würde, dass wir so schnell wie möglich auftauchten. Und wenn Lída den SOS-Knopf des GPS-Trackers drückte, würden wir sofort wissen, wo wir gebraucht wurden.

Staffan betrat mein Zimmer, warf seine große Tasche auf den Boden und sich – mit Schuhen – aufs Bett. Wenig später stieß Lída zu uns, und wir gingen den Plan und die Ausrüstung gemeinsam durch. Wir begriffen recht schnell, warum die Geräte so günstig gewesen waren. Zwar waren die Aufnahmen von recht hoher Qualität, aber die Handhabung, Batterielaufzeit und Zuverlässigkeit ließen zu wünschen übrig. Lída lernte im Schnelldurchlauf, wie die Geräte zu betätigen waren. Aber wir konnten natürlich nicht vorhersehen, wie sie unter Druck agieren würde.

Lída und ich hatten uns bewusst für einen Freitag entschieden, weil nach Sonnenuntergang der Sabbat begann, was die Chancen erhöhte, dass Jakob zu Hause blieb. Da fiel mir plötzlich etwas auf, was ich nicht bedacht hatte.

»Anfang Juli wird es in Schweden doch gar nicht dunkel! Wie funktioniert das mit dem Sabbat denn da?«

»Nur die Ruhe, Jan«, sagte Lída, die immer ruhiger zu werden schien, je größer der Druck wurde. »Ich hab das nachgeschlagen. Der Sabbat beginnt um 21.45 Uhr, obwohl die Sonne nicht untergeht.«

Lída loggte sich bei Facebook ein und checkte Jakobs Status. Als Vorbereitung hatte Lída ihr Facebook-Profil genutzt, um zu kontrollieren, wann Jakob online war. Kontaktiert hatte sie ihn jedoch nicht. Ganz wie während der Zeit ihres Austausches ein paar Jahre zuvor folgte seine Surfgewohnheit den Öffnungszeiten der Bibliothek, was bedeutete, dass er noch immer die dortigen Computer nutzte.

»Er ist online. Könnte Staffan hingehen und nachschauen, ob er wirklich in der Bibliothek ist?«

Unser Plan war, dass Lída ihn überraschen sollte. Eine hübsche Frau vor seiner Tür würde wesentlich schlechter abzuwehren sein als ein Journalist, der ihn anruft oder eine E-Mail schickt.

Staffan sollte die Aufgabe übernehmen und kontrollieren, ob er sich in Hedestad aufhielt, falls Jakob mich vom Foto wiedererkennen sollte, das zur Artikelserie im *Svenska Dagbladet* veröffentlicht worden war. Mit Lídas Einsatz wollten wir noch warten.

Auf dem Weg zur Bibliothek zeigte ich Staffan die wenigen Fotos, die ich von Jakob auf dem Handy hatte. Lída und ich setzten uns auf eine Bank an einen kleinen Teich mit Fontäne. Links von uns lag das Rathaus und direkt gegenüber von uns, am anderen Ende des Teichs, war der Eingang zur Bibliothek. Beide Gebäude hatten zwei Stockwerke und rotbraune Backsteinfassaden, die ganz im Sechzigerjahre-Stil verziert waren. Ein Zeichen dafür, dass sie zu Hedestads Hochzeit gebaut wurden. Es dauerte nur wenige Minuten, bis Staffan wieder aus der Bibliothek kam und vorsichtig auf Gürtelhöhe den Daumen in die Höhe reckte.

Wir standen auf und folgten ihm in einem Abstand von vielleicht 20 Metern. Als wir um die Ecke bogen, zeigte er uns zwei unscharfe Fotos von einem Mann an einem Computer, aber sie waren gut genug, dass ich darauf Jakob Thedelin erkennen konnte. Er war also in Hedestad.

Wir folgten dem Radweg bis zur Sankt Olofsgatan, wo wir das Restaurant *Alfred* entdeckten. Lída und ich aßen das Mittagsgericht, in diesem Fall Schweinekamm mit brauner Soße und gekochten Kartoffeln. Staffan bestellte sich eine Pizza Sydney mit allen Extras, also Pommes und Kebabsoße. Eine halbe Stunde später waren wir mehr als gesättigt und ließen den Rest des zu starken Kaffees zurück, um ins Hotel zurückzukehren, wo wir auf unseren Zimmern warteten, bis die Bibliothek um siebzehn Uhr schloss.

* * *

Der Adrenalinspiegel bei Staffan und mir stieg allmählich, nur diejenige, die sich in größte Gefahr begeben würde, war am ruhigsten. Wir mussten sehr laut an Lídas Tür klopfen, um sie zu wecken. Sie öffnete schlaftrunken und fing dann an, sich zurechtzumachen. Ich hatte die Ausrüstung noch einmal kontrolliert und alle Batterien geladen.

Das Handy hatte ich quer in die Brusttasche einer Latzhose gesteckt, die sie extra auf meinen Wunsch hin gekauft hatte. Das Handy wurde von Klettstreifen gehalten, sodass es ungehindert aus einem Loch filmen konnte, das ich in den Stoff hineingeschnitten hatte. Ich hatte mehrere Anläufe gebraucht, um es groß genug zu machen, damit es die gesamte Umgebung einfing. Leider sah man jetzt die Linse, wenn man genau hinschaute. Es war zu spät, daran noch etwas zu ändern, das Risiko mussten wir einfach eingehen. Lída setzte die Brille auf und übte noch einmal, die Kamera anzustellen.

Wir beschlossen, mit dem Wagen vor das Haus zu fahren, in dem Jakob wohnte, obwohl es nur 500 Meter entfernt war. Aber bevor wir das Hotel verließen, bog Lída vor der Rezeption links ab und ging an die Bar. Dort kippte sie einen doppelten Wodka hinunter und nickte uns dann zu, dass sie bereit war.

Wir fuhren langsam an dem zweistöckigen gelben Wohnhaus vorbei und waren uns ziemlich sicher, dass mein alter Volvo alltäglich genug aussah, um keine Aufmerksamkeit auf sich zu ziehen. Nichts deutete darauf hin, dass Jakob zu Hause war. Die Jalousien waren heruntergelassen, die Balkontür geschlossen. Wir fuhren um die Ecke, und ich hielt an. Lída stieg aus, jetzt war sie auf sich gestellt.

Staffan und ich fuhren schweigend und ziellos durch Hedestad. Nach einer Viertelstunde wagten wir es, wieder am Haus vorbeizufahren. Ich schaute auf die Straße, aber Staffan konnte ganz normal zu mir schauen und trotzdem sehen, was vorging.

»Sie sitzt mit einem Mann vor dem Haus und trinkt Bier«, sagte Staffan. »Möglich, dass es Jakob ist, aber ich glaube es nicht.«

Am liebsten hätte ich sofort gedreht und wäre noch einmal am Haus vorbeigefahren, um mich zu vergewissern, aber mir war klar, dass das viel zu riskant war. Im Prinzip gab es gerade keinen Verkehr in der Stadt, und Lída und der Mann, der vielleicht Jakob war, saßen mit Blick zur Straße. Widerwillig fuhren wir zurück zum Hotel, um zu warten.

* * *

Als Lída die Haustür erreichte, fand sie diese verschlossen vor. Sie zog noch einmal fester daran, aber auch so ließ sie sich nicht öffnen. Sie legte die Hände gegen die Scheibe, um besser hineinschauen zu können, als sie plötzlich eine Hand auf der Schulter spürte.

»Was suchen Sie?«

Von der schwedischen Ansprache überrascht, warf sie einen Blick über die Schulter. Der Mann war deutlich kleiner als Jakob mit seinen 1,80 Meter – kaum größer als sie selbst. Als sie ihm auf Englisch antwortete, wanderte die Überraschung von ihrem auf sein Gesicht.

»*I'm looking for Jakob, is he here?*«

Der Mann zögerte und machte einen Schritt zurück, bevor er mit starkem schwedischem Akzent antwortete.

»*No, I don't think so.* Er ist vorhin erst aufgebrochen, und ich weiß nicht, wann er zurückkommt.«

»Könnten Sie mich reinlassen, damit ich bei ihm klingeln kann?«

»Aber er ist ja nicht da …«

Kaum hatte der Mann den Schlüssel umgedreht, huschte Lída schon an ihm vorbei und die Treppe hinauf. An der Tür stand Jakobs Nachname, und Lída klingelte ein paar Mal. Der Mann war ihr gefolgt, war eine halbe Treppe unter ihr stehengeblieben.

»Ich habe doch gesagt, dass er nicht da ist. Kennen Sie Jakob?«

Lída verfluchte sich selbst dafür, dass sie nicht gleich hergekommen war, nachdem die Bibliothek geschlossen hatte. Was, wenn Jakob übers Wochenende weggefahren war? Sie entschied, dass ihr nichts anderes übrig blieb, als irgendwo in der Nähe auf Jakob zu warten. Und da kam ihr der Mann eigentlich gerade recht.

»Ich heiße Lìda und bin mit Jakob befreundet. Ich komme geradewegs aus Prag, um ihn zu treffen. Und wer sind Sie?«

»Ich heiße Håkan und bin Jakobs Nachbar. Vielleicht kommt er ja bald zurück.«

»Ja, vielleicht«, sagte Lída viel freundlicher. »Darf ich hier auf ihn warten?«

Sie zeigte auf die oberste Stufe, aber Håkan schüttelte den Kopf. »Kommen Sie, wir trinken ein Bier zusammen. Es ist so schön draußen, und ich habe nichts gegen etwas Gesellschaft.«

»Okay«, sagte Lída mit ihrem schönsten Lächeln.

Håkan war ein gutmütiger Mann, der allein auf der Wiese vor seinem Wohnhaus im ruhigen Hedestad saß – Mitten im Juli – und Bier trank. Lída wusste nicht, ob das normales schwedisches Bier war, nur, dass es perfekt war, um auf Jakob zu warten. Håkan zauberte einen weiteren, weißen Plastikstuhl herbei und verschwand schnell in seiner Wohnung, um ein kaltes Bier zu holen.

»Und, gefällt es Ihnen in Hedestad?«, fragte Håkan und reichte Lída ein Glas Bier.

»Ja, sehr. Und Ihnen?«

»Ja, mir gefällt es hier am besten.«

Das Gespräch ging etwas schwerfällig voran. Ein paar Mal erwischte Lída ihn dabei, wie er sie anstarrte, während sie ihr Bier trank. Er wirkte, als hätte er im Lotto gewonnen.

»Da wohnt meine Ex-Frau, und dort meine Mutter und dort hinten meine Tochter.«

Håkan deutete auf drei verschiedene Häuser in der Nähe, und Lída begriff, dass die Welt ganz schön klein sein konnte, wenn man in Hedestad wohnte. Die Zeit schritt voran. Wenn Jakob nicht bald nach Hause kam, würde sie noch einen weiteren Tag in dieser sonderbar trostlosen Stadt zubringen.

»Da kommt er.«

Håkans Bemerkung war ganz neutral, bei Lída hingegen stieg der

Adrenalinpegel. Sie drehte den Kopf, und ganz recht, da kam Jakob. Er sah größer aus als 1,80 Meter, vielleicht weil er so dünn war. Die Brille war dunkler als auf den Fotos, die sie gesehen hatte, aber trotzdem war es keine Sonnenbrille. Vermutlich reagierten die Gläser auf Sonnenlicht.

»*Hello, Jakob! How are you?*«

Jakob stand mehrere Sekunden lang wie versteinert da, aber es fühlte sich an wie eine Ewigkeit. Sie versuchte es noch einmal.

»Hallo Jakob, ich bin's. Lída aus Prag. Bei Facebook habe ich ein anderes Profilfoto, vielleicht erkennst du mich deshalb nicht.«

Ein kritischer Moment. Lída musste ihn davon überzeugen, dass sie die Frau war, der er über den Messenger so nahgekommen war. Er sah weiter verständnislos aus.

»Aha. Lìda! Aber das ist doch sicher drei Jahre her«, sagte er schließlich auf Englisch.

Sie umarmte ihn nicht, sondern hielt ihm so lange die kleine Papiertüte voller Mitbringsel hin, bis er gezwungen war, sie anzunehmen. Er wirkte verwundert, aber auch erfreut.

»Das ist ein Kidduschbecher aus Porzellan. Und koscherer Wein.«

Er schaute in die Tüte, und es war nicht zu übersehen, dass ihm die Geschenke gefielen. Er würde sich nicht so leicht aus der Situation winden können.

»Vielen Dank! Aber was machst du denn in Schweden?«, fragte er schließlich.

»Probleme mit meinem Freund. Ich musste mal ein paar Tage raus. Also bin ich auf gut Glück hergekommen. Hast du Zeit?«

»Ja, habe ich. Der Sabbat beginnt erst in ein paar Stunden.«

»Vielleicht könnten wir irgendwo ein Glas Bier oder Wein trinken gehen«, schlug Lída vor. »Håkan hat das O'Learys genannt.«

Jetzt entspannte sich Jakob, ihm schien der Vorschlag zu gefallen.

»Ich bring nur schnell die Tüte weg und hol mir eine andere Jacke.«

Er öffnete die Haustür und machte keinen Anstalten, sie hineinzubitten, aber das war auch gut so. Sie würde seine Wohnung nicht betreten, bevor sie sich sicher war, dass ihr dort nichts passieren würde. Sie nutzte die Zeit, um den wartenden Herren im Hotel Hedestad eine Nachricht zu schicken: *Ahoj Mami, mám kontakt, vše ok. Jdeme do O'Learys na pivo. Pac a pusu, Lída.* Hallo Mama, habe Kontakt aufgenommen, alles okay. Wir gehen zu O'Learys und trinken ein Bier. Gruß und Kuss, Lída.

Als sie auf senden gedrückt hatte, erschien Jakob auch schon wieder in der Haustür. Statt der kurzen Hose trug er nun eine schwarze Anzughose von älterem Kaliber. Sie machten sich auf den Weg zum Restaurant.

* * *

Ein Piepsen weckte mich aus meinem Halbschlaf. Staffan schlief tief und fest, aber ich rüttelte ihn wach und zeigte ihm die SMS.

»Klar, gehen wir dahin!«, sagte er, als er sah, dass ich zögerte.

»Klar«, sagte ich, ohne auch nur halbwegs ähnlich sicher zu sein.

»Nimm mein Käppi und zieh es tief in die Stirn, dann wird er dich schon nicht erkennen.«

Zu Fuß brauchten wir nur ungefähr fünf Minuten vom Hotel bis zum O'Learys. In Hedestad war alles in unmittelbarer Nähe. Als wir eintraten, begrüßte uns eine junge Bedienung mit breitem, westgotischem Akzent und wies uns einen Tisch in der Nähe der Bar zu. Aus den Augenwinkeln hatten Staffan und ich gesehen, dass Jakob und Lída am anderen Ende des Lokals hinter einer Milchglasscheibe saßen. Vor der Scheibe gab es noch einen freien Tisch, und Staffan und ich fragten gleichzeitig, ob wir dorthin umziehen könnten. Die Kellnerin schaute uns irritiert an, zuckte aber nur mit den Schultern und brachte uns dorthin.

Jetzt saßen wir buchstäblich nur eine Armlänge von Jakob und Lída entfernt und konnten ihre Stimmen hören, aber wegen der Musik und dem allgemeinen Gemurmel nicht verstehen. Die Situation war nicht gefährlich, und die beiden bemerkten uns nicht mal. Nach einer Weile signalisierte ich Staffan, dass wir die beiden wieder alleinlassen konnten. Nicht mehr lange, dann konnten wir Lídas Aufnahme hören, mussten also nicht riskieren, von Jakob entdeckt zu werden.

* * *

Wir warteten eine gute Stunde im Hotelzimmer. Ich schickte ein paar SMS an den Tracker, um sicherzustellen, dass sie noch im O'Learys waren. Dann traf eine SMS von Lída ein. *Wir gehen zu ihm.*

Mein Pulsschlag beschleunigte sich, und ich zeigte Staffan die Nachricht. Ihre kurze und knappe Ausdrucksweise ließ mal wieder keinen Dialog zu, und sie davon abzubringen war auch sinnlos.

Wir zogen uns eilig die Schuhe an und rannten zu Jakobs Wohnhaus, wo wir gerade noch Lída und Jakob durch die Haustür verschwinden sahen. Wir gingen wieder zurück ins Hotel, um dort zu warten, als mich plötzlich ein Gedanke durchzuckte.

»Und wenn Jakob will, dass Lída über Nacht bleibt? Was, wenn sie zustimmt?«

Staffan riss die Augen auf.

»Aber das kann sie doch nicht tun.«

»Wir haben uns darüber nicht verständigt, sie hat nur gesagt, dass sie vorsichtig ist, bis wir wissen, wie sicher sie dort ist …«

»Und das scheint sie zu sein, sonst wäre sie ja nicht mit ihm mitgegangen«, vervollständigte Staffan meinen Satz.

»Sie ist ja nur hier und trifft sich mit ihm, weil sie so risikobereit ist. Jetzt meint sie sicher, sie hat grünes Licht. So schnell wird sie nichts stoppen«, sagte ich.

Staffan und ich schauten einander an. Wir wussten beide nicht, wie wir eine brenzlige Situation in seiner Wohnung auflösen sollten. Ich schickte eine SMS an den GPS-Tracker. Keine Reaktion.

JAKOB – ERSTER TAG

Hedestad, Juli 2017

Als er die Tür zu seiner Wohnung öffnete, glich sie dem Tor zu einer anderen Welt. Jakob hatte nicht viel Geld, aber das wenige, das er hatte, war in die Wohnung geflossen. Obwohl es sich nur um zwei Zimmer mit Küche handelte, hatte er die Einrichtung sorgfältig ausgewählt. Die Tapete im Flur war gelb mit rosafarbenen Pflanzenranken, ein dunkler Schrank und ein kleines Ölgemälde mit dunklem Holzrahmen. Links ging es in die einfache Küche mit weißlaminierten Schränken und ins Schlafzimmer, in dem Lída durch die angelehnte Tür eine dunkelgrüne Tapete sehen konnte. Sie waren im Wohnzimmer, das eher an einen altmodischen Salon erinnerte. Eine weinrote Medaillon-Tapete, eine Vitrine im Neobarockstil voller Glas und Porzellan, eine Polstersitzgruppe mit schnörkeligen Holzverzierungen und ein Esstisch mit Spitzendecke und einer goldenen siebenarmigen Menora.

Lída bemerkte eine Veränderung an Jakob, als sie auf dem Sofa saßen. Hier war er zu Hause, hier fühlte er sich geborgen. Er entspannte sich und sprach offener. Sie öffneten den Wein, den Lída mitgebracht hatte, und sie verleitete ihn zum Trinken. Als Lída nachschenkte, war er schon leicht angeheitert, seine Zunge gelockert. Gleichzeitig zeigte er eine Härte, die sie im Restaurant nicht bemerkt hatte. Sie erinnerte sich daran, wie leicht sie ihm über Facebook alles Mögliche hatte entlocken können; vielleicht war es ja möglich, dass sie ansetzte, wo sie vor drei Jahren aufgehört hatte. Vielleicht würde er ihr alles erzählen, aber das würde dauern und sicher nicht ohne Opfer passieren.

»Wo hast du denn all die schönen Sachen her?«, fragte Lída.

»Ein paar der Gemälde und Möbel habe ich geerbt. Das meiste musste ich aber kaufen.«

»Geerbt? Leben deine Eltern nicht mehr?«

»Ja, meine Mutter ist schon seit 1994 tot, von ihr hab ich fast nichts bekommen. Als mein Vater letztes Jahr starb, hatte ich gehofft, einiges zu bekommen, was ich ihm vorher schon gesagt hatte. Aber er hinterließ mir viel weniger als gedacht. Keine Ahnung, was mit seinem Geld passiert ist, ich habe jedenfalls nur wenig bekommen, aber das habe ich in die Wohnung gesteckt.«

»Waren deine Eltern nett zu dir in deiner Kindheit?«

»Das weiß ich nicht«, sagte Jakob. »Ich war Einzelkind und ich erinnere mich, dass sie mich manchmal allein gelassen haben, da hatte ich dann Angst. Manchmal hat meine Großmutter auf mich aufgepasst, sie hat mir auch jüdische Bräuche gezeigt, obwohl sie gar keine Jüdin war. Ich musste ihr versprechen, meiner Mutter nichts davon zu erzählen. Als meine Großmutter später zu uns zog, sagte sie, dass wir damit nicht weitermachen konnten. Aber das war der Auslöser dafür, dass ich konvertiert bin.«

Jakob erzählte davon, wie die kleine Familie immer wieder umzog, weil der Vater Pfarrer der Pfingstbewegung war. Das Verhältnis der Eltern zu Jakob war distanziert, und er hatte Probleme, Freunde zu finden. Als sich doch endlich eine Freundschaft entwickelte, zogen sie weiter.

»Meine Kindheit auf dem Land in Tschechien war schön und glücklich, bis mein Vater durch die Privatisierung alles verlor«, sagte Lída. »Mein Leben wurde zur Hölle.«

Lída sah, dass Jakob den Kraftausdruck bemerkte.

»Mein Vater litt darunter, und uns tat er sehr leid«, fuhr Lída fort. »Aber er unternahm auch nichts dagegen. Schließlich hat er sein eigenes und unser Leben zerstört. Das ist mein größtes Geheimnis.«

»Das kann ich gut verstehen. Dass ihr euch vor anderen geschämt habt, weil dein Vater so verzweifelt war«, sagte Jakob.

»Nein, das ist nicht das Geheimnis, das ich meine«, sagte Lída. »Ich bin schuld am Tod meines Vaters. Vielleicht erzähle ich dir das, wenn wir uns besser kennen.«

»Gern«, sagte Jakob.

»Aber dann möchte ich auch deine Geheimnisse hören«, sagte Lída. Sie schaute ihn aufmunternd an, bis er den Blick abwendete. Sie hatte ihm deutlich gezeigt, dass er ihr alles erzählen musste.

»Nach dem Tod meines Vaters habe ich endlich Freunde gefunden«, sagte Lída. »Sie konnten mich zu Hause besuchen, wir konnten zusammen lachen. Das Leben war wieder schön.«

»Freunde sind wichtig«, sagte Jakob nachdenklich. »Ich habe nicht viele, aber das liegt an dem Lebensweg, den ich für mich gewählt habe. Als ich klein war, vielleicht fünf oder sechs, betete ich, dass ich kein gewöhnliches Leben haben würde. Es ging in Erfüllung.«

»Und wann wurde dein Leben ungewöhnlich?«, fragte Lída.

»Mit etwa zwanzig kam ich nach Stockholm und besuchte Doktor Enerström und Gio Petré. Das war Anfang der Achtzigerjahre. Zu dem Zeitpunkt hatte ich ihre Arbeit schon ein paar Jahre verfolgt und entschieden, sie zu besuchen.«

»Eine gewaltige Entscheidung. Wie hast du sie gefunden?«

»Ich bin auf gut Glück nach Stockholm gefahren. Dort habe ich mir eine Telefonzelle gesucht. Damals gab es noch Telefonbücher neben dem großen Fernsprecher. Dann suchte ich unter E nach Alf Enerström, und dort fand ich die Adresse: Norr Mälarstrand 24. In weniger als einer halben Stunde war ich dort. Zu Fuß.«

»Ganz schön mutig. Einfach so, ohne vorher anzurufen«, sagte Lída.

»Die Haustür war verschlossen, was ich so gar nicht kannte. Ich wusste nicht, was ich als Nächstes tun sollte, in dem Moment kam jemand heraus und hielt mir die Tür auf. Damals waren die Schweden noch ein höfliches Volk.«

»Und dann hast du dich hochgeschlichen?«

»Bis in den vierten Stock. Es war ein ziemlich luxuriöses Haus mit hohen Decken und einem alten, eleganten Aufzug. Trotzdem nahm ich die Treppe. An der Tür stand »Enerström Petré«. Ich klingelte, und Gio machte auf; sie war genauso schön, wie ich gedacht hatte.«

»Hattest du denn gar keine Angst?«

»Ich nicht, aber meine Mutter. Bevor ich abfuhr, erzählte ich ihr von meinem Vorhaben. Sie bekam große Angst.«

»Und wie hast du sie beruhigt?«

»Indem ich ihr sagte, dass ich eine Perücke tragen und mir einen anderen Namen geben würde. Ich wurde Rickard.«

»Wow. Wie ein Spion?«

»So könnte man das nennen, ja. Und kurz darauf fing ich an, Alf bei seiner politischen Arbeit zu unterstützen.

»Dann brauchtest du die Perücke nicht länger und musstest dich auch nicht mehr Rickard nennen?«

»Doch, die Perücke trug ich mehrere Jahre, wenn nötig.«

»Das klingt sehr spannend.«

»Das war auch eine spannende Zeit. Doktor Enerström war auch mein Vorbild, und wir machten Großes zusammen. Leider übertrieb er es in den letzten Jahren.«

Lída schlug vor, etwas zu essen, also ging Jakob in die Küche. Sie selbst trank langsam, aber bei Jakob zeigte der Wein seine Wirkung. Es fiel ihm schwer, zusammenhängend zu sprechen. Er sah aus, als würde er einschlafen. Sie folgte ihm in die Küche, wo sie Obst aufschnitten, was Jakob wieder mit Energie zu versorgen schien. Als sie ins Wohnzimmer zurückkehrten, rückte Lída auf dem Sofa näher zu Jakob.

»Was ist denn mit dem Doktor passiert?«, fragt Lída.

»Viele Jahre später, als Palmes Nachfolger dafür sorgte, dass Doktor Enerström zum ersten Mal in eine Irrenanstalt gesperrt wurde, hätte er verstehen müssen, dass er den Kampf gegen diesen Gegner nur verlieren konnte.«

»Aber?«, fragte Lída.

»Nachdem Alf zum ersten Mal aus der Anstalt entlassen wurde, ging das sogar so weit, dass die Polizei ihn aus seiner Wohnung in der Norr Mälarstrand 24 werfen sollte. Das war so absurd. Alf hatte einen Haufen Geld auf einem geheimen Konto in Luxemburg, aber laut Polizei hatte er die Miete nicht bezahlt. Als sie vor seiner Tür standen, schoss er einer Polizistin die Waffe aus der Hand, ohne sie zu verletzten, aber das schien keine Rolle zu spielen. Er wurde festgenommen und erneut weggesperrt.«

»Wie schrecklich.«

»Ja, ich habe mir große Vorwürfe gemacht. Das hätte ich sein sollen.«

»Wie meinst du das?«

»Es wäre besser gewesen, wenn ich auf die Polizistin geschossen hätte. Dann hätte Alf seinen Kampf fortsetzen können.«

Jakob verstummte. Lída fragte nach Doktor Enerström, aber nach einer Weile war Jakob so müde, dass er wieder nichts Zusammenhängendes mehr von sich gab. Also beschloss Lída, sich die schwierigen Fragen für den nächsten Tag aufzusparen. Lída gab Jakob einen Kuss auf die Wange und unterdrückte betont ein Gähnen. Das reichte aus, um Jakob auch zum Gähnen zu bewegen. So gelang es Lída, ihre Hand aus seiner zu lösen.

»Ich muss dann mal zurück ins Hotel, Jacob.«

»Das versteh ich. Ich bring dich hin.«

Jakob akzeptierte, dass Lída aufbrechen wollte, weshalb sie sich umso sicherer bei ihm fühlte. Bevor sie aufstanden, hob Jakob sein Weinglas und forderte Lída ebenfalls dazu auf.

»Auf den Tod des Verräters Olof Palme!«

Lída wiederholte Jakobs Ausspruch, und dann tranken sie zusammen.

* * *

Wir trafen uns in Staffans und meinem Zimmer zu einer kurzen Nachbesprechung.

»Der GPS-Tracker hat plötzlich nicht mehr funktioniert«, sagte ich. »Wir wussten nicht, wo du warst!«

»Ich habe ihn ausgestellt«, sagte Lìda.

Staffan hatte extra starken Gin Tonic gemacht, und Lída nippte entspannt an ihrem Glas.

»Wie bitte?«, fragte ich. »Du hast ihn ausgestellt? Aber so hatten wir doch keinen Anhaltspunkt, wo du warst!«

»Nein, aber er hat ständig gepiept, da blieb mir nichts anderes übrig. Außerdem weiß ich sowieso nicht, was ihr beiden anstellen würdet, wenn er mich dort festhielte.«

Ich suchte nach einer guten Antwort, aber Staffan und ich mussten gestehen, dass sie recht hatte. Also widmete ich mich der Ausrüstung, die Lída auf den Tisch gelegt hatte.

Die Kamera in der Brille hatte nach einer knappen Stunde aufgegeben, aber vorher wertvolles Material aufgezeichnet, unter anderem den Augenblick, in dem Jakob Lída in die Augen schaute und sagte:»Wir müssen vorsichtig sein, denn Kameras können sich überall verstecken.« Der Handyakku hatte den ganzen Abend gehalten, aber das Loch am Latz war trotzdem zu klein. Man sah fast nur Fransen auf dem Video. Die Audiospur funktionierte jedoch tadellos. Alles in allem hatten wir drei Tonaufnahmen des Treffens, wir konnten also jedes Wort nachhören, das Jakob und Lída gewechselt hatten.

Obwohl ich mich seit vielen Jahren mit Jakob beschäftigte, konnte ich ihn nun zum ersten Mal sehen und hören. Er hatte eine helle Stimme und sprach angestrengt, aber etwas nachdrücklicher, als ich erwartet hätte. Sein Englisch war um einiges besser als gedacht, und auch wenn das, worüber er sprach, durchaus eigenartig war – es ging fast nur um den Kalten Krieg und den Kampf gegen Olof Palme –, drückte er sich sehr gewählt aus.

Lída fing an zu gähnen und hatte es sich verdient, schlafen zu gehen. Für Staffan und mich war die Situation stressig gewesen, aber Lída hatte mehrere Stunden in Jakob Thedelins Wohnung zugebracht. Als Lída aufstand, um das Zimmer zu verlassen, legte sie mir eine Hand auf den Arm.

»Morgen wird er singen.«

JAKOB - ZWEITER TAG

Hedestad, Juli 2017

Lída führte Selbstgespräche auf dem kurzen Weg vom Hotel zu Jakobs Wohnung. So brachte sie die Stimme in Schwung in dem Bewusstsein, dass all das aufgezeichnet wurde. Die Handykamera filmte nun durch ein etwas größeres Loch der Latzhose; auch der Stift, der in der Tasche steckte, zeichnete ein Video auf. Der andere Stift, der außen an ihrer Tasche angebracht war, nahm den Ton auf. Und die Brille schnitt mit, bis die Batterie leer war. Wir hatten uns entschieden, ihr doch wieder den GPS-Tracker mitzugeben, nachdem ich herausgefunden hatte, wie man das verräterische Piepen abstellte.

Heute wollte Lída direkter werden. Jakob hatte Fisch gekauft, sie wollten zusammen kochen. Lída hatte herausgefunden, dass Jakob nicht an Alkohol gewöhnt war, deshalb hatte sie gleich zwei Flaschen Wein mitgenommen. Der Wein wirkte schon, als sie in der kleinen Küche das Gespräch eröffnete.

»Wieso war Olof Palme ein Landesverräter? War er Spion?«

»Er wollte unser Land an die Russen verkaufen«, sagte Jakob. »Wir standen kurz vorm Übergang zur Diktatur.«

»Im Ernst? Sein eigenes Land verraten. Ich dachte, das machen nur Kommunisten wie bei uns. Und du konntest das entlarven?«

»In gewisser Weise. 1984 traf ich mich mit einem Fregattenkapitän. Er hieß Hans von Hofsten. Wir haben uns mehrmals getroffen. Von ihm erfuhr ich, dass Palme russische U-Boote durch den Stockholmer Schärengarten fahren ließ, als wäre es ihr eigenes Hoheitsgebiet. Und gut einen Monat nach dem Mord hätte Palme nach Moskau reisen sollen. Dort wäre beschlossen worden, dass Schweden neue Sowjetrepublik wird.«

»Das heißt, Palme ist in letzter Sekunde gestorben?«, fragte Lída.

»Viel zu spät jedenfalls. Ich wünschte, ich hätte ihn ermordet, als ich dreizehn war. Ich wollte ihn mit der Pistole vom Vater meines Freundes erschießen.«

»Wow, das wäre ja was gewesen. Ein dreizehnjähriger Held«, sagte Lída. »Und wer hat es letzten Endes getan?«

»Palme stand kurz vor der Enthüllung. Der KGB hat seinen eigenen Spion getötet, damit er nichts mehr verraten konnte. Um ein Exempel zu statuieren.«

Lída lehnte sich zurück und verschränkte die Arme vor der Brust. »Würden sie wirklich ein solches Risiko eingehen? Ihren eigenen Spion ermorden? Einen Premierminister?«

»Ja, denn genauso war es«, sagte Jakob. »Mein Freund Bertil Wedin hat die Beweise. Ein Mann namens Anders Larsson wusste von der geplanten Ermordung und warnte die Polizei. Von Anders Larsson gibt es direkte Verbindungen zum KGB.«

Jakob sprach völlig unbefangen über alle, die er in der Zeit um den Mord getroffen hatte, und nannte selbst Bertil Wedin, was ein sehr gutes Zeichen war.

»Also, warte, du sagst, der KGB hat seinen eigenen Spion ermordet, und ein anderer KGB-Spion hat vor dem Vorhaben des KGB gewarnt? Ist das wirklich das, was Bertil Wedin behauptet?«

Jakob zögerte, merkte, wie wenig plausibel das klang.

»Selbstverständlich kann auch etwas ganz anderes dahintergesteckt haben«, lenkte Jakob nach einer kurzen Pause ein.

Jetzt hatte Jakob ihr also Bertil Wedins Version des Palme-Mordes erzählt. Wenn Wedin und Jakob selbst involviert gewesen waren, bedeutete das, dass Jakob bereit war, sie anzulügen, obwohl sie um seine Aufrichtigkeit gebeten hatte.

Sie bereiteten zusammen das Essen vor. Panierten Dorsch, gekochte Kartoffeln und Salat. Als alles fertig war, setzten sie sich ins Wohnzimmer. Jakob hatte eingedeckt. Das Geschirr sah englisch aus mit seinem grünen Blumenmuster. Das Besteck war schweres Neusilber in klassischer Form. Die Möbel waren keine echten Antiquitäten, trotzdem hätten sie genauso gut in einer Wohnung in England stehen können. Definitiv nicht in Hedestad. Lída sah, dass Jakob noch etwas sagen wollte.

»Sie haben mich auch vernommen«, sagte er.

»Was? Im Zuge der Palme-Ermittlungen?«

»Ungefähr ein Jahr nach dem Mord. Sie hatten mich mehrere Monate lang überwacht. Einmal kamen sie frühmorgens, um mich abzuholen. Um sieben Uhr klopfte es an der Tür, und dann stand die Polizei davor. Einer von ihnen, Alf Andersson hieß er, wollte meine Wohnung durchsuchen und fing an, Sachen hochzuheben. Aber Tore Forsberg von der Säpo, für den ich später arbeitete, hat ihn gestoppt und gesagt, das wäre unnötig.«

»Wow ...«

»Sie nahmen mich mit ins Präsidium und vernahmen mich. Aber ich habe nichts Wichtiges erzählt.«

»Und das war alles?«, fragte Lída. »Dann haben sie dich in Ruhe gelassen?«

»Sie haben mich noch einmal vernommen, ein paar Monate später, aber da bin ich allein aufs Präsidium gefahren.«

Das ließ Lída unkommentiert, trank stattdessen einen Schluck Wein und schaute ihn ernst an.

»Ich wurde sehr getäuscht«, sagte Lída.

»Von einem Mann?«, fragte Jakob.

»Ja, von meiner großen Liebe. Er hat mich jahrelang belogen. Manchmal hat er einfach nur Dinge verschwiegen, oft hat er direkt gelogen.«

»Wie schrecklich«, sagte Jakob. »Das werde ich nie tun.«

»Meinst du das ehrlich? Du wirst das nie tun? Schwörst du das auf Ehre und Gewissen?«

»Ja, absolut«, sagte Jakob.

Er zögerte einen Augenblick.

»Aber was macht man, wenn man jemand anderem versprochen hat, etwas Bestimmtes nicht zu erzählen?«

Lída schaute ihm tief in die Augen, und er wandte den Blick ab. Wieder sprachen sie lange und über anderes als den Palme-Mord, bis es wieder Abend war. Auch diesmal brachte Jakob sie zurück zum Hotel. Sie umarmten sich zum Abschied.

»Wenn ich das nächste Mal nach Schweden komme, möchte ich, dass du mir alles erzählst. Alles. Dass du nichts auslässt.«

»Das verspreche ich dir. Wann kommst du wieder?«, fragte er.

Lída gab ihm schnell einen Kuss auf den Mund und ging, ohne zu antworten, ins Hotel. Jakob hatte auch heute nichts erzählt, aber sie hatte die richtige Entscheidung getroffen. Sie brauchte mehr Zeit mit ihm.

* * *

Im Hotelzimmer wiederholte sich dieselbe Prozedur wie am Vorabend. Staffan und Lída tranken zu starken Gin Tonic, und ich sicherte die Daten und checkte die Ausrüstung.

»Er verbirgt etwas, und das hat mit dem Mord zu tun«, sagte Lída.

»Aber er hat jemandem versprochen, nie darüber zu sprechen. Alf und Bertil, schätze ich. Ich werde noch mal kommen müssen.«

Ich war enttäuscht. Einen Tag vorher war Lída sicher gewesen, dass Jakob alles erzählen würde. Ich hätte mich niemals getraut, das zu tun, was Lída gemacht hatte, aber trotzdem hatte ich mir mehr erhofft. Sie würde noch mal kommen müssen.

DAS GRAB

Stockholm, August 2017

Wir befolgten die Ratschläge für Undercover-Operationen und Sex-
fallen, die wir gefunden hatten, und warteten zwei Wochen, bevor Lída
überhaupt wieder eine Nachricht schickte. Jakob hatte ihr, seit ihrer
Abreise, fast jeden Tag geschrieben. Als sie sich endlich meldete, fiel
ihre Antwort kurz aus.

```
Hi, Jakob,
I come Stockholm. Want to see you. First August is
ok? 11 o'clock at railway station?
Love Lída
```

Bereits zehn Minuten später hatte Jakob Zeit und Ort bestätigt.
Außerdem schrieb er, was er ihr alles in Stockholm zeigen wollte:
das Ritterhaus, die Rüstkammer, das Schloss, den Tatort. Wenn
sie einen Tag länger blieb, könnten sie zusammen nach Hedestad
fahren.

Lída und ich trafen alle nötigen Vorbereitungen. Der GPS-Tracker
funktionierte nicht mehr, aber weil sie sich in Stockholm ja unter Menschen bewegen würden, bewerteten wir die Situation als sicherer als

bei Jakob zu Hause. Lída würde mir Textnachrichten schicken, wenn sie auf Toilette war, sodass ich ihnen folgen konnte und beurteilen, ob alles in Ordnung war, aber den Großteil würde sie auf sich allein gestellt sein.

* * *

Es herrschte ein typischer Sommertag in Stockholm. Das Thermometer würde über den Zwanzig-Grad-Strich hinwegklettern, wenn sich die Sonne noch ein bisschen Mühe gab. Am Himmel kämpften große Quellwolken mit tiefblauen Feldern um die Macht.

Lída kam eine halbe Stunde zu spät zum Treffpunkt, damit sie auf keinen Fall vor Jakob vor Ort war. Er erwartete sie selbstverständlich, nur seine Kleidung überraschte sie, sodass sie ihn nicht sofort umarmte, wie sie es eigentlich geplant hatte. Sie ahnte, dass sie die Blicke nur so anziehen würden, wenn sie durch Stockholm spazierten.

»Hallo Jakob«, sagte sie. »Du trägst heute also einen Kilt.«

»Das ist das Muster der Familie MacTires für festliche Anlässe, und heute ist so einer, schließlich wollen wir ins Rittermuseum und in die Rüstkammer. Wollen wir los?«

Lída umarmte ihn herzlich, gab sich aber gleichzeitig Mühe, ihn nicht zu sehr an sich zu drücken, damit er das Handy in ihrer Brusttasche nicht spürte. Abgesehen von der Ausrüstung, die sie in Hedestad trug, hatte sie heute ein locker sitzendes Käppi auf, in dem eine Go-Pro-Kamera steckte und seitlich durch ein Loch filmte. Das Käppi, die Latzhose und die klobige Kamerabrille, dazu Jakob im Kilt, sie gaben zusammen ein sonderbares Paar ab.

»Erst gehen wir zum Ritterhaus, dem Heim des schwedischen Adels. Ich besuche es immer, wenn ich in Stockholm bin.«

»Aufregend. Ist es weit?«

Sie betraten eine Fußgänger- und Fahrradfahrerbrücke, und Jakob deutete in die Richtung, in der sie unterwegs waren.

»Siehst du das Dach da vorn? Das ist das Ritterhaus. Grenzt direkt an Gamla stan.«

»Gamla stan? Da hat doch Olof Palme gewohnt, oder?«

»Ja, genau«, sagte Jakob.

»Weißt du, was?«

Jakob blieb stehen und fummelte an etwas herum.

»Wenn wir über den Mord an Palme sprechen, nehme ich den Akku aus dem Handy. So kann uns niemand belauschen.«

»Glaubst du, wir werden belauscht?«

»Nein, glaube ich nicht«, antwortete Jakob.

»Dann ist ja gut«, sagte Lída und hoffte, dass das auf der Aufnahme zu verstehen war.

»Jemand hat mir gezeigt, wo Olof Palme gewohnt hat«, sagte Jakob. »Deshalb weiß ich das.«

* * *

Sie machten eine Führung im Ritterhaus mit, und auch wenn die Frau höflich auf Jakobs viele Fragen antwortete, so veränderte sich ihr Gesichtsausdruck doch, je detaillierte die Fragen wurden und je mehr Zeit verging. Nach fast zwei Stunden gingen sie weiter zum Schloss und zur Rüstkammer. Jakob zeigte ihr die Verkleidung, die Gustav III. getragen hatte, als er erschossen wurde, eine ganze Reihe Uniformen und zuletzt die Kronjuwelen. Sein Interesse für königliche Hoheiten und Symbole des Adels war offenbar groß. Und Lída fand, dass allmählich etwas passieren musste.

»Gehen wir noch zum Tatort?«, fragte sie.

»Sind schon unterwegs dorthin«, sagte Jakob. »Und zum Friedhof.«

Als sie wieder Richtung Innenstadt gingen, zeigte Jakob, wo genau Norr Mälarstrand 24 am gegenüberliegenden Ufer des Riddarfjärden lag.

»Dort haben Doktor Enerström und Gio gewohnt.«

Der Spaziergang zum Tatort am Sveavägen dauerte fast eine halbe Stunde. Die Ecke, an der Palme ermordet worden war, sah nicht aus wie auf den Fotos, die Lída gesehen hatte. Statt des Künstlerbedarfs waren dort nun ein Lebensmittelgeschäft und ein trendiges Restaurant. Den Eingang hatte man direkt auf die Ecke gesetzt, sodass es fast unmöglich war, nicht auf die Gedenktafel zu treten, die in den Boden eingelassen worden war. Die Inschrift lautete: »An diesem Ort wurde Schwedens Ministerpräsident Olof Palme am 28. Februar 1986 ermordet«.

»Sollen wir uns dort etwas zu essen holen?«, fragte Lída. Es war fast sieben Uhr abends, und gegessen hatten sie noch nichts.

»Gern«, sagte Jakob. »Wir können uns oben am Brunkebergsåsen bei der Kirche hinsetzen. Vergiss nicht, dir Besteck geben zu lassen.«

Für Jakob war klar, dass Lída bezahlen würde, obwohl sie der Gast war. Sie kaufte zwei Salate und ein grünes Getränk. Nach dem Bezahlen schrieb sie mir eine SMS, in der sie mitteilte, dass sie am Tatort waren.

Als sie aus dem Restaurant kam, stand Jakob ganz lässig mit einem Fuß auf der Gedenktafel, als wolle er damit zeigen, dass er lebte, während Olof Palme tot war. Auf dem Weg den Brunkebergsåsen hinauf beschrieb Jakob, wie der Mord passiert war. Seine Schilderung unterschied sich kein bisschen von all den anderen, die Lída gelesen hatte. Wenn er involviert gewesen war, verzog er jedenfalls keine Miene.

Sie trennten sich am Fuße der Treppen, Jakob ging auf der einen Seite hinauf, Lída auf der anderen, und dann stießen sie auf dem ersten Plateau wieder aufeinander. Jakob erzählte ihr, dass der Mörder hier entlang geflohen war. Als sie die neunundachtzig Stufen erklommen hatten, bog Jakob links in die Malmskillnadsgatan Richtung Johannes kyrka. Sie betraten den Friedhof, wo Jakob plötzlich nach Lídas Hand griff und mit ihr bis zu einer Bank rannte, die sich hinter der Kirche und einem Gebüsch verbarg. Außer Sichtweite und ohne Beleuchtung. Dort waren sie ungestört und geschützt.

»Jetzt haben wir unsere eventuellen Verfolger abgeschüttelt. Ich habe Hunger.«

* * *

Nachdem ich Lídas SMS gelesen hatte, eilte ich zum Tatort. Dort angekommen, sah ich Jakob und Lída gerade noch über die Treppen verschwinden. Nach einer Minute folgte ich ihnen. Als ich oben ankam, war ich schrecklich außer Atem und schaute mich in alle Richtungen nach den beiden um. Keine Spur von ihnen. Also lief ich planlos durch das Viertel, ohne zu wissen, wohin sie verschwunden waren.

* * *

Sie aßen den Salat und tranken die Smoothies, die nach Gras schmeckten. Jakob erzählte allerhand über den Mord, was Lída schon wusste. Schließlich liefen sie noch ein bisschen durch das Viertel auf dem Brunkebergsåsen, bevor sie auf der anderen Seite zur Birger Jarlsgatan hinuntergingen. Und dann wieder hinauf. Ihr Ziel war der Friedhof, auf dem Olof Palme begraben war.

»Ich wünschte, ich hätte eine Zeitmaschine«, sagte Jakob plötzlich. »Dann könnte ich Palme erschießen, und du könntest oben auf dem Hügel mit einem Auto auf mich warten, dann wüsste ich genau, wohin ich müsste.«

»Das wäre ganz großartig«, sagte Lída. »Ich würde dich sofort in Sicherheit bringen. Aber erzähl doch, was hast du am Tag seiner Ermordung gemacht?«

»Ich war auf dem Sveavägen. Eigentlich wollte ich ins Kino, aber keiner der Filme, die im Grand gezeigt wurden, interessierte mich.«

»Das heißt, du warst in jener Nacht auch im Kino?«

Jakob schaute Lída an. War sie zu direkt gewesen? Jetzt war er plötzlich nicht mehr sicher, was er getan hatte.

»Ich weiß es nicht. Vielleicht war das auch ein paar Tage früher. Ich hatte jedenfalls kein Interesse an dem Film, den die Palmes sahen. Am Morgen danach bin ich aufgewacht, weil mein Vermieter anklopfte, um mir zu sagen, dass Palme tot ist.«

»Aber am Abend warst du am Sveavägen?«

»Vielleicht. Ich weiß es nicht.«

Lída hakte nicht weiter nach. Jakob wirkte verwirrt, so als könne er keine Ordnung in das bringen, was er sagte. Sie hatten mittlerweile den Sveavägen überquert und den Adolf Fredriks Friedhof betreten, wo Jakob wieder ruhiger wurde. Sie erreichten einen etwa meterhohen, unregelmäßig behauenen Grabstein, vor dem eine Steinplatte in den Boden eingelassen worden war. Jakob stellte sich demonstrativ mit beiden Füßen auf Olof Palmes Grabplatte. Er räusperte sich.

»Willst du draufspucken?«, fragte Lída.

»*Bloody spy*«, sagte Jakob.

Als die Spucke gerade seinen Mund verlassen hatte, gingen zwei ältere Damen auf den Grabstein zu. Jakob drehte sich zu ihnen um und sagte auf Schwedisch:

»Olof Palme war ein sowjetischer Spion. Er wurde 1962 angeworben. Deshalb spucke ich auf sein Grab. Ich habe mein gesamtes Leben gegen ihn gekämpft.«

Die eine Dame ging weiter, die andere stemmte die Arme in die Seiten und betrachtete verständnislos den Mann im Kilt. Doch dann entschied sie, nichts dazu zu sagen und kommentarlos ihrer Freundin zu folgen.

»Sie ist meiner Meinung«, sagte Jakob. »Es ist wichtig, den Menschen zu erzählen, was Olof Palme alles Schlimmes getan hat.«

»Wirklich«, sagte Lída. »Wirklich.«

»Ich habe einen Plan, an den ich häufig denke.«

»Einen Plan? Wie spannend!«, sagte Lída.

»An einem dunklen Abend, vielleicht im November, werde ich herkommen. Vielleicht trage ich dann eine Weste von der Stadtreinigung und habe einen geliehenen Bagger dabei. Er muss ja gar nicht groß sein. Und dann werde ich den Verräter Olof Palme ausbuddeln, auf ihn spucken und dann seine Leiche zerstören. Den Verräter.«

Lída konnte nicht verstehen, wie man überhaupt auf die Idee kam, geschweige denn, was der Sinn einer solchen Aktion sein sollte. Wenn Jakob Palme erschossen hatte, sollte er doch zufrieden sein. Es sollte doch ausreichen, sein Hassobjekt getötet zu haben, ohne seine Leiche noch schänden zu müssen. Vielleicht deutete das darauf hin, dass Jakob Palme doch nicht erschossen hatte?

»Was für ein großartiger Plan, Jakob.«

Sie umarmte ihn und gab ihm einen Kuss. Zum ersten Mal erwiderte er ihre Annäherung. Es war am besten, möglichst bald abzubrechen.

»Es ist schon spät, und morgen fahren wir ja nach Hedestad, oder?«, fragte Lída. »Lass uns noch zusammen zur U-Bahn-Station gehen, und dann sehen wir uns morgen früh, bevor der Zug abfährt.«

»Gern«, sagte Jakob.

Die Frau in der Latzhose und der Mann im Kilt ließen in gemäßigtem Tempo die Adolf Fredriks Kirche hinter sich und liefen Richtung Vasagatan, um den Abend mit einer weiteren Umarmung zu beenden.

* * *

Lída und ich trafen uns in der Belgobar in einer Seitenstraße der Vasagatan. Mir war es gelungen, Lída und Jakob jedes Mal nach einer SMS zu finden und ihnen ein Stück zu folgen. Außer als sie plötzlich hinter der Johanneskirche verschwunden waren. Eine halbe Stunde später hatte ich sie allerdings auf der Treppe Richtung Tunnelgatan und Sveavägen entdeckt. Das war eine verdammt schreckliche halbe Stunde gewesen, in der Lída und ich nur zu deutlich wussten, dass sie ganz allein mit Jakob war. Und schon bald würde sie einen ganzen Tag bei ihm in Hedestad verbringen.

ZURÜCK ZUM TATORT

Stockholm und Hedestad, August 2017

Sie trafen sich um elf Uhr am selben Ort vor dem Hauptbahnhof. Heute trug Jakob keinen Kilt zu Lídas großer Erleichterung. Der Zug war verspätet, also tranken sie beide Guinness bei O'Learys. Jakob vergaß immer wieder die Zeit, Lída musste ihn erinnern. Sie irrten zum Gleis, aber kaum kam der Zug ins Rollen, war Jakob wieder der alte. Als sie über die Centralbron fuhren, hatte Jakob ihr schon einen Arm umgelegt. Sie wusste, dass ihr größtes Problem nicht war, dass Jakob zu aufdringlich, sondern zu misstrauisch wurde. Er war leicht zu beeinflussen, als er jedoch erwähnte, dass er mit Bertil Wedin und noch einer weiteren Person über sie gesprochen hatte, wurde sie unruhig. Denn sie konnten die Lage sicher besser beurteilen als Jakob und ihm helfen, den Bluff aufzudecken. Ein paar Mal hatte sie schon bemerkt, dass er sie angelogen oder ihr Details verschwiegen hatte. Was nur bedeuten konnte: Er war auf der Hut.

»Hältst du dein Versprechen?«, fragte Lída.

»Welches Versprechen?«, fragte Jakob zurück.

Sie musste ihm nur in die Augen schauen, da verstand er, was sie meinte.

»Ja, heute Abend, wenn wir allein sind, erzähl ich dir etwas, das ich noch niemandem erzählt habe.«

»Bei dir fühl ich mich wirklich sicher«, sagte Lída.

Sie sank ein wenig im Sitz tiefer, sodass sie sich mit dem Kopf gegen seine Schulter lehnen konnte. Vier lange Stunden voll nichtssagender Gespräche später hatten sie Hedestad erreicht.

Auf dem Weg vom Bahnhof zu Jakobs Wohnung schaute sich Lída unauffällig nach dem weinroten Volvo um. Im Zug war sie mit Jakob allein gewesen, aber trotzdem von Menschen umgeben. Jetzt, als sie sich zu ihm in die Wohnung begab, wollte sie sicher sein, dass jemand in der Nähe war.

Erst als sie das Haus erreicht hatten und gerade hineingehen wollten, erblickte Lída einen weinroten Volvo, der gerade am Haus vorbeifuhr. *Gutes Timing*, dachte sie.

* * *

Jakob holte Zutaten für einen Salat aus dem Kühlschrank und tiefgekühlte Fischfilets aus dem Gefrierfach. Er hatte sich vorab ein Essen überlegt. Außerdem hatte er drei Flaschen Weißwein kaltgestellt, eine davon öffnete er direkt. Jakob trank mehr, seit ihrem ersten Treffen, und kaufte nun selbst Wein.

»Auf den Tod des Verräters«, sagte Lída.

»Prost«, erwiderte Jakob, ohne ihre Worte zu wiederholen.

Lída bemerkte, dass etwas anders war. Er war nervös und ließ den Fisch anbrennen. Als alles fertig war, fiel ihm auf, dass er vergessen hatte, die Kartoffeln aufzusetzen. Lída ließ ihn in der Küche allein, um den Tisch zu decken.

»Erinnerst du dich, dass ich dir von zwei feindlich gesinnten Journalisten erzählt habe?«, fragte Jakob.

»*Sort of.* Sag ruhig noch mal.«

»Der eine heißt Nicholas Schmidle und arbeitet für den *New Yorker*. Er hat mich vor einer Weile kontaktiert und wollte ein Interview. Ich habe aber abgelehnt.«

»Aber warum? Das klingt doch total spannend!«

»Er hat viele Fragen gestellt. Ich hab ihn angelogen.«

»Wirklich? Was hast du ihm denn gesagt?«

»Ach, irgendwas über Palästina und Israel. Dann hab ich das Gespräch abgebrochen.«

Lída konnte sich noch sehr gut an Jakobs Gespräch mit Nicholas erinnern, und Jakobs einzige Lüge war seine Antwort auf die E-Mail über die Raketen im Bunker, die nie wiederkehren, gewesen. Palästina hatten sie gar nicht erwähnt. Jetzt hatte sich Jakob also verheddert und auch Lída angelogen.

»Aber du hast von zwei Journalisten gesprochen«, sagte Lída. »Wer ist der andere?«

»Jan Stocklassa heißt er. Hier ist seine Mappe. Wahrscheinlich KGB. Seine Vorgehensweise deutet daraufhin.«

»Darf ich mal gucken? Wow. Du hast Mappen über deine Feinde angelegt?«

Auf dem Herd zischte es, weil der Topf mit den Kartoffeln überkochte, und Jakob verschwand in der Küche. Als er ins Wohnzimmer zurückkehrte, war er immer noch unruhig. Es half nicht einmal, dass sie sich mit dem Wein aufs Sofa setzten.

»Ich möchte dir was erzählen«, setzte er an, wurde aber sofort wieder still.

Lída gab sich alle Mühe, ihn nicht durcheinanderzubringen. Manchmal brauchte er unheimlich lange, und sie wurde ungeduldig, aber unter großer Kraftanstrengung gelang es ihr, zu schweigen. Jakobs Ton veränderte sich.

»Als du erwähnt hast, dass der Tod deines Vaters deine Schuld war, dachte ich, dass das ein unbegreiflicher Zufall ist.«

Lída wartete.

»Ich war in etwas verwickelt, was zum Tod meiner Mutter geführt hat«, fuhr Jakob fort und machte wieder eine lange Pause. »Mein jüdischer Freund in den USA, der wusste, was ich getan habe, meinte jedenfalls, dass es die Ursache für ihren frühen Tod gewesen sein könnte.«

Und weil ich gesündigt hatte, erbte ich auch nichts. Mein Vater erbte alles. Als er sein Haus verkauft hat, bekam er dafür 750 000 Schwedische Kronen. Nach seinem Tod bekam ich nur 50 000. König Salomo sagte mir, dass Gott eingreifen würde. Und da verstand ich, dass meine Verwicklung die Ursache war. Aber ich finde, die Strafe war zu hart.« Jetzt würde es nicht mehr lange dauern. Jakob war in etwas verwickelt, das falsch war und damit verhindert hatte, dass er mehr erbte. Jetzt würde er auspacken! Lída verstand nicht, was die geschichtliche Referenz damit zu tun hatte, wollte aber, dass er weitererzählte.

»In was warst du verwickelt, Jakob?«

»Vor 2 000 Jahren, während der zweiten Templerära, hätte ich in die Geschichte eingehen können. Aber dieser Engel ... Der Engel sagte mir zu spät, dass ich hinunterfliegen sollte. Und ich dachte, vielleicht funktioniert die Zeit ja anders? Ich sollte etwas machen, was Zeit brauchte, deshalb regte ich mich auf und weigerte mich, hinunterzufliegen. Und damit richtete ich eine Menge Unheil an. Sehr viel lief falsch.«

»Was ist denn passiert?«

»Ich wollte es wiedergutmachen. Der Prophet Paulus sagte, er sei Jeshua, aber das stimmte nicht. Also flog ich hinunter und versuchte, ihn umzubringen, weil ich wusste, wie gefährlich er war. Das dauerte ganz schön lange.«

»Und dann?«

»Ich ging ins Archiv, konnte aber nichts über Paulus finden. Dann forschte ich selbst nach, setzte die Hinweise zusammen und begriff, dass er ein römischer Spion war. Deshalb wollte ich ihn hinrichten, aber es gelang mir nicht.«

Jakobs Schilderung, dass er versucht hatte, einen Verräter zu ermorden, konnte sich auf Olof Palme beziehen. Denn auch für den Mord an Palme hätte er Nachforschungen anstellen müssen. Aber seine Schilderung spielte in der Zeit vor Jesu Geburt, und Paulus war ein Verräter des Judentums, weil er das Christentum verbreitete. Vielleicht war dies sein Weg, Lída etwas zu erzählen, ohne sein Versprechen dieser anderen Person gegenüber zu brechen, nichts zu verraten. Wenn das, was Jakob da sagte, sich auf den Palme-Mord bezog, dann war er involviert. Er hatte den Auftrag erhalten, Palme zu erschießen, scheiterte aber. Insofern war es nicht er, der Palme ermordet hatte. Lída musste mehr über die Mordnacht erfahren.

»Eine Sache habe ich noch immer nicht verstanden«, sagte Lída. »Gestern hast du erzählt, dass du in der Mordnacht auf dem Sveavägen warst. Später hast du es bestritten. Jetzt bin ich verwirrt.«

Jakobs Antwort kam erstaunlich schnell.

»Ja, darüber denkst du nach. Ich habe gesagt, dass ich den Sveavägen überquert hab an jenem Tag. Aber ich war nicht am Tatort, als der Mord geschah.«

»Okay, aber kannst du nicht nachvollziehen, dass das unheimlich schwer zu verstehen ist für mich?«

»Doch, doch. Du hättest mich fragen sollen, als es passierte.«

»Aber du erzählst halt erst das eine und dann sagst du doch wieder was anderes, sodass ich wieder das Gefühl bekomme, du lügst mich an. Dabei ist es so wichtig, dass du die Wahrheit sagst.«

»Ich war nicht da, als es passierte. Ich habe den Sveavägen um siebzehn Uhr überquert. Vielleicht bin ich dann zum Grand gegangen, aber das weiß ich nicht mehr.«

»Aber warum hast du dann gesagt, dass du an dem Tag gar nicht da warst?«

»Dafür gibt es im Englischen ein schönes Wort: *I misspoke*. Ich sage dir Folgendes über dieses Ereignis. Wenn ich es war … wenn ich es gewesen wäre, würde ich darüber mit keiner Menschenseele sprechen. Selbst wenn man dafür nicht mehr angeklagt werden könnte, weil sie schon Christer Pettersson im ersten Prozess dafür verurteilt haben. Deshalb wäre es schwer, jemand anderen anzuklagen. Aber, wenn ich es war … wenn ich es gewesen wäre … würde ich wahrscheinlich … Keine Ahnung, vielleicht … wahrscheinlich würde ich es dir erzählen, aber darauf achten, dass es keine Handys und keine Zeugen gäbe. Denn eine einzige Zeugenaussage, wenn du aus Versehen etwas erzählen solltest, würde keinen Schaden anrichten. Wenn ich es war … wenn ich es gewesen wäre. Aber ich kann es nicht gewesen sein, weil mein Gesicht erkannt worden wäre. Ich habe Doktor Enerström unterstützt, es wäre doch total verrückt, wenn ich so was versucht hätte. Man hätte mich erkannt.«

Lída war sich sicher, dass sie genau diese Stelle der Aufnahme später häufig anhören würden. Er hatte sich in einem hypothetischen Gedankengang verloren und sich ständig versprochen, als ob er es gewesen wäre. Sein stärkstes Gegenargument war, dass man ihn erkannt hätte. Dabei trug er zu jenem Zeitpunkt häufig eine Perücke und nannte sich Rickard. Niemand kannte ihn, und das wusste er sehr gut.

»Ich muss dir glauben«, sagte Lída.

Jakob betonte weiter, dass, wäre er es gewesen, er darüber sprechen würde, aber etwas hatte sich verändert. Die Stimmung zwischen ihnen war anders als am Vortag, und Lída hatte erneut den Eindruck, dass Jakob mit jemandem gesprochen haben musste, der ihn beeinflusst hatte. Als zuletzt etwas Ähnliches passiert war, steckte Bertil Wedin dahinter, der vorübergehend den Kontakt zu Jakob einstellte, nachdem er von Jakobs und Lídas Facebook-Austausch erfuhr. Diesmal hatte Jakob erwähnt, er habe mit Wedin und einer weiteren Person gesprochen. Das würde Jakobs Verhaltensänderung erklären. Er war kurz davor gewesen, sich zu öffnen, nun war er wieder ganz verschlossen. Oder aber er glaubte, mit der merkwürdigen Geschichte über Paulus genug erzählt zu haben, was ihn wiederum beunruhigte.

»Ich habe diesen Traum«, sagte Jakob. »Dass jemand das Reisen durch die Zeit erfindet. Dann könnte ich in der Zeit zurückkreisen und Palme töten. Und wie ich das machen würde! Wir könnten es tun. Du wartest oben mit dem Wagen, und weil wir die Situation kennen, wäre das eine sichere Nummer für uns.«

Es war derselbe Traum, von dem er ihr schon am Vortag in Stockholm erzählt hatte. Sie lachten zusammen darüber.

»Wollen wir jetzt essen?«, fragte Lída.

»Ja, jetzt sind die Kartoffeln garantiert fertig«, sagte Jakob.

Nach dem Essen war Lída darauf bedacht, Jakob nicht zu nahe zu kommen, sodass die Situation nicht zu intim wurde. Jakob brachte das Geschirr in die Küche, und als er wiederkam, unterdrückte sie ein Gähnen.

»Ich glaube, ich sollte mal ins Hotel gehen«, sagte sie.

»Wenn du meinst«, sagte Jakob.

Er wirkte enttäuscht, aber irgendwie auch erleichtert? Wenn er allmählich ahnte, dass sie nicht die war, für die sie sich ausgab, würde das seinen Gesichtsausdruck erklären. Jakob brachte sie noch bis vors Hotel. Der Kuss war kurz. Morgen würde sie früh abreisen, aber sie schmiedeten schon Pläne für ihr nächstes Treffen. Vielleicht in Hedestad. Vielleicht in Prag.

LOST

Stockholm, September 2017

Keine Reaktion per SMS. Keine Reaktion via Messenger. Keine Reaktion auf E-Mails. Kurz nach unserem Besuch in Hedestad, nicht mehr bei Facebook eingeloggt. Handy ausgestellt. Festnetz gekündigt. Irgendwann fand ich die Nummer von Jakobs Nachbarn Håkan heraus, daraufhin rief Lída ihn an und bat ihn, nach Jakob Ausschau zu halten. Ein paar Tage später rief Håkan zurück und sagte, er habe Jakob getroffen, der für einen Monat zum Wandern in die Berge wollte. Das war eine so offensichtliche Lüge, dass sie unsere Befürchtung bestätigte. Jakob hatte begriffen, dass Lída ihm etwas vorgespielt hatte. Und er war sich sicher genug, den Kontakt völlig abzubrechen und unterzutauchen. Jakob war verschwunden.

* * *

Ich war so weit gegangen, wie es auch Stieg gewagt hätte. Seine Methoden hatte ich ebenfalls angewandt, das Hacken von Daten und Undercover-Ermittlungen. Jetzt war Jakob weg, und Lídas Tarnung aufgeflogen. Wir waren weit gekommen, aber genau wie Stieg den Punkt erreicht hatte, an dem er das Material beiseitelegte, fand auch ich, dass es reichte. Es war an der Zeit, Lída davon in Kenntnis zu setzen.

Ich schickte ihr eine E-Mail, und schon kurz darauf meldete sie sich über Viber. Ich kam direkt zur Sache. Teils, weil meine Entscheidung stand, teils, weil Lída es hasste, wenn ich um den heißen Brei redete. »Wir blasen die ganze Sache ab«, sagte ich. »Weiter kommen wir mit Jakob nicht. Und wir haben ja einiges erfahren.«

»Aber wir finden doch bald heraus, wohin er unterwegs ist. Wer reist, hinterlässt mehr digitale Spuren als derjenige, der zu Hause bleibt.«

»Nein, Lída. Es ist Zeit, aufzugeben.«

Plötzlich mischte sich eine Verzweiflung in Lídas Stimme, die ich noch nie zuvor bei ihr gehört hatte.

»Dann bekomm ich das Gefühl, versagt zu haben. Es ging um was. Ich hatte die Möglichkeit, meine Schwächen in meine Stärken zu verwandeln und die Wahrheit hervorzulocken. Ich glaube, ich habe überschätzt, wie viel Druck ich ausüben konnte. Wenn ich an dem letzten Abend nur etwas vorsichtiger vorgegangen wäre, dann hätten wir mehr erfahren. Da bin ich sicher!«

»Nein«, sagte ich. »Ich habe mir die Aufnahmen genau angehört. Du hast keine Fehler gemacht. Niemand hätte mehr von ihm erfahren. Du warst perfekt.«

Lída schwieg, und irgendwann war die Pause so lang, dass ich schon dachte, die Verbindung wäre unterbrochen.

»Dann bist du ein *quitter*?«, fragte sie schließlich. »Hätte ich das vorher gewusst, ich hätte mich gar nicht erst auf eine Zusammenarbeit eingelassen.«

»Hör mal, ich arbeite jetzt seit sieben Jahren daran, du alles in allem vielleicht ein paar Monate. Da ist es doch wohl verständlich, dass ich selbst entscheide, wann ich nicht mehr kann.«

»Umso wichtiger, nicht aufzuhören«, entgegnete Lída. »Du hast die ganze Vorarbeit geleistet, du hast alle getroffen und jetzt hast du endlich einen, der involviert war, und dann gibst du auf?«

Ich wollte das Gespräch beenden und machte das sehr deutlich.

»Wenn du meinst, dass es so einfach ist, dann sag du mir doch, wo sich Jakob versteckt.«

Zu spät begriff ich, dass Lída genau auf diese Aufforderung gewartet hatte.

ALIJA

Stockholm, Oktober 2017

Seit meinem letzten Kontakt mit Lída waren fast zwei Wochen vergangen. Allmählich glaubte ich nicht mehr an eine Fortsetzung. Es war
fünf Uhr früh, als mein Handy summte. Verschlafen streckte ich mich
danach aus und sah, dass Lída über Viber anklingelte. Das hieß, sie
erwartete innerhalb weniger Minuten einen Rückruf. Sofort setzte ich
mich im Bett auf und hustete ein paar Wörter, um zu prüfen, ob mir
meine Stimme gehorchte. Dann rief ich zurück.

»Er bittet um Alija.«

Ich hatte keinen blassen Schimmer, wovon sie sprach.

»Mein Kontakt, du weißt schon, der damals mit den E-Mails behilflich war, hat ein bisschen gestöbert und was Neues gefunden«, fuhr sie
fort. »Mir liegt seine letzte E-Mail vor und noch mehr. Er ist in Israel.«

Lída wartete nicht mal meine Reaktion ab.

»Eine Woche, nachdem Jakob und ich uns voneinander verabschiedet hatten, zog er sich nach Göteborg zurück, wo er herausfand, was
mein Auftrag gewesen war. Daraufhin schrieb er Bertil Wedin, dass er
nach Zypern kommen wolle. Wedin verbot ihm förmlich, zu ihm zu
kommen, obwohl er ihn selbst mal eingeladen hatte.«

Ich wurde langsam wach, unterbrach Lída aber nicht.

»Mein Kontakt hat mehr oder weniger relevante Nachrichten gefunden. Ein paar von den interessanteren hab ich mir online aus dem

Schwedischen übersetzen lassen. Unter anderem hat er Wedin von seinen Feinden berichtet. Dazu rechnet er dich, mich und ein paar andere Journalisten, die er für KGB-Agenten hält.«

Nun saß ich auf der Kante meines Bettes, plötzlich hellwach. »Okay«, sagte ich. »Schickst du mir alles, was du von deinem Kontakt bekommen hast.«

»Selbstverständlich«, sagte Lída. »Behalt deinen E-Mail-Posteingang im Blick. Und dann komm so schnell du kannst nach Prag.«

Wir legten auf, und ich ging an meinen Schreibtisch, schob einen Papierstapel beiseite, damit ich meinen Computer aufstellen konnte. Als Erstes googelte ich nach »Alija« und las vom Recht eines jeden Juden, nach Israel umzusiedeln und dort ein Aufenthaltsrecht und die Staatsbürgerschaft zu bekommen. Jakobs Reise nach Israel war nicht nur ein Ausflug oder der Versuch, sich eine Weile abzusetzen – er wollte dortbleiben.

Ich checkte meine E-Mails, und Lída hatte mir eine ZIP-Datei mit dem sprechenden Namen *takeout* geschickt, die ich sofort entpackte. Darin fand ich eine PST-Datei, JPEGs und eine TXT-Datei vor. Ich importierte die PST-Datei mit meinem E-Mailprogramm und fing an zu suchen.

Es gab ein paar interessante E-Mails, in einer verlangte Wedin, dass Jakob auf keinen Fall nach Zypern kam. Außerdem stieß ich auf die E-Mail, in der Jakob schrieb, dass er stattdessen nach Israel gefahren sei und um Alija gebeten hatte. Einen ähnlich harten Ton hatte Wedin nur in einer einzigen anderen E-Mail an Jakob an den Tag gelegt. Als er Jakob nach dem Facebook-Dialog mit Lída die Freundschaft kündigte. Jetzt hatte er ein zweites Mal gezeigt, dass er bereit war, seine Freundschaft zu opfern, um nicht in Zusammenhang mit dem Palme-Mord gebracht zu werden.

Sehr viele Facebook-Nachrichten gingen an eine Sara, die Jakob bei praktischen Fragen behilflich zu sein schien, außerdem bot sie moralische Unterstützung für seinen Umzug nach Israel an. Wiederholt berichtete Jakob von seiner wirtschaftlichen Situation und der Sorge, seine Rechnungen nicht bezahlen zu können. Abgesehen von der Miete kamen monatlich noch Strom für 600 Schwedische Kronen und Telefon für 350 Schwedische Kronen dazu. Außerdem stand Ende des Jahres der automatische Einzug der Jahresgebühr von 1 500 Schwedischen Kronen für sein Schließfach an.

Eine der letzten privaten Nachrichten bei Facebook war erst wenige Tage alt, geschrieben von einem Amerikaner namens Adrian, der ausrichtete, Jakobs Wäsche auf das Bett in seinem Zimmer gelegt zu haben. Ein Blick auf Adrians Profil verriet, dass er zuletzt ins *Aliyah Return Centre* in der Nähe des Sees Genezareth eingecheckt hatte – dort konnten Neuankömmlinge wohnen, die Alija beantragen wollten. Wenn sich Jakobs Wäsche dort befand, dann wohnte er höchstwahrscheinlich auch dort. Jetzt wussten wir, wo er war!

Die JPEGs waren Screenshots, die unter anderem zeigten, wo sich Jakob in sein Gmail-Konto eingeloggt hatte. Das letzte Mal in Hedestad war Anfang September gewesen, danach hatte er sich zweimal in Göteborg eingewählt und dann gab es einen erfolglosen und einen erfolgreichen Anmeldeversuch in Tel Aviv, der bewies, dass er in Israel war.

Der letzte Anhang war die TXT-Datei. Als ich sie öffnete, füllte eine einzige Textmasse das Feld, die vier engbedruckte DIN-A4-Seiten füllte. Es gab keinerlei Überschriften, nichts, woraus sich schließen ließe, um was für ein Dokument es sich handelte. Aber nachdem ich ein bisschen darin geblättert und nach den Stichwörtern »Jakob«, »Wedin«, »Gmail« und »Facebook« gesucht hatte, schlussfolgerte ich, dass ein Keylogger eingesetzt worden war, der jede gedrückte Taste – also auch Vertipper und deren Löschvorgänge – dokumentiert hatte. So entdeckte ich auch eine Nachricht, die für Lída gedacht war, aber in ihrer Mailbox nicht aufgetaucht war. Er hatte zurücknehmen wollen, was er Lída an ihrem letzten Abend erzählt hatte, dass er schuld am Tod seiner Mutter war, weil er etwas Unrechtes getan hatte. Aber er hatte keine gute Begründung gefunden und so hatte er die Nachricht nie abgeschickt. Und jetzt war er auf der Flucht.

Als Wedin ihm verboten hatte, nach Zypern zu kommen, hatte er nicht gewusst, was er als Nächstes tun sollte. Zwei Wochen lang war er in Schweden untergetaucht, bis er nach Israel aufbrach, um sich dort für immer niederzulassen.

Ich wusste nicht, wie wir weiter vorgehen sollten, aber Lída hatte mich um einen Besuch gebeten, also packte ich meine Tasche und kaufte ein Flugticket nach Prag.

»M«

Prag, Oktober 2017

Im Flugzeug bestellte ich eine kleine Flasche Wein und grübelte, wie ich Jakob wohl begegnen konnte. Ich könnte natürlich nach Israel fliegen, ihn ausfindig machen und ihn mit dem konfrontieren, was ich herausgefunden hatte. Es war höchst unwahrscheinlich, dass er antworten oder – wenn doch – die Wahrheit sagen würde. Die Idee verwarf ich also sofort.

Die Alternative, die mir einfiel, war, eine weitere Undercover-Aktion zu starten und ihn dazu zu bewegen, mehr zu erzählen. Was unüberschaubare Komplikationen und Unwägbarkeiten mit sich brachte, aber die einzige Möglichkeit war, Jakob zum Reden zu bringen.

Mit einem Glas Wein intus listete ich alles auf, was dafür nötig war: Set-up erstellen, Logistik planen, Ausrüstung kaufen, Rechtliches prüfen, Partner vor Ort finden. Die gesamte Aktion würde in Israel stattfinden, und selbst wenn ich bereits mehrmals dort gewesen war, hatte ich keine Ahnung, wie ich so etwas dort durchführen sollte. Ich setzte den letzten Punkt an die Spitze – jemanden vor Ort finden. Eine Person, die mich bei allen anderen Punkten unterstützen konnte. Einziges Problem: Ich kannte niemanden in Israel.

* * *

Ich checkte im Hotel Pyramida in Prag 6 ein, wenige Kilometer über der Prager Burg, ein abgelegenes Einzelzimmer mit viel Buchenfurnier. Ich stellte nur meine Tasche ab und ging sofort wieder. Die Straßenbahn Nummer 22 fährt direkt ins Zentrum, und ich stieg Národní třída aus. Lída und ich hatten uns im Café *Louvre* verabredet, das im ersten Stock lag und nur über eine Treppe zu erreichen war. Es war eines der größten Cafés in Prag, was uns Anonymität sicherte. Wir nahmen an einem der hinteren Tische Platz – neben fünf unbesetzten Billardtischen – und bestellten *vinný střik* mit Weißwein und Mineralwasser.

»Wir brauchen dort jemanden«, sagte Lída, als hätte sie meine Gedanken gelesen. »Da muss eine Menge vor Ort passieren, und damit das *Set-up* glaubwürdig ist, muss es ein Israeli sein, der Kontakt zu Jakob aufnimmt.«

»Ganz genau«, antwortete ich. »Eine furchtlose, zuverlässige Person, die sich mit so etwas auskennt. Darüber habe ich die ganze Zeit im Flugzeug gegrübelt, hatte aber keine Idee. Vielleicht kann ich Kollegen in Schweden fragen, ob sie einen Kontakt für uns haben, aber das wird dauern, und richtig sicher ist das auch nicht.«

»Ich habe jemanden, der uns helfen kann. Schmuel. Den habe ich vor vielen Jahren in Frankreich kennengelernt, und er ist gerade in Israel. Ich hab mit ihm gesprochen, und er meint, er kann das regeln. Er erwartet deinen Anruf in genau …«

Lída warf einen Blick auf ihre Armbanduhr.

»… drei Minuten.«

Sie sah zufrieden aus. Ich war beeindruckt, fühlte mich aber auch ein wenig überrumpelt, dass ich einen mir unbekannten Journalisten anrufen sollte, ohne mich vorher ein bisschen über ihn zu informieren oder mir Fragen zu überlegen. Schnell kritzelte ich ein paar Stichpunkte auf ein Blatt, bevor Lída via Viber ihren Schmuel anwählte und mir dann das Handy reichte.

»Ich bin ein Freund von Lída und brauch Hilfe bei einem Projekt«, sagte ich.

»Ja, sie hat mir davon erzählt.«

»Dann wissen Sie, worum es geht?«

»Ihr wollt jemanden zum Singen bringen.«

»Genau. Er soll ein paar Fragen beantworten«, verdeutlichte ich.

»Okay, ich schätze, ich kann euch helfen«, sagte Schmuel. »Ich sitze hier mit einem, der freiberuflich für ›M‹ arbeitet, wenn du weißt, was ich meine. Er ist Spezialist, wenn es darum geht, andere zum Reden zu bringen.«

»Mhm«, murmelte ich und googelte schnell eine Liste israelischer Zeitungen, wo ich unter »M« *Maariv* fand, eine kleinere Tageszeitung.

»Das klingt gut. Ein freier Journalist ist auch besser, dann gibt es keinen Konflikt wegen der Story«, sagte ich.

»Er arbeitet oft in Afrika.«

»Aha. In diesem Fall geht es um Israel, aber es ist natürlich gut, wenn er Auslandserfahrung hat.«

»Wo ist das Objekt?«, fragte Schmuel.

»Das Objekt?«, fragte ich zurück und dachte sofort, dass dies eine ungewöhnliche Bezeichnung für einen Journalisten war. »Er ist im Alija-Zentrum in der Nähe des See Genezareth.«

»Gut. Dann haben wir ihn in vierundzwanzig Stunden hier.«

»Fantastisch!«, sagte ich.

»Er wird sicher innerhalb von achtundvierzig Stunden gestehen.«

»Oh, wow!«, sagte ich.

»Unabhängig davon, ob er es war oder nicht.«

»Unfassba-«

Mitten in der Aufregung brach ich ab. Plötzlich hatte ich das Gefühl, wir redeten nicht mehr über dasselbe. Ich meinte, eine journalistische Undercover-Aktion. Der Mann am anderen Ende sprach offenbar von einer Vernehmung. Mit vorbestimmtem Ergebnis. Irgendwie klang es mehr nach einer Geheimdienstmethode und er wie der freie Mitarbeiter eines Geheimdienstes. Ein freier Mitarbeiter eines Geheimdienstes, der mit »M« anfängt. Ich erbat mir etwas Bedenkzeit und beendete das Gespräch, so schnell ich konnte. Lída hatte mich mit jemandem in Verbindung gebracht, der behauptete, extern für den Mossad zu arbeiten, und sich etwas dazuverdienen wollte, indem er ein Geständnis abpressen würde. Oder ganz andere Absichten hatte, was wusste ich denn schon? Mir wurde schnell klar, dass ich mich nicht deutlich genug ausgedrückt hatte, als Lída und ich uns darauf einigten, eine Undercover-Aktion zu starten. Ich hatte an etwas Ähnliches wie in Hedestad gedacht. Sie wollte offenbar einige Schritte weitergehen.

* * *

Ich spürte meine warnende innere Stimme so deutlich, dass ich sie ernstnehmen musste. Bisher hatte ich dieselben journalistischen Methoden angewandt wie Stieg. Ein paar Mal hatte ich entscheiden müssen, ob etwas noch ethisch vertretbar war oder nicht. Was wir mit Jakob gemacht hatten, war scharf an der Grenze gewesen, aber ich hatte mich trotzdem dazu entschlossen, und uns war dadurch viel bestätigt worden.

Aber ein Geständnis zu erzwingen ging weit über alles Akzeptable hinaus. Die Euphorie, den Palme-Mord aufklären zu können, hatte mich mitgerissen und mich darüber nachdenken lassen, in den Nahen Osten zu reisen, um erneut eine Undercover-Aktion durchzuführen. Doch was hatte ich mir dabei nur gedacht?

Ich klappte den Laptop zu und schob ihn an den Rand des Tisches. Dann bestellte ich für jeden von uns ein weiteres Glas Wein und verzichtete diesmal auf das Wasser. Ich schaute Lída in die Augen und sagte, wir müssten jetzt aufhören. Sie war anderer Meinung, akzeptierte aber meinen Entschluss. Wir waren am Ende des Weges angelangt. Ich war am Ende des Weges angelangt.

DER REVOLVER

Prag, November 2017

Ich hatte es nicht eilig, nach Stockholm zurückzukehren. Also blieb ich in Prag, bis ich Lust hatte, nach Hause zu fliegen. Bis ich mich an den Gedanken gewöhnt hatte, kein Projekt mehr zu haben, was mir den lieben langen Tag durch den Kopf ging, in das ich jederzeit fliehen konnte. Meine private Situation in Schweden hatte sich zwar verbessert, trotzdem lockte mich nichts. Ich hatte mich daran gewöhnt, geschieden zu sein, und das Verlangen, vor der Wirklichkeit zu fliehen, war nicht mehr so stark. Mir ging es alles in allem gut, da passte es ganz gut, dass das Projekt ein Ende fand.

Ich hatte getan, was ich mir vorgenommen hatte, hatte Stiegs Recherchen zum Palme-Mord vertieft, nun kam ich nicht weiter. Es war an der Zeit, den Mord hinter mir zu lassen und mein Leben weiterzuleben.

Wieso Lída Menschen kannte, die sich in E-Mailkonten hacken konnten oder bereit waren, Jakob in Israel zu vernehmen, war mir immer noch ein Rätsel, aber ich genoss ihre Gesellschaft, wenn wir denn Zeit und Lust hatten, uns zu treffen. Heute hatte Lída zwei Karten für ein klassisches Konzert besorgt und mich eingeladen. Von selbst kam ich fast nie auf die Idee, etwas Kulturelles zu unternehmen, also sagte ich zu. Ich freute mich sogar darauf.

Das Konzert fand im Saal der Musikakademie statt, die zum betagten Lichtensteinpalast in der Malostranské náměstí gehörte. Das

Stück war von Geraldine Mucha komponiert worden – der Schwiegertochter des Jugendstilkünstlers Alfons Mucha – und wurde anlässlich ihres hundertsten Geburtstages aufgeführt. Die gebürtige Schottin hatte viele Jahre ihres Lebens mit ihrem Mann Jiří in Prag verbracht, bis sie vor wenigen Jahren gestorben war.

Unsere Plätze waren sehr weit vorn, und wir mussten uns kurz vor Beginn bis in die Mitte unserer Reihe durchentschuldigen. Moderiert wurde der Abend von John Mucha, dem Sohn der Komponistin, der ebenso tadellos Englisch sprach wie die Tschechen und vom Leben und Werk seiner Mutter erzählte.

Dann begrüßte der Dirigent das Publikum, bevor er zum Orchester zeigte, das aus Pardubice kam. Ich machte mich etwas kleiner auf meinem Platz, damit ich den Zuschauern hinter mir nicht zu sehr die Sicht versperrte. Das Programm begann mit einem intensiven Stück mit dem Titel *The Tempest Ouverture*. Es war die perfekte Untermalung, um in einen kontemplativen Rausch zu versinken. Ich hatte also zwei Stunden vor mir, in denen ich meinen Gedanken einfach freien Lauf lassen konnte. Aber schnell waren sie zu dem Thema zurückgekehrt, das mich seit sieben Jahren beschäftigte.

In Stieg Larssons Nachforschungen zum Mord an Olof Palme waren nicht die Antagonisten die Mörder gewesen. Er hatte gegen etwas viel Abstrakteres gekämpft – gegen das Unvermögen der schwedischen Polizei. Stieg hatte sich mehrfach mit Material an die Behörden gewandt, aber durch eine Reihe von Fehlern und falschen Beschlüssen war es nie bearbeitet worden. Ich hatte mein Bestes getan, Stiegs Theorie weiterzuentwickeln und mich ebenfalls mit sehr konkreten Hinweisen an die Polizei gewandt, aber seit dem Mord waren über dreißig Jahre vergangen, nicht einmal ein Geständnis würde zu diesem Zeitpunkt ausreichen, um die Ermittlungen zu beenden.

Stück für Stück ging ich durch, was ich über den Palme-Mord wusste, basierend auf Stieg und meinen Nachforschungen. Eventuelle Lücken hatte ich mit Fakten aus anderen Veröffentlichungen geschlossen oder mit begründeten Mutmaßungen, die ich selbst als überzeugend einstufte, wenn sich nichts Konkretes finden ließ. Entstanden war ein Gesamtbild, wie es zum Mord gekommen sein konnte. Wenn Stiegs Theorie stimmte.

Die Musik holte mich in die Wirklichkeit zurück, half mir aber trotzdem beim Denken.

Angefangen hatte ich bei dem Brief, den Stieg nur zwanzig Tage nach dem Mord an Gerry Gable geschickt hatte. Über Waffenhändler, die Geschäfte mit dem Apartheidregime gemacht hatten, und was Craig Williamson mit seinen E-Mails und Lektüreempfehlungen angedeutet hatte.

1985 machten die USA, Südafrika und der Iran heimlich große Geschäfte, aber weil der schwedische Zoll und die Kriegsmaterialinspektion Waffen- und Sprengstofflieferungen aufhielt, die für den Iran gedacht waren, saßen die drei Länder in der Klemme.

Die Geschäfte stehen in einem größeren Zusammenhang, der später den Namen »Iran-Contra-Affäre« erhält. Allein die Information über die Transaktionen ist hochexplosiv und bedroht, wenn Olof Palme oder jemand aus seinem Kreis sie veröffentlicht, alle, die dahinterstecken. Drahtzieher ist CIA-Chef William Casey, der dem US-amerikanischen Präsidenten Ronald Reagan sehr nahesteht. Wenn Reagan zum Rücktritt gezwungen wird, kann das die letzten Jahre des Kalten Kriegs beeinflussen und den Sieg der USA gefährden. Südafrikas Rolle in der ausufernden Iran-Contra-Affäre ist die des Käufers von Waffen und Öl, aber auch die des Organisators von Geschäften durch mehrere Transitländer. Die Seychellen sind ein solches Land, wo Craig Williamsons Geschäftspartner Mario Ricci wohnt. Gemeinsam bringen sie unter anderem Öl aus dem Iran nach Südafrika – nur ein Zahnrad im globalen Uhrwerk ähnlicher Transaktionen.

Als der Wahlsieg der Sozialdemokraten 1985 Olof Palme im Amt des Ministerpräsidenten bestätigt, ist klar, dass die schwedischen Behörden weiter ein Problem für die Geschäftspartner darstellen würden.

Der Entschluss, Palme ermorden zu lassen, wurde im Spätsommer 1985 getroffen, laut Angaben mehrerer Informanten und Dokumente aus Südafrika.

Nur wenige innerhalb der unheiligen Allianz zwischen USA, Südafrika und Iran können den Mord an einem Staatsminister durchführen, und wenn sich die Tat in die USA zurückverfolgen ließe, würde dies großen Schaden anrichten. Deshalb kann die CIA den Mord nicht ausführen. Also übernimmt das loyale Apartheidregime Südafrikas diese Aufgabe, um den USA *deniability* zu ermöglichen und sich auch zukünftige Unterstützung zu sichern. Außerdem wollen ein paar südafrikanische Minister und Waffenhändler ihre wirtschaftlichen Vorteile beibehalten, die der Waffenhandel ihnen bringt.

Während mir das Motiv des Apartheidregimes für etwas so Riskantes wie die Ermordung eines schwedischen Ministerpräsidenten durch den Kopf ging, lauschte ich den letzten Klängen des zweiten Stücks,»Carmina Orcadiana«. Das vorangegangene war mir vollständig entgangen.

Das Orchester spielte nun Geraldine Muchas erstes Streichquartett, während ich darüber nachdachte, wie der Mord organisiert worden war.

In Stiegs Archiv habe ich keine Zusammenstellung gefunden, in der er im Detail wiedergegeben hatte, wie der Mord abgelaufen sein könnte. Aber die Zeitungsartikel von 1987 in *Svenska Dagbladet, Arbetet* und *GT* bauen zum Teil auf Stiegs Angaben auf, und zusammen zeigen sie, wie der Mord möglicherweise ausgeführt wurde. Wichtige Details lieferte das Gespräch, das die Journalistin Mari Sandström 1987 mit einer anonymen Quelle führte, die in Südafrika *sanction-buster* gewesen war. Ergänzt werden sie durch die Artikel der *GT* und die Illustration, welche die unterschiedlichen Zellen der Operation aufschlüsselt. Sie stimmt mit den Angaben überein, die ich gefunden habe, ich kann sogar weitere Details hinzufügen.

1986 ist Craig Williamson fraglos der qualifizierteste Agent, um einen internalen Einsatz wie den Mord an Olof Palme durchzuführen.

Williamson bewies dies auch durch das Bombenattentat auf den ANC-Hauptsitz 1982 in London. Durch seine Jahre beim *IUEF* in Genf sind ihm die schwedische Mentalität und Stockholm sehr zurechtgekommen, da ihn in den letzten Jahren eine Vielzahl von Reisen dorthin geführt hat. Er hat sich sogar mit ein paar von Olof Palmes engsten Mitarbeitern getroffen.

Craig Williamson bestreitet, an der Organisation des Mordes an Palme beteiligt gewesen zu sein, betont aber, dass Agenten des südafrikanischen Geheimdiensts »die Drecksarbeit der südafrikanischen Regierung erledigt, und seine Regierung wiederum die Drecksarbeit der westlichen Regierungen«. Der Mord an Olof Palme konnte Teil dieser »Drecksarbeit« gewesen sein.

Mehrere Zeugen sagen aus, Williamson in der Mordwoche in Stockholm gesehen zu haben, aber es ist ebenfalls denkbar, dass ein anderer südafrikanischer Agent mit ähnlicher Qualifikation den Mord organisiert hat.

Genau wie das Bombenattentat in London wird der Mord an Palme von verschiedenen Zellen durchgeführt. Jede hat ihre eigene Aufgabe und ist nur auf *need-to-know*-Basis informiert. In Stockholm gibt es ein paar Menschen, die dem Apartheidregime gegenüber loyal eingestellt sind, zum Beispiel Heine Hüman – der die schwedische Polizei darüber informierte, dass er sechs Tage vor dem Mord gebeten wurde, eine Unterkunft für einen Südafrikaner zu finden. Im Unterschied zu London erforderte der Palme-Mord jedoch mehr Unterstützung vor Ort. Die Zielscheibe war mobil, die Sprache fremd, und die Südafrikaner fielen in Stockholm mehr auf als in London. Deshalb brauchte man Schweden, um bei der Ausführung gewisser Aufgaben zu helfen.

Eine der Zellen – der Überwachungstrupp – besteht aus schwedischen Polizeibeamten und Geheimagenten. Laut Craig Williamsons früherem Kollegen Riaan Stander soll die schwedische Zelle – »*people from a Swedish intelligence organisation*« – Palme beschatten. Der Polizist Carl-Gustaf Östling und mehrere seiner Kollegen, die Kon-

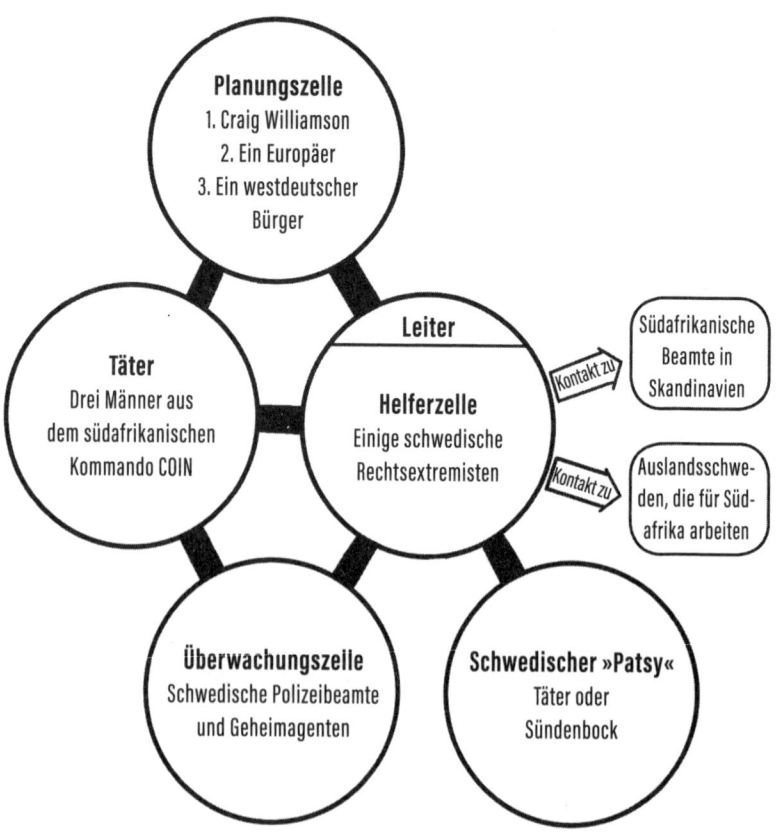

Planungszelle
1. Craig Williamson
2. Ein Europäer
3. Ein westdeutscher Bürger

Täter
Drei Männer aus dem südafrikanischen Kommando COIN

Leiter

Helferzelle
Einige schwedische Rechtsextremisten

Kontakt zu

Südafrikanische Beamte in Skandinavien

Kontakt zu

Auslandsschweden, die für Südafrika arbeiten

Überwachungszelle
Schwedische Polizeibeamte und Geheimagenten

Schwedischer »Patsy«
Täter oder Sündenbock

Organisation des Mordes laut *GT* vom 28. Mai 1987, ergänzt durch neue Information über die Überwachungszelle und einen schwedischen »*Patsy*«.

takte nach Südafrika haben, sind wahrscheinlich beteiligt. Das Motiv der Schweden unterscheidet sich von dem der Südafrikaner. Für sie ist Palme ein Verräter, der bei seiner bevorstehenden Reise in die Sowjetunion das Land an die Russen verkaufen will. Die meisten von ihnen wissen vermutlich nicht, für wen sie eigentlich arbeiten oder was genau mit Palme passieren soll. Sie werden auf *need-to-know*-Basis informiert.

Eine weitere Zelle – die Helferzelle – besteht aus Schweden, angeführt vom Rechtsextremisten Anders Larsson. Sie stehen hinter der Ermordung, glauben aber, sie seien von der CIA angeheuert worden. Ihre Aufgabe ist es, vor Ort einen Killer und Sündenbock zu finden. – Ein sogenannter »*Patsy*« soll Palme ermorden oder sich wenigstens in der Nähe des Tatorts befinden, um des Mordes beschuldigt zu werden. Sie folgen den Vorgaben des *Lost*-Szenarios des CIA-Mordleitfadens aus Stiegs Archiv.

Craig Williamsons Agent Bertil Wedin ist laut Stiegs Zusammenfassung deren Mittelsmann und soll die Schweden anheuern, sowohl Sündenbock als auch Helferzelle. Der Erste, der gebeten wird, den Mord auszuführen, ist der ehemalige Söldner Ivan von Birchan – ein Bekannter von Bertil Wedin seit ihrer gemeinsamen Zeit bei der *Demokratisk allians* in den Siebzigerjahren. Von Birchan trifft sich mit einem Helikopterpiloten, der sich Charles Morgan oder Peter Brown nennt, sie kennen sich aus dem Krieg in Rhodesien. Sie treffen sich ein paar Mal im Sheraton in Stockholm Ende 1985. Bertil Wedins Kollege Peter Casselton war ebenfalls Helikopterpilot in Rhodesien, er oder einer der Kollegen könnte ihn gefragt haben.

Aber von Birchan lehnt ab. Er warnt jedoch mehrfach Polizei und Säpo vor dem Mord.

Als Nächstes wird Anders Larsson, ein Bekannter von Bertil Wedin, in die Vorbereitungen mit einbezogen. Einen passenderen Sündenbock gäbe es gar nicht, schließlich ist er einer der größten Feinde von Bertil Wedins Freund, der bei der Zeitschrift *Contra* arbeitet. Bertil Wedin und Anders Larsson haben sich laut den Artikeln von 1987 vor dem Mord getroffen, aber als ich Wedin danach fragte, stritt er alles ab.

Es gibt mehrere Versionen, wie Larsson von dem bevorstehenden Mord an Palme erfuhr und sich entschied, davor zu warnen, denn er selbst ändert seine Aussage mehrfach, bevor er 1991 stirbt. In der Zeit vor dem Mord hat Larsson Kontakt zu einer kleinen Gruppe Rechtsextremisten, der auch der erste Verdächtige Victor Gunnarsson angehört – die Illustration der *GT* gibt den Aufbau der Gruppe wieder mit Larsson als Anführer.

Anders Larsson versteht, dass er selbst den Mord nicht ausführen kann, und richtet deshalb die Frage an Alf Enderström, der gerade erst ein Buch veröffentlicht hat, in dem steht, dass es nur eine Strafe für einen Landesverräter wie Olof Palme gibt – die Todesstrafe.

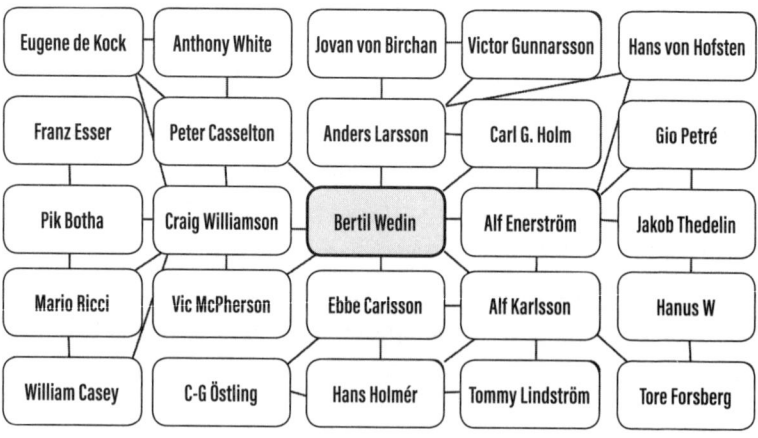

Netzwerk um den Mittelsmann Bertil Wedin (Illustration des Verfassers).

Enerström antwortet wiederum, dass er jemanden – Rickard – kennt, der sich bestens dafür eignet. Nur Enerström kennt seine wahre Identität – Jakob Thedelin. Mir erzählt Enerström, dass er Anders Larsson in seiner Wohnung in der Norr Mälarstrand 24 getroffen hat. Laut Enerström kamen noch weitere Menschen, die Palme tot sehen wollten, aber es gibt keine Zeugen dafür, dass Larsson nach einem Mörder für Palme suchte und Enerström Rickard vorschlug.

Während der Vorbereitungen begreift Anders Larsson, wie riskant es ist, an den Vorbereitungen beteiligt zu sein, und befürchtet, als Sündenbock herhalten zu müssen. Zur Sicherheit reicht er acht Tage vor dem Mord eine Warnung bei der Polizei ein. Etwas, auf das er sich berufen kann, sollte er selbst ins Visier der Ermittlungen geraten.

Laut der Quelle von Journalistin Mari Sandström und des Artikels in der *GT* wurde im November 1985 eine südafrikanische Mörderzelle mit drei Agenten nach Schweden entsandt. Unterwegs holten sie in München Autos bei dem kriminellen Autohändler Franz Esser ab. Von dort fuhren sie weiter nach Stockholm, wo sie eine Weile bleiben und sich mit Frauen und Alkohol vergnügen. Bald bekommen sie eine Ermahnung aus Südafrika, endlich aktiv zu werden.

Williamsons ehemaliger Kollege Riaan Stander hat ausgesagt, dass die Überwachung von Palmes Wohnung ein paar Wochen vor dem Mord aufgenommen wurde. Die Beschattung wird abwechselnd von allen Zellen vorgenommen, um das Risiko einer Aufdeckung zu mindern. Einer der vielen Zeugen ist Parlamentshausmeister Henry N., der sagt, er habe die Beschattung bemerkt, und zwar waren es Personen, die eine Deutsch anmutende Sprache gesprochen haben – eine auf Afrikaans zutreffende Beschreibung. Durch ein in der Zeitung veröffentlichtes Foto kann er später Craig Williamson als eine der Personen wiedererkennen.

Am 21. Februar 1986 verpasst man eine Gelegenheit zum Zugriff, als Olof Palme und der Präsident des ANC Oliver Tambo im Folkets hus auf dem Sveavägen öffentlich Reden halten.

Am 24. Februar besucht Olof Palme Värmland, für den Rest der Woche plant er keine weiteren Reisen. Am Mittwoch, zwei Tage vor der Ermordung, bricht Alf Enerström plötzlich seine Skiferien mit der Familie ab und fährt mit Gio Petré von Värmland nach Stockholm. Um, wie er später sagte, an einer Schmähschrift zu arbeiten. Alf besitzt laut Melderegister unter anderem einen weißen Mercedes und einen VW Passat – zwei Autotypen, die im Zusammenhang mit dem Mord auffällig geworden waren.

Eine Woche vor dem Mord wir die Wohnung des Ehepaars Palme intensiv beobachtet. Lisbet Palme bemerkt zwei Männer, die zur

Wohnung hinaufschauen, meldet dies aber nicht an die Säpo. Dieselben beiden Männer will sie am Tatort gesehen haben, laut Polizeikommissar Åke Rimborn, der zweimal in der Mordnacht mit Lisbet Palme sprach.

Als ich zur Mordnacht vorgedrungen war, hatte das zweite Streichquartett eingesetzt. Ich schaute zu Lída, die eingeschlafen war, ganz wie sie prophezeit hatte, weil es ihr bei solchen Vorstellungen fast immer passierte.

Zeit für Jakob Thedelin und die Tat an sich. Auch wenn die Fakten immer weniger und die Mutmaßungen immer mehr werden, je näher ich der eigentlichen Tat komme, so gibt es doch einige Ausgangspunkte. Der Bericht der Prüfungskommission, die veröffentlichten Zeugenaussagen, Stiegs Archiv, meine eigene Analyse und das Hintergrundmaterial und – nicht zuletzt – alles, was Jakob Bertil Wedin und Lída erzählt hatte.

Bei der Vernehmung 1987 gibt Jakob an, zu wissen, wo das Ehepaar Palme wohnte, kann aber nicht mehr sagen, ob das schon vor dem Mord der Fall war. In meiner Vorstellung war er sehr wahrscheinlich an der Überwachung beteiligt.

Am Nachmittag des Mordtages erfährt das Organisationsteam, dass die Palmes einen Kinobesuch planen. Entweder fingen sie gegen siebzehn Uhr ein Telefonat zwischen Lisbet Palme und Ingrid Klering, der Freundin ihres Sohnes Mårten, ab oder sie folgten ihnen zum Kino. Sie wollen sich um 21.15 Uhr den Film *Die Mozart-Brüder* im Grand anschauen. Die übrigen Zellen werden verständigt, als man weiß, dass das Paar unterwegs ist: Die Planungszelle, die die Operation steuert, die Agentenzelle mit den Südafrikanern, die Überwachungszelle mit den schwedischen Polizisten und Geheimagenten, die Helferzelle mit den schwedischen Rechtsextremisten und Alf Enerström, der Kontakt zu dem Mann hat, der Olof Palme ermorden soll. Den anonymen Rickard mit Perücke – oder Jakob Thedelin, wie er in Wirklichkeit heißt.

Kurz nach halb neun verlässt das Ehepaar Palme das Haus, um die U-Bahn von Gamla stan zur Rådmansgatan zu nehmen. Mehrere Zeugen berichten, dass ihnen Männer mit Walkie-Talkies folgen. Kurz nach neun erreichen sie das Kino und gehen hinein. Die Organisatoren wissen nun, dass Palme erst zwei Stunden später wieder herauskommen wird, genug Zeit, um die übrigen Zellen und weitere Personen anzufordern. Ein paar wissen, dass sie sich am besten fernhalten – Anders Larsson bleibt daheim und telefoniert zum kritischen Zeitpunkt. Andere verschaffen sich Alibis, indem sie in Kneipen sitzen oder Stockholm verlassen. Wieder andere können der Versuchung nicht widerstehen, sich in der Nähe aufzuhalten – Victor Gunnarsson sitzt im Restaurant *Mon Chéri*, nur wenige Meter vom Tatort entfernt, und spricht mit anderen Anwesenden lang und breit über Olof Palme. Der sogenannte Skandiamann macht absichtlich Überstunden im Gebäude direkt beim Tatort.

Jakob ist bereits am Nachmittag von Täby in die Innenstadt gefahren, wo er ein Zimmer in einer Wohnung gemietet hat. Am Abend sagt Enerström zu Gio Petré, dass er noch einen Parkschein für den Wagen lösen muss, und trifft Jakob. Enerström besitzt Waffen in großer Zahl, und beide tragen eine davon bei sich. Darunter der Smith & Wesson Revolver, den Alf Enerström laut Aussage von Gio Petré bereits seit vielen Jahren besitzt.

Jakob hat den simplen Auftrag, den Eingang zum Grand während der Vorstellung zu bewachen. Aber er ist ungeschickt und verhält sich zu auffällig. Mehrere Zeugen beschreiben einen Mann mit stählernem Brillengestell, der am Eingang steht und mit ängstlichem Blick mehrere Minuten lang in die Lobby starrt. Einer beschreibt ihn als einen trotteligen Mann mit Skikleidung aus den fünfziger Jahren, eine Beschreibung, die sehr gut auf Jakob passt.

In der Nähe des Kinos halten sich ebenfalls die Agentengruppe und die Überwachungsgruppe auf. Sie stehen in permanentem Austausch mit der Organisationsgruppe, die ebenfalls nicht weit entfernt ist.

Sie rechnen damit, dass das Ehepaar Palme den Weg zurück nach Gamla stan einschlägt, indem sie nördlich dem Sveavägen folgen und in der Rådmansgatan die U-Bahn nehmen. Nach der Vorstellung steht das Ehepaar Palme noch ein paar Minuten lang plaudernd mit ihrem Sohn Mårten und dessen Freundin vor dem Kino. Dann verabschieden sie sich und folgen dem Sveavägen in südlicher Richtung, entgegen aller Erwartungen. Die Planungszelle schlägt einen Alternativplan vor, der Improvisation erfordert. Zwei unbekannte Männer gehen vor dem Ehepaar Palme her, ein weiterer Mann – »ungewöhnlich groß«, laut mehreren Zeugen – folgt ihnen.

Der eigentliche Handlungsverlauf der Tat ist voller gegensätzlicher Zeugenaussagen und Angaben. Dreißig Jahre voller Theorien und Gegentheorien haben zudem einen dunklen Schleier aus Mutmaßungen und Lügen über die wenigen Fakten gelegt. Wenn ich mir vorstelle, wie der Mord abgelaufen ist, beziehe ich das, was Jakob in seiner Facebook-Nachricht an Lída geschrieben und ihr bei den Treffen erzählt hat, mit ein.

Die Organisation schickt jemanden so schnell wie möglich zur Ecke vor dem Skandiahaus. Jakob Thedelins Aussage, der »die Aufgabe bekam, einen Spion zu ermorden«, kam mir sofort ins Gedächtnis: »Ich bin hin und habe versucht, ihn zu ermorden, weil ich wusste, dass er gefährlich war.«

Die Situation wird plötzlich chaotisch, als mehr Personen in entgegengesetzter Richtung unterwegs sind als erwartet. In direkter Nähe sind die südafrikanischen Agenten und ein paar Schweden. Jakob Thedelin und der sehr große Alf Enerström befinden sich auf dem Sveavägen. Alle haben Walkie-Talkies, einige von ihnen sind bewaffnet.

Mittlerweile überquert das Ehepaar Palme den Sveavägen und geht auf dem gegenüberliegenden Bürgersteig in südlicher Richtung auf das Skandiahaus zu. Nahe der Abzweigung in die Tunnelgatan steht, laut einem Zeugen, ein Mann und wartet. Mehrere Zellenmitglieder beobachten aus der Ferne, wie sich das Paar dem Mann an der Ecke nähert.

Ein weiterer Mann wechselt die Straßenseite und bleibt in der Nähe, vermutlich als Back-up. Jetzt ist es bald so weit, nichts darf schiefgehen. Als das Paar den Mann an der Ecke passiert, ist auch der andere Mann nicht weit. In dem folgenden Chaos ist schwer zu beurteilen, welcher von beiden den Abzug drückt. Wieder muss ich an Jakobs Worte denken: »Ich habe versucht, ihn zu ermorden, aber es ist mir nicht gelungen.« Wenn es Jakob ist, der dort an der Ecke steht und wartet, dann hat er nicht geschossen.

Wer immer Palme trifft, hat den Abzugshahn zum ersten Mal gespannt und schießt ihm mitten in den Rücken. Für den zweiten Schuss nutzt er die Double-Action-Funktion, weshalb er deutlich fester drücken muss und nach rechts verreißt. Die Kugel streift Lisbet Palme am Rücken, obwohl der Schütze eigentlich auf Olof zielt. Im Tumult geht Lisbet neben ihrem Mann auf die Knie.

Ich schätze, es dauert ein paar Sekunden, bis Lisbet von ihrem Mann aufsieht. Vielleicht schaut sie auch zwischen ihrem Mann und dem Täter hin und her, die Eindrücke sind entsprechend fragmentarisch. Umstehende begreifen, was passiert ist. Sie sehen Lisbet neben ihrem Mann knien und bemerken einen Mann, der direkt neben ihnen steht. Lisbet Palme schaut auf und erkennt in geringer Entfernung die beiden Männer wieder, die eine Woche zuvor vor ihrem Wohnhaus standen. Laut Polizeikommissar Åke Rimborns Gespräch mit Lisbet Palme – ein etwas dunkler Mann von mittlerer Größe, der näher steht, und ein hellerer, auffallend großer Mann, der etwas weiter weg ist. Letzterer entfernt sich schnellen Schritts in südlicher Richtung – ein Zeuge spricht von einer Person in hellerer Kleidung, die sich schneller als alle anderen Richtung Kungsgatan bewegt.

Der etwas dunklere Mann von mittlerer Größe scheint zu sich zu kommen und eilt nun zu den Treppen am Ende der Tunnelgatan, die er dann hinaufläuft. Oben auf dem Brunkebergsåsen weiß er nicht, in welche Richtung er sich wenden soll, laut zahlreicher Zeugenaussagen. Sofort muss ich an das Gespräch zwischen Lída und Jakob denken, in dem er sich eine Zeitmaschine wünscht: »Dann könnte ich Palme erschießen und du könntest oben auf dem Hügel mit einem Auto auf mich warten, dann wüsste ich genau, wohin ich müsste.«

Fünfzehn bis zwanzig Minuten nach dem Mord stößt ein Mann in der Smala gränd fast mit der Zeugin Sara zusammen, deren Personenbeschreibung die Grundlage für das Phantombild liefert. Das Phantombild, das Jakob Thedelin sehr ähnelt. Auf dem Snickarbacken trifft der Mann endlich auf einen der wartenden Fluchtwagen – einen VW Passat. Er wechselt die Jacke, bevor er sich ins Auto setzt, das schnell fortfährt.

In der Zeit nach dem Mord fürchtet Alf Enerström um sein Leben und zieht mit der ganzen Familie auf den Gutshof in Värmland, wo die Kinder Privatunterricht bekommen sollen. Mehrmals schickt Enerström Jakob mit Perücke als »Rickard« los, um jemanden zu besuchen, der etwas über die Ermittlungen wissen konnte. Jakob fährt auch zu Ivan von Birchan – der vor dem Attentat gewarnt hatte – und dem Polizisten, der als Erster am Tatort eintraf, Gösta Söderström. Etwas, das Jakob später Bertil Wedin via E-Mail berichtet.

Victor Gunnarsson wird schon bald festgenommen und ist der erste Verdächtige.

Die Südafrikaner kehren komplikationslos nach Südafrika zurück.

Der Mittelsmann Bertil Wedin legt durch seine guten Kontakte bei der Säpo die falsche PKK-Spur aus, die er auch in der türkischen Zeitung *Hürriyet* platziert, und so wird sie schnell zu Hans Holmérs Hauptspur.

Die Helferzelle, bestehend aus schwedischen Rechtsextremisten, begreift, dass sie als Sündenböcke fungieren sollten, und verwischt so gut es geht ihre Spuren. Anders Larssons Freund, der Regierungsstenograph Bengt Henningsson, ruft aufgeregt beim *Baltiska kommittén* an, man soll das EAP-Material verschwinden lassen, welches Anders Larsson und Victor Gunnarsson dort kopiert hatten – laut einer zentralen Quelle der Artikel von 1987 aus Stiegs Archiv.

Die Rechtsextremisten hatten sich unnötig Sorgen gemacht. Victor Gunnarsson wird zwar früh verdächtigt, aber schon bald richtete sich das Hauptaugenmerk auf die kurdische PKK. Erst über ein Jahr nach dem Mord wird Anders Larsson von der Polizei verhört, aber sowohl seine als auch von Birchans Warnungen werden als fantastisch abgetan. Die Helferzelle zersplittert, und Anders Larsson bleibt allein mit seinen verwirrten Gedanken zurück. Es ist wahrscheinlich, dass er unter falschem Namen an die Polizei schrieb und den Ablauf des Mordes wiedergab. 1991 stirbt er mit dreiundfünfzig an einem Magendurchbruch.

Sein Bekannter Victor Gunnarsson zieht in die USA und wird im Dezember 1993 in North Carolina ermordet. Dreieinhalb Jahre später wird der Polizist Lamont C. Underwood trotz Abstreiten der Tat zu lebenslanger Haft verurteilt.

Jakob Thedelin arbeitet weiter für Alf Enerström. Mit Perücke und seinem ausgedachten Namen Rickard nimmt er Kontakt zu Hanus W. auf – ein externer CIA- und Säpö-Mitarbeiter – und erzählt ihm vom Palme-Mord. Hanus W. erstattet Tore Forsberg von der Säpo Bericht, der dafür sorgt, dass Thedelin für über ein halbes Jahr beschattet wird. Unter anderem fördern die Ermittlungen Thedelins wirklichen Namen zutage. Er wird im Mai und Juli 1987 vernommen. Als Hans Ölvebro Anfang 1988 die Ermittlungen übernimmt, wird Jakob Thedelin zusammen mit den übrigen Spuren beiseitegelegt. Ein Rätsel bleibt, warum Jakob Thedelin via Hanus W. Informationen an Tore Forsberg bei der Säpo und – laut einer weiteren Quelle – an die CIA lieferte.

1996, als südafrikanische Agenten aussagen, dass Craig Williamson und Bertil Wedin in den Mordfall verwickelt waren, versteht Alf Enerström die Funktion von Mittelsmann Wedin und kontaktiert ihn. Zwei Jahre später wird Enerström wegen eines Gewaltverbrechens in Värmland festgenommen. Jakob hat von Enerström die Anweisung bekommen, gewisse Personen zu informieren, falls ihm etwas zustieß. Bertil Wedin ist eine davon, wodurch der Kontakt zwischen Jakob und

Bertil entsteht. In dieser Zeit erreicht Jakob auch die Anweisung, was er mit Enerströms Smith & Wesson Revolver machen soll, falls sich Enerström nicht länger darum kümmern kann.

Viele Jahre später, Enerström ist mittlerweile in der Psychiatrie, nimmt sich Jakob des Revolvers an. Jakob und Bertil stehen in regelmäßigem E-Mailkontakt. Am 5. Januar 2009 schickt Bertil seine erste E-Mail an Jakob und fragt nach der »*Musikerszene in Västra Frölunda*«, eine Frage, von der beide wissen, dass sie dem Revolver gilt, der beim Mord an Olof Palme verwendet wurde. Jakob schreibt daraufhin von Raketen in einem Bunker, die nie wiederkehren. Eine Formulierung, die sehr nah an die Wahrheit herankommt. Wedin informiert Jakob per Brief, dass er vorsichtiger sein muss, aber da ist es schon zu spät. Die E-Mail bleibt im digitalen Netz hängen und wird dort mehrere Jahre später von mir entdeckt.

Der Handlungsverlauf, den ich zur Musik erschaffen hatte, stimmte mit den Zeugenaussagen aus der Zeit vor dem Mord, am Tag des Mordes und der darauffolgenden Zeit überein. Ich hatte die Lücken aufgefüllt, indem ich die widersprüchlichen Zeugenaussagen gegeneinander aufwog und diejenigen auswählte, die ich für wichtig erachtete. In manchen Punkten, wo es keinerlei Angaben gab, hatte ich mir erlaubt zu spekulieren. Dabei stimmte der Handlungsverlauf mit sämtlichen Tatsachen überein und erklärte gleichzeitig einige sonderbare Umstände und widersprüchliche Zeugenaussagen rund um den Mord.

Fast alle in meiner Theorie genannten Personen tauchten auch in Stiegs Recherchen zum Mordfall und zum Rechtsextremismus in Schweden auf. Mit einer wichtigen Ausnahme: Jakob Thedelin. Jakob kannte jedoch mehrere der Personen oder hatte sie zumindest getroffen, die auch Stieg interessant fand: Alf Enerström, Hans von Hofsten, Filip Lundberg, Ivan von Birchan und nicht zuletzt Bertil Wedin.

Oder, wenn man so will, Jakob Thedelin war das fehlende Glied in Stiegs Theorie. Ein Außenseiter ohne wichtige Stellung und Freunde, jemand, der leicht geopfert werden konnte. Der perfekte Sündenbock.

Als Geraldine Muchas »En Los Piñares de Jucar« – inspiriert durch den Tanz spanischer Mädchen – einsetzte und damit der letzte Teil des Abends eingeläutet wurde, hatte ich ein klares Bild des Mordes vor Augen und war zu einer Einsicht gelangt: Meine Zweifel waren verflogen und der Überzeugung gewichen, dass ich der Lösung des Palme-Mordes sehr nahe gekommen war. Unter jedem Stein, den ich umdrehte, fand ich neue Fakten und Indizien. Die Niedergeschlagenheit, ausgelöst durch Jakobs Flucht nach Israel und die abgebrochene Undercover-Mission, war wie weggeblasen. Plötzlich sah ich alle Teile, die zum Puzzle dazugekommen waren, seit ich mich für Alf Enerström und den Mordfall Olof Palme interessierte. Wie die sonderbaren Umstände, die andere Theorien einfach ausklammerten, eine Erklärung fanden. Hier war die Wahrheit zu finden, davon war ich überzeugter denn je, und ich konnte nicht aufgeben. Ich musste weitermachen.

Nicholas Schmidle wartete auf weiteres Material, und was ihn nun erwartete, sollte für eine Veröffentlichung reichen. Eine Veröffentlichung, die Kreise ziehen würde.

Meine neuen Erkenntnisse würde ich selbstverständlich auch an die schwedische Polizei weiterleiten. Außerdem gab es noch eine Menge weiterer Spuren, die ich verfolgen konnte.

CIA-Chef William Casey war 1987 plötzlich erkrankt und recht schnell verstorben, bevor er vor dem Kongress zur Iran-Contra-Affäre gehört werden konnte. Aber es musste ja Informationen zu ihm geben, durch den Freedom of Information Act wurden schließlich regelmäßig CIA-Dokumente der Öffentlichkeit zugänglich gemacht.

Südafrikas Außenminister Pik Botha und der französische Waffenhändler Jean-Yves Ollivier leben noch und haben viel über die Geschäfte mit dem Iran und die Treffen mit westlichen Staatsmännern zu erzählen, inklusive USA, Großbritannien und Frankreich. Schließlich gibt es weitere Apartheidagenten, deren Namen mit dem Palme-Mord in Verbindung gebracht wurden und die noch unter uns weilen.

Auf Zypern sitzt Bertil Wedin, der von seinen Kontakten in Süd-afrika und der schwedischen Rechtsextremistenszene berichten kann.

In Schweden leben noch mehrere von Anders Larssons und Carl-Gustaf Östlings rechtsextremen Bekannten aus den Achtziger-jahren.

Über die Rolle der Säpo und einzelner Mitarbeiter könnten ein paar von Tore Forsbergs Kollegen berichten, inklusive Hanus W.

Aber selbst, wenn ich das alles leisten würde, fehlte trotzdem noch ein Puzzleteil. Ohne konkrete Beweise würde jede Theorie – egal wie gut sie untermauert war – abgewehrt. Das Einzige, was zählte, war ein technischer Beweis, und da blieb nur eine Möglichkeit: den Revolver finden.

Durch Lídas Hilfe hätte ich fast erfahren, was Jakob Thedelin wuss-te, aber bevor er sich ihr anvertraute, hatte er sie durchschaut und war nach Israel gezogen. Sie hatte nicht herausfinden können, was er mit »Raketen, die nie wiederkehren« meinte. Oder wo sich der »Bunker« befand, von dem er schrieb.

Es musste einfach ein Hinweis auf eine Waffe sein und den Ort, an dem er sie versteckt hatte. Höchstwahrscheinlich handelte es sich um den Revolver, der Olof Palme tötete. Sonst hätte Jakob nicht zwei-mal wegen der E-Mail gelogen. Und Bertil Wedin hätte keinen Anlass dazu gehabt, Jakob die Freundschaft zu kündigen oder ihm viel spä-ter zu schreiben, dass er mit der E-Mail Bertils Position in Gefahr ge-bracht hatte. Seit mehreren Jahren dachte ich schon, dass die E-Mail der Schlüssel zu dem Ort war, an dem Jakob die Mordwaffe versteckte, ohne herauszubekommen, was er mit Bunker meinen könnte.

Die Musik hatte meine Gedanken in andere Bahnen gelenkt, und plötzlich fielen mir Jakobs jüngste Nachrichten ein, die er aus Israel ge-schickt hatte. Meist ging es um Praktisches. Wer goss die Blumen, wer zahlte die Rechnungen, insgesamt ziemlich uninteressant. Allerdings hatte Jakob betont, dass eine Rechnung besonders wichtig war. Zwei-mal hatte er sie erwähnt und darauf hingewiesen, dass im Dezember genug Geld auf dem Konto sein müsse, damit sie auch wirklich beglichen würde.

»Ja!«

Mein Ausruf war nicht sonderlich laut gewesen, trotzdem schüttelte der erste Geiger den Kopf. Einige Musiker schauten von ihren Notenblättern auf und wunderten sich offenbar über dieses übertriebene enthusiastische Zeichen. Viele drehten sich nach mir um. Auch Lída. Ich schämte mich, aber die anderen Gefühle überwogen. Ich hatte es gefunden. Dann war das Konzert vorbei, Lída und ich eilten noch während des Beifalls fort, um den neugierigen Blicken zu entgehen.

Jakob Thedelin besaß ein Schließfach. Ein Fach im Tresorraum einer Bank, zu dem nur er Zugang hatte – niemand sonst. Ein Tresorraum ähnelt einem Bunker. Ein Fach, groß genug für einen Revolver, der beim Mord an Olof Palme, aber danach nie wiederverwendet würde. Ein Ort, an dem er die Trophäe sehen und berühren konnte, die Schwedens Geschichte ein für alle Mal verändert hatte. Das musste die Rakete sein, die nie wiederkehrt.

Lída und ich liefen in der kalten Novembernacht über große, blanke Pflastersteine zur Straßenbahnhaltestelle. Ich erzählte, und sie lauschte, ohne mich zu unterbrechen. Wir begriffen, dass unsere Arbeit noch lange nicht zu Ende war. Schon bald würde ich Lída aufhalten müssen, damit ihre Pläne nicht mit ihr durchgingen, aber diesmal freute ich mich darauf.

Und dann kam mir ein ganz anderer Gedanke. Wie es wohl gewesen wäre, wenn Stieg an diesem Abend bei uns hätte sein können. Ich bin mir ziemlich sicher, dass ihm das Konzert gefallen hätte, aber umso mehr die Aussicht darauf, dass die Mordwaffe endlich gefunden und der Mord somit – dank seiner Recherchen – viele Jahre nach seinem Tod aufgeklärt würde. Es wäre wie aus einem Roman. Einem Roman von Stieg Larsson.

EPILOG

Stockholm, 2018

Seit dem Konzert in Prag sind einige Monate vergangen. Meine Hinweise habe ich der Palme-Ermittlungsgruppe übergeben. Sie haben erfahren, dass der Revolver in einem Schließfach liegen könnte, das Jakob Thedelin gehört. Die Polizei weiß außerdem, dass sie freien Zugang zu Stiegs Archiv und meinen eigenen Nachforschungen hat, sollte Interesse daran bestehen. Mit den richtigen Maßnahmen, harter Arbeit und ausreichenden Ressourcen könnte der neue zuständige Staatsanwalt und Leiter der Voruntersuchung Krister Petersson recht damit behalten, dass der Mordfall Olof Palme aufgeklärt werden wird.

Derweil folge ich weiter Spuren, die offensichtlich vom Palme-Mord ausgehen. Wenn sich alles fügt, dann können wir in einem oder zwei Jahren wirklich das sagen, was lange für unmöglich gehalten wurde: Der Palme-Mord ist aufgeklärt.

NACHWORT

Dieses Buch ist das Ergebnis von acht Jahren Recherchearbeit. Bevor ich anfing, wusste ich ungefähr so viel über den Palme-Mord wie der Durchschnittsschwede und vertraute auf das Fazit von Polizei und Politik, dass der Fall »polizeilich aufgeklärt« war und der Täter Christer Pettersson hieß. Jetzt bin ich davon überzeugt, dass er unschuldig ist. Außerdem weiß ich unfassbar viel mehr über die weltweit größte noch laufende Ermittlung in einem Mordfall, obwohl ich erst einen Bruchteil des zugänglichen Materials bearbeitet habe.

Jemand hat berechnet, dass ein Mensch mit juristischer Bildung neun Jahre bräuchte, um allein die Dokumente der polizeilichen Untersuchungen durchzugehen, die sich in Ordnern befinden, die fast 250 Regelmeter belegen. Die Ermittlungen laufen mittlerweile über dreißig Jahre. Insgesamt sind 10 225 Personen mindestens einmal vernommen worden. Mehr als 130 Menschen haben gestanden, den Mord begangen zu haben. Darüber hinaus gibt es eine nicht überschaubare Materialmenge außerhalb der offiziellen Ermittlungen – Berichte, Artikel, Bücher, Diskussionsforen im Internet, Blogs, Vlogs, Podcasts und so weiter.

Mein Buch hat nicht den Anspruch, ein umfassendes Bild des Mordes oder der Ermittlungen zu geben. Es begrenzt sich in erster Linie auf die Spuren und Theorien aus Stieg Larssons Archiv und meine eigenen Nachforschungen, allerdings sind es auch die Spuren, die ich für die relevantesten halte. Deshalb ist es wichtig, darauf hinzuweisen, dass ich keine endgültigen Beweise dafür liefere, dass eine der im Buch genannten Personen den Mord ausgeführt hat oder daran beteiligt gewesen ist.

Mein Ziel war, ein leicht zugängliches Buch über ein schwieriges Thema zu schreiben, das auf bekannten Tatsachen basiert oder deutlich mögliche Schlussfolgerungen markiert. Wenn nach der Lektüre mehr Menschen verstehen, warum der Palme-Mord noch immer nicht aufgeklärt ist, inwiefern Stieg auf der richtigen Spur war und wie eine mögliche Lösung aussehen könnte, dann habe ich erreicht, was ich wollte. Aus diesem Grund habe ich versucht, so konsequent wie möglich vorzugehen.

Der Journalist und Autor Gunnar Walls hat mich unterstützt, indem er die aufgeführten Fakten prüfte, besonders also die Passagen über den Mord und die polizeilichen Ermittlungen. Ich selbst trage aber die endgültige Verantwortung für den Text, meine Analysen, Schlussfolgerungen und meine eigenen Nachforschungen. Der besseren Lesbarkeit wegen haben mein Verleger Erik Johansson von der Bokfabriken und ich beschlossen, keine Fußnoten zu verwenden und kein Quellenverzeichnis anzufügen.

Der erste Teil beschreibt in erster Linie Stiegs Recherchen und die unterschiedlichen Phasen der parallel stattfindenden polizeilichen Ermittlungen. Ich habe dabei bewusst dramatisiert, weil ich glaube, dass Stieg sie so erlebt hat, und um die Geschichte etwas lebhafter zu gestalten. So wollte ich der Wirklichkeit näherkommen, als nur aus Dokumenten und Interviews zu zitieren. Alle Szenen basieren auf einer Vielzahl Interviews, Stiegs eigenen Texten, anderen Dokumenten und ein paar wenigen Tonbandaufnahmen, die noch von ihm existieren.

Alle Texte von Stieg sind mit anderer Schriftart wiedergegeben. Der Brief an den Chefredakteur der *Searchlight*, Gerry Gable – den Gerry mir zu Verfügung gestellt hat – ist wichtig, um zu verstehen, wie Stieg in den Wochen nach dem Mord dachte. Der Brief wurde übersetzt und wortgetreu wiedergegeben, außer an wenigen Stellen, die gekürzt wurden, um die Schilderung effektiver zu gestalten und Wiederholungen zu vermeiden. Die Hauptaussage ist davon nicht betroffen. Fehlerhafte Zeitangaben oder einzelne Zeugenaussagen habe ich nicht korrigiert, weil ich die Texte so wiedergeben wollte, wie Stieg sie geschrieben hat, weil dies nach meinem Urteil nicht die Schlussfolgerungen beeinflusst, die Stieg und ich daraus zogen.

Andere wichtige Dokumente sind seine Zusammenfassung von Mittelsmann Bertil Wedin, der Hinweis zu Victor Gunnarsson/EAP und sein Artikel für *Searchlight* von 1996. Weitere Informationen und Erkenntnisse erhielt ich durch eine Vielzahl von Gesprächen und Interviews mit Menschen, die Stieg nahestanden und seine Arbeit kannten, hier sind besonders Eva Gabrielsson und Gerry Gable zu nennen.

Die CIA-Studie – Study of Assassination – ist aus dem Englischen übersetzt, gekürzt und redigiert, um den Inhalt für die Leser effektiver wiederzugeben.

Für den ersten Teil habe ich mir, auf Basis des mir vorliegenden Materials samt Interviews, Dialoge ausgedacht, dabei lag das Hauptaugenmerk jedoch auf der korrekten Wiedergabe der wesentlichen Fakten.

Es war nicht möglich herauszufinden, ob sich Stieg und Kriminalkommissar Alf Andersson wirklich getroffen haben, aber es ist sehr wahrscheinlich. Beide untersuchten zur selben Zeit dieselben Personen und Organisationen. Stieg war immer wieder im Kontakt mit der Polizei, und Alf Andersson verfolgte im Prinzip allein die Spur zu den Rechtsextremisten, oft ohne Unterstützung der Ermittlungsleitung – laut einem Interview, das Lars Borgnäs mit Alf Andersson führte.

Die Liste von Personen, Organisation und Adressen im Kapitel »Auftrag Olof Palme« habe ich aus relevanten Dokumenten zusammengestellt, die aus Stiegs Archiv stammen. Es handelt sich dabei um eine von mir getroffene Auswahl, um dem Leser eine Orientierung in der enormen Materialmenge und eine Grundlage für die folgende Geschichte zu bieten. Stieg hat jeder Person, Organisation und Adresse unzählige Stunden der Recherchearbeit gewidmet. Die Übersicht über die Vernetzung im selben Kapitel ist eine Kopie aus einem Brief vom 29. September 1987, den Stieg mit einer Frage an Sven Ove Hansson und Anna-Lena Lodenius richtete.

Alle genannten Namen sind echt mit ein paar wichtigen Ausnahmen: Die Zeugin Sara, die kleine Sally, die beim Autounfall verletzt wurde, Schmuel, der mir seine Hilfe anbot, Alf Enerströms Freund Bo, Lída Komárková und Jakob Thedelin. Dies geschah, um ihre Integrität zu gewähren. In vielen Fällen sähen sie sich sonst mit Repressalien konfrontiert. Der Name Hedestad ist erfunden, um Jakob Thedelins Identität zu schützen; ich habe ihn aus einem von Stieg Larssons Romanen entliehen. Die übrigen Namen sind echt, weil sie bekannt sind und über sie seit vielen Jahren geschrieben wird.

Lisbet Palmes Beschreibung zweier Täter am Tatort, die sie in der Vorwoche vor ihrem Wohnhaus gesehen hatte, geht auf die Angaben von Polizeikommissar Åke Rimborn zurück. Er sprach zweimal mit Lisbet Palme während ihres Aufenthalts im Sabbatsberg Krankenhaus noch in der Mordnacht und machte sich Notizen, auf die er seine Aussage stützte. Die Angaben wurden vom stellvertretenden Bezirkspolizeimeister Gösta Welander geprüft und in den Text zur landesweiten Fahndung aufgenommen, die später in der Nacht rausging. Lisbet Palme hat später die beiden Männer vom Tatort nicht mit den Männern vor ihrem Wohnhaus in Zusammenhang gebracht, aber ich stütze mich dennoch auf Rimborns Angaben zu ihrer Zeugenaussage in der Mordnacht.

Der zweite Teil des Buches beschreibt in erster Linie meine eigenen Nachforschungen, während der mir mehrere Dinge gelungen sind, mit der die Polizei offenbar größere Probleme hatte. Zum Beispiel ist es seit zweiunddreißig Jahren keinem Ermittler gelungen, Bertil Wedin zu treffen, mir hingegen gelang es direkt beim ersten Versuch. Eine weitere Person, die die Polizei vor Schwierigkeiten gestellt hatte, war der Autohändler Franz Esser, dessen Existenz die Säpo nicht einmal bestätigen konnte, wie der Bericht der Prüfungskommission nahelegt. Über ihn wird in einer Vielzahl schwedischer, deutscher und südafrikanischer Zeitungsartikel geschrieben, und ich habe seine Tochter ausfindig gemacht, die den Autounfall überlebte, der den Rest der Familie Esser auslöschte, und mit ihr gesprochen.

Für die betreffenden Dialoge habe ich die Aufnahmen transkribiert, stellenweise jedoch gekürzt und vereinfacht, um sie lesbarer zu gestalten. Inhaltlich verändert habe ich nichts. Meine Treffen mit Bertil Wedin und die Treffen zwischen Lída Komárková und Jakob Thedelin liegen als Ton- und zum Großteil auch als Videoaufnahmen vor. Ausnahme bilden die Zitate von Craig Williamson, die aus Notizen und E-Mails rekonstruiert wurden, weil er darauf bestanden hatte, dass unser Gespräch nicht aufgezeichnet wurde.

In diesem Teil habe ich die Zeitangabe mancher Ereignisse geändert, entweder um die Erzählung zu vereinfachen oder zu verdeutlichen oder um die Quellen zu schützen. Dies betrifft mein erstes Treffen mit Lída Komárková, das Abliefern meiner Zusammenfassung über Jakob Thedelin an die Polizei, um eine Quelle zu schützen, wie die Treffen zwischen Lída und Jakob, die alles in allem sechs Tage umfassten, nicht wie im Text geschrieben nur vier. Aus denselben Gründen habe ich die Anzahl an Treffen mit Alf Enerström und Gio Petré vermindert wiedergegeben und nicht erwähnt, dass mich zu ein paar dieser Treffen Ola Billger vom *Svenska Dagbladet* begleitet hat. All diese Eingriffe wurden vorgenommen, ohne den Wert dieser Begegnungen zu beeinflussen.

Die Zusammenfassung von Boris Ersson, die er an die Palme-Ermittler lieferte, war ein wichtiges Dokument für den zweiten Teil. Wichtige Passagen sind im Bericht der Prüfungskommission abgedruckt – zum Beispiel die Identität von Quelle A –, ich habe mich jedoch dazu entschieden, Textstücke zu präsentieren, die bislang noch nicht veröffentlich wurden.

Die Fotos im Kapitel »Das Phantombild« sind redigiert. Auf dem Phantombild habe ich mit einem Ring das Mal markiert, das sich oberhalb des rechten Mundwinkels befindet. Das zweite besteht aus einer Montage von zwei Fotos: dem Phantombild und einer Aufnahme von Jakob Thedelin im Alter von achtundvierzig. Das Bild von Jakob Thedelin wurde verändert, die Brille retuschiert, gedreht und in eine Schwarzweißaufnahme umgewandelt und die Größe angepasst, damit es mit der des Phantombilds übereinstimmte. Schließlich wurden beide übereinandergelegt.

Es gäbe noch viel mehr über das Zustandekommen dieses Buches und das Material, das ihm zugrunde liegt, zu erzählen, und das würde ich auch gern machen. Gehen Sie auf die Seite www.palmemurder. com. Noch ist das letzte Wort nicht gesprochen.

DANKSAGUNG

Ohne die Hilfe einiger Menschen wäre dieses Buch nicht zustande gekommen. Ein paar haben mich streckenweise begleitet, andere vom Anfang bis zum Erscheinen.

Erik Johansson von der Bokfabriken und Jacob Søndergaard von Rosinante waren meine ersten beiden Verleger. Sie haben auf mich gesetzt und sich darauf verlassen, dass ich in zehn Monaten ein Buch schreiben konnte. Es wurden elf, aber wenn sie nicht an mich geglaubt hätten, wäre dieses Buch ein Traum geblieben. Dann gelang es meiner Agentin Judith Toth, das noch ungeschriebene Buch an Verleger in fünfzig Ländern zu verkaufen, sodass es in fünfundzwanzig verschiedene Sprachen erscheint.

Das hätte ich nicht mal im Traum für möglich gehalten. Den Rest haben das Team der Bokfabriken, die Nordin Agency und die ausländischen Verlage geregelt, ohne dass ich wirklich weiß, wie. Susanne Krutrök unterstützte mich beim PR-Teil.

Henrik Karlsson hat sicher tausend Seiten von Namen und Organisationen wieder und wieder redigiert und kommentiert und dafür gesorgt, dass mein Buch auch auf der Hälfte der Seiten verständlich wurde. Ich zitiere an dieser Stelle gern Stephen King: Schreiben ist menschlich, redigieren ist göttlich! Durch Gunnar Walls eifrigen Einsatz habe ich gelernt, von unbestätigten Angaben abzusehen und mich stattdessen auf Fakten zu konzentrieren. Außerdem habe ich durch ihn viel Neues über den Palme-Mord erfahren.

Ich habe Stieg Larsson nicht kennengelernt, aber durch Treffen mit Menschen, die ihm nahestanden, einen Eindruck von ihm bekommen. Eva Gabrielsson war die größte Hilfe dabei, Stieg als Person zu begreifen und zu verstehen, was ihn antrieb. Gerry Gable hat mir von seinem Humor und ihrer gemeinsamen Arbeit gegen den Rechtsextremismus und den Recherchen rund um den Mann auf Zypern erzählt. Durch Daniel Poohl erfuhr ich viel über die Zeit kurz vor Stiegs Tod, außerdem ermöglichte er mir Zugang zu Stiegs Archiv. Eine Reihe weiterer Menschen, die Stieg kannten, haben Zeit, Material und Geschichten eingebracht. Da möchte ich besonders Anna-Lena Lodenius, Sven Ove Hansson, Håkan Hermansson und Graeme Atkinson nennen. Lesley Wooler starb leider während der Entstehung dieses Buches, lieferte aber wichtige Informationen über seine Undercover-Arbeit in Nordzypern, auf die sich Stieg bei seiner Zusammenfassung für die Polizei stützte.

Ein paar Menschen haben Leib und Leben für das riskiert, was als mein Projekt anfing, aber zu unserem wurde. Allen voran Lída Komárková, Fredrik Haraldson und Staffan Boije af Gennäs. Lída ist der mutigste Mensch, den ich je getroffen habe. Fredrik war mein *consigliere* in vielen schweren Stunden. Und Staffan hat das fertige Manuskript einer eingängigen Prüfung mit frischem Blick unterzogen.

Südafrika ist ganz anders als das sichere Schweden, dort konnte ich auf die Unterstützung von vielen Menschen bauen. Boris Ersson erzählte mir von lebensgefährlichen Situationen, als er 1994 südafrikanische Agenten traf, und gab mir Tipps für meine Südafrikareise. Mari Sandström und ich trafen uns mehrfach und sprachen über ihr Treffen mit ihrem Informanten 1987 und über die Implikationen seines Berichts. Simon Stanford begleitete mich nach Südafrika und sorgte unter anderem dafür, dass ich mich sicher fühlte. Hennie van Vuuren und Andrew Feinstein gewährten mir einen Einblick in die Rolle Südafrikas im internationalen Waffengeschäft. Rolf Ekéus und Paul van Zyl lieferten neue Impulse und vermittelten Kontakte. Craig Williamson schickte mir Links, die mich weiterbrachten. Evelyn Groenink beantwortete mir Fragen zu den Geschäften mächtiger Männer und Morden – lesen Sie ihr neues Buch *Incoruptible*. Birgitta Karlström Dorph berichtete mir von ihrer wichtigen Arbeit in Südafrika zur Zeit der Apartheid. Der schwedische Rechtsextremismus ist ein Kapitel für sich. Meine Gespräche mit Joel Haukka gaben mir einen fantastischen Einblick in die Welt von Geheimagenten und Rechtsextremen in den Achtzigerjahren. Lars Borgnäs und Anders Leopold beantworteten mir Fragen zu Personen im Buch. Daniel Lagerkvist überließ mir wichtige Dokumente.

Nicholas Schmidle verfolgt und begleitet dieses Projekt seit über vier Jahren, war zweimal in Schweden und einmal in Südafrika. Einmal waren wir sogar zusammen in unserem eigenen Fargo – Hedestad genannt in diesem Buch. Ohne Robert Aschberg hätte ich vielleicht nie den Schlüssel zum Archiv gefunden. Ohne Jonas Elgh, Ola Billger und Björn Hygstedt hätte es keine Artikel im *Svenska Dagbladet* gegeben.

Und ohne die Unterstützung meiner Familie und meiner Freunde hätte ich diesen Brocken nie an Land gebracht. Arne Valen, Björn Albrektson, Fredrik Söder, Maria Sandell, Calle Stocklassa, Fredrik Wolffelt und Hasse Pihl. Rut & Lucia. Zuzka & Zuzka. Alle bei *Genera*, die mich blaumachen ließen. Allen anderen Freunden, Familienmitgliedern und Verwandten, die mich ertragen haben, wenn ich jede Chance nutzte, um über den Palme-Mord zu reden. Und zuletzt allen, die ich zu erwähnen vergessen habe, die mich aber bei diesem acht Jahre währenden Projekt unterstützt haben. Danke!

PERSONENVERZEICHNIS

Stiegs Freunde

Gerry Gable
Stiegs Vorbild und Mentor im Kampf gegen den Rechtsextremismus,
der an der Recherche zu Bertil Wedin beteiligt war

Eva Gabrielsson
Stiegs Lebensgefährtin, die ihn bei all seinen Projekten unterstützt hat

Håkan Hermansson
Journalist der Zeitung *Arbetet*, der zusammen mit Lars Wenander und
der Unterstützung von Stieg Larsson 1987 alles zum Hass auf Palme
zusammentrug

Anna-Lena Lodenius
Autorin und Journalistin, die unter anderem das Buch *Die extreme
Rechte* (1994) mit Stieg schrieb

Lars Wenander
Journalist der Zeitung *Arbetet*, der zusammen mit Håkan Hermansson und der Unterstützung von Stieg Larsson 1987 alles zum Hass auf Palme zusammentrug

Beteiligt an den Ermittlungen zum Mordfall Palme

Alf Andersson
Kriminalkommissar, der trotz Desinteresse der Ermittlungsleitung an der Spur festhielt, die ins rechte Milieu führte

Ebbe Carlsson
Politischer Alleskönner, der auch nach dem Ausscheiden seines engen Freundes und Leiters der Ermittlungen Hans Holmér weiter im Mordfall ermittelte

Hans Holmér
Chef der Palme-Ermittlungen im ersten Jahr nach der Tat und der Erste, der die Polizei in die falsche Richtung führte

Tommy Lindström
Chef der Landeskriminalpolizei und graue Eminenz der Palme-Ermittlungen mit unterschiedlichen Rollen

Kerstin Skarp
Staatsanwältin der Palme-Ermittlungen von 1997 bis 2016

Hans Ölvebro
Chefermittler im Fall Palme von 1988 bis 1997, der zur Erfassung Christer Pettersson beitrug

Verdächtige und Vernommene im Zuge der Ermittlungen

Alf Enerström
Unter dem Spitznamen »Schwedens größter Palme-Hasser« sammelte
er Geld im Wirtschaftsmilieu für seine Kampagne gegen Palme

Victor Gunnarsson
Rechtsextremist, auch bekannt unter der Bezeichnung »der 33-Jäh-
rige«, der erste Verdächtige, der im Mordfall Palme festgenommen
wurde

Hans von Hofsten
Fregattenkapitän, der den sogenannten Offiziersaufstand der Marine
leitete, der sich gegen Palme richtete

Anders Larsson
Knotenpunkt im Netz der Rechtsextremisten und einer derjenigen, die
acht Tage vor dem Mord an Olof Palme davor warnten

Gio Petré
Schauspielerin, die Enerströms Lebensgefährtin wurde und an dessen
Kampagne gegen Olof Palme mitwirkte

Christer Pettersson
Unbekannter Drogenabhängiger und einzige Person, die für den Mord
an Palme verurteilt und dann wieder freigesprochen wurde

Südafrikaner oder Personen mit Verbindungen nach Südafrika

Pik Botha
Südafrikanischer Außenminister während des letzten Jahrzehnts der Apartheid

Bernt Carlsson
Enger Mitarbeiter Olof Palmes, außerdem UN-Kommissar für Namibia

William Casey
CIA-Chef, verantwortlich für die Ereignisse, die zur Iran-Contra-Affäre führten – mit ranghohen Kontakten in Südafrika

Peter Casselton
Südafrikanischer Agent, der aussagte, Craig Williamson und Bertil Wedin wären in den Palme-Mord verwickelt gewesen

Franz Esser
Deutscher Autohändler mit ranghohen Kontakten in Südafrika, der die Attentäter im Palme-Mord mit Autos versorgt haben soll

Eugene de Kock
Südafrikanischer Polizeioberst mit dem Spitznamen »Prime Evil«, der Craig Williamson als Organisator des Palme-Mordes benannte

Vic McPherson
Südafrikanischer Polizeioberst, der bis Mitte 1985 eng mit Craig Williamson zusammenarbeitete

Riaan Stander
Kollege von Craig Williamson, der ihn verantwortlich hielt für den
Mord an Palme

Bertil Wedin
Externer Mitarbeiter des südafrikanischen Geheimdiensts und laut
Stiegs Zusammenfassung Mittelsmann beim Mord an Olof Palme

Craig Williamson
Südafrikanischer Meisterspion, der von mehreren Kollegen als Organisator des Palme-Mordes bezeichnet wurde